本書由
山西省姚奠中國學教育基金會
資助出版

湯炳正 著

語言之起源

（增補本）

山西出版傳媒集團
三晋出版社

湯炳正

（1910—1998）先生，字景麟，室名淵研樓，山東榮成石島張家村人。文字學家、語言學家、楚辭學家。二十世紀三十年代曾受業於太炎先生，被許爲"承繼絕學惟一有望之人"，又有"章門孔廣森"之譽。章先生既没，先生被推舉爲弟子中的唯一代表在追悼會上表態，要"發揚光大先師的學術傳統"，並受聘爲"蘇州章氏國學講習會"文字聲韻訓詁之學的主講教席，后又任國立貴州大學、國立貴陽師範學院、私立川北文學院教授。1950年7月以還，歷任公立川北大學、四川師範大學教授。重要著作有《語言之起源》《屈賦新探》《楚辭類稿》。

先生曾任"中國屈原學會"首任會長，以"《楚辭》學"名世，是"二十世紀最傑出的楚辭學家"之一。其實，"小學"乃先生畢生用力最勤之學科，其這方面的"戛戛獨造，成就並不在其'《楚辭》學'之下"。如其語言起源説，"爲世人揭開了人類語言起源之謎"，"其重大理論意義當能激發起世人之共識"，是今天解決這項世界性難題的"三大可行路徑"之一；其關於語言與文字關係之研究，"當時堪稱獨領風騷，迄今亦罕有出其右者"。

本書即其"小學"研究成果之薈萃。

作者照片

（2）《说文》㬜部云："㬜，盛皃。从㬜从日。读若蟁蟁。一曰：若存。𣉻，籀文㬜，从二子。一曰：㬜即奇字𣉻。"——鱼纪切

今按此乃"㬜"字一形古人歧读为"蟁"、"存"二音也。盖蟁音古在疑纽之部，存音古在从纽谆部，二音相距甚远，不能通转。至于奇字以㬜为𣉻，则因"存"音与"㬜"音相近，故互相通假耳。攷㬜字之义为"盛皃"，故可读若蟁蟁之蟁。因"蟁"乃古人表盛多或盛壮之恒语。如《诗·甫田》："黍稷蟁蟁。"笺云："蟁蟁然而茂盛。"《广疋·释训》禾云："蟁蟁，茂也。"古人又或以此语表小儿壮盛之儿，如《诗·生民》云："克岐克蟁"是也。"蟁"与"蟁"乃一语之异文。㬜字读"蟁"，实即读"蟁"耳。㬜字之义为三子同日並生，其盛可知，故古人即以"蟁"音呼之也。至于㬜字又读"存"者，则因古人又多以"存"音表盛多或集聚之义者。如《左传》僖十三年："戎狄荐居"杜注，《国语·晋语》："戎翟荐处"韦注，皆云："荐，聚也"。㬜字读"存"一音，实即故读为"荐"音也。㬜字从三子同日並生之象，有盛多集聚之义，故古人即以"荐"音呼之耳。"荐"之一语，古或转为"振"。《诗·螽斯》云："螽斯羽诜诜" 或转为"傅"，《离骚》王逸注云："傅，聚兒。"示

作者手迹

1936年章門弟子在蘇州合影
姚奠中（左十）、柏耐冬（左五）、湯炳正（左四）、李恭（左三）、孫立本（左二）

作者攝於1997年3月
沈建中／攝

1986年湯炳正（左一）、姚奠中（左二）、李希泌（左三）、
章念馳（後排）等在章太炎先生墓前

湯炳正（後排右一）1988年7月在其三哥湯浩正（後排左一）家，
與兒子湯世洪、兒媳張世雲合影

出 版 說 明

　　湯炳正先生是著名民主革命家、國學大師章太炎先生的七名研究生之一，早年親炙大師，得章門治學之妙。嗣後在語言文字學及楚辭學方面多所創獲，嘉惠學林。而《語言之起源》即先生之代表作。是書曾於1990年由臺灣貫雅文化事業有限公司出版，然海峽所阻，受衆不廣。幸先生之哲孫湯序波教授能承先人之大志，續家學于不絕，精補篇目，逐字校錄，成此增補本。又得山西省姚奠中國學教育基金會資助，使此大作以嶄新之面貌問世。特別應予說明者，姚奠中先生與湯炳正先生同於1935年考入章門，抗戰結束後，經姚先生介紹，湯先生到國立貴陽師範學院任教，与姚先生又爲同事。新中國成立後，歷經各种運動、十年浩劫，兩位先生雖天各一方，却從未中斷聯繫，並以繼承章氏國學为己任，則此書面世之前因後果，又賡續了一段國學傳承之佳話，兩位先生九泉有靈，定會會心一笑吧！

　　湯先生原書用繁體寫就，且多係舊稿，部分文字與當代規範不一致，爲保原貌，除個別訛誤之外，一仍其舊，專此說明。

三晉出版社

2015年5月17日

序

力 之

辛卯歲，序波兄增補其先大父景麟先生《語言之起源》成，即寄來打印稿囑余序之。然略爲瞭解景麟先生之學術者，誰人不知"小學"迺其看家本領，而是書中之尤爲秀出者，就"立"在〔俄〕瓦·康定斯基《論藝術的精神》所説的三角形之頂端處。因之，秋果再熟，而余無日不在惶恐中——"綆短者不可以汲深"。況這"短""深"之别猶雲泥也，故深知雖勉力爲之，仍無異於"佛頭著糞"。然大有古君子風之序波兄，竟不肯收回"成命"。好在余於研讀景麟先生大著的過程中，終於"醒悟"了：無論如何，"佛頭"自是"佛頭"；蒙幸如此，"讓人説去"又何妨。

我們知道，景麟先生以"《楚辭》學"鳴，乃二十世紀該領域真正之大家。其實，遠不止此，景麟先生"小學"方面之戛戛獨造，成就並不在其"《楚辭》學"之下。可以説，這二者迺其學術的兩座齊高之主峰（祇是後者太半仍"埋"於"霧中"罷了）。筆者曾云：

> 先生之著作如《屈賦新探》《語言之起源》與《楚辭類稿》，其所論均莫不文獻支撑堅，邏輯穿透力强，新見迭出，精義紛呈，或發前賢之所未發，或至時彦之所弗届，或甚具學術生長點，令海内外學人爲之傾倒。先生的學術研究，乃智慧與知識之有機結合的典範。以知識支撑智慧，用智慧提升知識，故先生之破解一個個學術難題，不僅得益於其淵深之國學根柢，亦賴其"破解"之大智慧。换言之，先生的論著，不管是有關語言文字學的，還是"《楚

辭》學"的，無不極具方法論方面之重要意義，而此啟迪於學界者尤多。至於先生學問所呈現出的氣象，則在很大的程度上可以説，實根基於道德之高尚。(《湯炳正傳序》)

當然，這是就總體情形説的，析而言之，則先生有關語言之起源和文字與語言之關係方面至爲重要的成果，由於種種原因，並未得到學術界應有的重視。

是書正編及附錄共收景麟先生三十二文，前者主要爲論文，後者則半爲序跋等。是多爲極佳之學術精品。其中，正編的二十文，大致可分關於語言的起源、文字與語言的關係和有關古音韻及文字方面的。景麟先生自序是書初版云："這本集子"的文章"都是探討語言文字的。而對語音與語義的關係，乃至語言起源等問題，尤三致意焉。"而由於筆者無力爲序，就祇好以讀書心得之式代之。這裏，主要是想着重説説先生是書在"語言之起源"與"文字與語言之關係"這兩方面的突出貢獻。而由於在先生那裏，"手勢説"無論是對考察"語言之起源"還是對考察"文字與語言之關係"，均有至關重要的作用，且由是使兩者各具互證之功能，故不得不"節外生枝"而辨析否定"手勢説"之説能否成立。然後，再略説是書有關古音韻及文字方面之文——所以如此，廼因這與上述兩類文不同，不必置之於"廣久"之域中加以考察，並將之與相關之文比觀，亦不難明其價值(《〈成均圖〉與太炎先生對音學理論的建樹》略爲例外)。西哲有言："吾愛吾師，吾尤愛真理。"馬積高先生説："學術本公器，即使有大才，離開常見的基本事實和已有的研究成果也不能前進一步。"(《〈清代學術的變遷與文學〉前言》) 故欲寫出幾句大致恰當的話，淺薄如余者，祇得在"大背景"中下笨工夫——作一番梳理，並將先生之論與相關名家之説略加比觀。不如此，便難以客觀地説明景麟先生是書在學術上實實在在之重要貢獻，尤其是先生在語言之起源、文字與語言的關係方面之高標。然這樣一來，自然要"浪費"多多，此廼"小"而不得不爲"大"者之所難免也。不過，在此"浪費"中卻可避免諸如某些名家之自説自話（如高名凱先生在其出版於1963年的《語言論》一書中已指出："一般語言的起源問題包含兩個方面的問題，即'語言是在什麽條件下產生的'，'語言是從什麽事物發展而來的'。"而恩格斯的"勞動説"針對的是前者；手勢説、摹聲説、感歎説之類，則是針對後者"而作的回答"〔參石安石《重印〈語言論〉序》〕。然學者或不知"别"，或重復高説而"後來轉粗"）與"空對空"，等等。

一、關於語言的起源問題

語言之起源問題，這是西方學人長期關注的熱點。在西方，很早就有人對這一問題進行過探索，在某些神話傳說與宗教的文獻中，認爲語言是神所賜，典型的如《聖經·舊約·創世紀》中關於上帝造亞當與使亞當爲萬物取名的描述。此即所謂之"神授説"。直到18世紀，是説仍然主導着大多數學者之思維。18世紀與19世紀，歐洲學者尤爲喜歡就這一問題發表意見與進行討論，出現過種種的假説與推想。此間及略後的如赫爾德（1744—1803）之"摹聲説"、繆勒（1823—1900）之"本能論"、葉斯柏森（1860—1943）之"唱歌説"、格雷（1875—1955）之"感歎説"、諾瓦雷（1847—1889）之"勞動喊聲説"、帕傑特（1869—1955）之"達-達説"等等（這些説法有的來源甚早。如"摹聲説"與"感歎説"分别源於古希臘哲學家柏拉圖和斯多葛派與伊壁鳩魯派）。然自19世紀始，歐洲的語言學家往往從實證主義之立場出發，拒絕討論有关語言起源的問題。在這方面，法國語言學家表現尤爲突出："1866年巴黎語言協會宣布這項研究是非法的；1901年，再次強調這項法律的有效性。"（〔美〕鮑齡格《語言要略》，1975年第2版，方立等譯，外語教學與研究出版社1993年版，第466頁）而"當時的巴黎語言學會是那個時代最有聲望的一個科學學會"（約翰·萊昂斯《語言的起源》，費比恩編、王鳴陽譯，第185頁，華夏出版社2006年版）。在這樣的背景下，西方現代語言學之父——瑞士語言學家費爾迪南·德·索緒爾（1857—1913）於二十世紀初説：

事實上任何社會，現在或過去，都祇知道語言是從前代繼承來的產物而照樣加以接受。因此，語言起源的問題並不像人們一般認爲的那麼重要。它甚至不是一個值得提出的問題。語言學的唯一的真正的對象是一種已經構成的語言的正常的、有規律的生命。(《普通語言學教程》第108頁，高名凱譯，商務印書館1980年版)

法國著名語言學家約瑟夫·房德裏耶斯（1875—1960）在其撰成於1914年的《語言》一書中亦云：

說語言的起源問題不是語言學方面的問題，總是會使人感到驚訝。但這確實是一句真話。近百年來，大多數論述語言起源的作家沒有注意到這一點，祇能走入歧途。……認爲通過現存語言的比較可以重建出一種原始語言，這是幻想。（第8頁，岑麒祥、葉蜚聲譯，商務印書館1992年版）

不僅如此，直到20世紀60年代，"還偶爾聽到這種觀點：'對遠古時期語言起源的猜測是項不體面的活動。'"（鮑齡格《語言要略》，第466頁）然而，這正如景麟先生所說的，"未免因噎廢食，殊失學術研究應有之態度"（《語言起源之商榷》）。略後，前蘇聯學者 А. С. 契科巴瓦亦認爲巴黎語言協會1866年的這一做法不妥，他說："這樣對語言起源問題的態度在方法上是錯誤的，因爲語言學沒有權力拒絕研究語言起源的問題，正如生物學不能拒絕生命起源問題一樣。"（А. С. 契科巴瓦著、周嘉桂译《語言學概論》第一編〔上冊〕，第115~116頁，高等教育出版社1954年版）又後，前蘇聯學者 В. И. Абаев 在發表於1970年之文中同樣如是觀，云："科學的良心不能容忍這種人爲的障礙。"（《論意識和語言的起源》，《國外語言學》1980.1）當然，我們知道：隨着科學技術的不斷進步，自20世紀30年代始，自然科學領域中的學者們對語言起源問題逐漸地產生了興趣。而比之此前的哲學家、語言學家與人文方面其他學科之學者，他們用更爲科學的手段來研究這一問題，取得了不少使人眼睛一亮之初步成就（或可稱之爲"外圍"成果）。問題是，此非在語言學界。就西方語言學界言，"這種興趣的重新點燃發生在20世紀60年代"（約翰·萊昂斯《語言的起源》第197頁）。其後，"這種興趣"逐漸旺起：美國紐約州科學院於1976年發起主持了一次關於"語言和語音的起源和演變"的學術研討會；1983年一個研究語言起源與演化之國際性學會——"語言起源學會（LOS）"在加拿大溫哥華成立，而該學會每年在西歐或北美舉行一次會議。荷蘭（"語言起源學會"所在地）學者克裏斯·布斯克斯在其撰於本世紀初的《進化思維：達爾文對我們世界觀的影響》一書中説："盡管最近幾十年來在這方面已經取得了顯著的進展，但是語言的起源，卻依舊是一個未解之謎。"（徐紀貴譯，四川人民出版社2010年版，第133頁）而美國學者威廉·W·哈維蘭在其出版於本世紀初的《文化人類學》（第10版）中説：雖然"我們依然不能證明人類語言是怎樣產生和什麼時候起源的，但與過去的情況相比，我們的推測較少盲目性"（瞿鐵鵬、張鈺譯，上海社會科學院出版社2006年版，第122頁）。據此，我們大略可知"這種興趣的重新點燃"以來，歐美這一研究之大概。

因之，就本研究領域上世紀前半葉的情形言，正如景麟先生1948年所説："英國的語言學家威爾遜教授的《語言產生之奇蹟》，在上述的學術空氣之下，竟能毅然以探討語源爲己任，其精神殊爲可嘉。"（《語言起源之商榷》）另一方面，我國學者對這一問題的關注，則是中國現代理論語言學的開始。進入20世紀後，"語言的起源"成了現代語言學家甚感興趣的問題之一（19世紀末，論及這方面的文字少而簡單，如盧贛章發表於光緒二十二年〔1896〕正月的《萬國公報》第84冊上的《變通推原》第四章《述亞洲東北創切音新字振興文教爲強盛之原》之"試揭語言文字之緣起而申明之"云云，即如此）。章太炎（《語言緣起説》，1907年）、劉師培（《正名隅論》，1906年）、胡以魯（《國語學草創》，成書於1912年）、樂炳嗣（《語言學大意》，中華書局1923年）、沈步洲（《言語學概論》，商務印書館1931年）、張世祿（《語言學原理》，商務印書館1931年；《語言學概論》，中華書局1934年）、張維思（《中國語言之起源及其特性》）等先生對此均發表過意見。這與當時西方對語言的起源研究之"冷"甚異其趣，仿若給人這邊"風光獨好"之感。當然，此中更多的祇是介紹西方相關之觀點。

太炎先生《語言緣起説》，蓋我國語言學史上首篇關於語言起源問題之專論。（姜義華先生説："在中國，文字音韻學在清代漢學家那裏曾經得到光輝的發展,然而,關於語言起源問題,則屬於空白。章太炎在近代中國首次專門研究了這個問題。在《國學講習會略說》〔今案:1906年9月出版〕中,他以《論語言文字之學》爲題,對語言的起源作了分析;後來,他又將其中有關部分單獨抽出,冠以《語言緣起說》題目,收入《國故論衡》中。"〔氏著《章太炎思想研究》第458頁,上海人民出版社1985年版〕又,劉師培有《正名隅論》,然正如其開篇所說:"光漢治小學,粗有撰述,近復探求中國文字之起源,作《正名隅論》一編……")姚小平先生説其"未受現代中國語言學史家足夠的重視"(氏著《17—19世紀的德國語言學與中國語言學》第243頁,外語教學與研究出版社2001年版),的然。不過,太炎先生此重要之文的"物之得名,大都由於觸受"(章太炎著,龐俊、郭誠永疏證《國故論衡疏證》,第169頁,中華書局2008年版)云云,更多的是説字之緣起,而非語言之起源。

同時或略後,太炎先生的早期弟子胡以魯(1888—1917)在北京大學開設語言學課程,其所撰《國語學草創》乃中國現代理論語言學誕生的一個標志。在此教材中,胡氏以全書四分之一強的篇幅討論語言之起源問題(見第一編《説國語緣起》)。王希傑先生説是書"介紹了西方的語言起源學説,也繼承中國傳統語言學説,充分利用中國的材料,來探索語言的起源,特別是探索了中國語言(或者説是漢語)的起源問題"(《略説胡以魯對中國理論語言學的貢獻》,《淮北煤炭師範學院學報》2003.6);趙振鐸先生説是書"吸收了古希臘伊壁鳩魯學派所提出的語言起源的感歎論和斯多噶學派所提出的語言起源摹聲論,提出語言的起源當分爲發聲時期與摹聲時期兩個階段",而"這和單純的講感歎論和摹聲論不同"(氏著《中國語言學史》第470頁,河北教育出版社2000年版)。這均是符合實際的。

其後,在上述樂、沈、張等先生之書中的有關語言起源方面的內容,主要的乃引介西方有關語言起源的觀點;張維思先生之文等,亦然。前者如沈先生《言語學概論》第五章(《言語之起源》)首段之"言語之來源,頗有足資研究者。仍歲以來,諸家聚訟,迄無定論。吾等欲加判斷,勢難免於偏徇。茲姑采諾伊內(Noire)之意,並列諸説,稍加評騭,以爲研究之資料";張先生之"言語在人類史上怎樣產生,怎樣發展成功呢?對於這個問題,從來有许多种学说，当中最重要的，就是'摹声说'、'嘆词说'和'身势进化说'三种……现今对於言语起源问题，以身势进化说最爲一般人所信认。帕泽特（Richard Paget）、贝克脱拉夫（Bekhterev）、卡勒脱（Charels Callet）以及那些接近温德氏（Wundt）学派的人都主张这种学说"（张世禄《言语学简述》〔就《语言学原理》的相关内容缩写〕，《新中华》杂誌第2卷第19期〔1934年10月〕，第121頁）；"语言本来是随附於身势表现的自然发音，逐渐演化而爲民族社会上一种主要的交通工具"（《语言学概论》第35頁）。後者如前面提到的《中国语言之起源及其特性》一文说："中国文化既有数千年之演变，而语言亦自有一大部变迁史……但无论其变迁怎样，其类别又怎样，却有着永不湮灭的痕迹显露着：就是原始的语言的发生，是起於摹擬、惊歎、劳动三条路子。"（《学思》第2卷第2期〔1942年〕，第366頁）今人何九盈先生说："……西方的感歎说和摹声说影响很大。"（氏著《中国现代语言学史》第75頁，商务印书馆2008年版）就20世纪上半叶西方有关语言起源诸说对我国学界之影响言，综观章太炎《语言缘起说》、胡以鲁《国语学草创》、刘师培《正名隅论》、杨树达《高等国文法》（参该书第一章之"乙"）、沈兼士《文字形义学》（参其"上篇"之《文字之起原及其形式和作用》）等等，斯可谓得其大者。至於持"身势进化说"（与"手势说"同）之"'摹声说'和'嘆词说'两种解答，似乎各具有一方面的理由"（《语言学概论》第29頁），而均"不足以解释语言本身的性质和语言产生的由来"（参前书，第31~32頁）云云，亦甚近是。

问题是，就20世纪前50年之相关研究言，不仅太炎先生的《语言缘起说》"未受现代中国语言学史家足够的重视"，其高足景麟先生的《语言起源之商榷》《原"名"》（当然，我们注意到是文晚至1990年纔问世）等有关语言起源之至爲重要的研究成果更是如此，远未得到应有的关注。而从语言起源的角度看，後者更爲纯粹、更爲独至。换言之，就语言起源这一研究领域之原创性贡献言，目力所及，其时无出景麟先生说之右者。

1948年，景麟先生应黄源先生之请，爲其翻译之英国学者威尔逊新近出版的《语言产生之奇迹》一书作序——此即著名的《语言起源之商榷：黄译威尔逊〈语言产生之奇迹〉序》一文（发表於次年之国立贵阳师範学院的

《教育學術》4、5合刊號上)。威氏是書撰於"二戰"前的20世紀30年代中(黃源譯本,花溪圖書社1948年出版),分《歷史之回顧》與《新興之發現》兩編,而後者亦僅第九章(《語言》)與第十章(《語言及時空之自然藝術》)論及語言產生的問題。即先生"序文"所說的"今尋誦其全書,前編爲歷史之回顧,亦即追述前人對此問題之解答;後編始述其個人之意見。但其意見的內容,則什九爲探討人類普通之進化問題,其涉及語言者,僅九、十兩章",而"就此兩章言之,又純係依'時''空'觀念,説明人類進化之途軌,及語言產生之過程。惟其所言者,乃語言產生過程之一般原則與現象,亦即未能探及語言起源之核心問題。即偶一及此,亦僅以抽象之語詞,作膚淺之解答,未能深入堂奥,作腠理之剖析。作者自謂,乃'對語言之構造及起源,予以哲學之新解釋',又謂'余希能以哲學概念,説明語言之性質'。不過根據吾人之觀察,則著者除運用哲學概念之外,更雜以文學之描述"。此可謂鞭辟入裏,一語中的。

在該書的第九章與第十章中,威氏還分別説:

何以取音爲語言之原料而不取手勢,以邏輯言此猶爲次要之事,而基本之邏輯,吾人採用爲語言之原質,將世界轉入思維,乃時間之過程。經過思維之邏輯,而聲音乃時間之表現,故思維與述説,不過時間運動之内向與外向之二面觀而已。近代心理學家更信思維與語言乃不可分之聯繫,後者即前者之外向表現耳。此又可於目的上有更遠之證據,即人之生理構造,先於真實語言之出現,原始人對此二者均有因果之聯繫,當一有所感,即以聲音代語言而出,即在沉靜之思維,吾人亦有語言發出,不過爲不可聞及未發諸唇耳。吾人猶可謂思想所以與音帶有密切之連繫者,蓋因長久關連之故,但事實上似有一更基本之連鎖。(《語言產生之奇跡》,第112頁)

有感覺之音素,固作爲音節語言之基質,當語言自唇發出時,彼亦同時流出,若音樂者即其實例。然語言與其餘四種藝術,根本不同,當語言一出諸口,其被習慣所分化之字義即現。故當思維觀解世界時,首

先乃以純粹之音出現，而同時又爲習慣化之音，表現其思維中之時空構造。(《語言產生之奇跡》，第118頁)

顯而易見，此實亦未達一間。威氏於此，可謂合"系統的問題"於"發生學的問題"而一之。用景麟先生《語言起源之商榷》的話來說，即同樣是以"語言產生以後的現象"來闡述"語言起源"本身之問題。——"習慣化"與"何以取音爲語言之原料而不取手勢"說，均祇能用以說明語言產生以後的現象而非語言產生時之情形。另外，例以摩爾根"人類之發出聲音，最初是用來輔助手勢的"與景麟先生"先民爲'輔助'手勢之所不逮，於是昏夜之際表達意志與說明事物，即不得不借助於口音"說（參後），威氏之"思維與述說，不過時間運動之內向與外向之二面觀而已"云云亦有所未照。換言之，此仍如景麟先生所說的，"未能深入堂奧，作縢理之剖析"。

不過，在筆者看來，這與其說是威氏解答或所述之"膚淺"，倒不如說是景麟先生目光的犀利與其見解之深刻，遠高出了時人對這一問題的認識水平。以此比觀是書卷首蕭伯納所撰的長序（雖然是序所說與語言起源無太多的關係，然可以例之）與略前的福爾（J. R. Firth）之《語言學通論》（其第一章爲《語言的起源》，張世祿、藍文海譯，商務印書館1937年版）及當時相關之論著，便一清二楚。具體而言，威氏之"何以一僅能取於耳之時間，又可轉之使表空間之物體？二者乃全然不同者，蓋空間僅可以取諸眼者也"（《語言產生之奇跡》第113頁）云云，正如先生是"序"所說的，確是"極其精彩的有關語言起源的核心問題"。然而，"著者對此極端重要之核心問題，竟以語言產生之後的'習慣化'了之；而對於語言產生之初，爲什麼'其音取於耳'，竟會'印象存於腦'，則避而不談。……'習慣化'的結論，實乃近代中外多數語言學家的共同主張，並非威爾遜氏一人之創見。而他的獨特之處，乃在於從哲學角度，提出了語音怎樣由表示'時間的'轉化而爲表示'空間的'這一命題。但是，由於著者這一命題的本身即缺乏科學根據，無怪其'作繭自縛'，竟成了他無法突破的難關。其實，作者如果對人類的語音，能作'物理的''生理的''心理的'科學研討，就不難發現，語音本身除了'時間'的要素，又何嘗不含有'空間'的要素。以輔音而言，則有脣、舌、齒、顎等不同的阻位；又有爆、擦、顫、邊等不同的動態，此非'空間'的要素而何？以元音而言，則有脣狀的圓扁，舌部的前後，口腔的開合，聲帶的振動等等，此非'空間'的要素而何？因此，以具有'空間'要素之語音，表示'空間'事物之形態，這其間並無不可逾越的鴻溝，也不需要什麼'時''空'之轉化，而是'時間'與'空間'的天然統一。威爾遜氏對此之所以難於突破，正由於他對人類所發生的語音，缺乏科學的分析"。先生所說，入木三分。其所"破"者無不中要害；其所"立"者無不說新而堅確——彼時如此，一個甲子過去後之今日依然如此。於此，筆者不期然而然地想起了莊子《養生主》所說"方今之時"的庖丁，其解牛"依乎天理""因其固然"，而臻於"遊刃有餘"之境；於此，筆者不期然而然地想起了西方現代畫家畢加索的《亞威農少女》，畫家在該畫中成功地將時間"融入"空間，從而使是畫有了"時間"之層次。戴東原(《與是仲明論學書》)與其師江慎修(《〈古韻標準〉例言》)所說之"識斷"，今於斯見其尤善者矣。

先生又說：

> 與"時""空"相關的，威爾遜氏又提出語音乃"取諸耳"者，而物態乃"取諸眼"者，爲何"取諸耳"之語音能轉化而爲"取諸眼"之物態？這是威爾遜氏無法突破的又一難關。但他卻沒有能從"心理學"的角度來玫慮這個問題。在心理學上有所謂"通感"現象。即指人類心理上的"感官相通"或"感覺移借"。人之感覺官能，如視覺、聽覺、觸覺、味覺、嗅覺等，它們之間是能互相溝通的。這種"通感效應"，乃人類共有的心理素質。因此，它們不必借助於習慣，而通過某種"取諸耳"的語音，即可"通感"到某種"取諸眼"的物態，這已經是心理學上的科學結論。故威爾遜氏所提出的這一問題，並非語源學上難於突破的難關。

此與前引先生所說一樣，識卓而斷善。而在琢磨先生治學之所以然時，筆者大略悟出了"做學問，要知道在關鍵處着力，要懂得在'岔口處'辨方向，且時或得跳出研究對象來考察研究對象"之秘。此可謂得"金針"之所

"度"也。景麟先生論著之所以那麼精審，此與有力焉。

在此基礎上，先生就語言之起源提出了自己嶄新而深刻之見解：

> 邃古之初，先民祇能以手勢或容止以達意。然此種形態表意之方式，往往因環境之距離，或視力所不及，對方即無從領受其意圖。於是不得不轉而利用語音作爲表意的工具，亦即借助於脣舌及聲帶所發出的聲音，以表達其對事物的印象。而其表達的方式，歸納起來不外兩種：一爲"容態語"，一爲"聲感語"。所謂"容態語"，即指發音時由脣舌所進行的空間運動以展示事物之形態；所謂"聲感語"，即指發音時由脣舌所範成之不同聲響以象徵事物之形態。

景麟先生於此探討的是這樣一個關鍵的問題：祇能以手勢或容止以達意之"先民"，他們在由於種種客觀原因而"不得不轉而利用語音作爲表意的工具"時，如何"借助於脣舌及聲帶所發出的聲音，以表達其對事物的印象"。與種種相關之説細加比觀，我們便不難發現，此迺迄今爲止，語言起源研究領域中最有價值的見解之一。可惜的是，先生《語言起源之商榷》這一極具創見之文已發表六十餘年，然向似沒有學者"悟其神詣"。而此於我們研究"手勢"與"語音"之如何轉變，意義殊爲重大。其後，楊逢彬先生在其《黃季剛"制名皆必有故"證》（原刊鄭遠漢主編《黃侃學術研究》，武漢大學出版社 1997 年版；楊先生説"1993 年版"，蓋一時疏忽）一文中就手勢語言與有聲語言"在發生學上的關係"作如下之"設想"：

> 由於人類特有的摹仿性，原始人除用口摹仿自然界中的各種聲音外，還用"身勢"摹仿動作與形狀。這種"身勢"既是全身性動作，自然包括口的動作在內。由於口是發音器官，久而久之，隨著它的動作而發出的聲音就與摹仿自然聲音而發出的聲音一道成爲了最早的語言。……手勢語跟有聲語言曾長期共存。後者之所以逐漸取代前者，不僅有賴於有聲語言的種種優勢（原注："如在黑暗處、相距較遠處均可使用，且不影響勞動等等。"），還有賴於有聲語言的不斷完善，使之不必依賴於手勢語

而能獨立運用。這一完善的過程首先有賴於詞類的完善。(氏著《滄海一粟：漢語史窺管集》，第192～193頁，復旦大學出版社2007年版)

又，(美)威廉·W·哈維蘭亦有類似看法，他説：關於語言的起源，其"一個難題涉及從手的姿勢到口語的轉换。在此要記住：(1)記號語言的手勢一般伴有面部姿勢；(2)正如一個記號是特定運動行爲的結果，同樣，言語也是一系列運動行爲——在此情況中，是集中在口腔和喉嚨裏的運動行爲——的結果。换言之，所有語言，無論是手勢語還是口語，都可以當作姿勢加以分析。此外，對聽覺受損的北美手勢語使用者的研究表明，大腦主管言語的區域對做手勢也是關鍵的。因此，姿勢語與口語之間有連續性，通過不斷加強對口腔和喉嚨運動的良好控制，後者能夠從前者產生，這是一出連續劇目，在允許我們以現在的方式說話的聲道發生改變之前，在最早的人類代表中，這與成爲語言基礎的神經結構的出現是一致的，也與人腦的穩定擴大是一致的"。哈氏又說：

  對於人類來説，口語對姿勢語的優勢越來越取決於爲了生存的工具使用。用你的手説，你必須停下來，不管你用它們做什麽；言語不妨礙它們。口語的其他好處包括能夠在暗處說過去難理解的對象，或在注意力分散的說話者中間説話。(哈維蘭上揭書，第124頁)

兩家分別注意到了"這種'身勢'既是全身性動作，自然包括口的動作在内"與"所有語言，無論是手勢語還是口語，都可以當作姿勢加以分析"，這是很可貴的。問題是，(一)楊先生之"原始人除用口摹仿自然界中的各種聲音外，還用'身勢'摹仿動作與形狀"說，無法"繞過"前引景麟先生的"於是不得不轉而利用語音"説；況且，這種"摹仿説"本身，亦有商榷空間——如楊先生引有法國列維·布留爾《原始思維》第四章之"Ⅳ"有關"手勢説"的例子，而考該書該處所説，恐難找到這種分別之證明。(楊先生是説，或受德國心理學家馮特的影響。馮特認爲：人類最先以手勢表現概念，僅以聲音表現感覺；而用聲音表現概念乃後來之事。參威廉·馮特《民族宗教心理學綱要：人類心理發展簡史》第一章第五節"語言的起源"，宗教文化出版社2008年版）（二）哈氏之"姿勢語與口語之間有連續性，通過不斷加強對口腔和喉嚨運動的良好控制，後者能夠從前者產生"云云，從理論上說，是很不錯的，然這僅僅是理論層面上的。況且，"北美手勢語使用者"之用手勢語與"遂古之初"的先民使用手勢語未必是一回事。即比之上引景麟先生"遂古之初"一節所說，這仍是有所未逮的。景麟先生是說之難以超越，於斯可見一斑。另外，哈氏之"對於人類來說"云云，非其所發明。至於先生此中之"於是不得不轉而利用語音"云云，我們尤萬萬不可輕易放過，此其迺"路向"之標識所在也。需要說明的是，先生所說的"容態語"與"聲感語"，"決不同於西人語源學中頗佔優勢的'容止說'與'摹聲說'。因為前人的'容止說'，認為上古人類，於容止動作之時，或佐以聲音，其後捨'容'而留'聲'，即成語言，語言本身與'容止'無關，亦與事物無涉；而吾人提出的'容態語'，乃指語音本身即具有'容態'因素，二者結合而為一，用以表現事物形態。至於前人的'摹聲說'，則祇能施之於有聲之事物，而不能施之於無聲之事物；而吾人提出的'聲感語'，則既能表聲音，亦能表形態，對事物有極其廣泛的概括功能"（《語言起源之商榷》）。即比之前賢時彥，景麟先生往前多走了"一小步"（此先生自謙之說）。問題是，這"一小步"，正如先生哲孫序波君在其甚見功力的《湯炳正先生的學術歷程：景麟公百年紀念》一文中所說，其"邁向的是一個新的方向"（見《中國文化》第三十一期〔2010年春季號〕。往日筆者讀其文至此，曾有"非具特識，何以為是語"之歎）。我們知道：很多時候，深刻之洞見與平常之識，其分際往往就那麼一點點。序波君在該文中又說："先祖父這一研究（引案：即《語言起源之商榷》）的價值，不僅僅體現在其成果本身，還在於其有着十分重要的方法論意義。"此亦的然"識其大者"者也。接着，先生分"容態型的語音""聲感型的語音""'容態'與'聲感'併具之語音"三部分，各部分均舉多個具體之例來說明"語言起源之'容態'與'聲感'現象"，進而有云："人類在創造語言之初，也正如創造文字一樣，祇能表現或強調事物的某一特徵，而不可能細緻地描繪事物的完整形態。祇有當語言由音節發展到詞彙，由詞彙發展到語句，纔能全面地表現客觀現實"；而"'習慣論'祇能用以說明語言產生以後的現象，決不能劃歸到語言起源的範疇之內。故'習慣論'，從實質上講，無異於回避'語源'問題的巧妙借口。"這同樣是十分深刻而極有見地的。此前者深入閎奧，究其底蘊；後者則一掃"久""廣""厚"之迷霧，使吾人識"別"而知所"歸"。在筆者看來，景麟先生之所以大過人者，此亦一根本也。潘菽先生《致馬文駒》（四）之"基本概念模糊了，可能會'謬以千里'"說（《潘菽全集》第九卷，第56頁，人民教育出版社2007年版），近此。至於"人類在創造語言之初"之情形，先生在此前所撰的《古語"偏舉"釋例》一文中已作了深入的研究（詳後）。

成稿於1947年的《原"名"》一文，其着重探索的乃最初促成口頭語言產生之客觀條件。我們知道，摩爾根在其《古代社會》第一編第三章的"現在再往上泝……最後還有手勢語言"下有注云："……人類之發出聲音最初是用來輔助手勢的；等到這些聲音逐漸具有固定的意義以後，便在這種意義範圍內取代了手勢語言，或者與手勢語言結合在一起。"（第33、42~43頁，商務印書館1983年版）然是說雖"極有意義而又嫌籠統"，而其所以"籠統"，乃因摩爾根並未涉及"在二者交替之際，如何過渡"（《原"名"》）這一語言起源之關鍵問題。先生說：

> 如先民之初，乃用口頭語言"輔助"手勢語言之不足，則首先應當注意下列事實：手勢表意，衹能用於白晝，昏夜即失其效力。如北美洲土著民族阿剌帕和人以及南非洲之布西曼人，除白晝以手勢表意外，黑暗中相遇，即不能互相表達意志，是其例也。先民爲"輔助"手勢之所不逮，於是昏夜之際表達意志與說明事物，即不得不借助於口音。口頭語言產生之客觀條件，殆即與此有關。

這裏，我們除了要"應當注意""昏夜即失其效力"云云這一"事實"外，還須格外注意"先民爲'輔助'手勢之所不逮"數語。自然，在很大程度上可以說，這兩者存在着前因後果的關係。先生如此之說，所以經得起我們細細之推敲，迺緣自其引證之堅實（就筆者目力所及，先生之證最堅）與考析之細密。要之，景麟先生於此將"口頭語言"當初是在什麼情況下"'輔助'

手勢語言"這一重要問題，説得十分清楚。就筆者目力所及，將這一問題説得如此透徹者，當以先生所論爲最。而此所謂"透徹"，迺緣識"肯綮"所在而中之，非引"北美洲土著民族阿剌帕和人以及南非洲之布西曼人"如何如何，便能造乎斯境。

先民何以"不得不借助於口音"？即"口頭語言産生之客觀條件"與什麽有關？此迺關鍵中之關鍵。是文分三個部分對"與語言有密切關係之'名''問''音'等字所代表之原始意義"進行細緻而具體的考察以究之。如在第一部分的開始，先生便以《説文解字》"口"部之"名，自命也。從口夕。夕者，冥也。冥不相見，以口自名"爲例展開研討。當然，我們知道，後人對叔重是説有種種不同的看法。如戴侗之"《周官》'中夏教茇舍，辨號名之用，以辨軍之夜事'，莫夜則旌旗徽識不可辨，故必謹其號名以相壹，'名'之文所以'從夕'也"(《六書故》卷十一)，段玉裁之"《祭統》曰：'夫鼎有銘。銘者，自名也。'此許所本也。……其作器刻銘，亦謂稱揚其先祖之德，著己名於下，皆祇云名已足。不必加'金'旁。故許君於金部不録'銘'字。從《周宮》今書、《禮》今文也。許意凡經傳'銘'字皆當作'名'矣"(《説文解字注》二篇上·口部)，李慈銘之"'名'之'從夕'，殊不可解。以'冥'轉訓，亦甚迂晦。疑'名'本從'卪'，'卪'者信也，亦制也。……"(《越縵堂讀書記》之《經部·小學類·字書·説文解字》)，張文虎之"竊謂'名'字本從口，從令省，亦聲。從令省者，從卪也，卪者信也。從口從卪者，所謂名之必可言，言之必可行也。篆文'卪'與'夕'形豪氂之誤，附會爲夕冥，其説甚陋，蓋後人所妄竄，非許書也"(《舒藝室隨筆》卷二) 等等，不一而足。然此中多或如李、張兩氏的失之甚遠，或如戴、段二家的未達一間。縱觀古今各家之説，在我們看來，當以景麟先生所言最得"名"之所以爲"名"之實，合《〈説文〉歧讀攷源》《古語"偏舉"釋例》所論觀，看得更爲清楚。(對《説文解字》釋"名"之看法，臺灣學者龔鵬程先生與景麟先生甚近。不過，龔先生之"人類學界有一種主張，認爲人類發出聲音，最初都祇是用以輔助手勢的，音節語也都多少會依仿着手勢語。但從中國人對語言這種聲音特性的認識及強調來看，古人並不以爲語言主要是繼手勢而用或代手勢而起。因此，纔會説音是'聲也，生於心有節於外'。漢語中凡從音之詞，也多有昏暗之義，如暗、闇、瘖都是"説〔氏著《文化符號學導論》第1~2頁，北京大學出版社2005年版〕，似未爲圓照。《説文解字》卷三"音部"："音，聲也。生於心有節於外謂之音。宫、商、角、徵、羽，聲；絲、竹、金、石、匏、土、革、木，音也。"即這裏的"音是'聲也，生於心有節於外'"之"音"的時代，不知比"冥不相見，以口自名"晚多少。）而先生之得，往往緣其解讀文獻之大智慧。如於此之將部分置於整體中作歷時之考察，等等。用先生《屈學答問·一一》的話説，即"做學問時，不能把一個問題孤立起來看，而必須把問題放在事物的整體規律當中，進行分析"（《淵研樓屈學存稿》第42頁）。先生説：

> 《説文》釋"名"爲"從夕口"，此實古義之僅存者；但又局限於"自命""自名"，未能從泛指一切物名着眼，猶未達一間。……"名"字金文多作𠮨，甲骨文則作𠮩，僅就字形言之，其本義已灼然可見。蓋遠古先民，於晝間皆以手勢表事達意，逮日夕昏冥，視官失其功能，即不得不代以發諸口舌之語音，以乞靈於聽覺。"冥不相見"而以口舌"自命""自名"，特昏夕之中表事達意之一端耳。……"名"字從夕，許氏以爲"夕者，冥也，冥不相見"云云，可謂得其本義，並與"名"字所代表之語音，亦互相吻合。蓋先民開始以口舌表意，乃出於日夕昏冥之際，故即以事物出現之時間特徵"冥"音呼之；"冥"與"名"，一語之異文耳。推而廣之，凡與"名"同紐之字，多表昏冥之義。

正是通過這些具體而細緻的考察，先生得出如下結論：

> 人類開始用語音表意，既在日夕昏冥之際，則其時白晝表意之工具，或仍爲手勢。此應屬人類由手勢表意到語音表意之過渡階段，乃人類文明進化中所邁出最關鍵之一步。人類語言開始產生的環境與條件，可能是多元的，而不是一元的。昏夜降臨，作爲環境與條件之一，是否對語言的產生，曾起過促進作用，這是很值得探討的問題。

在筆者看來，先生之説乃聲音與手勢二者"交替之際，如何過渡"這一語言起源之重要問題的種種研究中之最爲出色者。我們知道，約翰·萊昂斯在其1986年於劍橋大學達爾文學院的一專門講座——"語言的起源"中曾説：

> 有一種關於語言的種系發生理論（原注："我本人贊同的就是這種理論的一種修正形式。"）是認爲語言並非起源於言語，而是起源於手勢。這當然不是一種新理論。早在1746年，康迪拉克（Condillac）在他的一篇文章中就提出了這種看法，那多半是18世紀關於語言的起源或者各種起源的諸多討論中最具獨創性和最有影響的一種觀點。那以後，許多不同學科的代表人物，如泰勒（Tylor）、摩爾根（Morgan）、華萊士（Wallace）、馮特（Wundt）等許多學者，也表示過類似的看法。不過，現在又有了不少支持這種手勢理論的新證據。有關證據衹有一部分是來自語言學，大部分都是來自物理人類學、古生物學、心理學、個體生態學和神經生理學這些其他學科。（費比恩編、王鳴陽譯《起源》，第192頁）

惜乎當時約翰·萊昂斯氏無緣見到先生此文（此文雖成於1947年，然1990年纔問世）。當然，不止《原"名"》如此，《語言起源之商榷》《古語"偏舉"釋例》亦然。還有，是否看到先生之文是一回事，看到了，能否看出其重要之價值又是一回事。（如先生之《〈說文〉歧讀考源》一文，就曾提交"中國訓詁學研究會第三次年會"〔1984年〕，然其時並未得到應有的關注。此即一顯例。何九盈先生説："著述走向'未來'固然靠自身的價值，而如何發現其價值，認識其價值，肯定其價值，這就不是著述自身的責任了。有的著述反潮流，不爲時代所容；有的著述反傳統，思想大大超前，不爲時人所理解……總之，學術著作的流傳，學術著作能否走向未來，冥冥之中也有機緣、命運在起着難以預料的作用。"〔《中國現代語言學史散步：修訂本俊序》，何氏上揭書，第759頁〕的然。）借用魯迅先生《葉紫作〈豐收〉序》的話説："偉大也要有人懂。"（《且介亭雜文二集》第6頁，人民文學出版社2006年版）

在同樣是成稿於1947年的《古語"偏舉"釋例》一文中，景麟先生説：

在世界較爲原始之語言遺產中，有一種普遍現象，即凡抽象語詞，常常附麗於表示實體之具體語詞之中，而成爲一個單詞；即抽象語詞不是離開實體語詞而獨立存在。……世之語言學家多以爲，此乃反映人類由具體到抽象所必經之認識階段。然而，如果進一步從古漢語本身之音素結構來看，則可發現情況比較複雜，不能一概而論；而其中之共同規律，則應概括爲古語之"偏舉"現象。即先民創造語言之時，一個單詞實等於一個句子之含義；而在這個句子當中，乃僅僅取其一個詞義以代表全句。

接着，先生對古語的這一現象從"表動""表數""表色"與"肯定與否定"四方面"示其例"以進一步證明："古人以一個詞作爲一個句，即寓句於詞之事實，乃客觀存在。"（相比之下，此前樂炳嗣先生之"人類最初的語言，大抵以字爲句；再進而以少數的字爲句"〔《語言學大意》第11頁〕與沈步洲先生之"最初之言語，大抵以字爲句，寓句於字"〔《言語學概論》第18頁〕說，祇是一種未加證明之推測。即使比之高名凱先生出版於1963年而甚見理論深度的《語言論》的相關之說〔參第330～333頁〕，"精審"亦過之。）不僅如此，由於"對此種事實之解釋，卻言人人殊，意見並不一致"，先生再在此基礎上做如下兩方面重要的工作：首先，進一步舉例證明"抽象語詞附麗於實體語詞""以字形爲別異"與"一字多音"三說，其於"古語'偏舉'之故"，或"不足以說明"，或"不能用以解釋"；而"一聲演變說"雖近是，"但祇能用以解釋某些'偏舉'現象之流變，而不足以說明'偏舉'現象之來源"。其次，進而"探求古語'偏舉'現象之由來"這一"難題"。先生說：

關於遠古手口並用之歷史殘痕，由於時代杳遠，不易追尋。但以手勢容止輔助語言之不足，人類至今猶存其舊習。……因此，前人釋《說文》"手口相助"，以爲乃指勞動勤劬，"手不足以口助之"，顯然失其本義。因人類進化到有語言文字時期，早已脫離一般動物手口並作之狀態。

故"佐助""佑助"所表示之"手口相助",實指語言之外助以手勢之歷史殘痕。(《古語"偏舉"釋例》)

先生對"古語之'偏舉'現象"的揭示,同樣意義非凡。這不僅對我們研究(逆探)語言之起源如此,於考察文字與語言之關係亦然。而這一重要的問題,亦未得到學術界應有之關注。

　　另外,我們若要更多或更好地瞭解先生有關語言起源方面的成果,便不應放過《在漢字討論中所想到的》與《〈說文〉歧讀考源》,儘管這兩者所論的重點迺語言與文字之關係。

　　先生在《〈語言之起源〉補記》中説:

　　我主張人類是由"手勢語"發展成"口頭語"的。"口頭語"的特點,是通過口腔唇舌的不同形態,再輔以聲帶的音響作用而形成的;聽者則通過對不同音響的感受而領會其口腔唇舌的動態所表達的意象。

接著,先生從多個方面闡明口頭語跟手勢語之不同後,又説:"看來'口頭語'對勞動生產力的解放,是具有巨大作用的。但'口頭語'於昏暗之際所特有表義作用,仍未被人們所注意。半個世紀前,我的《原"名"》一文,就是爲此而作";"我從'手勢語'轉化爲'口頭語'的演化痕跡着眼,曾寫出《古語"偏舉"釋例》一文,把'偏舉'現象作爲手、口並用時期所留下的語言遺痕。其中有'表動''表數''表色''肯定與否定'諸例。如對'肯定與否定'一例,我認爲古人的'否定詞',口頭上往往祇用一個'肯定詞',其否定之意則用手勢姿態代之"(是説從印第安人"擬勢語"中可得以證實。參林惠祥《文化人類學》第七篇第二章〔《擬勢語》〕末段);"談到語言與文字的關係,我在拙著中(今案:指《〈說文〉歧讀攷源》)曾提出許多古漢字有一字歧讀的特例,證明語言與文字並不是一開始就結合在一起的;文字作爲語言的符號,是以後纔出現的情況"。顯然,關於"語言之起源"這一世界性的難題,先生在撰寫《語言起源之商榷》前已有了較爲成熟之整體性構想,而且將語言與文字之關係問題納於其中。這一點很重要,由於兩者關係十分密切，此證往往有助說彼，反之亦然。1＋1＞2，此之謂也。至於先生最終何以不撰一部專著以究這一世界性的難題，這恐與深受其恩師太炎先生之深刻影響有關。先生在《自述治學之甘苦》中曾說：

> 做學問是一種創造性的勞動，沒有創見，決不動筆。我經常強調：一個做學問的人，要在自己本學科中，能解決幾個歷史性的重大問題，纔算是對學術有所貢獻；否則，陳言舊說，連篇累牘，即便留下幾十本皇皇巨著，也是沒有意義的。而且即使是自己的創見，應當寫成劄記的，決不拉成論文；應當寫成論文的，決不鋪張成專著。這也許是我繼承了章氏學派最突出的優良傳統。因爲太炎先生曾說："若學術無心得，惟侈博聞。文藝無特長，惟隨他律。技巧無新法，惟率成規。雖盡天下之能事得盡有之，猶是他人所有，非吾所獨有也。"（《劍南憶舊：湯炳正自述》第174頁）

在學術界异常浮躁之當下，不知讀者讀此作何感想？今人姚小平先生自序其《17—19世紀的德國語言學與中國語言學》說：

> 學術在他們（清代小學家）是性命，在我們是商品；他們著述，是因爲有得於心，我們著述，是爲評職、爲收入；他們崇尚讀書等身，我們追求著述等身；他們用三十年寫一本書，我們用一年寫一本書；他們以質評價論文，我們以量統計成果，如此等等。舊學和傳統一再遭到批判，舊時的學風學德卻未能得到弘揚。我們常常羨慕西方學界的民主氛圍和批判精神，但我們何不近取諸身，學一學顧炎武、顏習齋、章學誠？

的確，我們的確應當近取諸身，學一學顧炎武、顏習齋、章學誠；學一學章太炎、湯炳正……

縱觀我國20世紀上半葉有關語言起源之研究，景麟先生的成果無疑是最具創見、最值得我們珍視的。如上所述，首先，景麟先生在《語言起源之商榷》一文中根據大量事實，於前賢時彥原有的種種有關語言起源之說外，提出了其"容態語"與"聲感語"等嶄新而極具深度之論；其次，先生在《原"名"》一文中，最爲出色地解决了聲音與手勢"交替之際，如何過渡"這一語言起源之大難題；等等。由此，景麟先生將語言起源中影響最大之"手勢説"扎扎實實地往前推進了一大步，而相比之下，不少相關之説緣此而顯得暗然失色。另一方面，先生這一研究猶一座多層之寶礦，"挖"而益出。因之，當我們站在已過去了六十餘年之今天的立場上看，景麟先生有關語言起源之論説，仍爲本研究領域中最厚實、最重要的收穫之一，時間遮蔽不了其智慧之光輝。令人遺憾的是，先生這一異常珍貴之研究成果，如上所述的由於種種原因，尚遠未受到我國現代語言學史家應有之重視，遑論西方學者。問題是，就解"語言之起源"這一世界性的難題言，景麟先生之研究無疑有着其難以替代的獨特之重要貢獻。不僅如此，我們將這一研究成果置於越長、越寬的時空中與相關之優秀研究成果比觀，就越是感到景麟先生所説之傑異。套用沈約《宋書·謝靈運傳論》之語，是爲：於此域中，景麟特秀。

二、比照湯先生所論，否定"手勢説"之理由更難以成立

我們知道，向有否定"手勢説"者。不過，在筆者看來，這種種否定之理由，雖或有的能否定某些持"手勢説"者之部分理由，且其上焉者不乏啓人之思，然這種種否定之理由卻難以從根本上動摇"手勢説"，尤其是景麟先生給是説添加了"支撑"後。爲了更好地説明這一問題，下面試舉其要而略加辨析，以見其凡。

由於衆所周知的原因，否定"手勢説"而影響之至巨者自然是斯大林。他説：

> 有聲語言或字底語言始終是人類社會唯一的能作爲人們完善的交際工具的語言。歷史上没有任何一個人類社會，即令是最落後的，能夠没有自己的有聲語言。……在這一方面，所謂手勢語言底意義——由於它極端貧乏和有限——是小得不足道的。其實這不是語言……不能把手勢

語言和有聲語言等量齊觀，正如不能把原始的木鋤與現代最新式的拖拉機等量齊觀一樣。(《馬克思主義與語言學問題》第46頁，人民出版社1950年)

回歸到學術本身，是說顯然是大有問題的。伍鐵平先生《思想和語言孰先孰後?》(原刊《北方叢刊》1980.1)說：

斯大林同志既然認爲不存在沒有語言物質外殼的思維，必然反對手勢語階段的理論，因爲承認了手勢語階段也就等於肯定了思維可以沒有語言外殼，思想先於語言。這個學術問題自從斯大林同志作過'結論'以後，也成了一個禁區，我國再沒有人敢談論了。(氏著《語言與思維關係新探》〔增訂本〕，第8頁，上海教育出版社1990年版。又，姚小平《論語言的起源》〔上〕之"1. 手勢説"，亦有類似的看法，可參。姚文見《百科知識》1986.6：18~21)

另一方面，在那種境況下，我國相當部分學者關於這一問題的思考或"自覺變軌"了。伍先生在同一文中又說：斯大林所舉的"十九世紀的澳洲人和火地人的例子"不能"證明遠古人類一開始就有有聲語言"；"'所謂的手勢語言極端貧乏和有限……不能和有聲語言等量齊觀'。……然而，貧乏、有限的手勢語言不正好跟原始人類的不發達的思維水平相對應嗎？"而"根據辯證法的觀點，任何完善的東西總有一個從不完善演變爲完善的過程。有聲語言也必然有一個從無到有，從初級到完善（原註："也許是從手勢到超音段交際手段再到有聲語言。"）的演變過程"（伍鐵平上揭書，第9、11頁）。伍先生的辯駁是很有力的。的確，不能用"當今"最落後的社會具備有聲語言去"證明遠古人類一開始就有有聲語言"。另一方面，如上所述，景麟先生在《原"名"》等文中進一步證明了"人類一開始就有"手勢語言。當然，斯大林這段話的問題還不止於此。首先，有聲語言"能作爲人們完善的交際工具"，迺不知是過了"初始"多久之後的事，而非在其"起源"階段即如此；至於手勢語言之"極端貧乏和有限"，則近乎"古今皆然"。（澳大利亞一部族"迪埃利族〔Dieyerie〕'除了有聲語言外，還有豐富的手勢語言。一切動物，一切土人，男人和女人，天、地、行走、騎乘、跳躍、飛翔、游泳、食、飲以及其他許許多多的事物和動作，都有自己專門的手勢符號來表示，所以這些土人不發一言就能交談'"〔列維·布留爾《原始思維》第152頁，商務印書館1981年版〕。儘管如此，合觀"極端貧乏和有限"云云，這並不影響我們的"近乎'古今皆然'"說）不僅如此，由於有聲語言在發展過程中不斷地顯出其優勢，遠遠地將手勢語言拋在後面，而與此同時，手勢語言的功能恐怕會反過來，即逐漸地退化。顧亭林之"三代以上，人人皆知天文。'七月流火'，農夫之辭也；'三星在天'，婦人之語也；'月離于畢'，戍卒之作也；'龍尾伏晨'，兒童之謠也。後世文人學士，有問之而茫然不知者矣"（《日知錄集釋》卷三〇《天文》）說，可以例之。總之，人類某些方面的進化與其某些方面的"退化"，往往是同步的。這是我們研究語言起源時應當注意的。明此，便知在探源的層面，比較兩者在"現代"的差異，近乎隔山鞭牛；而將"現代"的有聲語言與"初始"之手勢語言比觀，進而說明前者"完善"而後者"小得不足道"，這在研究方法上則恐爲一低級之錯誤。如同是多年的喬木與灌木，自然是前者遠爲高大，然在其初則並非如此，而斯大林卻類用已"參天"的喬木去與灌木之"苗"比。據學者於上世紀初的考察，澳大利亞土著手勢語言相當豐富，"卡爾·施特雷勞就算出阿蘭達部落所用的各種手勢符號有450多個。手勢符號不但表達具體的事物，而且也或多或少地表達抽象的概念"；然同一時間，"在阿蘭達語中計有一萬以上的詞"（〔前蘇聯〕C·A·托卡列夫等主編《澳大利亞和大洋洲各族人民》上冊，第123、122頁，三聯書店1980年版）。至於"先民之初"，則正如景麟先生《原"名"》所論證的，"乃用口頭語言'輔助'手勢語言之不足"（詳上）。即在探究語言起源這一問題上考察"手勢說"與"有聲語言"的關係，重要的是看其"初始"之情形，而非"今天"的狀況。細讀景麟先生《語言起源之商榷》《原"名"》《古語"偏舉"釋例》諸文，自當悟之。

　　高名凱、石安石兩先生主編之影響極大的《語言學概論》同樣否定"手勢說"。該書第一章（《語言的起源》）第二節（《關於原始語言》）有說：

> 原始的語言一開始就是有聲語言……具有與現代語言相同的基本結構和基本職能的有聲語言……然而某些學者卻硬說原始的語言不是有聲語言，而是其他的東西。其中最流行的一種學説就是認爲原始語言是手勢語的"手勢論"。例如德國的心理學家馮德……蘇聯的語言學家馬爾……這種以"手的語言"爲第一性的原始語言的關於語言起源的學説完全站不住脚。（第2版，第12~13頁，中華書局1987年版）

何以"完全站不住脚"呢？該書接着説：

> 首先，和事物接觸的東西並不一定就會變成事物的符號，其他動物也用四肢和事物接觸，它們的四肢的各種姿勢難道就成爲事物的符號，就成爲語言了嗎？其次，人的祖先雖然在創造語言之前曾經運用過手勢去交换某些簡單的意思，但是這種手勢既不具備聲音材料和意義的要素相結合的基本結構，又不足以幫助人們充分地交流思想，進行思維。關於這一點，斯大林説得很清楚。他説……可見，"手勢語"根本就不成其爲語言，更談不到是第一性的語言了。（第13頁）

實際上，"完全站不住脚"（由於作者持"'手勢語'根本就不成其爲語言"説，故我們以"完全"云云套在"手勢語"頭上是符合其原意的）云云，正所謂非其所不當非（這裏不論馮德與馬爾之説的得失）。例以此説，其他動物也能喊出聲音，其最終"就成爲語言了嗎？"景麟先生説：

> 自然之聲音，乃萬物所同具，故自然聲音之發生，不得命爲語言之開始；祇有賦有表示事物之能力的聲音符號，始得謂爲語言之發軔。（《語言起源之商榷》）

此其一。其二，"斯大林説得很清楚"之"他説"，即我們前面所引的斯大林那段話。然斯大林於此不僅不是"説得很清楚"，而是如上所述的，邏輯不清、問題多多。再如"有聲語言或字底語言"一開始就可能是"完善的交際工具"嗎？在遠古，笨拙的"手勢語言"與"初始"之"有聲語言"，其兩者之差異會有"原始的木鋤與現代最新式的拖拉機"那麽巨大？不言而喻，答案自然是否的（詳參景麟先生《古語"偏舉"釋例》《語言起源之商榷》等文）。至於人類初始有交際功能之聲音最終何以能發展成爲"最新式的拖拉機"，而"手勢語言"則早就止步於"原始的木鋤"階段，那是另一個問題。概而言之，"説得很清楚"云云，可謂是所不當是（類是者比比皆是）。比觀我們前面所引景麟先生的相關之論（如《語言起源之商榷》之"玫邃古之初……即指發音時由脣舌所範成之不同聲響以象徵事物之形態"，等等），最能説明問題——"精""粗"立判。而或是受斯大林此説之誤導，這部優秀教材竟在"語言起源"之語境中，有"原始的語言一開始就是有聲語言……具有與現代語言相同的基本結構和基本職能的有聲語言"之説，這實在是難以思議（當然，這正如錢大昕《答王西莊書》所説的，"一事之失，無妨全體之善"）。故筆者以爲，讀是書之《語言的起源》一章者，當合觀景麟先生本書中之《語言起源之商榷》《原"名"》《古語"偏舉"釋例》《〈語言之起源〉補記》諸文以濟之。

又，著名語言學家高名凱先生在其《語言論》的第三部分（《語言的起源和發展》）中説：

　　語言和手勢之間並没有歷史繼承性，没有在本身的結構上具有某種相同的特點，因此，語言絶不能起源於手勢。（科學出版社1963年版，第324頁）

對此，馬文駒先生在《從當代心理學來看語言和意識的起源》一文中有不同的看法，他説：

　　驟然看來，這是言之成理的。但是，這並未能排除從猿到人演變過程中是否存在着先是手勢、表情爲主，發聲叫喊爲輔；而後逐漸轉變到有聲語言爲主，手勢、表情爲輔這兩個階段的歷史繼承性問題。（袁曉園主編《重新認識漢語漢字》，第324頁，光明日報出版社1988年版）

"這並未能排除"云云是恰當的,祇是馬先生針對高先生之"沒有歷史繼承性"説所論,似過略而未能深究。然兩相比較,高先生既然未能排除其時"是否存在着先是手勢、表情爲主,發聲叫喊爲輔"這麼一種情況,故其説在馬先生那裏,充其量就祇是或然。關於"手勢語"何以"遙遙領先"在前而"有聲語言"後來居上這一問題,方耀(趙宋光)先生有更爲細緻而合理的解釋。其在《論從猿到人的過渡期》(原刊《古脊椎動物學報》1976.2)一文中論"手的動作"如何"成爲'手勢語'"後説:

>　　……它(手勢語)的缺陷和弱點要求有聲信號來補充,但在過渡期的前期,因爲形成中的人從猿類祖先繼承下來的喉管和口部器官是不發達的,比手落後得多,所以"手勢語"的發展曾經遙遙領先。……由於特定的音節組與特定的手勢樣式相伴出現,這些音節組就能分別表示超生物經驗中的不同內容。同手勢語的大量樣式相比,能表達超生物經驗內容的音節最初是很少的,但它的優點一下子就(今案:"一下子就",似作"逐漸地"爲宜)顯示出來了:作爲語言的物質外殼,音節比手勢輕便得多;不同的音節組合在樣式方面的相互區別比不同的手勢樣式更清楚,有助於區別因果鏈的不同環節。這些優點使它能逐漸從同手勢語並用中分離出來,成爲獨立的有聲符號。在"形成中的人"的有聲信號中,傳達了超生物經驗內容的音節(有聲符號)是新質,而原來固有的本能性有聲信號則是舊質,在過渡期的前半段,新質在總量中祇占劣勢,當新質在量上由劣勢轉爲優勢而舊質相對地降爲劣勢時,有聲信號就演化成萌芽狀態的原始語言。(《趙宋光文集》第一卷,第13~14頁,花城出版社2001年版)

顯而易見,比之馬説,方説雖不是明駁高説,然其於這一問題不僅更具針對性,且論述得更爲詳明,更合乎情理。若能起高先生於九原,其恐亦難以自解矣。略嫌不足的是,其結論更多的是緣於思辨而非具體之證據支撐。如"音節比手勢輕便得多"云云,時間性至爲重要,弄不好便造成以今律古。不言而喻,就論證這一問題言,"證據"更為重要。以此比觀景麟先生《原"名"》之先民何以"不得不借助於口音"?即"口頭語言產生之客觀條件"與什麽有關一節,思過半矣。然儘管如此,方耀先生當時能進於是,已非易事。其貢獻不菲,不容忽視。

對"手勢語"的否定,吳桂藩亦然。吳先生在其發表於《中國社會科學》1981年第3期上的《論思維和語言的起源》一文中説:

> 那種語言起源於"手勢語"或"手勢——有聲語"的觀點,其弱點是太拘泥于現實中的啞人或馴化動物的"手勢",而忽視了物質發展的承接關係(今案:"忽視"云云與前引高先生之"没有"云云,實質上是一致的)。問題很明顯,分節清晰的語音,祇能來自不分音節的囫圇呼叫。語言的其他任何輔助手段,都不可能成為語言起源的主源。正如恩斯特·海克爾所説的:"最後,特別有趣的是,經生理學比較證明,猿猴的發音,與人類分音節語言的初步階段相似,在現存的類人猿中,有幾種印度類人猿還富有音樂感:敏捷長臂猿和合趾長臂猿發音清晰,聲音嘹亮,用半音能唱完八度音節。没有偏見的語言學家都毫不懷疑,現代高度發達的概念語言是從我們新第三亞紀猿猴祖先不完全的發音逐步緩慢發展而成的。"

這裏的"手勢——有聲語"説出自王方名。王先生在其《關於個人思維能力規律性的問題》一文中説:

> 關於語言起源的學説……馬爾的學説自然不能成立;斯大林的學説也祇是説明現存的人類社會。事實上,在原始人類群中,曾經有幾十萬年既不是手勢語,又没有形成音節清晰的有聲語;而是以手勢——結合並不能音節清晰的、艱難的言語活動,我們名之曰"手勢——有聲語",它和現在的啞巴用手勢和音節不清晰的語言進行交際差不多。手勢——有聲語是語義和語音結合成一個語言單位的必然形態。手勢是語義的必需條件,音節清晰的語音是語音的必要條件,"手勢——有聲語"是使語

音和語義結合成語言單位的必要而又充分的條件。就是說，祇有'手勢——有聲語'纔能成爲語言的真正起源。（《教育研究》1979年第5期）

顯而易見，王先生之"事實上"云云其實並無什麼"事實"在，而於此"事實"是至關緊要的。因之，吳先生說"其弱點是太拘泥于現實中的啞人"之"手勢"，"而忽視了物質發展的承接關係"，大體上是沒有問題的。問題是，由此並不能否定語言起源之"手勢說"——比觀景麟先生是書中的《語言起源之商榷》《原"名"》《古語"偏舉"釋例》《〈語言之起源〉補記》等文所說，便自當明白。至於吳先生所引德國著名的生物學家恩斯特・海克爾（1834—1919）《宇宙之謎》的"沒有偏見"云云，妄言妄聽可矣。"經生理學比較證明，猿猴的發音，與人類分音節語言的初步階段相似"，這可信嗎？"人類分音節語言的初步階段"之"發音"情況如何，19世紀末、20世紀初的學者真能瞭解？而"在現存的類人猿"與"我們新第三亞紀猿猴祖先"非一。因之，由其"還富有音樂感"云云雖大可展開遐想，而斷言"沒有偏見的語言學家都毫不懷疑"如何如何，則太勇於自是了。西方學者麥克布賴德（W. H. Brindley）在恩斯特・海克爾百年誕辰（1934年）之際，曾於英國《自然》雜誌上撰文介紹其研究工作，其中有說：

> 他也像赫胥黎一樣熱忱擁護人類起源於動物的學說。……同赫胥黎相比，海克爾更具攻擊性，更加魯莽，因爲他動輒就在沒有充分數據的情況下急於作出很不成熟的論斷。例如，當他說如果在人和動物之間劃一條界線的話，那麼類人猿一定是與猿類劃到一起的。（〔英〕馬多克斯等主編《〈自然〉百年科學經典》〔第3卷，1934—1945：英漢對照〕，第47頁，外語教學與研究出版社2010年版）

在我們看來，吳先生所引海氏之說，亦一"不成熟的論斷"之顯例。換言之，由此是無法證明"分節清晰的語音，祇能來自不分音節的團圞呼叫。語言的其他任何輔助手段，都不可能成爲語言起源的主源"的。不僅如此，吳先生既在該文中界定"語言是以分節的語音來表示一定的意義，它是思維反映外在對象及其關係的有聲符號體系"，則"語言的其他任何輔助手段"云云便無法說得過去——以吳先生說證吳先生說，"囫圇呼叫"時代，何來"語言"？而"語言的其他任何輔助手段"云云，近乎以今例洪荒之世。於此（包括前面提到王先生之"事實上"云云與下面提到吳先生之"第四……"），或使人想起維柯《新科學》所說的"人對遼遠的未知的事物，都根據已熟悉的近在手邊的事物去進行判斷"（人民文學出版社1986年版，第83頁）。此其一。

其二，吳先生認爲："那種認爲語言起源於'手勢語'或'手勢——有聲語'，都經不住推敲。"其主要理由有五，然其中之"第一"與"第三"是就"手勢——有聲語"說的，而如上所述，我們認爲該說缺乏"事實"支撐，且這兩者均非直接否定"手勢說"本身，故此不說之，說餘三者。

吳先生說："第二，倘若初民最初以'手勢語'爲主，必然會出現下面的事實：即'手勢語'要優先得到龐大的發展。這種大發展進程的趨向，決不是什麼人能從中扭轉的。按此，自然推論出，'手勢語'的表達範圍就會越來越擴大，而其表達的內容亦將愈來愈清楚；然而，不分音節的叫喊，勢必降到可有可無的位置上，直到最後夭折。那麼，人們今天所使用的，依然是一套龐大的手勢符號的表達系統"；"第四，在使用工具的生存實踐中，在腦、手和語言器官相應發展的基礎上，有聲分節語是初民在三百萬年的時間內使用語音的實踐中逐漸演化而形成的。這種艱難的語音上的'鍛煉'正是有聲分節語形成的重要因素之一，決不是什麼'手勢'所能代替得了的"；"第五，在文字起源上，我們看到了這樣的跡象，無論各民族的語音隔閡多麼大，然而文字的開始階段，大抵都經歷過：表示對象及其抽象關係的'文字畫'和'圖畫文字'（會意字是從中演化出來的）以及抽取物件某些特徵的'象形字'。如我國的象形字 巛（水）、☉（日），和古埃及的 ≋（水）、☉（日），大致都差不多。文字是記錄語言的符號，從各族最初文字的表義性中，也會看到各族最初語音的表義性。"

吳先生此文的第四部分（《語言的起源和形成晚于思維》）主要論"語言的起源"，而其中某些地方所說未免"觀念大於史實"。其所謂"都經不住推敲"的結論之支撐，似沒有一條是過硬而能成立的。如其"第二"之"必然會出現下面的事實"云云，便給人一種"甩開"常識再思考之感覺，而說明不了任何實質性的問題。人類歷史上強弱移位以至原來之強（佔優勢）者消失於歷史中之事情不計其數。換言之，其所以被看成問題，逎緣吳先生於此思有所未密——或如景麟先生《致張中一》所說的"放鬆這一環"之所致也（《湯炳正書信集》第190頁）。其"第四"，同樣難以說明什麽問題。對此，我們前面提到之方耀先生《論從猿到人的過渡期》一文已有更爲細緻而合理的解釋，而這是吳先生立此說時難以繞過的。即吳先生此前若讀過方先生是文，恐便不如是說了。方先生說：

> 使用工具的活動本來就離不開手的動作，由於猿類有特別發達的模仿本能，在成年個體與幼年個體之間"示範——模仿"關係持續存在的背景下，手的動作就最先在較大範圍內和較深程度上客觀地成爲使用工具活動的傳達信號，不同的手勢能表示不同的取具方案和運用動作（作爲信號的新含義）。手的動作，本是在使用工具的活動中形成的，現在又擔負了傳達取具方案和運用動作（這傳達內容中，陳述和命令還不分）的符號職能，在它作爲符號的情況下，卻可以簡略化和定型化，這樣的動作就從使用工具的實際活動中分化出來，成爲"手勢語"。（《趙宋光文集》第一卷，第12～13頁）

接着，方先生還探討了"手勢語"與"音節"兩者之強弱轉化（參上）。儘管方先生於此沒有舉出堅實之證支撐，然結合《原始思維》第四章之"Ⅳ"（同上，第150～160頁）與《澳大利亞和大洋洲各族人民》第三章之"手勢語言"（同上，第123～126頁）等等，不管從哪一層面上說，均比吳先生之說要實、要嚴密、要合乎情理。不僅如此，站在今天的立場上考察，吳先生是說更是無法繞過景麟先生《原"名"》等文所說（詳上）。至於其"第五"，與其說是否定"手勢說"，倒不如說實際上是支持了"手勢說"。首先，"如我國的象形字〰（水）、☉（日），和古埃及的≈（水）、☉（日）"，其最初衹能是以形示義（明物），而非"看到各族最初語音的表義性"。道理其實很簡單——不同地域與種族之人用同樣或幾乎同樣之形（即吳先生所說的"文字畫"。然文字畫屬於語段文字，其本身不反映語言形式。）象之，而音各異，故便知其"義"所始自然是"形象"而非"語音","語音"必後乎"形象"。即"☉"等"初文"之"最初"的"表義性"迺緣其"形象"而非吳先生所說之"語音"。景麟先生說:"泝厥文字之初起,則既非諧聲,又非拼音,祇爲一種極簡單之事物形象符號"(《說文》歧讀攷源);"任何一個民族,從文字上追本泝源,其原始性的文字,都是表意的,而不是表音的"(《致〈東方文化〉的一封公開信》)。的然。就"我國的象形字"言,裘錫圭先生說:

> 我們所以把古漢字"☉"(日)叫做表意字,是因爲"☉"作爲字符,即太陽的象形符號來看,跟(日)這個詞祇有意義上的聯繫,沒有語音上的聯繫。如果作爲(日)這個詞的符號來看,它也是音、義兼備的。(氏著《文字學概要》第11頁,商務印書館1988年版)

不言而喻,於此,先"象形"而後纔是"音、義兼備"。又,蔣善國先生之"文字畫不能表達語言的聲音,也不能表達詞和詞序,實際上是一種表意的圖畫,是象形文字的前身或來源,不是純文字"(氏著《漢字學》第34頁,上海教育出版社1987年版);黃奇逸先生之"愈是原始的文字,就愈帶有更多的語段文字(今案:此與"文字畫"同)的特徵。如爾蘇沙巴文字、早期蘇美爾文字、納西東巴文字等。它們都沒有文字符號與語言中的語音單位嚴格對應的關係"(氏著《歷史的荒原:古文化的哲學結構》〔增訂本〕第41頁,巴蜀書社2008年版)說等,亦均近是。其次,從初始之意義上看,"文字是記錄語言的符號"云云顯然是錯誤的,而吳先生正是在這一層面上如是說。景麟先生《〈說文〉歧讀攷源》說得非常好:

> 並非文字出現之初即爲語言之符號,根據語言而創造。……語言者,乃以喉舌聲音表達事物與思想;而文字者,則以圖畫形象表達事物與思想。語言由聲音以達於耳;而文字則由形象以達於目。……遠古先民,實依據客觀現實以造字,並非"依聲以造字";亦即文字並非"在語言的基礎上派生出來的"。

換言之，從"起源"的層面上考察，文字斷非"記錄語言的符號"，其與手勢之"親密度"顯然遠遠地超過了其與"語音"之關係。（前面對"⊙"等的分析所得，亦一有力之佐證。又，還可參孫常敘《從圖畫文字的性質和發展試論漢字體系的起源與建立：兼評唐蘭、梁東漢、高本漢三先生的"圖畫文字"》，載《吉林師大學報》1959.4：1～37；李孝定《從六書的觀點看甲骨文字》，見氏著《漢字的起源與演變論叢》，聯經出版事業公司1986年版；王鳳陽先生《漢字學》第九章《圖畫提示文字》，吉林文史出版社1989年版；畢可生《走出西方語言學的誤區》，載《東方文化》1995.6：67～71；等等）

當然，否定"手勢説"者尚多，不過其主要理由不出上述數家所持之範圍。即以斯大林那段問題多多的話、那貌似極有道理的"語言和手勢之間沒有歷史繼承性"及所謂持"手勢説"者"太拘泥于現實中的啞人或馴化動物的'手勢'"這三者爲其否定之支撐。問題是，既然上述數家所説不能成立，其所用"支撐"不出此數家者之論，結果如何可想而知，故此不復辨之。值得一提的是：（一）不僅是否定"手勢説"之學者，就是持"手勢説"之學者，其亦往往存在以後世已"完善"的有聲語言來説明爲何"語言的表現方法，必須採用聲音"（張世祿《語言學原理》第12頁。今案：張氏是書，據其《例言》稱：本書編製取材，大部分據美國布龍菲爾德早期的著作《語言研究導論》）方面之失；（二）否定"手勢説"而類似"原始人最用得着説話的時候是在勞動中。……'要不要抬木頭？''抬！'肩上扛着木頭，問問前面走着的人：'要不要放下？''放下！'於是協同動作。大家都沒砸了腳面。如果用手勢語言去辦這件事，就極不方便。……顯然，手勢語的理論邏輯不大容易説明馬克思主義者所共同主張的語言勞動起源論"（計永佑《語言學趣談》第2～3頁，書目文獻出版社1993年版）説者，亦時而有之。然是説，實似是而非：首先，景麟先生《語言起源之商榷》已有力地證明了"邃古之初，先民衹能以手勢或容止以達意。然此種形態表意之方式，往往因環境之距離，或視力所不及，對方即無從領受其意圖。於是不得不轉而利用語音作爲表意的工具"在先；其次，持此類説者沒有注意到"語言的手勢一般伴有面部姿勢"；其三，持此類説者没有注意到"人類一般的語言活動是在什麼條件下產生的"與"這種語言活動是從什麼事物發展而來的"迺二而非一（詳下）；其四，"要不要抬木頭？""要不要放下？"未免"以今律古"。

另外，我們認爲：高名凱先生的名著《語言論》第三部分之第一章（《語言的起源》）的"人類一般語言活動的起源問題包含着兩個小問題，一是人類一般的語言活動是在什麼條件下產生的，一是這種語言活動是從什麼事物發展而來的"（高氏上揭書，第308頁）説，是很有見地的。高先生在該章中詳細論證了這兩方面的問題。石安石先生《重印〈語言論〉序》之"恩格斯的論述（今案：指"勞動説"）是針對頭一個問題的。人類語言在勞動的條件下產生，這已爲科學的發展所證明。與此對立的神造説、社會公約説、娱樂説等等當然是錯誤的"（《語言論》卷首，商務印書館1995年版）云云，十分清楚地説明了高先生是説之重要貢獻，可謂得其大者；至於其後者，高先生之説恐未爲得，而當以被其所否定之"手勢説"最爲近是。

總之，上述否定語言起源之"手勢説"者均難以成立——比觀先生是書相關之文所説，更是如此（詳參上節）；而就"手勢説"本身言，如上所述，以先生之説支撑最堅、最爲"精審"。换言之，本研究領域的認真嚴肅之研究，無論如何也不應忽視景麟先生之相關研究成果——因爲你無法繞過它。

三、關於文字與語言之關係問題

文字與語言之關係，這同樣是一個牽涉甚廣的大問題。在這方面，《〈説文〉歧讀考源：兼論初期文字與語言之關係》一文乃一至爲厚重的成果。是文與上述的《語言起源之商榷》《原"名"》等一樣，探微抉奥、論析精密、創見迭出、勝義紛呈。景麟先生於此着力，"從《説文》中所保存之'歧讀'現象以探討古代語言與文字之關係"，而這一工作是前人未曾系統而深入地做過的。

我們知道，對古文字歧讀這一現象作出理論説明者，太炎先生已揭其端。景麟先生説：

先生在《文始·略例癸》云："形聲既定，字有常聲，獨體象形，或有逾律。""何者，獨體所規，但有形魄，象物既同，異方等視，各從其語以呼其形。譬之畫火，諸夏視之則稱以火，身毒視之則稱以阿揭尼能。呼之言不同，所呼之象不異，斯其義也。"但揆先生之意，乃以此爲文字音讀'或有逾律'之偶然現象，並未視爲文字發展過程中之必然規律。(《〈説文〉歧讀攷源》)

這是極爲恰當的。景麟先生此文則是首次對《説文》歧讀字作全面而細致之研討，進而成功地揭此千古之秘。在我們看來，其重要貢獻有二：

其一，就揭示"歧讀"這一現象本身言，正如劉信芳先生在其厚實而有深度的《古文字歧讀釋例》一文中所説的，景麟先生《〈説文〉歧讀考源》一文對《説文》歧讀字作全面的討論，其重要貢獻有四："（1）指出歧讀字產生的原因有三：有麽些型之'異讀'、日本型之'訓讀'、高麗型之'誤讀'等；（2）將《説文》歧讀字歸納爲'義同歧讀'、'義近歧讀'、'義異歧讀'、'諧聲字歧讀'、'諧聲字歧符'等；（3）對《説文》'古文以爲某'、'古文某'、'讀若某'、'又讀若某'以及聲符歧讀字與義符歧讀字的體例問題詳加闡釋；（4）指出商周甲骨文、金文已有歧讀字存在，如同一木形，或作草木之'木'字用，或作'午未'之'未'字用。子璋鐘'月'字作'夕'、熊悉鼎'獲'字作'隻'等等。"(《安徽大學學報》2008.5)

其二，恰如先生自己所説的，本文"以大量文字的'歧讀'事實，證明了文字的出現，並非一開始就是語言的符號，而跟語言一樣，是直接反映現實的，是在現實的基礎上產生的。作爲語言符號的文字，乃文字發展到一定階段以後的現象"(《〈淵研樓語言文字論集〉簡介》)。而當我們對20世紀或者更長的歷史時期之語言與文字關係作考察時，與前者相比，《〈説文〉歧讀考源》一文巨大之貢獻，在這裏更爲凸顯。

我們知道，就語言與文字之關係言，古希臘的亞裏士多德之"口語是內心經驗的符號，文字是口語的符號"(《解釋篇》〔秦典華譯〕第一章。另外，〔法〕雅克·德裏達《論文字學》引亞裏斯多德此語作："言語是心境的符號，文字是言語的符號。"汪堂家譯本，上海譯文出版社1999年版，第14

頁）説影響至巨，索緒爾的"文字表現語言"，而"語言和文字是兩種不同的符號系統，後者唯一的存在理由是在於表現前者"（索氏上揭書，第47頁）説即承此而來。當然，索氏已説明：祇有"表意""表音"這"兩種文字的體系"——"表意體系"的"典範例子就是漢字"；而其"研究將祇限於表音體系，特別是祇限於今天使用的以希臘字母爲原始型的體系"（索氏上揭書，第50～51頁）。儘管如此，用"文字是記録語言的書寫符號"來表述，是合於索氏是説的。問題是，亞氏此説所據的，迺古希臘人借用腓尼基文字經過補充完善而來的希臘文字和當時希臘人重視口語這一文化背景；且"希臘語不同於腓尼基語，於是這套希臘字母喪失了原來的意義，而祇具備標記語音的功能"。因之，亞裏士多德是説雖"基本上符合於希臘文字的事實，可以作爲希臘文字的定義"，却"不具普適性……不能套用到對於漢字的研究來"（曹念明《文字哲學：一般文字學基本原理的思考》第10、16頁，巴蜀書社2006年版）。而索緒爾在定義文字之性質時，其主要的就是以他源（借用型）的希臘字母、拉丁字母以及由拉丁字母派生出來的歐洲之各種文字爲對象的。索氏説：

　　語言的符號可以説都是可以捉摸的；文字把它們固定在約定俗成的形象裏。……語言中祇有音響形象，我們可以把它們譯成固定的視覺形象。……可以在文字中用相應數量的符號把它們喚起。……語言既然是音響形象的堆棧，文字就是這些形象的可以捉摸的形式。（索氏上揭書，第37頁）

故此，索氏之"文字是記録語言的書寫符號"（這可視作意引）所説的乃指記録語言之"音響形象"而言，並且是"固定在約定俗成的形象裏"。即其所謂"語言學的唯一的真正的對象是一種已經構成的語言的正常的、有規律的生命。一定的語言狀態始終是歷史因素的産物。正是這些因素可以解釋符號爲什麽是不變的，即拒絶一切任意的代替"（索氏上揭書，第108頁）。於此，我們還應注意到巴黎語言協會於1866年宣布語言起源研究是非法的（該協會並於1901年再一次强調此項法律之有效性）一事對索氏或多或少的影響

(1881年至1891年,索氏適在巴黎高等研究院教授古代語言和歷史語言學,同時參加巴黎語言學會的活動)。當然,如上所述的巴黎語言協會此舉,其不過是當時歐洲語言學家們對語言起源研究之態度的集中體現。而注意到這一點,我們就更加清楚研究語言起源問題之重要性與必要性。(至於索氏《普通語言學教程:1910—1911索緒爾第三度講授》所説的"語言學的目的之一,是界定自身,確認什麽是屬於它的領域的"〔張紹傑譯本,湖南教育出版社2001年版,第5頁〕,那是另一回事)景麟先生説:

> 謂文字根據語音而創造,文字即爲語音之符號,在文字產生之始,即與語音有互相凝結而不可分離之關係。此乃清儒以來一貫之理論。然清儒之治《説文》者,其成績之所以能超越前代者固因此,而其猶有某些問題無法解決者,亦即因固守此説之所致。(《〈説文〉歧讀攷源》)

先生之善"識斷"而淵淵過人者,於斯即可概見。是非得失,明察秋毫,此之謂也。而從某種意義上可以説,索氏的情況亦如先生所説的"超越前代"之"清儒"。如其於現代語言學建構所作出的巨大之理論貢獻與其這一體系本身存在的某些難以克服的矛盾,即爲明證。("天然"的問題另當別論——岑麒祥先生在《瑞士著名語言學家索緒爾和他的名著〈普通語言學教程〉》一文中説:"索緒爾的《普通語言學教程》……在這半個多世紀期間,它的流行之廣,影響之深,在語言學史上是罕見的。可是因爲它所涉及的範圍非常廣泛,而索緒爾當時講授時並没有經過深思熟慮把他所要講的内容寫成書面的講義;他在一個相當長的期間祗憑一些粗線條的提綱隨意講演,有時甚至隨便即興發揮,所以其中多少總不免有些前後矛盾,雖經整理,仍顯得顧此失彼,有詳略不一致的地方。因此,這本書出版後,即使他的嫡系學生也從來不把它當作不能討論的教條,而認爲祗能代表索緒爾對於語言現象的某些觀點。"〔《岑麒祥文選》第178頁,北京大學出版社2010年版〕)另外,先生之"所以能超越前代者"云云,爲我們之研究留下了新的課題。

總之,關於語言與文字的關係,我們認爲:亞裏斯多德之説是有着或顯或潛之兩大前提的,索緒爾雖有"我們的研究將祗限於表音體系"之説明,然"固定在約定俗成的形象裏"與"有規律的生命"云云,從歷時之角度言,其與亞氏之説同——猶吾人泝長江而止於宜賓。注意到這一點十分重要,否則,我們會認爲諸如"先有語言後有文字""文字是紀録語言的符號"一類所謂"語言學的公理",真的完全是那麽一回事(合乎事實而被執此"公理"者批評,"悲";執此"公理"批評不該批評而不覺者,更悲);反之,至少從初始意義的層面上説,認爲"人類創造文字的目的不是爲了表現語言,而是爲了表達人的觀念和意義,是爲了找到一種眼睛能看得懂的視覺表義符號"(張朋朋《文字論》第15頁,華語教育出版社2007年版),是更爲合乎情理的(其實,"人類創造文字的目的"本身,即具初始意義)。如當我們説《左傳》是我國第一部編年史時,需在"編年史"前加"記事詳贍完整的"一類文字,因爲據現存文獻,我國第一部編年體斷代史是其前之《春秋》,然是書記事過略而欠完整;而當我們説《文選》是我國第一部詩文總集時,"第一部"後要有"現(今)存的"之限定,因爲已佚的《文章流別集》等詩文總集更早。明乎此,既然索緒爾説得那麼清楚:

　　對漢人來説,表意字和口説的詞都是觀念的符號;在他們看來,文字就是第二語言。在談話中,如果有兩個口説的詞發音相同,他們有時就求助於書寫的詞來説明他們的思想。但是這種代替因爲可能是絶對的,所以不致像在我們的文字裏那樣引起令人煩惱的後果。……我們的研究將祇限於表音體系,特别是祇限於今天使用的以希臘字母爲原始型的體系。(索氏上揭書,第51頁)

因之,我們就斷不能照搬"彼"以套"此"。即要充分注意到兩者間之差異。問題是,實際上照搬或有意無意地忽略索氏"我們的研究將祇限於"云云者實在不少。不僅如此,正如景麟先生在《致〈東方文化〉的一封公開信》(即《在漢字討論中所想到的》)中所説的,"索氏'文字是記録語言的書寫符號'學説,是錯誤的;索氏的這個'有兩種文字體系'的學説,同樣亦是錯誤的。因爲文字的表音與表意問題,應當納入歷史發展的範疇加以解釋,而不應當納入民族區域的範疇予以探討。否則就會有很多問題扯不清楚。……任何一個民族，從文字上追本泝源，其原始性的文字，都是表意的，而不是表音的"。況且，據我國著名語言學家、法國著名語言學家梅耶與房德里耶斯的弟子岑麒祥先生的《悼念老友王力》說：

> 從目前的情況看，許多國家的赫赫有名的語言學家，如法國的梅耶和房德里耶斯，美國的薩丕爾和布龍菲爾德以至瑞士的德·索緒爾，他們在所寫的關於語言的著作中論述的多祇偏重於印歐系語言的情況，對於其他語系，特別是對於漢語和東方語言，有的所知不多，有的毫無認識，他們著作中這方面的論述祇能像蜻蜓點水那樣一掠而過，其幼稚程度足以令人發笑。(《群言》1986.8)

而先生之"應當""不應當"云云，一如當年哥倫布之立鷄蛋——尤爲見智慧。而在此等處，往往最能看出一位學者之學術深度與其眼光如何。

另一方面，就我國原原本本之說言，唐人孔穎達《〈尚書序〉正義》有"言者，意之聲；書者，言之記"之釋；宋元之際的戴侗《六書故·六書通釋》有"夫文，生於聲者也，有聲而後形之以文，義與聲俱立，非生於文也。……夫文，聲之象也；聲，氣之鳴也。有其氣則有其聲，有其聲則有其文"之說；清人陳澧《東塾讀書記》卷十一《小學》有"孔沖遠云：'言者，意之聲；書者，言之記。'此二語尤能達其妙旨。蓋天下事物之象，人目見之，則心有意，意欲達之，則口有聲。意者，象乎事物而構之者也。聲者，象乎意而宣之者也。聲不能傳於異地，留於異時，於是乎書之爲文字。文字者，所以爲意與聲之跡也"之論；等等。（景麟先生之"清儒以來"如何如何，是就其極盛之情狀言，而無先生之祇眼，便無"亦即因固守此說之所致"云云的獨得之見）

現當代學者往往據此類說法以推斷"文字是記錄語言的書寫符號"，"先有語言然後纔有文字"說爲的，即證明我國古代學者亦如是觀。如有的學者引陳氏是說中之"蓋天下事物之象"以下文字而後云：

> 這段話不但可以說明文字的功用和性質，而且也說明了文字是在有

聲語言的基礎上產生的，不是'超語言'憑空而來的。先有語言，後有文字，這是鐵的事實。（梁東漢《漢字的結構及其流變》第22頁，上海教育出版社1959年版）

然在我們看來，戴、陳兩氏上述與亞裏士多德的"文字是口語的符號"説甚近之表述（當然，兩者的背景不同。又，孔氏之説與戴、陳兩氏之説非一回事），本非圓照。黄亞平、孟華説：

從歷時發生的角度看，漢字產生於原始視覺象徵符號系統而不是脱胎於漢語，漢字形體符號系統的演變與漢語音義符號系統的演變各自遵循着不同的路線。（氏著《漢字符號學》第204頁，上海古籍出版社2001年版）

這是很有道理的。當然在我們看來，兩先生其時若能見到景麟先生之相關研究成果而引以爲"支撑"，則其説所"立"當更爲堅實——細細琢磨我們後面所引湯先生"當代國内外語言學界最權威之結論，似仍與清儒之成説相雷同"云云，思過半矣。回到上面的問題上來，以東塾是説爲例，從發生學的角度看，以我們前面所引景麟先生《原"名"》之"先民爲'輔助'手勢之所不逮，於是昏夜之際表達意志與説明事物，即不得不借助於口音"説等格之，《東塾讀書記》此數語，多有未達一間者在（戴侗氏之説，亦然）。如"意欲達之"，即非止"口有聲"一途；相應的，"意者，象乎事物而構之者也"與"聲者，象乎意而宣之者也"間（或其末），當加"動者，狀乎意而運之手者也"一類文字，其意方足；而"不能傳於異地"者，不僅是"聲"，手勢等動作亦然；"文字者"，既"爲意與聲之跡"，亦未嘗不是手勢動作之遠裔。换言之，手勢之"延伸"，便自然而然地成爲種種"符號"與"圖畫"，而厥初恐祇能是以形示意（義）而未及音。另外，"聲不能傳於異地，留於異時"與"於是乎書之爲文字"二者，多少有點"關公戰秦瓊"之味道，即將歷時融於共時之中，從而模糊了時間先後所產生之不同。换言之，從通常的意義上説，這未嘗不可，然當從發生學的角度論，便不是那麼一回事了。沈兼士先生《文字形義學》（這是作者二十年代初在北京大學授課時留下的一部未寫完之講義）已認爲"文字不純由語言所產出"。其"證據"有二：

  （1）繪畫之發生，與語言之發生，係並行的而非相生的。文字之形式，直接與繪畫成爲一個系統……（2）倘使文字僅爲描寫語言的聲音而作，則音符的文字，應該發生於意符的文字之先。然考諸世界文字，音字都是由意字變化成功的。

而"據此以追泝文字之起原，知道他初不是單爲語言之符號而發生的，實際上可以説是和語言同爲直接傳示思想的方法，而別成一源。就是一方面用聲音來表示思想，由口以傳於耳，一方面用形象來表示思想，由手以傳於眼；然則文字之組織，當如下式：文字＝語言＋繪畫＝思想＋聲音＋繪畫"（《沈兼士學術論文集》第386頁，中華書局1986年版）。然沈先生於此主要是欲説明：

  今日世界所用之文字，種類雖甚繁多，我們把他大別起來，可以總括爲兩類：（1）意符的文字，亦謂之意字；（2）音符的文字，亦謂之音字。意字……以表示形象爲主……中國的象形、指事、會意各字皆是；音字的性質以表示聲音爲主……中國的形聲字皆是。（沈氏上揭書，第386~387頁）

不過此雖視野宏闊而慮有所未周，因爲"在世界大範圍內把漢字分屬兩類的做法，混淆了文字體系類型和同體系文字內部類型這兩者的界限，在邏輯上是不合理的"（潘悟雲，邵敬敏主編《二十世紀中國社會科學》〔語言學卷〕第394頁，上海人民出版社2005年版）。此其一。其二，從發生學的角度看，沈先生雖注意到"繪畫之發生，與語言之發生，係並行的而非相生的"，並進而加以辨析，其功不可没，然其所究，沒有景麟先生的那麼深，所"始"，沒有景麟先生追泝的那麼遠（比觀《〈説文〉歧讀考源》及其《語言起源之商權》《原"名"》,便自然明白)。此可謂"后出轉精"者也。當然,正如許嘉璐先生《章太炎、沈兼士二氏語源學研究之比較》一文所說:

> 沈兼士先生之於漢語語源學,貢獻殊多。……今之學者,非特未能逾其矩矱,恐先生構想之精髓、眾多細部之所以然,尚需後學反復體味追步焉。(氏著《未輟集》第403頁,中國社會科學出版社2000年版)

不過,那是另一回事。又,陳望道先生在其發表於1925年的《修辭學的中國文字觀》一文中有云:

> 假若追泝源頭,文字實與語言相並,別出一源,決非文字本來就是語言底記號。人們知道用聲音表達思想,也就知道用形象表思想。知道從口嘴到耳朵的傳達法,一面就又知道從手指到眼睛的傳達法。口耳和手眼兩條思想交通的路徑,現在固然有了併合的地段了,當初實非如此。(《立達季刊》第1卷第1期)

此與沈先生之"並行的而非相生"云云同,即可謂明乎源與流之別矣。可惜的是,陳先生完全沒有就此展開研討以究其所以然。後來,齊佩瑢先生亦有類陳先生之說者,且進而究其所以然。其云:

> 原人未發明語言之先,亦用本身的器官——手足頭口眉眼之類的姿態,裝腔作勢,用爲表達思想的工具。……但這種姿勢語是訴之於視覺的,常受環境的限制,同一姿勢在不同的情境下即代表不同的意義。如遇有障礙物的阻隔,或在黑暗的夜裏,姿勢語即失其作用;而且姿勢變化有限,不如語言之變化無窮,運用上也笨重籠統,不如語言之輕易分明,於是人類便採用語言作爲互相交通意思的主要工具了。(氏著《中國文字學概要》第73~74頁,華北編譯館1942年版)

不過,客觀地說,齊先生是說,一者"發明"不多,比觀張世禄先生《語言學原理》第一篇第二章第三節(《語言與容止手勢》,商務印書館1931年版,第11~12頁。按:張氏是書,據其《例言》稱:編制取材,大部分據美國布龍菲爾德早期的著作《語言研究導論》),便明;二者似未免以後繩前之嫌,如"語言之變化無窮",迺很晚之事。另外,學者們爲證明文字是"記錄語言"的,如上所述的往往還引孔穎達之"言者,意之聲;書者,言之記"爲證(古人已如此,如陳澧《東塾讀書記》)。如前引陳先生《修辭學的中國文字觀》一文開篇所說之"人們說到文字,總說文字是語言底記號,或說'言者意之聲,書者言之記'。這就現在而論,也符事實"之"總説",即可一斑見豹(陳先生與前面提及的精於"小學"之齊先生一樣,亦如是觀〔齊説,參其《中國文字學概要》第73頁〕)。又如葉蜚聲、徐通鏘兩先生《語言學綱要》之"'言者意之聲,書者言之記',(《〈書·序〉正義》)這句話説明了語言和文字的關係,也説明了文字的性質。文字是爲了記錄語言而發明的一種書寫符號系統,在語言的基礎上產生,是'言之記'"(第167頁,北京大學出版社1981年版)。問題是,"書者,言之記"之"書"與"文字"遠非一回事。稍加留意孔穎達《〈尚書序〉正義》之"聖賢闡教,事顯於言,言愜群心,書而示法,既書有法,因號曰'書'。後人見其久遠,自於上世,'尚'者,上也。言此上代以來之書,故曰'尚書'。且言者意之聲,書者言之記,是故存言以聲意,立書以記言。故《易》曰:'書不盡言,言不盡意。'……故百氏六經總曰'書'也"(阮元校刻本《十三經注疏》上冊,第113頁,中華書局1980年版)一段相關文字,便不難明白。換言之,以孔氏此説證明"文字是爲了記錄語言而發明的……"不管是從那一層面上説,均似是欠妥的。然類是者,不知凡幾;且就目力所及,尚未見有辨此問題者。而孔氏此語,從某種意義上可以説,與柏拉圖在《斐德羅篇》記斐德羅之"你(蘇格拉底)指的不是僵死的文字,而是活生生的話語,它是更加本原的,而書面文字衹不過是它的影像"與蘇格拉底之"你説的對極了"(《柏拉圖全集》第2卷,第199頁,王曉朝譯,人民出版社2003年版)相近(一者爲書籍之書;一者爲書面文字)。明此,便更清楚蘇格拉底之再傳弟子亞裏士多德的"口語是內心經驗的符號,文字是口語的符號"之"文字"是怎麼回事。同樣,學者或認爲《法言·問神》所説之"言,心聲也;書,心畫也"

"即言（口）語是心靈經驗的聲音符號；文字是心靈經驗的視覺圖畫式符號"與或譯此作"語言是思想的聲音，文字是思想的圖畫"，亦均實未達一間。阮璞先生《"書，心畫也"之"書"作何解》説：

> 楊雄《法言·問神》有云："故言，心聲也；書，心畫也。聲畫形，君子小人見矣。"此處"書"字，義爲書籍之"書"，即"盡信書，則不如無書"及"惠施多方，其書五車"之"書"，未可強作書法之"書"解也。（氏著《畫學叢證》第177頁，上海書畫出版社1998年版）

這是恰當的。復補一句，"書，心畫也"之"書"與漢（或説"晉"）人王嬰《古今通議》（《古今通論》）的"倉頡造書，形立謂之文，聲具謂之字。字者，取其孳乳相生。在於竹帛謂之書"（《意林》卷五，《四部備要》本，第57頁）之前一"書"字意異，而與其後一"書"字義同。孔氏"書者言之記"之"書"，亦然。此"書"非彼"書"，而"差之毫釐"，時或"謬以千里"，可不慎乎？景麟先生之學術研究，尤爲注意於此等"岔口處"辨"路向"。這無論是在此書，還是於《屈賦新探》《楚辭類稿》，莫不如此（關於先生在《楚辭》研究方面的突出成就，參先生高足熊良智教授力作——《湯炳正先生〈楚辭〉研究的學術貢獻》，《文學遺產》2009年第2期）。"岔口"其"小"也；至其延伸，則時或"遠"甚。而此"小"雖非"小中見大"之"小"，然誤解之，其"大"則猶"空中樓閣"。此其一。其二，上述以"言者，意之聲；書者，言之記"與"言，心聲也；書，心畫也"之"書"爲與"言"相對的"文字"者，其前若有機會看到景麟先生是文（或瞭解其説），雖或未必就能注意此"書"與"文字"有別，然當可避免進一步之失照。

就現代語言文字研究領域言，周有光先生在其《中國的漢字改革和漢字教學》一文中説：

> 重語輕文是較晚的發展……1919年"五四"白話文運動以後，纔真正開始。這時候明白，語言是第一性的，文字是第二性的。文字不是神聖的，不過是語言的記錄，而記錄語言首先應當記錄"活"的語言。

（《周有光語文論集》第4卷，第111頁，上海文化出版社2002年版）

"纔真正"云云，這大抵是不錯的。當然，非劃然之"始"往往不易究。如胡以魯在其成書於1912年的《國語學草創》中說："蓋文字者，語言之徽識耳。……有語言然後有文字，語言主而文字賓也。"（商務印書館1923年版，第100頁）賀友齡先生之"'文字是記錄語言的符號'，這是近百年來語言學界對於文字界定最流行的說法。大部分語言學著作在談到文字問題時，都明確指出了這一點"說（《漢字與文化》第11頁，警官教育出版社1999年版），是符合實際的。不過，所謂見怪不怪。如近數十年來論及文體分類者幾乎眾口一詞，說曹丕《典論・論文》別文類為"四科八體"（"四科"）、陸機《文賦》分文體為"十類"（此亦"最權威"之說也）；而論《文選》之貢獻者，則异口同聲說其區分了文學與非文學（此同樣是"最權威"之說）；等等。其實，祇要我們像先生做學問那樣"從事實出發"而"追根究底"，便知此所謂"四科八體"、所謂"十類"，實均為舉例性質而非什麼之"分"，比觀《後漢書》提到的數十種文體便一清二楚；而"所有選本均'先天地'不具備區分文學與非文學的功能"，本為常識（參拙文《關於〈文選〉的選文範圍與標準問題》，《河南大學學報》2005．3）。

而就是在學者們幾乎均如此說的背景下，先生於1944年夏根據《說文》所記錄的初文多"歧讀"這一現象，敏銳地意識到此說的問題，進而大膽地提出了"文字之初，並非語言符號"的觀點（參《自述治學之甘苦》）。後來，先生由此而撰成了甚具穿越時間力量的《〈說文〉歧讀考源：兼論初期文字與語言之關係》一文。於此，景麟先生指出：

……當代國內外語言學界最權威之結論，似仍與清儒之成說相雷同。即認為："文字不是和語言同時產生的，而是在語言發展的一定階段上，並在語言的基礎上發生和發展起來的。這就是說，先有語言，後有文字，語言是第一性的，文字是第二性的，是在語言的基礎上派生出來的；同時文字又是從屬於語言的。"

在這一問題上，古今中外何以存在如此多之"雷同"，而景麟先生之見卻那麼深，識竟那麼卓？這甚值得我們深思。就後者言，當緣於景麟先生淵深之"小學"功夫、治學之特重以"真"爲落腳點的"独创"追求及其強烈的問題意識與"'追根究底'的治學態度"。其在《自述治學之甘苦》一文中曾說：

> 所謂獨創，其契機不外二端：即求諸事實與求諸道理。凡對傳統的說法，或大家一口同聲的結論，都要問個爲什麼？如果在道理上講不通，或與事實不符合，就要動動腦筋。

又說：

> 自從就學章門，受教於太炎先生，又讀先生所著書，無形中養成我"追根究底"的治學態度。……對種種學術問題，決不滿足於知其當然，而更要追求其所以然；並不滿足於"是什麼"？總要問個"爲什麼"？尤其對那些前人難於解決的重大問題，我並沒有"知難而退"，而是"深入虎穴"，直到得出自己滿意的結論爲止。

因之，即使是在這樣的氛圍中，景麟先生也決不迷信所謂的"最權威之結論"以從眾，而是堅定的爲"真"是求——"從文字發生和發展之某些客觀的歷史事實上"細加考察，而發現其結果"並非如此"（另外，無論是治學方法還是治學精神，先生均深受戴東原、顧寧人之影響。這是我們研究先生之治學方法與治學精神時，不應忽略的）。顏習齋說：

> 立言但論是非，不論異同。是，則一二人之見，不可易也；非，則雖千萬人所同，不隨聲也。豈惟千萬人，雖百千年同迷之局，我輩亦當以'先覺覺後覺'，不必附和雷同也。（《顏習齋先生言行錄》卷下《學問第二十》，《顏元集》下冊，第696頁，中華書局1987年版）

於此，先生有之。先生又説：

> 先民之初，語言與文字應皆爲直接表達社會現實與意識形態者。並非文字出現之初即爲語言之符號，根據語言而創造。即使人類先有語言，後有文字，然文字祇是在社會現實與意識形態之基礎上產生出來，而不是在語言之基礎上產生出來。語言者，乃以喉舌聲音表達事物與思想；而文字者，則以圖畫形象表達事物與思想。語言由聲音以達於耳；而文字則由形象以達於目。在文字產生初期階段，語言與文字各效其用，各盡其能。因此，遠古先民，實依據客觀現實以造字，並非"依聲以造字"；亦即文字並非"在語言的基礎上派生出來的"。當然，爲説明文字"是在語言的基礎上派生出來的"，學術界早已在文字與圖畫之間人爲地下了個斬釘截鐵的界説，即："文字是標記語言的。因此，標記語言的始爲文字；僅表意義的祇是圖畫而不是文字。"但是，如果從文字發展過程和發展規律講，則決不當把圖畫文字與記音文字截然分開。因爲事實上從表達意義之圖畫走向標記語音之文字，其間還存在一個過渡階段。而在此過渡階段，文字與語言之間是處於遊離狀態與不穩定情況之中。甚至在語言與文字已經基本結合之歷史階段，仍然殘存少數語言與文字之間若即若離之奇特現象。此確係不容否認之歷史事實。《説文》所保留之"歧讀"字，正是此種歷史現象之真實反映。因此，應當説：文字與語言有一逐漸結合之過程；而不能説文字一開始就是"在語言的基礎上產生的"。(《〈説文〉歧讀攷源》)

將是説與我們前面所引而同樣是精於"小學"的沈兼士先生(《文字形義學》)與齊佩瑢先生(《中國文字學概要》) 相關之説比觀，更清楚何謂後出轉精。而通觀景麟先生《〈説文〉歧讀考源》及其《語言起源之商榷》《原"名"》《古語"偏舉"釋例》等文之論説，並進而以之與所謂的"最權威之結論"細加比觀，我們便更能看清楚何謂深刻，何謂持論之堅確，何謂邏輯穿透力之強。而此"斬釘截鐵的界説"由於與"從文字發展過程和發展規律"考察所得之事實不符，故無法"鐵"得起來——事實勝于雄辯。概言之，在先生之說面前,此所謂"最權威之結論"者自然得"大打折扣"。不過,話說回來,要一下子明瞭景麟先生這一卓識,亦非易事。晉劉琨《答盧諶書》有云:"疾疢彌年,而欲一丸銷之,其可得乎?"然其初,雖少數迺至僅個別"好學深思"者"心知其意",而其後漸焉滋焉。換言之,景麟先生之說,儘管當時得不到應有的重視,然其必實實在在地"走向"未來。先生說得好,"研究問題,當從事實出發,不當從界說與定義出發;應當尊重辯證法的發展觀點,不應當自劃框框,割斷歷史"(《〈說文〉歧讀攷源》)。至於文字與語言最初發生關係之情形究竟如何呢?景麟先生作如下的推測,他說:

  文字與語言之最初發生關係,其情形當如下:即古人之視象形文字,殆如吾人之視圖畫焉,祇能明瞭此圖畫中含有某種意義,而不能謂此圖畫即代表某一固定之語音。迨觀者必須以語言表明此圖畫之意義時,則同一圖畫,或因各人理解之不同而異其音讀;或同一人而前後對此圖畫之印象不同,亦足以使其產生種種不同之音讀。蓋視其形近乎此者,即呼以此名,形近乎彼者,即呼以彼名;得此義者,即以此音讀之,得彼義者,即以彼音讀之。見仁見智,無有定常。因之,一字或得數義,一文或得數音,而造成所謂"歧讀"之事實。(《〈說文〉歧讀攷源》)

細將景麟先生《〈說文〉歧讀攷源》及其《語言起源之商榷》等有關論文所說與本研究領域之種種說法比觀,顯而易見,此迺最爲近是者也,而非以"粗形"立說者所能望其項背。先生說:

  在進行論證時,對論點的闡發,自然要由遠及近,由淺入深,步步設營,環環扣緊,充分發揮邏輯論證的威力。在材料充足的情況下,要儘量讓材料本身講話;而一般則是在材料之外,也要有作者的推理。但材料與推理之間的比重,要恰到好處。如果材料的比重太小,而推理的跨度又太大,那無疑會影響文章的精度。(《治學曝言》)

先生立說之所以堅確,推論之所以近是,良有以也。換言之,關於文字與語言最初發生關係之情形究竟如何這一問題，先生是説蓋我們目前所能達到之最高處。明此，便可知：先生"歧讀"規律之發現，對我們破解文字與語言關係這一學術大難題意義殊巨。不僅如此，先生是文對我們研究語言之起源亦甚具啓迪作用。

具體而言，先生此名文初稿於 1945 年。（先生是年 11 月 6 日跋此文有云："中央研究院張君苑峯〔即張政烺〕，以治小學名，聞余有此作，函索印本，並云："雲南麼些人之象形文字，純以表意爲主，無固定讀法，或與卓見相近。"〔見是書"附錄一"〕又，姚奠中先生《課餘隨筆（1945—1948）》之"九十"云："友人湯炳正景麟，由南充寄所著《語原研究》第六篇來，中多前人未發之論。如：以文字不本於語音論。直盡反清乾、嘉以來諸儒之説。其見至爲卓特。容當細讀之。"〔《姚奠中講習文集》(2)，第 571 頁，研究出版社 2006 年版〕"如"者，即先生是文）1964 年 7 月定稿，1984 年修改後作爲提交該年舉辦的"中國訓詁學研究會第三次年會"之論文，而至 1987 年始發表於香港中文大學中國文化研究所的《中國語文研究》第 9 期上。（先生在《在漢字討論中所想到的》一文中感慨道："由論文完稿到論文發表，先後竟經歷了四十多年之久！"筆者讀此，不知怎的，自然而然的想起了俄國大數學家羅巴切夫斯基與其非歐幾何。）顯而易見，先生此文之説乃"語言文字學理論上的重大突破"。自上世紀 70 年末之有關漢字性質的討論以還，本研究領域相關的研究成果甚夥，且多所突破（如畢可生等先生之相關研究）。然儘管如此，站在今天的立場上看，就文字與語言關係這一研究領域言，先生此文無論從哪一層面論，其都是 20 世紀初迄今最爲優秀的成果之一（不僅如此，先生這一成果與其《語言起源之商榷》《原"名"》等，同樣是《説文解字》研究領域中之重要收穫）。而就對問題的關鍵處切入之深而見"大"者言，目力所及，以此爲最。

另外，是書中有關文字與語言關係的重要之文，尚有《原"名"》及《在漢字討論中所想到的》（即《致〈東方文化〉的一封公開信》）等。我們合而觀之，尤能"窺"見先生學問之"精"之"深"。

四、關於古音韻及文字方面之文

在是書正編二十文中，除了《語言起源之商榷》《古語"偏舉"釋例》《原"名"》《〈語言之起源〉補記》與《〈說文〉歧讀攷源》及《在漢字討論中所想到的》外，其餘的《論古聲紐的歸併問題》《入聲與陰聲的關係》《脂、微分部說》《〈楚辭韻讀〉讀後感》《古等呼說》《試論"寅"字之本義與十二支的來源》《釋"四"》《"漢字討論"餘義》《〈廣韻訂補〉敘例》《〈法言〉汪註補正》《〈法言〉版本紀要》《駁林語堂〈古音中已遺失的聲母〉》《漢代語言文字學家楊雄年譜》《〈成均圖〉與太炎先生對音學理論的建樹》等，均可歸入此中。當然，細而別之，則《論古聲紐的歸併問題》《入聲與陰聲的關係》《脂、微分部說》等三文是論"聲紐的歸併"問題的；《駁林語堂〈古音中已遺失的聲母〉》《〈楚辭韻讀〉讀後感》二文是辯駁名家有關古音韵方面之論的；《試論"寅"字之本義與十二支的來源》可入"漢字文化學"之域；《漢代語言文字學家楊雄年譜》《〈法言〉汪註補正》《〈法言〉版本紀要》三文可用"楊雄及其《法言》的相關研究"概之；等等。

這些文章同樣很好地體現着先生樸學作風與創新精神，多在不同的角度上乃另一種學術造詣之顛峰。如《論古聲紐的歸併問題》"從語音表義的角度"（"用'疑於聲者以義正之'的觀點"）對"今天似乎已成語言學界的定論"之"'古有重脣無輕脣'、'古有舌頭無舌上'、'娘日二紐古歸泥紐'等論點"給予重新評價，而得出新的結論：

（1）古有重脣，亦有輕脣，重脣多轉爲輕脣；（2）古有舌頭，亦有舌上，舌頭多轉爲舌上；（3）古有泥紐，亦有日紐，泥日二紐多轉爲娘紐。

先生說：

> 如果古人根本沒有輕脣、舌上、娘、日等紐，則有些事物的特徵，即無適當的語音加以描述。這從人類創造語言來講，就會失掉其表達意義與交流思想的功能。

又說：

> 在"以義證聲"的過程中，應當充分注意到，古今的字"義"和字"音"，經過長期的演化，多已發生音義脫節的複雜現象；而且更要恰如其分地分析古人以音表義的細微心理活動；以及語音在生理、物理上的科學特徵。如果不注意這些，就會影響結論的科學性。

此即從清代語言學家之"終點處"再出發，可謂在山峰上再添上"磚塊"。《古等呼說》与《駁林語堂〈古音中已遺失的聲母〉》《〈楚辭韻讀〉讀後感》等文，從某種意義上說，均類是也。於此，不僅可見先生"小學"根柢之淵深，而"在'以義證聲'的過程中"云云，此迺授吾人以"漁"者也。類此者，是書中多有之，特別是其中的《〈成均圖〉與太炎先生對音學理論的建樹》《憶太炎先生》《語言起源之商榷》《〈說文〉歧讀攷源》及《在漢字討論中所想到的》《駁林語堂〈古音中已遺失的聲母〉》諸文。

又如《漢代語言文字學家楊雄年譜》一文，先生使用了不少前人沒有用過的新材料，解決了許多前人未曾解決的問題。如子雲"自蜀來至游京師"的時間，關係到其一生學術思想之轉變，而由於先生證明了《漢書·楊雄傳·贊》中的"王音"乃"王商"之誤，這就不僅解決了此具體而重要的問題，同時還解決了諸多前人糾纏不清的相關問題。此"小"之爲大者也。另外，本譜《序論》（分"世系""生卒年及來京年""學術流派""小學之傳受"四部分）論述扼要明晰，殊具識見。如其"西漢通儒，以博覽爲主，其經學大氐不分今古，與博士之專習一經，不求條貫者有間"說等，正如著名語言學家向熹先生所說的，"湯炳正教授說得好"（氏著《〈詩經〉語文論集》

第321頁，四川民族出版社2002年版）。總而言之，是文代表着其時有關楊雄生平研究的最高水平，至今仍有重要的參考價值。《〈法言〉版本紀要》《〈法言〉汪註補正》二文亦甚可观，而不同凡響。

再如《〈成均圖〉與太炎先生對音學理論的建樹》一文，作者通過太炎先生著名的《成均圖》，在全面評價其古韵學之基礎上，高度評價太炎先生科學結論的啟迪性與治學態度的典範性，等等。換言之，是文對我們正確認識《成均圖》在中國音學史上之重大貢獻（包括如何看待太炎先生音學觀點之變化）、進一步瞭解太炎先生在音學上重大的理論建樹與其對音學理論的勇於探索和實事求是之精神諸方面，均有着不可替代的重要而特殊之價值。其不愧爲"章學"中的上上之作。先生曾說其"對章先生有關音理的艱深論點，頗能得其奧秘而悟其神詣"（《自述治學之甘苦》），的然。非"悟其神詣"，何克臻此？同樣的，《〈成均圖〉與太炎先生對音學理論的建樹》本身就是音學研究領域中殊具理論深度之尤爲拔萃者。太炎先生曾稱景麟先生爲"承繼絕學惟一有望之人"（見1936年6月17日天津《大公報》頭版之《國葬章太炎》），良有以也——音學之精之深！而合觀"附錄"中之《憶太炎先生》一文，更是相得益彰。後者既益吾人之智之識，亦類鍾嶸《詩品序》所說之"有滋味者也"。於此，作爲"有革命業績的"大學問家與極善育才的良師之太炎先生活現在我們眼前。若非對自己恩師一往情深而有生花之妙筆，實難爲此。就太炎先生作爲一代傑出之導師言，景麟先生說："（太炎）先生當時雖名震中外，在學術界領袖群倫，但他並無'定於一尊'之想。其時黃季剛君去世，先生爲撰《墓志銘》，謂黃君'尤精治古韵，始從余問，後自爲家法'"；"先生晚年嘗說：'大國手門下，祇能出二國手；而二國手門下，卻能出大國手。'……'大國手的門生，往往恪遵師意，不敢獨立思攷，學術怎會發展；二國手的門生，在老師的基礎上，不斷前進，故往往青出於藍，後來居上。所以一代大師顧炎武的門下，高者也不過潘次耕之輩；而江永的門下，竟能出現一代大師戴震。'先生的這些精闢見解，不僅是我輩爲人師者的座右銘，而且是中國教育思想史上放射異彩的光輝論斷。"（太炎先生之學術氣派，並世無儔，其常鼓勵弟子"自成一家"。至於太炎先生是如何培養出那麼多出類拔萃的學生的，那是一個重要的學術課題，非常值得我們下大氣力去研究。意想不到的是，首先系統地探討這一問題者，就筆者所知，乃先生之嫡孫湯君序波〔此即《太炎先生是如何培養學生的》，見《文史天地》2014年第2期。〕）而先生之爲師，一如其師所爲。如筆者往日撰《〈招魂〉考辨》一稿成，極欲奉寄先生請益，然因已持《招魂》爲宋玉作，而與先生嚮所主張大異而躊躇久之。不意先生不僅在信中對拙説多所肯定，更對筆者勉勵有加：

> 讀大作之後，深佩資料豐富，思維縝密，考辨有力。這是屈學中的老、大、難問題，竟能寫出如此有品質的論文，確實不易！……平心而論，《史記》並未明言《招魂》爲屈作，而《章句》卻確指《招魂》爲宋作。在這一點上，宋作之説，確實占了上風。如果在此基礎上，能再拿出幾條，那怕是一條"原始證據"，則"立"的成分就會大爲增強。（《湯炳正書信集》第187～188頁）

後來，在電話裏更是如此。其時，筆者尚未嘗在公開刊物上發表過論文，且於先生，連旁聽生也不是，而先生迺海內外公認的"《楚辭》學"大師。每一念及此事，筆者無不感慨萬千，而其後暗下工夫撰《〈招魂〉作者之再探討》與《從史公稱〈春秋〉等之情形看其"讀""悲"指向：關於《招魂》作者與所招對象研究之方法論問題》二文，正是欲報先生教誨與勉勵之萬一。（關於先生如何爲師的具體情況，詳參序波君《湯炳正傳》。又，某次《楚辭》研討會，筆者適與先生高足李大明教授同一小組，其所言及先生與其所不爲者，甚令人感佩。）

另外，"附錄"中之《〈國故論衡〉講疏》《跋太炎先生〈遺囑〉》及《〈儒道詩學與闡釋學〉序》，亦有爲《〈成均圖〉與太炎先生對音學理論的建樹》一文之"翼衛"者。此其一。其二，觀"附錄"所選，可知序波兄學術素養之厚，而其《湯炳正先生的學術歷程》一文（見"附錄二"）迺研究先生學術之一甚具深度的力作。更令人感慨的是，由於序波兄之努力，景麟先生這部高水平之書的增補本纔得在大陸出版，從而使更多的學人有機會得以一睹其長久的"半埋於迷霧中"之真面目。陳平原先生説得好：

並非每個文人都經得起"閱讀",學者自然也不例外。在覓到一本絕妙好書的同時,遭遇值得再三品味的學者,實在是一種幸運。(氏著《學術隨感錄》第7頁,河南大學出版社2006年版)

而《語言之起源》正是這樣一部"絕妙好書",景麟先生則是這樣一位十分"值得再三品味的學者"。序波兄於斯,厥功偉哉。

總之,景麟先生乃一代博雅通人,成就是多方面的。其治學從不盲從,不佞古,不佞洋,而是一切從具體的材料(事實)出發,敢於"啃"硬骨頭,唯真是求。傅斯年先生《史料論略》有云:"後人想在前人工作上增高:第一,要能得到並且能利用人不曾見或不曾用的材料;第二,要比前人有更細密、更確切的分辯力。"(氏著《中國古代文學史講義》第50頁,上海書店出版社2008年版)而在這兩方面,景麟先生均堪稱典範。作爲外化,這集中地凝聚在先生的《屈賦新探》《楚辭類稿》與《語言之起源》諸書中。先生在其爲紀念太炎先生逝世五十周年而作的《〈成均圖〉與太炎先生對音學理論的建樹》一文中説:

一個偉大的科學家,如果説他所取得的新的科學結論,其價值是促使後學在此基礎上繼續前進;那麽,他所表現的那種勇於探索的科學精神,其作用則是鼓舞後學永不停息地向科學高峰攀登。作爲前輩科學家所留下的遺産,這兩者都是極其珍貴的。但是,科學的結論,往往因時代的進化,有所繼承,也有所淘汰;而作爲科學家的探索精神,則在任何時代都會給人以巨大力量而推動着人類不斷地前進。我認爲對太炎先生在古音研究上的巨大貢獻,也應當作如是觀。

筆者認爲,以此説先生自己,同樣至爲貼切。

何九盈先生在其甚感人而復大啟人思之《中國現代語言學史散步:修訂本後序》中説:"學者的學術著作,是學人走進'歷史'的入場券,是學人走進'未來'的通行證。走進'歷史',走進'未來',難乎其難!""一切著述抗拒淘汰的不二法門,祇有兩個字:價值。"筆者十分相信,先生與其著作會走進"歷史"、走向"未來"。

願景麟先生爲人、爲師與治學之精神永存。

初版自序

這本集子，是從幸存的一堆舊稿中選出來的。雖寫作時間的跨度很大，從三十年代直到八十年代；但文章內容卻比較集中，都是探討語言文字的。而對語音與語義的關係，乃至語言起源等問題，尤三致意焉。

中國的"音訓"之學，漢魏之際，已漸入歧途；西方的"語源"之學，二十世紀，已陷入絕境。但是，前輩科學家的挫折，往往正是後輩研究者的起點。一切科學，都是在無數科學家的艱苦探索中曲折前進的。

在這本集子裏，確實有不少離經叛道之論，這無疑會引起人們的非難。但是，在學術上任何新論點的提出，總不會是一帆風順的，這幾乎成了一部學術發展史的規律。因此，本集在編選過程中，始終是抱著接受批評的心情來進行的。是非得失，不敢自我論定。

本集所收文章，有早年發表於太炎先生主編的《制言》雜誌者；又有近年發表於香港中文大學的《中國語言研究》者；也有未經發表的稿本。這次整理時，詞句之間，或加潤色，結論方面，皆仍舊貫。其中個別觀點，今雖已有改變或發展，然亦未予更動。因爲既係舊作，則正可借此自紀治學嬗遞之跡，不如過而存之。在必要時，或以"附記"形式，說明原委。

八年抗戰，流離失所；十年"文革"，屢遭洗劫。檢點篋笥，積稿所餘無幾，思之未免痛心！記得在第一次抄家之後，老伴曾將剩稿，藏之隱僻，二次抄家，竟得無恙。故本集今日之得以面世，實不幸中之大幸。

　　本集的這個寫本，乃出於庾國瓊先生的手筆。庾先生好古文字學，又喜書法，曾任《漢語大字典》編審，並參與《漢語古文字字形表》《秦漢魏晉篆隸字形表》的纂輯工作。這次肯俯允所請，代繕拙稿，特此誌謝！

　　　　　　　　　　　　　　　　　　　　湯炳正
　　　　　　　　　　　　　　　　　　　一九八八年元月

目　錄

序 ·· 力　之 001

初版自序 ·· 001
語言起源之商榷 ································· 001
古語"偏舉"釋例 ································· 018
原"名" ·· 032
論古聲紐的歸併問題 ···························· 040
入聲與陰聲的關係 ······························· 056
脂、微分部説 ···································· 059
《楚辭韵讀》讀後感 ···························· 061
《説文》歧讀攷源 ······························· 075
在漢字討論中所想到的 ························ 103
"漢字討論"餘義 ································· 109
古等呼説 ·· 111
釋"四" ·· 115
試論"寅"字之本義與十二支的來源 ········· 120
《廣韵訂補》敍例 ······························· 131
《法言》汪註補正 ······························· 141
《法言》版本紀要 ······························· 145
駁林語堂《古音中已遺失的聲母》 ········· 159
漢代語言文字學家楊雄年譜 ················· 178
《成均圖》與太炎先生對音學理論的建樹 ··· 217

《語言之起源》補記 ………………………………………… 232

附錄一

憶太炎先生 ………………………………………… 237
治學曝言 …………………………………………… 252
《古韵學管見》前言 ………………………………… 258
《文字之初不本音説》跋 …………………………… 260
《國故論衡》講疏 …………………………………… 261
《二毋室論學雜著選》序 …………………………… 266
《切韵攷外篇刊誤》序 ……………………………… 267
《淵研樓語言文字論集》簡介 ……………………… 268
《屈學問答》選 ……………………………………… 272
跋太炎先生《遺囑》 ………………………………… 278
《楚簡帛研究》序 …………………………………… 281
《儒道詩學與闡釋學》序 …………………………… 283

附錄二

湯炳正先生的學術歷程 ………………………… 湯序波 285

編後記 …………………………………………… 湯序波 301

語言起源之商榷

——黃譯威爾遜《語言產生之奇蹟》序

　　語言與文字，乃人類獨有之交際工具。而人類之所以能傳遞文化遺產於後代，使社會日臻於進化者，亦惟語言文字是賴。文字之起源，學者類能言之，即世界各民族之文字雖歧異萬狀，而追本泝源，皆起於圖畫；至於語言之起源，則至今猶諸說紛拏，莫衷一是。蓋文字者，有跡可尋，有象可指，故追泝較易；而語言則變動不居，質涉虛玄，其產生之過程及原始狀態，已使人無由得其彷彿。因而近代世界語言學家，對於語言起源之研究，多以遭受失敗而失去興趣。舉例言之，如英之 Firth 氏云：

　　人類語言最初起源的問題，是個很普通的啞謎。現在已經有了許多種的解答，而大都他們正如對於許多這類的啞謎一樣，或是臆斷，或屬於一種神學或神秘的性質。

又如法之 Meillet 氏云：

　　我們所知道的語言，沒有一種能給予我們以語言原始狀態的任何印象。

又如德之 Sapir 氏云：

許多人都曾設法探討語言底起源，然而這類探討，不過是玄想而已。語言學家，在大體上說，已對這類問題失了興趣。

　　他們以語源問題爲"啞謎"，以探討語源爲"玄想"，更以爲根據一般語言，並不能得到"語言原始狀態"，其研究上之失敗，可以想見一斑。但一八六六年語言學會創立於巴黎，其規程第二節，竟有"會中不許接受關於語言的起源，或一種普遍話的創造的任何通訊"的規定，則未免因噎廢食，殊失學術研究應有之態度。

　　而英國的語言學家威爾遜教授的《語言產生之奇蹟》，在上述的學術空氣之下，竟能毅然以探討語源爲己任，其精神殊爲可嘉。今尋誦其全書，前編爲歷史之回顧，亦即追述前人對此問題之解答；後編始述其個人之意見。但其意見的內容，則什九爲探討人類普通之進化問題，其涉及語言者，僅九、十兩章。就此兩章言之，又純係依"時""空"觀念，說明人類進化之途軌，及語言產生之過程。惟其所言者，乃語言產生過程之一般原則與現象，亦即未能探及語言起源之核心問題。即偶一及此，亦僅以抽象之語詞，作膚淺之解答，未能深入堂奧，作腠理之剖析。作者自謂，乃"對語言之構造及起源，予以哲學之新解釋"，又謂"余希能以哲學概念，說明語言之性質"。不過根據吾人之觀察，則著者除運用哲學概念之外，更雜以文學之描述。因此，由"哲學的"與"文學的"交織成之結論，自然不能確切地解答"科學的"語言起源問題。蓋欲探討語源問題，則除從"心理學""生理學""物理學"諸方面進行研究，實無從着手。

　　當然，著者在本書第九章第五節中，也曾提出極其精彩的有關語言起源的核心問題。其言曰：

　　　　吾人提出問題之獨特部分，乃爲一般所忽視者。自然聲音，祇能轉變或表示時間而已，並不能使腦海留一固定之象，有之亦甚漠然。樂器所發之音，可以說明此點。質言之，純粹時間，可用無止境之自然聲音直接表之；而空間物質所佔有者，乃有其一定之形狀。以變遷表述時間，然皆借重於他物；至於用自然聲音表時間，則無任何物體之限制。問題乃在於何以一僅能取諸耳之時間，又可轉之使表空間之物體？二者乃全然不同者，蓋空間僅可取諸眼者也。（重點符號乃炳所加，下同）

著者在此所提出的問題，簡言之，即以爲僅能表示時間的聲音，何以能轉化爲具有表示空間能力的語言。蓋自然之聲音，乃萬物所同具，故自然聲音之發生，不得命爲語言之開始；衹有賦有表示事物之能力的聲音符號，始得謂爲語言之發軔。因此，亦衹有探求此聲音何以能表示此事物，乃研究語言起源之核心問題。威爾遜氏既以探求語源爲目的，故不得不逼出此一難於解答之最後的詰問。但可惜的是，他對此詰問之答案，並未得其要領。他以爲：

此僅可以自然聲音習慣化及將聲音變爲音符解之。如此自然有感覺之音，仍保有聲音之元，則可包有時間與空間，此蓋人類語言亦實如此。如"犬吠"，此習慣化之"犬"，其音取於耳，而同時有一印象存於腦，而"犬"則爲習慣化之空間表現，任何一字，皆有其普通原料元素之感覺，且每字均有一定時間之表述，如一旦受範或習慣化以後，則彼此分別而各有其意義之存在。人類之語言，自有其符號代表後，其原始聲音幾至不可察覺；換言之，即原始音完全化爲習慣之音符矣。

不意著者對此極端重要之核心問題，竟以語言產生之後的"習慣化"了之；而對於語言產生之初，爲什麼"其音取於耳"，竟會"印象存於腦"，則避而不談。亦即將語音表示"空間"之功能，完全歸之於後天的習慣化，這顯然是錯誤的。蓋已經"習慣化"之"犬"音，當然可以給人以"空間表現"的聯想；然其開始命名之"犬"音，又怎樣賦予了"空間表現"的功能，則並沒有得到答案。即使"犬吠"一例，可以說明語音與事物之先天關係，但這充其量也不過是學術界喧嚷已久的"摹聲說"之翻版，其無聲可摹之事物，又將何以說之？其實，威爾遜氏所謂"原始音完全化爲習慣之音符"，此不過是語言之流變，並非語言之產生，根本不應列在語源問題的範疇之內。威爾遜氏以此空洞無物之陳舊理論，結束語言學界爭論不決之公案，實不禁令人失望。

上述"習慣化"的結論，實乃近代中外多數語言學家的共同主張，並非威爾遜氏一人之創見。而他的獨特之處，乃在於從哲學角度，提出了語音怎樣由表示"時間的"轉化而爲表示"空間的"這一命題。但是，由於著者這一命題的本身即缺乏科學根據，無怪其"作繭自縛"，竟成了他無法突破的難關。其實，作者如果對人類的語音，能作"物理的""生理的""心理的"科學研討，就不難發現，語音本身除了"時間"的要素，又何嘗不含有"空間"的要素。以輔音而言，則有脣、舌、齒、顎等不同的阻位；又有爆、擦、顫、邊等不同的動態，此非"空間"的要素而何？以元音而言，則有脣狀的圓扁，舌部的前後，口腔的開合，聲帶的振動等等，此非"空間"的要素而何？因此，以具有"空間"要素之語音，表示"空間"事物之形態，這其間並無不可逾越的鴻溝，也不需要什麼"時""空"之轉化，而是"時間"與"空間"的天然統一。威爾遜氏對此之所以難於突破，正由於他對人類所發生的語音，缺乏科學的分析。

其次，與"時""空"相關的，威爾遜氏又提出語音乃"取諸耳"者，而物態乃"取諸眼"者，爲何"取諸耳"之語音能轉化而爲"取諸眼"之物態？這是威爾遜氏無法突破的又一難關。究其緣由，乃因未能從"心理學"的角度來攷慮這一問題。在心理學上有所謂"通感"現象，即指人類心理上的"感官相通"或"感覺移借"。人之感覺官能，如視覺、聽覺、觸覺、味覺、嗅覺等，它們之間是能互相溝通的。這種"通感效應"，乃人類共有的心理素質。因此，它們不必借助於習慣，而通過某種"取諸耳"的語音，即可"通感"到某種"取諸眼"的物態，這已經是心理學上的科學結論。故威爾遜氏所提出的這一問題，並非語源學上難於突破的難關。

攷邃古之初，先民祗能以手勢或容止以達意。然此種形態表意之方式，往往因環境之距離，或視力所不及，對方即無從領受其意圖。於是不得不轉而利用語音作爲表意的工具，亦即借助於脣舌及聲帶所發出的聲音，以表達其對事物的印象。而其表達的方式，歸納起來不外兩種：一爲"容態語"，一爲"聲感語"。所謂"容態語"，即指發音時由脣舌所進行的空間運動以展示事物之形態；所謂"聲感語"，即指發音時由脣舌所範成之不同聲響以象徵事物之形態。

但是，這裏所謂"容態語"與"聲感語"，決不同於西人語源學中頗佔優勢的"容止説"與"摹聲説"。因爲前人的"容止説"，認爲上古人類，於容止動作之時，或佐以聲音，其後捨"容"而留"聲"，即成語言，語言本身與"容止"無關，亦與事物無涉；而吾人提出的"容態語"，乃指語音本身即具有"容態"因素，二者結合而爲一，用以表現事物形態。至於前人的"摹聲説"，則祇能施之於有聲之事物，而不能施之於無聲之事物；而吾人提出的"聲感語"，則既能表聲音，亦能表形態，對事物有極其廣泛的概括功能。當然應當特別注意者，即"容態語""聲感語"，更與威爾遜氏的"習慣説"有本質的區別。因爲"習慣説"乃係語言傳流以後之現象，與語源無關；而"容態語""聲感語"，則在此語音第一次發生的一刹那間，已能使對方感受到他的某種含義。

這種原始式的語音表意，就事物來講，祇能取其某一主要特徵部分予以摹擬，而畧去其餘部分；就語音來講，在一個音綴內，亦僅用其某些音素之特徵作爲手段，其餘音素則僅爲伴隨體，以之加强音響的傳遞作用。因此，原始先民，祇能用單純的音綴以表達其單純的概念。必須待單純音綴發展到詞彙、語句之後，語言纔具有表達完整意義的功能。

上述語言起源之"容態"與"聲感"現象，例證繁多，茲每例祇舉十事於下以示意：

一、容態型的語音

（1）以輔音表義之例言：如凡屬唇紐之語音，亦即一音綴中之第一音素爲 b、p、m 等雙唇輔音者，其發音之特徵乃在兩唇之合併掩閉，因而先民在創造語言時，即利用此兩唇合併掩閉之形態，以摹擬凡有合併掩閉之特徵的事物，更輔以聲帶振動之音響，以傳達此義於對方。例如：

《説文》云：

"夫，並行也。从二夫。"——並紐、發 b

"駢，駕二馬也。从馬，并聲。"——並紐、發 b

"宆，冥合也。从宀，丏聲。"——明紐、發 m

"祔，後死者合食於先祖。从示，付聲。"——並纽、發 b

"比，密也。二人爲从，反从爲比。"——並纽、發 b

"覕，蔽不相見也。从見，必聲。"——明纽、發 m

"箅，蔽也。所以蔽甑底。从竹，畀聲。"——帮纽、發 p

"醭，䉛生衣也。从酉，豙聲。"——明纽、發 m

"屏，屏蔽也。从尸，并聲。"——帮纽、發 p

"鼏，鼎覆也。从鼎冖，冖亦聲。"——明纽、發 m

P、m 等音素，既有表示合併掩閉之功能，則其位置即不在聲纽而在韻部之末，亦即其位置不在音綴之第一位，而屈居於某一音綴之最末一位，其表示合併掩閉之功能，仍然一樣。故先民亦或以此種形式摹擬合併掩閉之事物特徵。例如：

《説文》云：

"兼，并也。从又持秝。"——侵部、收 m

"合，亼口也。从亼口。"——緝部、收 p

"厭，笮也。从厂，猒聲。一曰：合也。"　　談部、收 m

"弇，葢也。从廾，合聲。"——緝部、收 p

"噤，口閉也。从口，禁聲。"——侵部、收 m

"歁，堅持意，口閉也。从欠，鹼聲。"——侵部、收 m

"霒，雲覆日也。从雲，今聲。"——侵部、收 m

"盍，覆也。从血大。"——盍部、收 p

"葠，覆也。从艸，侵省聲。"——侵部、收 m

"罯，覆也。从网，音声。"——侵部、收 m

亦有同一事物，同一合併掩閉之特徵，而先民創造語言時，或以發音時之雙脣輔音摹擬之，或以收音時之雙脣輔音摹擬之，遂形成一物而異名之語言現象。例如"蚌""蛤"二名，同爲海中兩壳合併之介蟲，而"蚌"以發音之 b 表之，"蛤"則以收音之 p 表之；又"閉""闔"二名，皆爲門扉掩閉之事態，而"閉"以發音之 p 表之，"闔"則以收音之 p 表之；又"被""衾"二名，同爲寝臥掩體之物，而"被"以發音之 b 表之，"衾"則以收音之 m 表之（似此諸例，不勝枚舉）①。凡以上諸名，並非創於一時一地一人，故其音綴之組合，各不相同；然其利用雙脣輔音以表合併掩閉之特徵，則實心同此理，決非偶合。

（波案：作者在自存本此處寫道："不是一聲之轉［一義之演］：1. 共同原則，不同名稱：衰、革；2. 共同音素，不同結構：蒙、掩；3. 共同結構，不同韻部：飪、飾；4. 共同結構，共同紐韻：而、仍。"）

（2）以元音表義之例言：如凡屬圓脣元音 u、y 等音素，發音時兩脣收圓，達於極度，具有周圓宛曲之特徵。故先民在創造語音時，即利用此兩脣圓曲之形態，以摹擬凡具有圓曲特徵之事物。同時更伴以聲帶振動之音響，以爲傳此形態之媒介。先舉以韻首之 u、y 表義者爲例，如：

《說文》云：

"團，圓也。从囗，專聲。"——合口呼 u

"囗，回也。象回帀之形。"——合口呼 u

"圓，規也。从囗，員聲。"——撮口呼 y

"困，廩之圜者。从禾在囗中。"——撮口呼 y

"槶，圓案也。从木，國聲。"——撮口呼 y

"淵，回水也。从水，象形。"——撮口呼 y

"回，轉也。从囗，中象回轉之形。"——合口呼 u

"簞，圜竹器也。从竹，專聲。"——合口呼 u

"宛，屈艸自覆也。从宀，夗聲。"——撮口呼 y

"觠，曲角也。从角，弮聲。"——撮口呼 y

u、y 等元音，既有表示圓曲形態之功能，故其在音綴中的位置，即不處於韻首，而屈居於韻尾，其表示圓曲之功能，仍然一樣。故先民亦或以此項韻尾摹擬周圓宛曲之事物。例如：

《說文》云：

"匊，帀偏也。从勹，舟聲。"——幽部、收 u

"傴，僂也。从人，區聲。"——侯部、收 u

---

① 波按：作者在自存本此處加按語云："蒙之与掩，猶被之与衾。"

"觓，角皃。从角，丩聲。"——幽部、收 u

"敿，揉屈也。从殳𠬢。"——幽部、收 u

"橈，曲木也。从木，堯聲。"——宵部、收 u

"較，車輢上曲鉤也。从車，爻聲。"——宵部、收 u

"嫋，曲肩行皃。从女，蒥聲。"——幽部、收 u

"夭，屈也。从大，象形。"——宵部、收 u

"鉤，曲也。从金句，句亦聲。"——侯部、收 u

"笱，曲竹捕魚笱也。从竹句，句亦聲。"——侯部、收 u

亦有同一事物，同一圓曲之特徵，而先民創造語言時，或以韻首之圓脣音素摹擬之，或以韻尾之圓脣音素摹擬之，亦遂形成一物而異名。例如"盌""甌"二名，皆爲圓口形狀之器皿，而"盌"以韻首之 u 音表之，而"甌"則以韻尾之 u 音表之；又"拳""手"二名，皆爲手形捲握之稱謂（《說文》云："拳，手也。""手，拳也。"），而"拳"以韻首之 y 音表之，"手"則以韻尾之 u 音表之；又"犬""狗"二名，爲指其尾形鉤捲之特徵，而"犬"以韻首之 y 音表之，"狗"則以韻尾之 u 音表之。命此名者，由於時、地、人之不同，故其音綴之組合亦各有異。但其利用此圓脣音素之特徵，以描繪圓曲事物之形態，則皆得心應手，出於同一原因。

二、聲感型的語音

"聲感"語音與"容態"語音的不同之處，在於"容態"語音必須借助於發音時以脣舌摹擬事物之不同的狀態特徵，從而給聽者以不同的印象；至於"聲感"語音，則不需借助於脣舌狀態，祇需發出不同特徵的聲響，由於心理學上的"通感效應"，即會通過聽覺給人以視覺或觸覺等不同的形象感受。舉例言之：

（1）以聲紐表義者：如凡"齒頭"音的精、清、從、心、邪等紐之發音，乃以舌尖抵上齒（接近上下齒縫之間）而發出 s、z 等摩擦聲響，其特徵是氣流通過齒舌之間而發出絲絲之音，因而使人有纖細或尖細之感。故先民之創造語言，對事物之有纖細或尖細之特徵者，多用 s、z 等音素表達之。如：

《說文》云：

"細，微也。从糸，囟聲。"——心紐、發 s

"絲，蠶所吐也。从二糸。"——心紐、發 s

"纖，細也。从糸，韱聲。"——心紐、發 s

"韱，山韭也。从韭，𢦒聲。"——心紐、發 s

"綫，縷也。从糸，戔聲。"——心紐、發 s

"須，頤下毛也。从頁彡。"——心紐、發 s

"衰，草雨衣。……从衣，象形。"——心紐、發 s

"小，物之微也。从八，丨見而分之。"——心紐、發 s

"瑣，玉聲。从王，貨聲。"段註云："玉之小聲也。"——心紐、發 s

"㑩，小兒。从人，囟聲。"——心紐、發 s

以上皆表纖細之義。至於尖細之義，則往往以摩擦音 s、z 與爆裂音 t、d 相結合的聲響表之。如：

《說文》云：

"朿，木芒也。象形。"——清紐、發 ts

"薺，疾棃也。从艸，齊聲。"——從紐、發 dz

"叉，手足甲也。从又，象叉形。"——精紐、發 ts

"先，首笄也，从儿，匕象形。……簪，俗先。"——精紐、發 ts

"兓，朁朁，銳意也。从二先。"——精紐、發 ts

"插，刺肉也。从手，臿聲。"——清紐、發 ts

"𢶍，刺也。从手，籍省聲。"——從紐、發 dz

"鑽，所以穿也。从金，贊聲。"——精紐、發 ts

"鏃，利也。从金，族聲。"——精紐、發 ts

"鉺，利也。从金，𠂔聲。讀若齊。"——從紐、發 dz

（2）以韻部表義者：如古韻陽部之音值爲 aŋ，東部之音值爲 uŋ。陽部的 a 爲開口元音，又加上鼻腔共鳴的 ŋ，東部的 u 爲合口元音，又加上鼻腔共鳴的 ŋ，這在諸多古韻部中，因其口腔空間特別大，其聲響共鳴即特別宏亮。故其給聽者的感受，皆有宏大光明的印象。而先民創造語言時，亦即借助於此種宏亮之聲響作用，以表達事物之有宏大或光明之特徵者。其表示宏大者，如：

《説文》云：

"皇，大也。从自王。"——陽部、收 a り

"壯，大也。从士，爿聲。"——陽部、收 a り

"唐，大言也。从口，庚聲。"——陽部，收 a り

"隹，鳥肥大，隹隹然。从隹，工聲。"——東部、收 u り

"簜，大竹也。从竹，湯聲。"——陽部、收 a り

"庬，石大也。从厂，尨聲。"——東部、收 u り

"寷，大屋也。从宀，豐声。"——东部、收 u り

"侗，大兒。从人，同聲。"——東部、收 u り

"仜，大腹也。从人，工聲。"——東部、收 u り

"廣，殿之大屋也。从广，黃聲。"——陽部、收 a り

其象徵光明事物者，如：

《説文》云：

"光，明也。从火在儿上，光明意也。"——陽部、收 a り

"炳，明也。从火，丙聲。"——陽部、收 a り

"煌，煌輝也。从火，皇聲。"——陽部、收 a り

"景，光也。从日，京聲。"——陽部、收 a り

"旺，光美也。从日，往聲。"——陽部、收 a り

"瑛，玉光也。从玉，英聲。"——陽部、收 a り

"爽，明也。从㸚大。"——陽部、收 a り

"囧，窗牖麗廔闓明也。象形。"——陽部，收 a り

"陽，高明也。从自，易聲。"——陽部、收 a り

"紅，帛赤白色也。从糸，工聲。"——東部、收 u り

以上各例，皆爲以語音之聲響表達事物之形狀特徵。亦即借人類心理上的"通感"作用，由聽覺而轉化爲視覺、觸覺之語言功能。其脣舌形態皆不必與意義有關。

三、"容態"與"聲感"併具之語音

此種語音，例亦繁多。其特別顯著者，如凡摹擬脣舌本身之事態，則"容態"與"聲感"往往兼而有之，混然一體，不可分割。如：

（1）表艱難忞勉者：人在勉強用力之際，多雙脣緊閉，舌抵上齦，而且鼻腔發出一種用力之聲響。故先民語言中，凡表示艱難努力之意義者，或用雙脣鼻音 m；或用舌尖鼻音 n；或 m、n 二音兼而用之。此種脣緊閉，舌抵齦、鼻出聲之"容態"與"聲感"，給聽者之總的感受是艱難努力。舉例言之：

《說文》云：

"懋，勉也。从心，楙聲。"——明紐、發 m

"慔，勉也。从心，莫聲。"——明紐、發 m

"勖，勉也。……从力，冒聲。"——明紐、發 m

"訥，言難也。从言內。"——泥紐、發 n

"乃，曳詞之難也。象气之出難。"——泥紐、發 n

"勉，勥也。从力，免聲。"——明紐諄部 m—n

"勱，勉力也。……从力，萬聲。"——明紐寒部 m—n

"忞，自勉彊也。从心，文聲。"——明紐諄部 m—n

"愐，勉也。从心，面聲。"——明紐寒部 m—n

"輓，引車也。从車，免聲。"——明紐寒部 m—n

"男，丈夫也。从田力，言男子力於田也。"——泥紐侵部 n—m

"任，保也。从人，壬聲。"《孟子》趙註云："任，擔也。"——泥紐侵部 n—m

餘如古人常用詞中之"難""能""耐""奴""努"等，其表義之功能，皆倣此。

（2）表多言快語者：凡人之多言快語者，以其搖脣鼓舌之聲音狀態爲特徵。故先民語言中，多以舌音 t、d、n、ts 等以摹擬其舌體之動態，並以雙脣音 p、m 等以摹擬其脣體之動態。因之，凡表多言快語之意義者，在一個音綴之內，多兼具上述二種音素，從而表示多言快語者之聲音與容態。舉例言之：

《説文》云：

“⿰言闟，嗑也。从言，闟聲。”口部云：“嗑，多言也。”——定紐盇部 d—p

“譶，疾言也。从三言。”——定紐緝部 d—p

“沓，語多沓沓也。从水曰。”——定紐緝部 d—p

“⿰言眔，語相及也。从言，眔聲。”从段校：“相及”謂相連也。——透紐盇部 t—p

“讘，多言也。从言，聶聲。”——照紐緝部 t—p

“讋，……言不止也。从言，龖省聲。”从段校——照紐緝部 t—p

“喦，多言也。从品相連。”——娘紐緝部 n—p

“咠，聂語也。从口耳。《詩》曰：‘咠咠幡幡。’”按今《毛詩》借“缉”为之，傳云：“缉缉，口舌聲。”——清紐緝部 ts—p

“⿰言冄，⿰言冄⿰言冄多言也。从言，冄聲。”——日紐侵部 n—m

“詹，多言也。从言，从八，从产聲。”从段校——照紐談部 t—m

以上照紐字，皆三等，古音與端紐相通，故標 t 音；日、娘二紐，古音皆與泥紐通，故標 n 音。音素雖畧有不同，其爲舌音則一致，故皆表鼓舌之狀。此外如“讒”“諂”“譖”等語，求其本義，亦形容讒人搖脣鼓舌之聲音狀態耳。故其音綴之組合，與上列諸語，大同小異，即皆發音於舌而收音於脣。

綜合上述三個方面，不難看出，威爾遜氏所謂的“時”與“空”的矛盾，或“聽”與“視”的矛盾等等，並不是不能解决的難題。當然，人類在創造語言之初，也正如創造文字一樣，祇能表現或强調事物的某一特徵，而不可能細緻地描繪事物的完整形態。祇有當語言由音節發展到詞彙，由詞彙發展到語句，纔能全面地表現客觀現實。

但是，我們在此，仍有必要探討下列問題：

作爲“習慣論”的代表者威爾遜氏，其真正的苦衷，也許還在於各個不同民族的語言，如此紛歧複雜，除了“習慣成自然”，確實無法解釋。而他並沒有攷慮到，"習慣論"祇能用以說明語言產生以後的現象，決不能劃歸到語言起源的範疇之內。故"習慣論"，從實質上講，無異於回避"語源"問題的巧妙借口。

其實，造成不同民族的不同語言，其原因是不難理解的。不同民族各有其不同的文化淵源，不同的生活環境、不同的風俗習慣、不同的心理素質等等，因而，在以語言表達現實的原始時期，對於事物的觀察，就必然存在不同的角度、不同的體驗、不同的感受、不同的聯想等等複雜因素，從而產生互相歧異的語言。就是以同一民族而言，由於時地不同，也同樣有不同的方言土語在流行（一音之轉者除外）。從我國西漢偉大的語言學家楊雄的《方言》開始，學術界的前輩就已記錄下了極其豐富的資料。即以《說文》而論，其中，同物異名、異事同稱的現象，就大量存在，但這也決不是一本尋不出規律的糊塗賬。舉例言之：

（1）同一語音，往往可表不同之意義，此因同一音素而兼具多種特徵也。從 u 音素言之，除脣狀圓曲而外，更有兩脣收攏之特徵，故既能摹"圓""環"等物態，又可表"收""聚"等意義。

（2）不同之語音，往往可表相同之意義，此因不同音素而具有共同特徵也。以齒頭音 s 與輕脣音 f 言之，s 以舌尖抵上齒，音流細出，故可表"細""小"等義；f 則以下脣抵上齒尖，亦有音流細出之特徵，故亦能表"鋒""霏"等物態（輕重脣問題，別有專文論之）。

（3）同一事物，往往得不同之名稱，此因一物而有不同之特徵也。如同一弋射之工具，就其可以收繳而言，則名曰"䋽"（䋽即遒，收聚也）；就其可以發繳而言，則又名爲"䌃"（䌃即發也）。同一塞耳之玉佩，就其玉之作用而言，則名曰"瑱"（即填塞之意）；就其所塞之處而言，則又名爲"珥"（即表耳意）。

（4）不同之事物，往往得相同之名稱，此因異物而有相同之特徵也。如草之叢蒙曰"菽"，髮之叢蒙亦曰"髼"；山勢參差曰"嵯"，齒形參差亦曰"齹"。

至於就一個音綴中之音素作具體分析，則：

（1）同一音綴中，往往前後二音素各以其不同之特徵，分表不同之意義。

如"星"之音綴爲 siŋ，以 s 表碎細叢集之狀，以 iŋ 表小明之義，用前後不同音素，以表述群星閃爍之兩種不同特徵。此與"沙""粟"等專以 s 音素表碎細叢集之特徵者不同；更與"螢""熒"等專以 iŋ 音素表小明之特徵者亦不同。

又如："霃""霂"二語同爲 tsəm 音，其義爲細微朦朧的小雨，而以 ts 表細微之狀，以 m 表掩蔽視线之特徵，用此不同音素，以摹擬細雨濛濛之兩種不同特徵。此與"霢""霂"等專以 m 音素表蒙蔽之義者不同，更與"霹""靂"等專以 s 音素表細微特徵者亦不同。

（2）同一音綴中，往往有前後不同之音素各以其共同之特徵，合表相同之意義。如"歛"之一語，其義爲"塞"，其音綴爲 niom，既以 n 音素表填塞之義，更以 m 音素表閉塞之狀。此前後兩種不同音素同表一義也。

又如："悶"之本義爲"憤懣"，其音綴爲 mən，既以 m 音素表悶閉之義，更以 n 音素表悶塞之感。此亦前後兩種不同音素同表一義也。

此外必須提及者，在一個音綴內，並非每個音素都有表義作用。如上所述，或以聲紐表義，或以韻尾表義，或聲紐與韻尾共同表義乃至分別表義。至於一個音綴之內的其餘音素，一般祇起傳遞音響的陪襯作用，或區別意義的輔助作用。凡此種種，皆不能用"一音之轉"作簡單的解釋。

但是，語言起源問題是相當複雜的。因爲從人類創造語言起，距今已是極其遙遠的年代。這其間，語音的轉變是劇烈的，語義的演化是繁複的，致使語音與語義的原始關係多已模糊不清。故追泝語源，首先應當在古音學的基礎上，揭示古語的原始意義，進而落實音、義之間的本來關係與科學根據。當然，本文所舉諸例語之外，還有不少語音暫難得其起源之真象，這顯然是歷史發展所造成的不可避免的困難。這正如古文字學家，要在楷書的時代上泝先民創造文字的原始形態，是同樣的艱巨。但根據已知，探索未知，這些困難也不難逐步得到解決。因噎廢食，並不是科學的態度。

況吾人生在當前的科學時代，文字、聲韻、訓詁之學，已經有兩千餘年的發展史；尤其有清一代的學者，對字音與字義的關係，曾提出極其豐富的資料與精闢的結論。這一切，雖然還不能算是"語源學"，但卻爲吾人今天研究語言起源問題打下了堅實基礎。吾輩席前人之成業，食學術之碩果，纔把這項研究向前推進了一小步。這一小步，即：前人祇言某音多表某義，而吾人則進而探索了某音之所以能表某義的根本原因；亦即前人祇言其"當然"，而吾人則究其"所以然"，並把問題引向"語源學"的軌道上來。凡此種種，雖係一得之愚，頗願就正於有道；而繼續研討，則實有望於後學。

本書著者威爾遜教授，在其《自序》中有云："余衷心感激蕭伯納先生對本書之興趣，在其繁冗生活中，能抽時間予以巨大篇幅而富刺激性之序文。"現在我寫此序，內容雖與蕭伯納的序文不同，或許也帶有一種"刺激性"，至於作者是否也會"衷心感激"，則非所顧也。

黃源君之譯此書，能將西方學者在"語源學"上的最新成就，傳佈於中國，意義甚大；至於譯筆之簡練生動，猶其餘事也。黃君於兩月前，即倩予作序，以事因循未果。今及假期之暇，率爾命筆，聊以塞責，時日遷延，當能見諒。

【附記】

威爾遜氏此書，出版於二次世界大戰之後；黃源君的譯文，成於一九四七年秋；我的這篇序文，約寫於一九四八年初。但譯者雖在本書的前言中有"承湯炳正先生慨錫鴻文，特此誌謝"之語，而由於拙序的內容，對威爾遜氏頗多貶詞，蓋恐有損於原書之價值，故出書時並未將此序收入。適在此時，《教育學術》雜誌的編者，索取此稿，並發表於當年第四、五期合刊號。這就是本文問世的經過。這次鈔錄，字句畧有改動，觀點仍係原來面貌。

這篇序文發表之後，贊賞者以為，此乃中國傳統語言文字學合乎邏輯的發展；反對者則以為，此乃離經叛道之論。因為它既不合古人"約定俗成"之說，亦有背今人"條件反射"之理。然而，我則始終認為，"約定俗成""條件反射"，皆屬語言流傳以後的結果，而我所探討的則是語言產生之時的根由。"道不同，不相為謀"，我祇得置之不顧。

關於摩爾根所提出的"手勢語"問題，建國前我已用此觀點說明語源問題等。建國以後，我學習馬克思的《摩爾根〈古代社會〉一書摘要》及恩格斯的《家庭、私有制和國家的起源》，始知摩爾根對遠古人類發展史的巨大貢獻。此後又有機會把摩爾根的代表作《古代社會》細讀了一遍。當然，它對我的裨益是多方面的，而關於人類語言起源問題，更受到進一步的啟迪。

關於語言起源問題，摩爾根在該書第一編第三章中談"漫長的蒙昧階段"時，提到其時人類已有"手勢語言"，並"正在試圖形成一種音節分明的語言"。對此，摩爾根自己寫了一段很詳細的"自註"。註中作者根據實地調察的結論是"手勢語言之出現，早於音節分明的語言"，並作出了極有創見的推斷：

人類之發出聲音最初是用來輔助手勢的；等到這些聲音逐漸具有固定意義以後，便在這種意義範圍內取代了手勢語言，或者與手勢語言結合在一起。這樣也就促使人類發音器官的機能有所發展。我們假定，音節分明的語言從一開始就有手勢伴隨着，這一點再明白不過了。這兩者至今仍然不可分離，正可以體現古代人心智活動習慣殘餘下來的痕跡。

作者最後強調說：

凡是急於想解決語言起源問題的人，最好充分注意手勢語所能提供的啟示。

這段話，確實引起我的許多思攷。思攷的結果，覺得我本人上述序文中的觀點，似乎跟摩爾根的結論具有互相補充的作用。

按，馬克思在《摩爾根〈古代社會〉一書摘要》中也認為原始人類的發明，有"手勢語言或個人記號語言"的事實。看來，"手勢語"與"音節語"，確實是人類表達思想的兩個不同階段的不同方式。因此，我有下列一點設想：即人類在由"手勢語"過渡到"音節語"的階段，其過渡形式也許是相當複雜的。這其間，當然有摩爾根氏所說："音節分明的語言，從一開始，就有手勢伴隨着。"我認為這一點是肯定的。但是，此外是否還有以"口勢"接替"手勢"的過渡形式呢？也就是說：在"手勢語"向"音節語"轉化的過程中，除了本能地發出聲帶振動的音響外，又把原來的"手勢"動作習慣，自覺或不自覺地移用於脣舌之間，由脣舌的姿態與聲帶的振動互相結合，從而發出使聽者心領神會的音響。因而，本人上述序文中所闡述的"容態語"與"聲感語"，似乎恰恰補充了人類創造語言時較爲原始的歷史痕跡。當然，"容態語"更接近於"手勢語"，而"聲感語"或係"音節語"漸趨成熟的產物。而且在上述語言相對穩定之後，纔能進入"約定俗成""條件反射"的歷史階段。因爲沒有相對穩定的語言形式，就談不到什麼"習慣化"。這些體會，就是摩爾根氏給予我的一點新的啟示。

最後，關於詞的"理據性"問題，當前世界語言學界正在進行研討，這跟語源問題，關係密切，應予注意。

所謂詞的"理據性"，即指詞的聲音形式和最初的意義內容聯繫起來的理由和根據。在西方學者看來，好像"理據性"的有無，是反映語言優劣的標誌。當代英國語言學家烏爾曼認爲：漢語是"理據性"最缺乏的語言。在他之前，語言學家索緒爾氏也認爲：漢語是最無"理據性"的語言，祇有印歐語系纔是最有"理據性"的。而中國的語言學家，雖不同意上述的結論，但卻認爲：漢語的最初形式，一般是"無理據"的；後來的合成詞等，則一部分是"有理據"的；如果以現代漢語的材料說，西方語言學家的結論，是不符合實際的。但是，通過上述拙文所列資料看，認爲漢語的初級形式和它的最初的意義內容之間一般是"無理據"的，這說法仍然是不夠正確的。特附記於此，以待論定。

一九八七年七月六日記於新居

（波案：作者在自存本此處寫道："一九九〇年十月十五日'中央電視臺'報導：印度有三位青年創造了面部動態表達思想的語言，運用熟練，經覆查，表義準確無誤。——可見用面部動態可以表義，則用脣舌動態表義，再加以聲音的觸發，則是表義作用更強。此雖可視爲由手勢到脣舌的過渡形式，但還不如'容態語'之更爲進入語言領域。"又，"一九九一年七月五日下午七時半，中央廣播電臺國際新聞報導：美國某人馴養的猩猩名'叩叩'，已能用一千多種手勢與人互相對話，靈活可愛。"）

古語"偏舉"釋例

在世界較爲原始之語言遺產中,有一種普遍現象,即凡抽象語詞,常常附麗於表示實體之具體語詞之中,而成爲一個單詞;即抽象語詞不是離開實體語詞而獨立存在。此在拉丁古語、美洲土語中,皆有其例;而在中國古漢語中,此種現象亦比比皆是。世之語言學家多以爲,此乃反映人類由具體到抽象所必經之認識階段。然而,如果進一步從此種古漢語本身之音素結構來看,則可發現情況比較複雜,不能一概而論;而其中之共同規律,則應概括爲古語之"偏舉"現象。即先民創造語言之時,一個單詞實等於一個句子之含義;而在這個句子當中,乃僅僅取其一個詞義以代表全句。此種寓句於詞之遺痕,在古代漢語中,爲例繁多,約言之,如:

一、表動

首先,就古人沐浴之事言之:

沐——《說文》水部云:"沐,濯髮也。从水,木聲。"(莫卜切)

按古人以"沐"爲濯髮之專稱,非洗濯之通名。故《楚辭·漁父》云:"新沐者必彈冠。"《論衡·譏日》云:"沐者,去首垢也。"然若探"沐"字一語之起源,則實即"毛"字之轉音耳,"毛"在明紐宵部,"沐"在明紐侯部入聲,古音通轉頻繁。蓋古人稱髮爲"毛",如《說文》云:"毛,眉髮之屬。"又《國語·齊語》:"班序顛毛。"註云:"毛,髮也。"又《禮記·檀弓》:"不獲二毛。"註云:"二毛,鬢髮斑白。"是古人洗濯毛髮祇呼以"毛"音,而畧去其洗濯之動作。

浴——《說文》水部云:"浴,洒身也,从水,谷聲。"(余蜀切)

按"浴"爲古人"洒（洗）身"之專名。故《楚辭·漁父》云："新浴者必振衣。"《论衡·譏日》云："浴，去身垢。"至於"浴"字之源，則實由"軀"音而来。"浴"從"谷"得聲，本爲淺喉侯部入聲字，"軀"則爲淺喉侯部字。古音通轉无別。《説文》云："軀，體也。"是古人凡洗濯身軀，即以"軀"音呼之，而畧去其洗濯之动作。

澡——《説文》水部云："澡，洒手也。从水，喿聲。"（子皓切）

按"澡"爲古人"洒（洗）手"之專名。故《説文》皿部云："盥，澡手也。"《文選·長笛賦》註云："澡，洗手也。"然攷"澡"之語源，實来自"叉"音，指手而言。《説文》又部云："叉，手足甲也。从又，象叉形。"字形從又，則本指手，非指足。許書連類及之。"叉"与"爪"，古蓋同字，故《説文》蚤下云："叉，古爪字。""澡"與"叉""爪"，同紐同部，本爲一語。古人凡從"喿"從"叉"得聲之字，通用无別，例不勝舉。據此，是古人對洗手一事，僅呼以"叉"（爪）音，而畧其洗濯之动作。

沬——《説文》水部云："沬，洒面也。从水，未聲。頮，古文沬，从𦥑水，从頁。"（荒内切）

按"沬"爲古人"洒（洗）面"之專稱。故《漢書·律曆志》引《顧命》："王乃洮沬水。"師古註云："沬，洗面也。"古文作頮，爲會意字。从頁，象面形；又从水𦥑，兩手匊水以洗面也。作"沬"者，乃後起之形聲字，从水，未聲，古音本屬明紐，其源即從"面"音而來。"沬""面"同爲明紐字，而"面"在寒部，"沬"在脂部入聲，古音對轉甚多。"面"之轉"沬"，與"眠"之轉"寐"、"浼"之音"妹"，其理正相似。至於《禮記·內則》云："面垢煩潘請靧。"字又作"靧"，亦形聲字，从面，貴聲。此又"沬"字失去脣音變入淺喉以後所造之字也。《史記·楚世家·索隱》引《世本》云："陸終娶鬼方氏妹曰女嬇。""女妹"又稱"女嬇"，猶"沬"字又作"靧"。今人讀"沬"爲"荒内切"，即失去脣紐而與"靧"同音也。據此，是古人凡言洗面之事，亦僅舉"面"音畧其洗濯之动作。

但是，古語對沐浴之事，亦有不舉實體事物而祇舉抽象事態者。其例如下：

盥——《説文》皿部云："盥，澡手也。从𦥑水臨皿也。《春秋傳》曰：

"奉匜沃盥。"（古玩切）

按上文已論"澡"爲舉"爪"畧"洗"，即舉"物"畧"動"。然此"盥"字亦爲"洗手"，而與"澡"相反，乃舉"動"而畧"物"。因"盥"乃指以水从上澆灌而洗手。故"盥"音實从"灌"音而來。《春秋傳》所謂"沃盥"，實即"澆灌"耳。《說文》云："浂，溉灌也。""澆，沃也。"皆"盥"取"灌"音之證。是古人對洗手之事，又祇舉灌溉之義而畧其"手"也。

洗——《說文》水部云："洗，洒足也。从水，先聲。"（穌典切）

按"洗"乃古人"洒"（洗）足之專名，非通稱。《禮記·内則》云："足垢燀湯請洗。"又《論衡·譏日》云："洗，去足垢。"然攷"洗"音之源，並非表"足"，實从"跣"義而來。《說文》足部云："跣，足親地也。"殆即今人所謂"赤足"也。故《淮南子·脩務》云："贏糧跣走。"註云："跣，足不及箸履也。"又《國語·晉語》云："公跣而出。"註云："跣，徒跣也。"是古人凡不箸履者皆曰"跣"。洗足之事，必須脱履，則"洗"之本義，既非表"足"，亦非表"洒（洗）"，乃畧其"洒""足"，而祇舉其洗足時之條件耳。

上述情況，説明古語確多"偏舉"之通例，但除舉"物"畧"動"外，亦有舉"動"畧"物"等等。是世謂抽象語詞寓於實體語詞之中，並非古語之通例。

其次，再就古代刑法之事言之：

聅——《說文》刀部云："聅，斷耳也。从刀，从耳。"（仍吏切）

按"聅"字从刀从耳，耳亦聲，形聲兼會意也。故"耳""聅"同爲一語，皆曰紐之部字。乃以"耳"之一音表"斷耳"之義。故《尚書·呂刑》云："爰始淫爲劓、聅、椓、黥。"鄭註："聅，斷耳。"又《康誥》云："劓，聅人。"傳云："聅，截耳。"此皆單舉"耳"之一音，而畧其斷割之義。推而廣之，如《周禮·山虞》："致禽而珥焉。"司農註："珥者，取禽左耳以儌功也。"是"取耳"亦單稱"耳"。又《山海經·大荒東經》云："有神人面鳥身珥兩黃蛇。"郭註云："珥，以蛇貫耳。"是"貫耳"亦單稱"耳"。又《禮記·雜記》云："其衈皆於屋下。"註云："衈謂將刲割牲以釁，先滅耳旁毛薦之。"是"取耳旁毛"亦單稱"耳"。又《說文》玉部云："珥，瑱也。從王耳，耳亦聲。"按"瑱"即充耳之玉，是"充耳"亦單稱"耳"。皆與"斷耳"而衹稱"耳"同例。

剄——《說文》刀部云："剄，刑也。從刀，巠聲。"（古零切）

按"剄"謂割頸而斷其頭也。故《史記·項羽本紀·集解》云："以刀割頸爲剄。"是單舉"頸"之一音而畧其斷割之義也。《說文》又云："刑，剄也。"是"刑""剄"二字同音互訓，"刑"乃"剄"字之異形耳。《說文》耳部引《司馬法》"大罪剄之"，是"剄"乃刑之最重者，故古人又引申其義，以"刑"爲諸刑之總稱。

跰——《說文》足部云："跰，跀也，從足，非聲。"（扶味切）

按"跀"之義爲斷足，然其始乃去髕之刑。故《周禮·司刑》註云："周改髕作刖（跀）。"則"跰"字當即"髕"字之異文耳。"跰"之古音如"悲"，在脂部，而"髕"在真部，於古爲對轉。蓋"髕"音轉入脂部之後，乃造"跰"字。《爾雅·釋言·釋文》云："跰本作剕。"而《尚書·呂刑》云："剕罰之屬五百。"《史記·周本紀》《漢書·刑法志》兩引之，皆作"髕罰之屬五百"，可證"跰""剕"即"髕"之異文。故《漢書·百官公卿表》註云："剕，去髕骨也。"其訓極是。是古人對割去髕骨之刑，單舉"髕"音而畧其割斷之動作也。

耏——《說文》而部云："耏，罪不至髡也。從彡而，而亦聲。耐，或從寸，諸法度字從寸。"（奴代切）

按凡有罪而去其髮曰髡，罪不至髡者，衹去其須（鬚），則名爲"耏"。"耏"從彡，而聲，實即"而"之異文。《說文》云："而，須也。""耏"乃本字加形之例。故《漢書·高帝紀》師古註又云："耏，謂頰旁毛也。"古人對去其須耏之刑衹稱"而"，而畧其去須耏之動作也。至於"耐"字，則專爲"去須"之刑而造字矣。亦從"而"聲，從"寸"蓋表法度。

黥——《說文》黑部云："黥，墨刑在面也。從黑，京聲。"（渠京切）

按"黥"從黑，京聲，當讀如"諒"，爲來紐陽部字。魚陽對轉，其始本爲"顱"之轉音，指墨刑之部位在頭顱也。殆與"雕題"相似。《論語·憲問》云："高宗諒闇。"攷"諒闇"即"廬闇"，古禮父死，子居喪於闇室也。"諒""廬"之轉，亦猶"黥""顱"相通。黥刑，謂刻其顱額而以墨填之。但古人祇舉"顱"音，而畧其"刻""填"之義也。

斀——《説文》支部云："斀，去陰之刑也。从支，蜀聲。《周書》曰：'刖、劓、斀、黥。'"（竹角切）

按《集韻》卷九釋"斀、椓、劅"云："《説文》……引《周書》'刖劓斀黥'；或作椓，古作劅。""或作椓"，即今本《呂刑》"斀"作"椓"；而"古作劅"，即《古文尚書》"斀"作"劅"。攷"斀""劅"與"椓"，同紐同部，"斀""劅"爲本字，"椓"則假借字也。《詩·召旻》云："昏椓靡共。"箋云："椓，毁陰者也。"亦即《説文》所謂"去陰之刑"也。餘杭章先生嘗謂：古人呼男陰如"豕"聲，説詳《新方言》卷四，並又謂《説文》水部"涿"下云："氾，奇字涿，从日乙。"實則氾本當作 ⚬，象男陰之形耳，餘證尚多，不贅述。據此，則"斀"本爲去男陰之刑，而古人祇以"斀"或"椓"音呼之，並畧其毁去之義也。

但是，古代刑法之名稱，不僅有舉"物"畧"動"之例，而且亦有舉"動"畧"物"之例。如：

跀——《説文》足部云："跀，斷足也。从足，月聲。趴，跀或从兀。"（魚厥切）

按斷足之刑稱"跀"，乃表"斷"義，非表"足"義。《説文》刀部云："刖，絶也。从刀，月聲。"（魚厥切）"跀"實即"刖"，乃表動之詞。蓋"跀""刖"二字，皆即"割"之同字異形。"割"字"从刀害聲"（古達切），與"跀""刖"同聲類，同韻部，皆爲脂部入聲字。此實對"斷足"之事，祇舉"割"音，畧其"足"義也。

髡——《説文》髟部云："髡，鬀髮也。从髟，兀聲。"（苦昆切）

按古刑法有"髡"，乃剔髮之刑。"髡"从"兀"得聲，此與上文跀或作趴，从"兀"得聲之例相同。今讀"苦昆切"，乃脂部入聲對轉諄部耳。"月""兀"皆即"割"音，並表"割"義。此亦祇舉"割"而畧其"髮"也。

劓——《説文》刀部云："劓，刖鼻也。从刀，臬聲。《易》曰：'天且劓。'劓，劓或从鼻。"（魚器切）

按"劓"爲會意字，而"劓"則形聲字也。从"臬"得聲，古與"月""兀"同音，皆爲疑紐脂部入聲字，亦與"割"通。劓之義爲"刖鼻"，即割鼻也。但古語則祇舉"割"音而畧其"鼻"義也。

據上述事實，知古語"偏舉"，確爲通例。但情況較爲複雜，除舉"物"畧"動"之外，亦有舉"動"畧"物"之例；亦有於"物""動"之外別舉他事者。然則世所謂古人抽象語詞皆寓於實體語詞之内，並非確論。

二、表數

古人表事物之數量，有時舉"物"畧"數"，有時亦舉"數"畧"物"。其舉"物"畧"數"之例如下：

玨——《説文》玨部云："玨，二玉相合爲一玨。……瑴，玨或从㱿。"（古岳切）

按《左傳》莊公十八年云："賜玉五瑴。"又僖公三十年云："納玉於王與晉侯皆十瑴。"又襄公十八年云："獻子以朱絲係玉二瑴。"註皆云："雙玉爲瑴。"而莊公十八年《釋文》則云："字又作玨。"蓋作"玨"者，初出之會意字，作"瑴"者，則後起之形聲字也。據古籍凡用"玨"者，皆表"二玉""雙玉"之義，然若追泝"玨"音之來源，則僅爲一"玉"音耳。因"玨"字"古岳切"，而"玉"字"魚欲切"，皆爲淺喉類幽部入聲，於古爲一語。此蓋古人對於"二玉"，祇舉"玉"音而畧其"二"義也。

（波案：作者在自存本此處寫道："仁字从二人，會意，二人相處，始能見仁。但現在讀音，實'人'之一音，而畧'二'意。古文夷字又作厃[?]，實即'仁'之古文。亦从二从人。故古人'仁''夷'二字常通用。如古善射者'夷羿'，而《海内西經》作'仁夷'。其聲音之轉，亦猶'一戎衣而有天下'，或作'一戎殷而有天下'，殷之轉衣，猶仁之通夷。"）

鱟——《説文》鱟部云："鱟，二魚也。"（語居切）

按"鱟"字从二魚者，當與"玨"同例。蓋古人以魚相饋者，或以二魚爲一貫。然"鱟"字"語居切"，與"魚"同音，皆在疑紐魚部。是古人凡言"二魚"，亦祇舉"魚"音而畧其"二"義也。

劦——《説文》十部云："劦，材十人也。从十，力聲。"（盧則切）

按"劦"从力，力亦聲，形聲兼會意。力即材力也。故《玉篇》木部引《聲類》云："朸，古材字。"亦以"力"爲材力之義。惟"劦"从力得聲，而義爲"材十人"，是古人祇舉一"力"音而表"十力"之義，亦舉"力"而畧"十"耳。

以上皆舉"物"畧"數"之例。但古人亦有舉"數"而畧"物"者。如：

犙——《説文》牛部云："犙，三歲牛也。从牛，參聲。"（穌含切）

按"犙"从"參"得聲。"參"與"三"同爲心紐侵部字。乃以"三"之一音表"三歲牛"。是祇舉"三"音而畧其"牛"與"歲"也。他如牛部"牭，四歲牛"（息利切）；馬部"馹，馬八歲也"（博拔切），皆同於此例。

駟——《説文》馬部云："駟，一乘也。从馬，四聲。"（息利切）

按"一乘"即四馬也。《周禮·校人》鄭司農註云"四馬爲乘"，是其義。蓋古人凡言"四馬"者，即祇舉"四"音而畧其"馬"也。他如同部："驂，駕三馬也"（倉含切），與此同例。

馗——《説文》九部云："馗，九達道也。似龜背，故謂之馗。从九首。逵，馗或从辵坴。馗，高也，故从坴。"（渠追切）

按"馗"爲九達之道，《爾雅》及經傳皆同訓。本爲形聲兼會意字，从道省，从九，九亦聲。乃以"九"聲表"九達"之義。今音轉爲"渠追切"。但《詩·兔罝》以異體"逵"與"仇"字爲韻，知本爲幽部字。許氏誤以爲純會意字，而以音近之"龜"字附會其義，甚誤。後段玉裁氏又從而引申其説曰："龜背中高而四下，馗之四面，無不可通，似之。龜古音如姬，如鳩，馗古音如求，以叠韻爲訓也。"愈失愈遠。至於異文"逵"字，則爲純形聲字，从辵，坴聲。坴爲幽部入聲字也。許氏以高義釋坴，亦非。馗爲九達之道路，乃古人祇舉"九"音而畧其道路之義也。

曑——《説文》晶部云："曑，商星也。从晶，㐱聲。㐱，或省。"（所今切）

按"參"與"三"同音，"參"即"三"耳。《詩·綢繆》："三星在天。"傳云："三星，參也。"又《史記·天官書》《漢書·天文志》亦皆謂參爲白虎三星。則古人對參星，蓋祇舉"三"音而畧其"星"義也。

據上述情況，則古人表數之語，或舉"物"而畧"數"，或舉"數"而畧"物"。而且從總體言之，舉"數"畧"物"之例，頗佔優勢，並非抽象語詞皆寓於具體語詞之內。

三、表色

古人對事物之有色者，或舉"物"而畧其"色"，或舉"色"而畧其"物"。其舉"物"畧"色"者，又往往祇舉顏色所特在之處，而畧其全物。例如：

犉——《説文》牛部云："犉，黃牛黑脣也。从牛，䇎聲。《詩》曰：'九十其犉。'"（如勻切）

按《詩·無羊》"九十其犉"，傳亦云："黃牛黑脣曰犉。"《爾雅·釋畜》亦云："黑脣犉。"此即借"犉"音以指"脣"耳。"犉""脣"二音古皆在舌類諄部。黃爲牛之通色，其黑在脣則爲特徵。但古人並不舉色名，亦不舉全物，而祇舉色之所在。此乃偏舉"脣"音，以代表"黑脣牛"之完整概念也。

騥——《説文》馬部云："騥，馬後左足白也。从馬，二其足。讀若註。"（之戍切）

按《詩·小戎》云："駕我騏騥。"毛傳云："左足白曰騥。"據《爾雅·釋畜》，亦謂後左足白也。然就"騥"字本身言之，即"足"字之借音耳。《詩·小戎》以"騥"與"玉""曲"爲韻，則"騥"與"足"古音皆在幽部入聲；惟"足"在齒頭。"騥"在正齒，紐類畧其轉變也。蓋古人對"後左足白之馬"，既不舉"白"名，亦不舉"馬"名，更不舉"後"與"左"，而祇就色之所在偏舉一"足"音也。

駱——《説文》馬部云："駱，馬白色黑鬣尾也。从馬，各聲。"（盧各切）

按《詩·駉》云："有驈有駱。"毛傳云："白馬黑鬣曰駱。"又《爾雅·釋畜》亦云："白馬黑鬣駱。"皆無"尾"字，則許書"尾"字當爲衍文。攷

《説文》彡部云："鬣，鬣也。"（洛乎切）據此，則"鬣"亦可名"鬣"。而"鬣"與"駱"同音，皆爲來紐魚部字，特"鬣"爲陰聲而"駱"爲入聲耳。白馬黑鬣，則其特徵在"鬣"，故古人不舉"黑"名，亦不舉"馬"名，而衹就"黑"之所在，舉"鬣"音以概其義也。至於後世之稱"駱"或"驢"，則非其本義矣。

其次，如色無特在之處，則偏舉"色"名而概其全物。例如：

㸿——《説文》牛部云："㸿，白牛也。从牛，隺聲。"（五角切）

按古凡喉類宵部及其入聲字而以隺、高、告、堯、交、敫等爲聲符者，多表白色。如《説文》白部云："皠，鳥之白色。"則"鶴"从"隺"聲，亦即表其白色。《説文》羽部又云："翯，鳥白肥澤貌。"故《詩·靈臺》："白鳥翯翯"，而《孟子》引《詩》則作"鶴鶴"。"鶴"之爲白鳥，與"㸿，白牛也"同一語例。推而廣之，"皎"爲月之白，"曉"爲日之白，"皬"爲石之白，"顥"爲頭之白，是凡宵部及其入聲，古爲表"白"之通語，例不勝舉。故"㸿"字，乃偏舉"白"色以概全牛也。

犥——《説文》牛部云："犥，牛黃白色。从牛，麃聲。"（補嬌切）

按《説文》艸部云："藨，苕之黃華也。"又馬部云："驃，黃馬發白色。"此雖以"票"爲聲符，與"麃"不同字，而皆屬重脣宵部，故皆可爲表"黃白"色之通語。則"犥"乃偏舉"黃白"色以概全牛也。

騢——《説文》馬部云："騢，馬赤白雜毛，謂色似鰕魚也。"（乎加切）。

按《説文》魚部云："鰕，魵也。从魚，叚聲。""鰕"今俗作"蝦"，熟則色赤，故凡赤色即以"鰕"音乎之。古人名色彩，多"托物寄狀"，許書釋"騢"爲"色似鰕魚"，此其例也。因此，如玉小赤則謂之"瑕"，雲气赤則謂之"霞"，已成通語。是"騢"乃古人偏舉表赤之"鰕"音以概全馬也。

據上述情況，則古人表色之語，或舉"物"而署"色"，亦或舉"色"而署"物"；而舉"物"之語，又往往衹舉其顏色所特在之處，非舉全物。表現形式，並不一致，抽象語詞寓於具體語詞之説，亦不適用。

四、肯定與否定

古人對肯定詞之否定，往往祇用肯定詞，而畧其否定語。例如：

婼——《説文》女部云："婼，不順也。从女，若聲。"（丑畧切）

按"若"之爲"順"，乃古今之通訓，並無"不順"之義。如《爾雅·釋言》《詩·烝民·傳》《禮記·禮器·註》等，皆云："若，順也。"而《尚書》之"欽若""疇咨若時"，《史記·五帝本紀》"若"皆作"順"。但"婼"字从"若"得聲，以祇表"順"義之"若"音兼表"不順"之義，乃古語偏舉"若"音而畧其否定之"不"也。

奿——《説文》匕部云："奿，未定也。从匕，矣聲。矣，古文矢。"（魚乙切）

按"奿"義與"疑"同。《説文》子部云："疑，惑也。从子止匕，矢聲。""惑"亦即"未定"也。然攷"奿""疑"皆爲疑紐字，疑紐字古多表堅定之義。故"奿""疑"之本義，皆當爲堅定。如《詩·桑柔》："靡所止疑。"傳云："疑，定也。"又《儀禮》多言"疑立"，鄭註皆云："疑，正立自定之貌。"是"奿""疑"之本義，乃爲堅定，而《説文》則以爲"未定也""惑也"，此乃古語祇偏舉表"定"之"疑"音而畧其否定之詞也。

祀——《説文》示部云："祀，祭無已也。从示，巳聲。"（詳里切）

按"巳"義爲"止"，乃古今之通訓，並無"無已"之義。如《詩·南山有臺·傳》《禮記·檀弓·註》等，皆云："已，止也。""祀"从"巳聲"，竟以"巳"之一音，兼表"無已"之義者，此亦古語祇偏舉"巳"音而畧其表"不"之詞也。

畼——《説文》田部云："畼，不生也。从田，易聲。"（丑亮切）

按"畼"今俗作"暢"，"暢"爲暢茂、盛大，乃古今之通訓。《説文》艸部云："蔼，艸茂也。从艸，畼聲。"實則此乃"形聲兼會意"字，从畼聲亦从畼義。故古籍凡言草木暢茂，皆祇作"暢"，不作"蔼"。然而《説文》田部卻云"畼，不生也"，此亦古語偏舉表茂盛之"暢"音而畧其表"不"之否定詞也。

聳——《説文》耳部云："聳，生而聾曰聳，从耳，从省声。"（息拱切）

按"聳"與"聰"同音，皆爲齒頭東部字。是"聳"之訓"聾"，乃以"聰"音表"不聰"之義也。《説文》耳部云："聰，察也。"而《方言》亦云："聳，聾也。……生而聾，陳楚江淮之間謂之聳。荊揚之間及山之東西，雙耳聾者謂之聳。"此皆舉"聰"音而畧其否定之"不"也。又按《説文》云："聙，益梁之州謂聾爲聙；秦晉聽而不聰、聞而不達謂之聙。从耳，宰聲。"《方言》亦云："聙，聾也。"攷"聙"即"聰"之轉音，猶許書"艘"字"讀若莘"。乃東、之二部次對轉。"不聰"謂之"聙"，與"不聰"而謂之"聰"同理。

據上述事實，知古人對否定語，多祇舉其肯定之事，而畧其否定之詞也。

五、"偏舉"現象之歷史根源

關於古語"偏舉"情況，已從上述四方面畧示其例。可證，古人以一個詞作爲一個句，即寓句於詞之事實，乃客觀存在。但對此種事實之解釋，卻言人人殊，意見並不一致，例如：

（1）抽象語詞附麗於實體語詞説——持此説者，以爲初民理智不發達，分析力薄弱，故抽象概念不能離開實體概念而獨立存在。然而，吾人從上述例證觀之，則"沐""浴"等字，固與此説相合，但如"剝""朔""髡"等，則皆係脱離實體事物而表抽象之動作者。又如"馬"與"四"相比，"馬"爲實體，"四"爲抽象，而"駟"則舉"四"不舉"馬"；"牛"與"白"相比，"牛"爲實體，"白"爲抽象，而"犦"則舉"白"（雀）不舉"牛"；……是抽象附麗於實體而存在之説，並不足以説明古語"偏舉"之故。

（2）以字形爲别異説——此説認爲，上述"偏舉"現象，語言從簡，而字形有別，古人以此互相補充。如"四"字作"駟"，知"駟"爲"四馬"而不與他"四"相混等等。但見之文字，固可別異，而出諸口語，仍難區分。如古語"駟不及舌"（見《論語》），即等於"四不及舌"，此又將何以達意？故此説仍不足以説明古語"偏舉"之故。

（3）一字多音説——此説認爲，"偏舉"現象，乃一字而讀多音，故可表達完整之意義。如"馴"乃讀爲"八歲馬"，"牭"乃讀爲"四歲牛"等等。但此説並不符合典籍遺文。如《詩經》基本爲四字句，若《魯頌》"有騂有駱"讀爲"有赤馬黑髦尾，有白馬黑鬣"，則不僅字句不調，亦與下文"作"字不叶韻矣。故此説亦決不能用以解釋古語"偏舉"之故。

（4）一聲演變説——此説實即以爲古代漢語亦有形態曲折，用以表示一義之變化，與印歐語系相似。按此説雖近是，但祇能用以解釋某些"偏舉"現象之流變，而不足以説明"偏舉"現象之來源。因上文所舉例證，以及從古漢語中更爲廣泛之語言資料觀之，同義演化而並無形態屈折者實多。如"耳"之於"聃"，"魚"之於"鱻"，"四"之於"馴"，"足"之於"矍"，"參"之於"驂"，"頸"之於"到"，等等，此皆紐韻全同，聲調無別，並無所謂形態屈折，又將何以説之？

由於上述種種原因，欲探求古語"偏舉"現象之由來，實屬難題。現就此事，畧抒鄙見如下：

據摩爾根氏《古代社會》中所闡述的觀點：初民乃以手勢表意，稍後始進入手勢與口語並用時期。即開始運用簡單語音之際，必須與手勢相輔而行，始能表達完整之概念。吾人認爲：按摩爾根氏所述之狀況，殆即產生古語"偏舉"現象之歷史根源。蓋其時許多表達事物之單詞，已開始形成；而運用已久並且相當熟練之手勢表意，仍佔一定地位。因而，凡欲表達一完整概念時，祇口舉個別單詞，再輔以純熟之手勢。據沈步洲氏《言語學概論》第十六章引詹姆士記克刺瓦卡社亞人之語言情況曰："是諸民族雖常相結合，然並不解各族之言語。常見兩人偶坐地上，以符號通達其意志，靈捷可驚。手腕之動作，僅時以一笑或一音間之。此音者，亦若干簡單音之一，可以流用者也。"按詹姆士所記者，雖指異族相見之情景，卻頗似人類手勢與口語並用時期之歷史現象；而正是此一現象，使人類在語言遺產中留下不少寓句於詞之"偏舉"殘痕。

但是，社會日進，人事益繁，手勢語逐漸消失，口頭語已成表達概念之主要工具，於是"偏舉"現象之語言遺產，已難於適應日益精密之意識形態。因而，"軀"本謂"身"，而竟表"洗身"，"毛"本謂"髮"，而竟表"洗髮"，等等，勢必造成交流思想之障礙。而當此之時，人類始對語言遺產中之"偏舉"字，用輔音、元音之變化或附加音素等辦法，以示區別。故"軀"音附收 K，改讀爲"浴"，"毛"音附收 K，改讀爲"沐"。此即人類語言發展史上所謂屈折語型之所由來。而此外在古漢語中又有以聲調區別意義之歷史現象，即音素不變，而聲調有別，此亦應屬語言屈折變化之範疇。但據顧炎武、段玉裁等人之攷證，皆以爲中國漢以前並無聲調別義之事；而且在上述語言遺產中，仍有不少同義演化字，並無聲調屈折。因此，所謂屈折型語言，雖來源較古，而並非創自原始；蓋起於"偏舉"之習已成、而手勢表意開始消失之時代。此乃人類用語言之屈折以彌補手勢消失而語義易混之缺陷。即本以手勢表示詞義之變化，而此則代之以語音屈折以表示詞義之區別。更替之間，一脈相承。

關於遠古手口並用之歷史殘痕，由於時代杳遠，不易追尋。但以手勢容止輔助語言之不足，人類至今猶存其舊習。如搖頭、點首、擺手、戟指等等，隨時與語言並行。特以人類語言既已漸臻完美，手勢容止不得不漸居次要地位耳。故以手助口之歷史殘痕，猶有跡象可尋。如：

《説文》又部云："ᕕ，手口相助也，从又从口。"

《説文》ナ部云："ᕒ，手相左助也。从ナ工。"

按"左""右"，即後世之"佐""佑"字，互相協助之意；至於左右手，則古人祇作"ナ""ᕘ"，不作左右。因此，許書所謂"手口相助"，"手相左助"，皆在字形上反映出古代手勢與口語之間互相輔助之歷史事實。"右"字从"ᕘ"从"口"，手口相助之意甚明，不需贅釋。而"左"字从"ナ"从"工"，則漸已失其本意。實則，在古代金文中，"左"字仍留下从"ナ"从"ᗗ"之遺痕。如班簋"左"作"ᕕ"，王子午鼎、楚王酓忎盤，"差"下"左"字皆作"ᕕ"，不作"左"。尤其引人注意者，矢方彝之"左"字作"ᕕ"，不从"口"而从"言"，則手勢與口語互相輔助之義尤明。因此，前人釋《説文》"手口相助"，以爲乃指勞動勤勉，"手不足以口助之"，顯然失其本義。因人類進化到有語言文字時期，早已脫離一般動物手口並作之狀態。故"佐助""佑助"所表示之"手口相助"，實指語言之外助以手勢之歷史殘痕。(波按：作者在自存本此處寫道："《包山楚簡》'左'字出現數十次，皆从ナ从口，作㐂，無一例外，則左字之古形猶在。") 又如：

《說文》二部云："亟，敏疾也。从人口又二，二，天地也。"

按"亟"字之本義，殆指人類手勢與口語並用之生活狀態。故从"人"从"口"从"ヌ"，ヌ即手也。其訓爲"敏疾"者，乃指手口相助，動作敏捷也。前人釋此，多失本義。如徐鍇云："乘天之時，因地之利，口謀之，手執之，時不可失，疾也。"又段玉裁云："手病，口病，夙夜匪懈，君子自強不息，人道之所以與天地參也。"諸多解釋，乃以後世之意識形態釋古文字，不足信。又如：

《說文》又部云："燮，和也。从言又，炎聲。讀若溼。"

按"燮"字从言，炎聲，以音系攷之，實即"談"字之異形也。"談"下復加"又"字爲義符者，謂口語不足，以手助之耳。口與手協同動作，故引申爲協和之義。古人多以"燮"表"和"義，殆即由此而來。此亦人類語言發展史上手口並用之遺痕也。

本文上述結論，是否有當，不敢自信。但對語言學史上的難題，探賾索隱，畧抒己見，當亦爲學術界所不棄歟！

一九四七年秋於花溪

原"名"

摩爾根在其名著《古代社會》一書裏，經過對美洲古老土著民族之調查，曾提出：人類有用手勢語言之歷史階段，後來始用口頭語言代替手勢語言。至於在二者交替之際，如何過渡，則摩爾根氏並未涉及，拙作《語言起源之商榷》附記中，對此已進行探索。但彼處乃探索手勢語言與口頭語言之內在聯繫，而並未言及最初促成口頭語言產生之客觀條件。摩爾根氏曾謂："人類之發出聲音，最初是用來輔助手勢的。等到這些聲音逐漸具有固定的意義以後，便在這種意義範圍內取代了手勢語言。或者與手勢語言結合在一起。"（《古代社會》第一編第三章原註）此觀點極有意義而又嫌籠統。今謂，如先民之初，乃用口頭語言"輔助"手勢語言之不足，則首先應當注意下列事實：手勢表意，祇能用於白晝，昏夜即失其效力。如北美洲土著民族阿刺帕和人以及南非洲之布西曼人，除白晝以手勢表意外，黑暗中相遇，即不能互相表達意志，是其例也。先民爲"輔助"手勢之所不逮，於是昏夜之際表達意志與說明事物，即不得不借助於口音。口頭語言產生之客觀條件，殆即與此有關。

吾國漢族先民，在語言發展之過程中，當曾經歷上述階段。特以時代杳遠，記載缺乏，無由攷其確實情況。爲突破此一困難，本文所據之資料，並非歷史所記載，而爲古代文字結構中所表現者；且非盡爲文字形體上所表現者，乃更着重於古代文字所代表之語音中所表現者。蓋文字後起，不盡得事物之本義，而語音在產生之初，實即與事物結成不解之緣。因此，語音中所表現者，自當遺有語言發生時之社會事態。若能根據語音變遷之規律，上泝語音原始之形態；再據語音摹擬事物之原則，推究語音所描繪之社會事態。此種試探，當亦爲學術研究所允許歟？

摩爾根氏對研究語源問題，曾謂："要想解決這個問題，任何方案都會遭到重大的困難。""這個問題，與其說是一個語言資料問題，不如說是一個研究人類發展規律、研究心智法則必然作用問題。"（同上）但是，在研究"人類發展規律"與"心智法則"等前提之下，不能不承認"語言資料"乃是最大困難。因此，本文所利用之"語言資料"，是否恰當，還有待於學術界評定。

下文僅就與語言有密切關係之"名""問""音"等字所代表之原始意義，疏通證明於次。

一、名——冥

《說文》口部云："名，自命也。从口夕。夕者，冥也。冥不相見，故以口自名。"（武并切）

按"名"字古有種種解釋，其較古之含義，世人多取之鄭玄。如《儀禮‧聘禮》云："百名以上書於策。"鄭註云："名，書文也。今謂之字。"又《周禮‧外史》云："掌達書名於四方。"鄭註云："古曰名，今曰字。"是鄭氏以爲"名"與"字"同，古今之異稱耳。實則泝其原始，"字"乃指文字之形體而言，"名"乃指文字之音讀而言，二者有別，不容混淆。《國語‧周語》"離其名"，註云："名，聲也。"《左傳》桓公二年云："夫名以制義。"《疏》云："出口爲名。"此皆頗得"名"之本義，殆受許氏《說文》之啟示。《說文》釋"名"爲"从夕口"，此實古義之僅存者；但又局限於"自命""自名"，未能從泛指一切物名著眼，猶未達一間。今擬以《說文》爲據，結合"名"字形體結構之原始意義，並上泝"名"字音讀之遠古淵源及其更爲廣泛之社會形態。

"名"字金文多作 <g/>，甲骨文則作 <g/>，僅就字形言之，其本義已灼然可見。蓋遠古先民，於晝間皆以手勢表事達意，逮日夕昏冥，視官失其功能，即不得不代以發諸口舌之語音，以乞靈於聽覺。"冥不相見"而以口舌"自命""自名"，特昏夕之中表事達意之一端耳。若再進而就"名"字所代表之語音，以推其得義之由來，則更足以證明此説之不謬。語音表義之原理，別有專文論之，茲僅就重脣音而言。凡重脣音多表蒙蔽昏冥之義。蓋以雙脣合閉之狀態，像蒙蔽昏冥之特徵。而在重脣音中，尤以明紐字表此義者爲最多。因明紐爲鼻音，發音時氣從鼻出，雙脣閉合之時間較久，與蒙蔽昏冥之意義尤相合。而與雙脣爆破音之甫閉即開者不同也（"明"字在明紐而表光明之義者，説詳《論古聲紐的歸併問題》）。"名"爲明紐字，在未造"名"字之前，其語音之發生，實與"冥"之一語同源。蓋"名""冥"皆爲明紐青部字，古通用。如《詩》"猗嗟名兮"，《玉篇》頁部引作"猗嗟顆兮"。故"名""冥"同音同義，同出於一個語根，皆以雙脣 m 音，表日夕昏冥之狀態。"名"字從夕，許氏以爲"夕者，冥也，冥不相見"云云，可謂得其本義，並與"名"字所代表之語音，亦互相吻合。

蓋先民開始以口舌表意，乃出於日夕昏冥之際，故即以事物出現之時間特徵"冥"音呼之；"冥"與"名"，一語之異文耳。推而廣之，凡與"名"同紐之字，多表昏冥之義。其屬天時者，如《説文》云："昒，尚冥也。""昧……闇也。""晚，莫也。""昏，日冥也。""晦，月盡也。""莫，日且冥也。"其屬於視覺者，如《説文》云："眑，目冥遠視也。""眇，目少精也。""眛，目不明也。""眯，艸入目中也。""盲，目無牟子也。""覒，病人視也。"此外，凡事物之出現於昏冥之際者，亦多以明紐 m 音表之。如《説文》云："閽，常以昏閉門隸也。從門昏，昏亦聲。"經傳古籍，"閽"或逕作"昏"。《説文》又云："婚，婦家也。禮娶婦以昏時，婦人陰也，故曰婚。從女昏，昏亦聲。"經傳古籍，"婚"亦逕作"昏"。《説文》又云："蟁，齧人飛蟲，從蚰，民聲。蚊，蟁或從昏，以昏時出也；蚊，俗蟁，從虫從文。"按從"民"從"文"二體，亦皆取義於"昏"，並從"昏"得聲，特"蚊"爲形聲兼會意，而"蟁""蚊"則爲純形聲字耳。上舉之"閽""婚""蟁"三字，皆因其事其物乃出現於昏冥之時，故即以"昏"音命其名，此猶以口舌表意乃出現於昏冥之際，故即以"冥"音呼之。"名"字之形爲"夕口"，而"名"字之語音實取諸"冥"，此古人命名百物之通例也。

其次，凡於日夕昏冥之中發聲以達意者，謂之冥（名），因而凡於日夕昏冥之中聞聲而知意者，亦謂之冥（瞑）。如《廣雅·釋詁》云："瞑，聽也。"《玉篇》引《埤蒼》云："瞑，注意聽也。""名"之與"瞑"，從語音上看，猶"受"之與"授"，"買"之與"賣"，以一音表相對之二事，此亦古人之常例也。

以上説明"名"字語音之來源；以下再舉與"名"字同出一源之"命"字，以爲證明。

《説文》口部云："命，使也。从口令。"（眉病切）

按"命"與"名"字同音，其語源之由來，亦與"名"同，皆取義於昏冥也。《左傳》成公十三年《疏》引劉炫云："命，冥也。"此實古義之僅存者。蓋"名""命"二事，皆以出現於冥夜而得名。惟"名"者，以稱謂之加於物者而言；"命"者，則以指令之施於物者而言。因白晝使人，祇須以手勢指揮，冥夜則須發以口音，始能使對方領受也。然"名""命"別爲二事，當較晚出；以語音而言，則其始同義同音，無何別異。故《廣雅·釋詁》云："命，名也。"《國語·魯語》"黃帝能成命百物"，《禮記·祭法》作"黃帝正名百物"。又《尚書·呂刑》"乃命三后"，《墨子·尚賢》作"乃名三后"。又《左傳》桓公二年"命之曰仇"，《漢書·五行志》作"名之曰仇"。例不勝舉，此皆"名""命"本爲一語之證。蓋先民在日夕昏冥之中，凡對他人所發出之指使呼告之聲音，亦即以"冥"音稱之也。《爾雅·釋詁》云："命，告也。"又《廣雅·釋詁》云："命，呼也。"皆意義之較古者，與《説文》"使也"之訓，相爲表裏。

又《説文》亼部云："令，發號也。从亼卩。"（力正切）

按"發號"者，亦謂於日夕昏冥之際發出呼號之聲以使人也。與口部"命"字實爲一字之異體，其本音亦在明紐。"命"字即爲"从口，令聲"之形聲字。"令"由明紐變爲來紐者，乃復輔音之分化。亦猶"文"聲有"吝"，"里"聲有"埋"，"䜌"聲有"蠻"，"麥"又稱"來"之例。故古人"命""令"二字通用不別。如《左傳》僖公九年云："令不及魯。"《釋文》云："令本作命。"《莊子·田方子》云："先君之令。"《釋文》云："令本作命。"《周禮·司儀》云"令爲壇三成"，《儀禮·覲禮》註作"命爲壇三成"。古形聲字之聲符，亦往往"令""命"通用。如毛公鼎"鈴"字作

"鈴"，尤爲"令""命"同音同字之證。

凡在日夕昏冥中發令以口者曰冥（命），而在日夕昏冥之中聽受此號令者亦曰冥（聆）。故《説文》耳部云："聆，聽也。从耳，令聲。"从"令"聲與从"命"聲同，古代亦屬脣音字，其語源同出於"冥"。此與上文"名""瞑"以一音表相對之二事者同例。

總前所言，知"名"之與"瞑"，"命"之與"聆"，其語源同出於"冥"，説明以口發音作爲交際工具，乃出現於日夕昏冥之時也。

二、問——昏

《説文》口部云："問，訊也，从口，門聲。"（亡運切）

《説文》耳部云："聞，知聲也。从耳，門聲。䎽，古文从昏。"（無分切）

按"問"从"門"聲，"聞"亦从"門"聲，相對之二事而从一聲，此亦"受授""買賣"之例。惟小篆二字皆从"門"聲，爲純形聲字；古文"聞"字則从耳，昏聲，爲形聲兼會意字。古字从"門"聲與从"昏"聲，多通用不別（詳下）。故小篆"問""聞"雖皆借"門"爲聲符，而其語源實皆由"昏"音而來。其始皆明紐字，後轉微紐。又《説文》古文"聞"字作"䎽"，而無古文"問"字。攷《法言·問神》云："著古昔之㖧㖧。""㖧"或本爲"問"之古文。从口从昏，昏亦聲，與"䎽"字同例。子雲多識古文奇字，故此得僅存。《法言》此處葢借"㖧"爲"昏"耳。上古先民，凡向對方有所訊問，白晝以手勢，而昏夜則以語音，故即取"昏"爲訊問之名，而謂之爲"昏"（問），此與上文所舉"闇""婚"等事物之得名同例。至於从對方言之，則凡於昏夜之際聽取其訊問者，亦謂之"昏"（聞）。字形不同，而音義出於一源。

古代形聲字中，凡从"門"聲者，多與昏聲昏義相通。如《説文》旻部云："閔，低目視也。从旻，門聲。"（無分切）按"閔"从"門"聲，其語源即由"昏"而來，葢謂昏冥之際，必低目審視，方能辨認事物。此與目部："瞀，低目謹視也（莫侯切）。"同以 m 音表昏冥也。又《夏小正》云："白鳥也者，謂閩蚋也。"按"閩蚋"即"蟁蚋"，"閩"從"門"聲，故與從"昏"聲之"蟁"字通用。又《呂覽・本生》云："下爲匹夫而不惛。"註云："惛讀憂悶之悶。"《論威》云："死殙之地。"註云："殙音悶，謂絕氣之悶。"是"悶"雖從"門"得聲，實與昏聲昏義之字相通，皆表昏悶之義。此皆與"問""聞"從"門"得聲而語義實源於昏冥者同理。

三、音——暗

《說文》音部云："音，聲也。生於心，有節於外謂之音。宮商角徵羽，聲也；絲竹金石匏土革木，音也。從言含一。"（於真切）

按"音"字形，"從言含一"，則本謂語言之聲音可知。所謂"生於心有節於外謂之音"，尚近本義；至於許氏又以絲竹八音解之，乃後起之義也。追泝"音"字之語源，蓋實由昏暗之義而來，謂於昏暗之際借聲音以達意也。"音"字之聲紐，雖非雙脣 m 音，而其韻類古屬侵部，韻尾附有輔音 m，故其表達事物之功能，遂與上文以聲紐 m 表義之"名""問"等字相同。特彼以發音 m 表義，此則以收音 m 表義，亦即皆以雙脣閉合較久之狀態，以摹擬事物之具有昏暗特徵者。語言之始，起於昏夜，故除以"冥"（名）"昏"（問）諸音呼之，又或以"暗"（音）呼之。言發諸口之聲音，乃夕暮昏暗中表義之工具也。

古音中，凡侵、談二部，其韻尾輔音皆收 m，故多表掩閉幽暗之義。首先以從"音"得聲之字言之，如《說文》云："暗，日無光也。""黯，深黑也。""窨，地室也。""罯，覆也。""猪，竇中犬聲。""湆，幽溼也。""闇，閉門也。""潯，水大至也。"（即淹沒之義）蓋"音"字本身即具有昏暗之義也。推而廣之，凡侵、談二部字，即不從"音"得聲者，亦以收 m 之故，多表掩閉幽暗之義。如《說文》云："霃，久陰也。""湛，沒也。""黔，黎也。""衾，大被。""霵，雲覆日也。""陰，闇也。""苦，蓋也。""奄，覆也。""掩，不明也。"例多不勝枚舉。凡如此類，皆以附有韻尾輔音 m 之故耳。"音"字收 m，故亦表掩閉幽暗之義。但應特別指出者，跟"名""問"

等語相同，"音"之表"暗"，乃以語音出現時之環境特徵而得名，並非指語音形態之本身特徵而言。因語言所表之事物特徵，往往取諸環境，而不取諸事物本身，乃常見之例也。

此外，凡幽暗中以口音表意者謂之"音"（暗），而在幽暗中聞聲知意者亦謂之"誾"（暗）。此與"問""聞"等同例。據《說文》言部云："誾，悉也。从言，音聲。"（烏含切）"悉"者，知之詳也。其从言者，耳聞其言而心辨其意也。昏暗之中聞聲知意，故謂之"誾"，"誾"即"暗"也。此亦以聞聲知意之環境而言。又《說文》采部云："宷，悉也。知宷諦也。从宀从采。"（式荏切）按"宷"之篆文作"審"，其語源亦昏暗中聞聲辨悉之義。（三體石經"聞"字作䎽，从采，與審、悉从采之義同）《說文》"誾""審"皆訓"悉"，且同爲侵部字，同爲以 m 韻尾輔音表昏暗，蓋一字之異文，特聲紐畧變耳（此猶从"引"得聲者有"矧"）。《周禮·遂師》云："審其誓戒。"鄭註云："審，亦聽也。"此古訓之僅存者。蓋昏暗中發聲以表意者謂之"音"，昏暗中聽其聲而知其意者亦謂之"誾"（審）。"審"之訓"聽"，出此來也。

又凡在昏暗中聞聲而知意者既謂之"誾"（暗），故在昏暗中聞聲而對答者亦謂之"癊"（暗）。按《說文》心部云："癊，當也。从心，雍聲。""雍"字从"瘖"省聲，則"癊"字之原始聲符亦爲"音"，古韻在侵部，韻尾亦當收 m 輔音，與"暗"同出一源。"癊"即今答應之本字，古亦作"䕐"。《國策·齊策》云："齊王不癊。"《呂覽·順說》云："宋王無以癊。"註皆云："應，答也。"《說文》訓"當"，"當"即"對"，"對"亦即答也。原始先民，在語言產生之初，發問者在昏暗之中，對答者亦在昏暗中，故對答者亦名爲"癊"（暗）。仍相對之二事同音也。

綜上文所述，知"名""瞑"皆來源於"冥"，"問""聞"皆來源於"昏"，"音""誾"皆來源於"暗"等等，其語源同出於雙脣鼻音 m，亦即皆以 m 音表示昏暗之義，從而反映出以語言作爲交際工具之環境特徵。

人類開始用語音表意，既在日夕昏冥之際，則其時白晝表意之工具，或仍爲手勢。此應屬人類由手勢表意到語音表意之過渡階段，乃人類文明進化中所邁出最關鍵之一步。

人類語言開始產生的環境與條件，可能是多元的，而不是一元的。昏夜降臨，作爲環境與條件之一，是否對語言的產生，曾起過促進作用，這是很值得探討的問題。

一九四七年九月完稿

（波案：作者在自存本此處寫道："前人有'勞動產生語言'的觀點；但乃指勞動時口中喊出的'吭唷'之聲，乃語言的雛形。其實，如果說勞動也是語言產生條件之一，實指雙手勞動時，失去手勢表意的機會，故不得不以口語來彼此表達意見。"）

論古聲紐的歸併問題

一、問題的提出

關於先秦古聲紐的歸併問題，清代學者已多言之。尤其是"古有重脣無輕脣"、"古有舌頭無舌上"、"娘日二紐古歸泥紐"等論點，今天似乎已成語言學界的定論。但是，如果從語音表義的角度看問題，我覺得仍有商榷的餘地。

清戴震著有《轉語二十章》，其書已佚，不可得見。今《戴東原集》收《轉語二十章序》一篇，其中有兩句名言，即："疑於義者以聲求之，疑於聲者以義正之。"這從語言文字的研究方法上看，無疑是具有辯證觀點的。但是，從戴氏以後的學者，乃至其及門弟子，皖派名家，對這兩句話，也僅僅懂得了一半。即"疑於義者以聲求之"的方法，得到發揚光大，取得了輝煌成就。而對於"疑於聲者以義正之"這一方法，卻沒有被很好地繼承下來，充分運用。

即以戴氏門下的高足段玉裁氏爲例，頗可見其一斑。段氏註《說文解字》，對"疑於義者以聲求之"的研究方法，可以說達到了運用自如、得心應手之妙。如《說文》人部云："侊，小貌。從人，光聲。"段註云："小當作大，字之誤也。凡光聲之字，多訓光大，無訓小者。"雖《廣韻·庚》據《說文》爲註，亦作"侊，小貌"，但段氏以爲據此可知"《說文》之誤久矣"，而並沒有據《廣韻》以曲從《說文》傳本之誤。又如《說文》鼎部云："鼐，鼎之絕大者。從鼎，乃聲。《魯詩》說：鼐，小鼎。"而段註則云："乃者詞之難也，故從乃爲大；才者艸木之初也，故從才爲小。"因以毛傳爲准，而不曲從《魯詩》之說。這都說明段對"以聲求義"是很有信心的，而且也確實取得了可觀的成就。他的《說文解字註》，此類精闢見解還很多，不縷述。

但是，段氏的《説文解字註》，在應當運用"疑於聲者以義正之"的場合，卻遊移其詞，彷徨不決，顯示了無所適從的窘態。這對於他老師提出的辯證方法，不僅沒有發揚光大，而且在理解上似乎還存在一定距離。舉例言之，如《説文》土部云："壓，幽薶也。从土，厭聲。"段註云："於罽切，十五部。疑古音當在八部，合韻也。"但如以"疑於聲者以義正之"的原則來處理，則段氏此註應作"於罽切，古音在八部"。則言簡意賅，觀點明確。既沒有"疑"的必要，也不是什麽"合韻"，祇是古今音變之慣例耳。攷段氏這裏所謂"十五部"，即脂部及其入聲；段氏所謂"八部"，即談部及其入聲。如"以義證聲"，則"壓"字的古本音，祇能是談部入聲，而決非脂部入聲。這是因爲"壓"義訓"薶"（即今埋字），凡古埋沒、掩蔽之義，多用雙脣聲 m、p 等表之。這類音素，不管是作爲聲紐或韻尾，皆有同樣功能。談部及其入聲即收 m、p 韻尾，故以雙脣合閉之特徵，以表埋沒、掩蔽之事物，這是有大量的語言資料足資證明的。此外，段氏註《説文》心部的"瘱"字，亦以"合韻""或曰"等遊移之詞出之。其實"壓""瘱"等字，證以原始聲符"夾"，亦可定其本屬"八部"，與"以義正之"的結果正相合。

因此，我認爲如果用"疑於聲者以義正之"的觀點探討問題，則在古音學研究中，確實可以提出不少新的問題，得出不少新的結論。例如前人所提出的"古有重脣無輕脣""古有舌頭無舌上""娘日二紐古歸泥紐"等問題，即應給予重新評價。就我個人"以義正聲"的結果觀之，覺得上述問題的結論，應當是：（1）古有重脣，亦有輕脣，重脣多轉爲輕脣；（2）古有舌頭，亦有舌上，舌頭多轉爲舌上；（3）古有泥紐，亦有日紐，泥日二紐多轉爲娘紐。理由很清楚，如果古人根本沒有輕脣、舌上、娘、日等紐，則有些事物的特徵，即無適當的語音加以描述。這從人類創造語言來講，就會失掉其表達意義與交流思想的功能。關於語言表義的功能問題，則有拙文《語言起源之商榷》，可供參閱，不再贅述。

在"以義證聲"的過程中，應當充分注意到，古今的字"義"和字"音"，經過長期的演化，多已發生音義脫節的複雜現象；而且更要恰如其分地分析古人以音表義的細微心理活動；以及語音在生理、物理上的科學特徵。如果不注意這些，就會影響結論的科學性。正是因爲如此，我在舉例中，盡可能以《説文》爲根據，抓住文字較爲原始的含義；其次，是盡可能把問題集中在某些特徵極强的聲紐上，以免泛濫無歸。

二、關於"古有重脣無輕脣"

前人所謂"古有重脣無輕脣"的問題，如果"以義正之"，即會發現輕脣與重脣，各有不同的表義功能與表義體系，彼此不能互相代替。可證古代輕、重脣是並存的，決不是有此無彼，混然一體。如重脣幫系，多表蒙蔽昏暗，以及與其相關諸義，而輕脣非系，則多表細微尖鋭，以及與其相關諸義，各成體系，劃然有别。今舉重脣幫系與輕脣非系的表義體系如下。

（1）幫系義例——蒙蔽

凡重脣音，皆以雙脣閉合爲其特徵，故皆有表蒙蔽之義的功能，其中以明紐，亦即 m 輔音尤爲顯著。因爲 m 輔音以鼻出氣，雙脣閉合的時間最長，故其表蒙蔽之功能亦特强。舉例言之（避免繁冗，每項義例以二十字爲限，下同）。

《説文》云：

"冂，覆也。从一下垂。"（莫狄切）——明紐

"冃，重覆也。从冂一。……讀若艸莓莓。"（莫保切）——明紐

"冡，覆也。从冂豕。"（莫紅切）——明紐

"薶，瘞也。从艸，貍聲。"（莫皆切）——明紐

"芼，艸覆蔓。从艸，毛聲。"（莫報切）——明紐

"茂，艸木盛貌，从艸，戊聲。"（莫候切）——明紐

"幔，衣車蓋也。从車，曼聲。"（莫半切）——明紐

"幭，蓋幭也。从巾，蔑聲。"（莫結切）——明紐

"幠，覆也。从巾，無聲。"（荒烏切）——曉紐

"霚，地气發，天不應，曰霚。从雨，孜聲。"（亡遇切）——微紐

"漫，湛（沉）也。从水，曼聲。"（莫勃切）——明紐

"颞，内頭水中也。从頁叟，叟亦聲。"（烏沒切）——影紐

"覕，蔽不相見也。从見，必聲。"（莫結切）——明紐

"莫，日且冥也。从日在茻中，茻亦聲。"（莫故切）——明紐

"晚，莫也。从日，免聲。"（無遠切）——微紐

"昏，日冥也。从日，氐省。氐者下也。一曰：民聲。"（呼昆切）——曉紐

"晦，月盡也。从日，每聲。"（荒内切）——曉紐

"丏，不見也。象雝蔽之形。"（彌兖切）——明紐

"瞑，翕目也。从目冥。"（武廷切）——微紐

"眯，艸入目中也。从目，米聲。"（莫禮切）——明紐

上述事實，不勝縷舉，限於篇幅，聊以示例。由此可見，明紐 m 輔音，由於雙唇閉合的時間特長，故其掩蔽蒙葢之特徵就更爲突出。因而古人即以此表示具有蒙蔽特徵之事物。但是，跟雙唇閉合之特徵有聯繫的事物，遠不止上述諸例。故推而廣之，諸如昏暗、迷惘、滅亡、悶懣等，亦多以此音表之。可類推。

然而，語義本身之演變，往往由此及彼，由近及遠，有時跟原來的字音逐漸脫離關係。對此，如果根據語義演變的規律，追本泝源，則亦不難尋到來頭。至於語音，其轉變情況更爲複雜。如上述明紐義例中，已有少數字由明紐轉微紐的現象。也有極少數字，又由微紐轉爲喉音曉、影等紐。但是，所有這些轉音，其原始音都在明紐，故其表義功能，也就同於明紐，仍屬於重唇體系。至於又由喉音泛轉他音者，亦當歸於重唇。所有這些變聲，從發音特徵來講，早已與蒙蔽掩葢的本義，失掉了聯繫，但據語音轉變的規律以求之，同樣能恢復它們音、義之間的原始關係。

總之，以明紐爲例，足見重唇音自有其表義體系，不能與輕唇音混爲一談。與下文非系義例相比，自會瞭如指掌。

當然，客觀事物的特徵是極其複雜的，人類語言的特徵也是千差萬別的。因而，語言在音、義之間的關係上，給人們的研究工作，帶來極大的艱巨性。我們上述的義例，僅舉其簡單易知者言之。如進一步探索，即可發現問題並

不如此簡單。舉例言之，如重脣中表示開闢之義的"闢"字，以及表示光明之義的"明"字，就跟重脣音多表蒙蔽、昏暗之義正相反，這是不應迴避的客觀事實。

我以爲，要解決上述這類問題，至少應當從兩個方面來看：（一）同一聲紐，往往具有幾種不同的特徵；（二）同一事物，也往往具有幾種不同的特徵。"闢"例屬於前者；"明"例屬於後者。現畧述如下。

關於同一聲系而具有不同特徵者，例如《說文》門部云："閉，闔門也。從門，才所以歫門也。"乃重脣幫母字；又云："闢，開也。從門，辟聲。"乃重脣並紐字。二者皆以雙脣閉合的重脣音表達事物之特徵，然而語音相同，意義卻相反。此乃因重脣音本身，即具有關閉與開闢兩個不同的特徵。即重脣音在發音的過程中，其"成阻"之時，是雙脣由開而閉，有"掩閉"之特徵，故可表"閉"義；及其"除阻"之時，則雙脣又由閉而開，有"開闢"之特徵，故可表"闢"義。古人凡一音而兼表不同之意義者，多由於此。例如，同樣是雙脣閉合的重脣音，但既能表"包容"之義，亦能表"爆破"之義，正同此理。此乃人類語言同名異物之所由來。

其次，同一事物，往往兼具不同之特徵，古人則多據此不同的特徵命以不同的名稱。此又人類語言同物異名之所由來。但也有這種情況：人們在以音表義之時，開始是以此音表此義，音、義之間，吻合無間；而後來人們所注意之事物特徵已有轉移，而表義之語音仍未改變，因而形成了以此音表彼義，發生了音、義之間的距離，甚至相反。例如表示蒙蔽、昏暗的明紐字中，"明"字即與蒙蔽、昏暗之義相反，就是上述情況造成的。因爲"明"字的本義，追泝其原始，並非表示一般的光明之義，實乃表示昏夜中得見月光之義。故甲骨及金文中，大多數"明"字的形體，仍皆與《說文》相同，即作"㕤"，從月從囧。囧字原義象窗戶之形；窗前有月，言昏夜之間得見光明也。此乃"明"字形體所殘留的原始意義。由此可見，"明"的 m 輔音，開始時正是用以表示其事出於昏夜的時間特徵。但"明"既兼具得見月光之義，故在人們的意識演化中，又漸着重光明的一面，而沖淡了時間條件的昏暗一面。於是意義已變而語音仍舊，形成了音、義之間的矛盾；即以表示昏暗之音，描述光明之義。

又如《説文》還有個"冔"字，亦同此理。"冔"乃"明"之後起字，乃外加"亡"作聲符耳。《説文》云："冔，翌也。从明，亡聲。"按此實與"明"同音同義而畧有差異。其義爲"翌"，即"昱"之借字。《説文》云："昱，明日也。"其本義乃指在昏夜之際而盼見天明，或指由昏夜而轉爲天明；並非泛指在白晝而見光明。蓋凡言"明天"者，皆謂尚未降臨之光明，並非已見之光明。故古人開始時，乃以明紐 m 輔音表示事態尚處於昏暗時刻的一面；後來纔在意識中轉而着重光明已經來臨的一面。義已變而音仍舊，遂形成了音、義之間的矛盾。與"明"例相似的還有"萌"字。"萌"之本義，乃指草木從土中萌芽而出。這其中，既有蒙蔽於土中之一面，亦有冒土而出之一面。"萌"之本身既有意義不同的兩個過程，故古人本以明紐 m 輔音表其開始尚掩土中之一義，後來又轉而着重於冒土而出之一義，遂形成了音、義矛盾的現象。

以上皆因同一事物的多特徵、以及人們意識的轉移所造成的矛盾，這並不難理解。這裏所舉的"明""冔""萌"諸例，跟古人所謂"反訓"，雖畧有相似之處，但"反訓"乃指二義相反而言，而這裏所談的，則指音、義相反而言，並不是屬於一個範疇的問題。

總之，重脣音、尤其是明紐字，屬於表示蒙蔽及其相關諸義的語音，在古代自成體系，決不跟另一表義體系的輕脣音、尤其是微紐字，混爲一談。參閱下文非系義例，其理自明。

（2）非系義例——細微

凡輕脣音的非、敷、奉、微四紐，皆有表細微及其相關諸義的功能。現代多稱它們爲脣齒音，即以上齒尖與下脣互相接觸爲其發音部位，以氣流摩擦而出爲其發音方法，屬 f、v 等摩擦輔音。其聲音特徵，具有氣流絲絲的細微之感，故先民多以非系聲紐表示細微及其相關諸義。可見，它們跟幫系諸紐各有其截然不同的發音特徵與表義功能；在古語裏，幫系與非系，兩者並行，各司其職，不能合二而一。即從"以義證聲"的角度看，前人認爲"古有重脣無輕脣"，是跟事實有距離的。現畧舉其例如下。

《説文》云：

"髮，頭上毛也（從段校）。從髟，犮聲。"（方伐切）——非紐

"坋，塵也，从土，分聲。"（房吻切）——奉紐

"韭，塵也，从土，非聲。"（房未切）——奉紐

"霏，雨雪貌，从雨，非聲。"（芳非切）——敷紐

"毳，毛紛紛也。从毳，非聲。"（甫微切）——非紐

"麩，小麥屑皮也。从麥，夫聲。"（甫無切）——非紐

"粉，（所以）傅面者也。（从段校）从米，分聲。"（方吻切）——非紐

"鋒，兵耑也。从金，逢聲。"（敷容切）——敷紐

"峯，山耑也，从山，夆聲。"（敷容切）——敷紐

"尾，微也。从到毛在尸後。"段註："'到'者，今之倒字。"（無斐切）——微紐

"散，眇也。从人，从攴，豈省聲。"（無非切）——微紐

"溦，小雨也。从水，散聲。"（無非切）——微紐

"芒，艸耑也。从艸，亡聲。"（武方切）——微紐

"秒，禾芒也。从禾，少聲。"（亡沼切）——微紐

"緜，聯散也，从糸帛。"（武延切）——微紐

"塺，塵也。从土，麻聲。"（亡果切）——微紐

"末，木上末也。从木，一在其上。"（莫拔切）——明紐

"緬，微絲也。从糸，面聲。"（弭沇切）——明紐

"彡，細文也。从彡，貧省。"（莫葛切）——明紐

"麵，麥屑末也。从麥，丏聲。"（彌箭切）——明紐

從上述例證看，非系字，古多用以表達細微及其相關諸義。這是因為它的發音特徵，是上齒尖與下脣相接觸，氣流外出，摩擦成音，有絲絲細微之感；而決不像幫系聲紐那樣雙脣緊閉的發音特徵所具有的表義功能。因此，人類用非系之音，表細微之義，應當是自古如此。並非先用幫系後來纔變爲非系。所謂非系是從幫系分化出來的論點，是不符合上述事實的。

但是，重脣音與輕脣音之間的轉變，實爲語音學史上的事實；否認這種轉變，也是不對的。然這種轉變，雖由重脣轉輕脣是主流，卻也不能說輕脣就沒有轉重脣的可能。應當說：重脣與輕脣，在一定條件下，古今多互轉；而由重脣轉輕脣，則是總的趨勢。上文所舉例證，雖不是全面的統計，但已

可看出，在表蒙蔽義例的幫系中，固然有轉入非系者；而在表細微義例的非系中，也有轉入幫系者。用歷史觀點來看，人類對具有細微特徵的事物開始在觀念中出現時，必然是先用非系聲紐出氣絲絲之音感，以表達其義，決不會用雙唇緊閉的幫系聲紐表達其義，這是極其自然的。因此，在表示細微特徵的義例中出現幫系字，這應當是後來輾轉演變的結果，並不是一開始就是以幫系語音表細微之義。

此外，亦有不同的聲紐體系，而具有某些共同的發音特徵者。因而，其表義功能也就必然有其相通之處。例如非系的發音特徵爲氣流絲絲之感；而這在齒頭音精系中，亦有相似的特徵；特別是心、邪二紐，其氣流絲絲之感，更爲突出。這是因爲它們的發音部位雖不全相同，而發音方法則相同，即同爲摩擦音。故古人也常用精系語音，表示纖細、尖細之義。這正是由於不同聲紐而具有某些共同特徵時，所造成語音表義的複雜性所致。

三、關於"古有舌頭無舌上"

前人"古有舌頭無舌上"的結論，如果從"疑於聲者以義正之"的角度看問題，則跟上文的唇音一樣，也是值得重新攷慮的。總的看來，舌頭音的端、透、定三紐的發音，多表達互相撞觸及其相關諸義；而舌上音的知、徹、澄三紐的發音，則多表達互相拭擦及其相關諸義。可見，在語言產生之初，舌頭、舌上，功能各異，體系不同。迨至後世，音與義各循自己的軌道以演化，致使原來的音、義關係，多失去本來面貌，而造成了體系上的混亂。但追本泝源，仍不難得其梗概。茲舉舌頭、舌上兩大體系的義例如下。

（1）端系義例——撞觸

凡舌頭音端、透、定三紐的發音，即 t、d 等輔音，皆以舌尖觸抵前顎而以破裂音出之。而這種以舌尖撞觸前顎之特徵，就使它具有表示撞觸之義的功能。這跟舌上音知系之以前舌面上貼前顎的爆擦音等，其功能完全不同。現署舉端系義例。

《說文》云：

"牴，觸也。从牛，氐聲。"（都禮切）——端紐

"碓，舂也。从石，隹聲。"（都隊切）——端紐

"段，椎物也。从殳，耑省聲。"（徒玩切）——定紐

"殿，擊聲也。从殳，屍聲。"（堂練切）——定紐

"擣，……築也。从手，壽聲。"（都皓切）——端紐

"撻，鄉飲酒，罰不敬，撻其背，从手，達聲。"（他達切）——透紐

"欜，行夜所擊木，从木，橐聲。"（他各切）——透紐

"笪，笞也。从竹，旦聲。"（當割切）——端紐

"椯，箠也。从木，耑聲。"（丁頰切）——端紐

"抵，觸也。从氏，失聲。"（徒結切）——定紐

"啄，鳥食也。从口，豖聲。"（丁角切）——端紐

"觸，牴也。从角，蜀聲。"（尺玉切）——穿紐

"椎，擊也。……从木，隹聲。"（直追切）——澄紐

"椓，擊也。从木，豖聲。"（竹角切）——知紐

"撞，卂擣也，从手，童聲。"（宅江切）——澄紐

"笞，擊也。从竹，台聲。"（丑之切）——徹紐

"捶，以杖擊也。从手，垂聲。"（之壘切）——照紐

"舂，擣粟也。从廾持杵以臨臼。杵省。"（書容切）——審紐

"朾，撞也。从木，丁聲。"（宅耕切）——澄紐

"築，擣也。从木，筑聲。"（陟玉切）——知紐

  从上述義例看，端系聲紐中表撞觸之義者，不少字已轉入了知系之中。但這部分字的原始音，本爲端系字，決非知系字。如撞之从"童"得聲，笞之从"台"得聲，朾之从"丁"得聲，即可知其來自端系。此種由舌頭到舌上的轉變，前人類能言之。但現在如果"以義正之"，則其根本原因，是由於知系字之發音特徵，並沒有表示撞擊之功能。故這些古音應屬端系，是無疑義的。可見，認爲古代的舌頭音，後世有一部分變爲舌上音，這觀點當然是正確的。但問題在於這並不能用以證明"古無舌上"。因爲舌上音自有其發音特徵及別具體系的表義功能，決不容從古代語音史上抹掉。說詳下文知系義例。

  在端系義例中，又有一部分字屬正齒音照系，而且皆爲照系三等字。據

前人的攷證，多謂照系二等字，古入齒頭音精系；照系三等字，古入舌頭音端系。但是，如果用"疑於聲者以義正之"的觀點看問題，則照系二等入精系，這是對的；而謂照系三等入端系，就祇說對了一半。因爲端系字後世確有一部分轉成了照系三等，上文舉的義例可證；但卻不能說照系三等字，全部是由端系變來的。這是由於照系三等，還有一部分字，其表義功能是與知系一脈相承的。因此，如果要歸類，這部分字，祇能歸入知系，而不能歸入端系。它們跟端系是屬於兩個不同的表義體系，不能混爲一談。從下文的知系義例中，可見其梗概。

(2) 知系義例——擦拭

在這一義例中，主要是說明古代語音裏知系的知、徹、澄三紐，即 $t\varsigma$、$d\varsigma$ 等輔音，是本來就有的，而不是後來纔从端系演變出來的。如果認爲知系古人皆讀同端系，即"古有舌頭無舌上"，則有些事物特徵，決非端系語音所能表達出來的。不承認古語知系的客觀存在，則古代語言表義的功能就是殘缺不全的。因爲，知系是爆擦音，即爆裂音之後，又帶有前舌摩擦前顎這一特徵。而正是這一前舌摩擦的特徵，纔賦予它以表示拭擦之義的功能。這是絕不能用端系語音來取代的。其例如下。

《說文》云：

"挃，穫禾聲也。从手，至聲。《詩》曰：'穫之挃挃。'"（陟栗切）——知紐

"銍，穫禾短鎌也。从金，至聲。"此以聲名物。（陟栗切）——知紐

"笘，搔馬也。从竹，剡聲。"（丑廉切）——徹紐

"摘，搔也。从手，啇聲。"（直知切）——澄紐

"揗，摩也。从手，盾聲。"（食尹切）——神紐

"飾，㕻也。从巾，从人，从食聲。讀若式。"（賞知切）——審紐

"㕻，拭也。从又持巾在尸下。"（所劣切）——審紐

"刷，刮也。从刀，㕻省聲。禮有刷巾。"（所劣切）——審紐 "刮"，段作"劀"。

"幤，禮巾也。从巾，執聲。"（輸芮切）——審紐

"帥，佩巾也。从巾，自聲。"（所律切）——審紐

"墀，涂地也。从土，犀聲。"（直尼切）——澄紐

"帚，（所以）糞也。从又持巾掃冂內。"（支手切）——照紐

"坢，垚也。从土帚。"段註："'垚'，各本譌'棄'，今正。"又註："會意，帚亦聲。"（穌老切）——心紐

"彗，掃竹也。从又持丰。……篲古文彗。"（祥歲切）——邪紐

——以上物體相拭擦

"喘，疾息也。从口，耑聲。"（昌沇切）——穿紐

"犨，牛息聲。从牛，讎聲。"（赤周切）——穿紐

"吹，噓也。从口欠。"（昌垂切）——穿紐

"颭，小風也。从風，术聲。"（翾聿切）——曉紐

"咥，大笑也。从口，至聲。"（直結切）——澄紐

"欨，欨欨，戲笑貌（聲）。从欠，屮聲。"（許其切）——曉紐

——以上氣體相擦拭

上述表擦拭的義例中，既有知系字，亦有照系字，尤其是照系三等字中的審紐較多。這是因為審紐乃照系的純摩擦音，故與擦拭之義的關係尤為密切。照系三等既多與知系義例相通，與端系義例不同，可證它們是從知系中分化出來的，並非由端系而來。知系與端系，乃屬於同時存在的兩個不同的表義體系，並非"古有舌頭無舌上"。

在擦拭義例中，還有兩種情況要說明：第一，其中有少數曉紐字，本皆照系三等字。如"欨"从"屮"得聲，"颭"从"术"得聲。此皆從照系轉入曉紐之證。第二，還有"帥""楯"等字，其聲符"自""盾"，應屬舌頭端系字。這類文字的出現，可能因時因地不同，"自""盾"或已變為舌上知系之後，纔取為聲符以表擦拭之義。音義之間的複雜關係，可見一斑。

總之，古代端系為一義例，知系為一義例，各以其不同的發音特徵，表達不同的事物特徵。例如，"刷"字如讀入端系，則祇能是敲打，而不是擦拭；"挃"字如讀入端系，則祇能是打禾，而不是刈禾；"咥"字如讀入端系，則祇能是噴嚏，而不是笑聲。足以證明，在先民之初，無論是以語音作為表義符號或作為交際工具，"古有舌頭無舌上"之說，是講不通的。至於語言經過長期流傳之後的千變萬化，那是另一個問題，此不詳論。

四、關於"娘、日二紐古歸泥紐"

關於泥、日、娘三紐的情況，在先民語音中，其表義功能，歸納起來，祇有兩大體系，即：第一，泥紐多表黏着及其相關諸義；第二，日紐多表柔軟及其相關諸義。至於娘紐字，則多遊移於黏着、柔軟二義之間，沒有獨立的表義功能。這種情況的出現，決不是偶然的。

蓋語言產生之初，人類即慣於以泥紐，即 n 音輔音，表黏着之義。因 n 輔音的發音特徵，乃以前舌緊貼前顎，而以鼻腔出氣，因而，舌顎之間的黏着時間較久，特徵突出，這就是泥紐古代多表黏着之義的根本原因。

至於古人多以日紐表柔軟之義，這也是由於日紐的發音特徵所決定的。前人多囿於日紐晚出的成見，否定它是古已有之的聲紐，而將其併入泥紐，是不妥的。因為從表義功能來看，它跟泥紐迥然不同，屬於另一體系。其發音特徵，當是 ʐ 輔音，即以前舌尖翹觸前顎，舌肌鬆弛，發出振顫柔和之音，故在古語中，纔用以表示柔軟之義。

至於娘紐字，其音當如 ȵ 輔音，在表義功能上沒有獨立的特色，它既有表黏着之義者，亦有表柔軟之義者。前者蓋由 n 音演化而來，後者蓋由 ʐ 音演化而來。亦即娘紐當為晚出之聲紐，乃泥、日二紐的變音。

當然，泥紐與日紐之間，古代也有互轉的現象。然而，"以義證聲"，追本泝源，則黏着與柔軟兩大表義體系，仍然脈絡分明，不相混淆。現分述如下。

（1）泥紐義例——黏着

泥紐乃以前舌緊貼前顎的 n 輔音，表示有黏着特徵之事物。例如：

《說文》云：

"泥，泥水出北地郁郅北蠻中，从水，尼聲。"（奴低切）——泥紐

"涅，黑土在水中者也。从水土，日聲。"（奴結切）——泥紐

"淖，泥也。从水，卓聲。"（奴教切）——泥紐

"濘，滎濘也。从水，寧聲。"（乃定切）——泥紐

"穤，沛國謂稻曰穤。从禾，耎聲。"（奴亂切）——泥紐

"黏，相箸也。从黍，占聲。"（女廉切）——娘紐

"䵑，黏也。从黍，日聲。《春秋傳》曰：'不義不䵑。'"（尼質切）——娘紐

"暱，日近也。从日，匿聲。……昵，或从尼作。"（尼質切）——娘紐

"衵，日日所常衣。从衣，从日，日亦聲。"（尼質切）——娘紐

"念，常思也。从心，今聲。"（奴店切）——泥紐

"邇，近也。从辵，爾聲。"（兒氏切）——日紐

"𨗇，近也。从辵，𡩋聲。"（人質切）——日紐

"尼，从後近之。从尸匕聲。"（女夷切）——娘紐

"疒，倚也。人有疾痛也。象倚箸之形。"（女厄切）——娘紐

"㠜，塛地也。以巾攟之，从巾。憂聲。讀若水溫䎽。一曰：箸也。"（乃昆切）——泥紐

"拈，揶也。从手，占聲。"（奴兼切）——泥紐

"拏，持也。从手，奴聲。"（女加切）——娘紐

"捻，執也。从手，然聲。"（乃殄切）——泥紐

"拑，并持也。从手，𠂤聲。"（他含切）——透紐

"壐，王者印也。所以主土，从土，爾聲。"（斯氏切）——心紐

從上述例字看，泥紐表示黏着的功能，顯然可見。由黏着而親昵，而近邇，而拈持，等等，皆由此引申演化而來。當然，有些字在《説文》的訓釋中，義有未當。如：(1) 許謂"沛國謂稻曰稬"，含義太泛；段註："稻之至黏者，稬是也。"此説至確。(2) 許謂"泥"爲北地水名，此非本義；此水當因塗泥而得名，《易·震》"震遂泥"，虞註"土得雨爲泥"，是爲確解。(3) 許訓"衵"爲"日日所常衣"，乃附會"从日"而作訓；實則此乃純形聲字，猶"䵑""涅"之从"日"，《左傳》宣公九年，杜註云"衵，近身衣"，即貼身衣耳，得其義。(4) 許氏因"壐"古从"土"作"壐"，遂訓爲"王者印也。所以主土，从土"，此實誤解；按《淮南子·齊俗》云"若壐之抑埴"，《説文》云"埴，黏土也"，蓋古人泥封，以壐印按壓之，故取黏着之義。可見，據《説文》以爲訓，雖較近古，已多遠隔本義；古今字義的複雜變化，無疑會給探索音義關係帶來很大的困難。

其次，在上述義例中，字音的變化亦應注意，第一，如"淖"從"卓"得聲，但"卓"在知紐，不在泥紐。這是因爲"卓"本在端紐，讀近"掉"音，後由端紐轉入泥紐，故表黏着之泥淖字，得取以爲聲符。又如"念"從"今"得聲，但"今"在見紐，不在泥紐。這是因爲"今"或轉入疑紐，讀如"吟"音，後又從疑紐轉入泥紐，故表示黏着不忘於懷的"念"字，得取以爲聲符。凡屬上述現象，皆在被諧字未產生之前，主諧字的音讀已早有變化，故被諧字得據變音以造字。我們可稱此爲形聲字的先天音變。第二，如"柉"從"冄"得聲而讀入透紐，此殆因"冄"本讀泥紐時，故取爲"柉"字的聲符，以表拈持之義；但在被諧字"柉"產生之後，"柉"始由泥紐轉入透紐。又如，"璽"從"爾"得聲而讀入心紐，此殆因"爾"本讀泥紐時，故取爲"璽"字之聲符，以表黏着之義；但在被諧字"璽"產生之後，"璽"始轉入日紐，又從日紐轉入心紐。此類變化現象，皆在被諧字已產生之後，其音讀始逐漸發生變化。我們可以稱此爲諧聲字的後天音變。可見，由於字音的錯綜變化，對探索音義關係確實也帶來了極大的複雜性。

（2）日紐義例——柔軟

日紐有ろ輔音的發音特徵，舌尖翹觸前顎，舌肌鬆弛，而發出振顫柔和之音，故有表示柔軟之功能。自古以來，即以其獨有之特徵，與泥紐並行，自成表義體系。

《說文》云：

"叚，柔皮也。從尸又，又申尸之後也。"從段氏校（人善切）——日紐

"柔，木曲直也。從木，矛聲。"（耳由切）——日紐

"壤，柔土也。從土，襄聲。"（如雨切）——日紐

"鞣，耎也。從革柔，柔亦聲。"（耳由切）——日紐

"栭，木耳也。從艸，耎聲。"（耳充切）——日紐

"夒，柔韋也。從北，從皮省，夐省聲……讀若耎。"（而兗切）——日紐

"腝，爛也。從肉，而聲。"指煮肉熟爛（如之切）——日紐

"飪，大孰（熟）也。從食，壬聲。胜，古文飪。"（如甚切）——日紐

"姌，弱長兒。從女，冄聲。"（而剡切）——日紐

"嫋，姸也。从女，弱聲。"（奴鳥切）——泥紐

"橈，曲木也。从木，堯聲。"（女教切）——娘紐

"弱，橈也。上象橈曲；彡象毛氂橈弱也。"（而勺切）——日紐

"髶，亂髮也。从髟，耳聲。"（而容切）——日紐

"嬬，弱也。……从女，需聲。"（相俞切）——心紐

"兒，孺子也。从儿，象小兒頭囟未合。"（汝移切）——日紐

"偄，弱也。从人，耎聲。"（而沇切）——日紐

"茸，艸茸茸貌。从艸，耳聲。"（而容切）——日紐

"懹，牛柔謹也。从牛，襄聲。"（而沼切）——日紐

"栠，弱貌。从木，任聲。"（如甚切）——日紐

"如，从隨也。从女，从口。"（人諸切）——日紐

　　從上述例字看，日紐字多表柔軟、柔弱、柔細、柔曲、柔和之義。其中也有從日紐轉入娘紐者，但較之從泥紐轉入娘紐者，比例較小。此或因在發音特徵上，娘紐跟泥紐更爲接近。故從表義功能看，日紐跟泥紐，是分屬於兩個不同的表義體系。兩紐的發音特徵本來就不同，都是古已有之的獨立聲紐。在中國古代語音史上，日紐所特有的表義功能，是不能抹煞的。

　　當然，泥、日二紐之間，古代亦有通轉。但作爲兩個獨立、併行的表義體系，不完全是由泥轉日，亦有互轉，這從上述兩項義例中已可看出。如泥系"邇""遷"二字，後世已從泥紐轉日紐；但日系"嫋"字，則後世又是從日紐轉泥紐。因此，從總的趨勢看，雖泥紐多轉日紐，卻也不當排除日紐又有轉泥紐的事實。

　　從上述事實表明：古有泥紐，亦有日紐；而後世泥、日二紐多轉娘紐。

五、結語

　　本文乃就古聲紐的歸併問題，提出一些看法。即使還沒有對它們進行更深入的攷察，但"疑於聲者以義正之"，已可畧窺古聲紐分合之間的總體結構。語義學是語言學的中心環節，早爲學術界所重視。當然，由於着眼點不同，也有不少派別。而我在這裏，則主要是根據語義以探索語音的體系，這

也祇能説是一種嘗試而已。

中國古音學界，對古韻的分部，愈分愈細，由鄭庠的六部，一直分到現代的三十部；但對古聲紐的研究，爲什麽卻愈併愈少，從錢大昕以來，一直歸併到現代的古聲十九紐？對此，前人已多提出疑問。我認爲，從先秦古籍來攷察，當時祖國文化已達到相當高的水平。在語言上，如果沒有相當豐富的聲紐、韻部，決難表達如此複雜的現實生活和如此深邃細微的思想意識。當然，降及輓近，例如宋元以來，由於詞彙愈來愈發達，聲紐、韻部又有簡化趨勢，那是另一問題，不能用以衡量遠古的語言現象。

我在本文所提出的"古有重脣，也有輕脣，而後世重脣多轉輕脣"、"古有舌頭，也有舌上，而後世舌頭多轉舌上"、"古有泥紐，也有日紐，而後世泥日二紐多轉娘紐"等論點，也不過是從新的角度看舊的問題時所得出的尚不成熟的看法。至於進一步探索研究，作出科學的定論，則有待於後學。

一九五五年秋脫稿

入聲與陰聲的關係[1]

信芳同志：

　　七月廿九日函，早已收悉；惟大著《臥虎地秦簡文字編》直至上周始寄到，郵遞遲滯，有如此者。

　　來函對《文字編》中的《通假字表》"沒有把握"，希望我多提點意見。我覺得《通假字表》的體例是好的，內容也無錯誤。至於依章太炎先生的古韻分部排列，也是可以的。因爲古韻學發展到晚清以後，已極精密，基本框架已定，依據何家，均無不可。但你以章先生的二十三部與王力的三十部相比，以爲"章太炎先生的古韻分部似更近於秦簡通假字的實際情況"，而且舉了不少例證，並得出結論説："可知王力先生所分出的之職二部、幽覺二部、侯屋二部、魚鐸二部、支錫二部，實際上以各歸爲一部爲好，這恰合於章太炎先生的分部。"你此話很有道理，但説起話長，它涉及有清以來古韻學史上兩大學派治學態度的分歧問題，而不僅僅是陰聲入聲之間韻部的分合之異而已。

　　蓋古韻分部，對入聲與陰聲的關係問題，歷來有兩大學派。一派以顧炎武、段玉裁、章太炎先生等爲代表，乃根據先秦《詩經》等韻文陰入二聲合用的事實，將入聲併於陰聲，不獨立爲韻部。一派以戴震、劉逢祿、黃季剛先生等爲代表，乃根據中古的《廣韻》系統，陽入二聲相配，故將入聲脱離陰聲而獨立爲韻部，並作爲陰陽對轉的樞紐。前一派偏重於攷古，故稱"攷古派"；後一派偏重於審音，故稱"審音派"。你所舉的之職二部以下，王分列爲二部，章合併爲一部，其分歧即由此而來。從方法論來講，我贊成根據

---

[1] 收《湯炳正書信集》，大象出版社二〇一〇年版，標題係整理者所擬。

先秦押韻的客觀事實，劃分先秦的古韻部和排列古韻表。我不贊成使中古的《廣韻》音系介入對先秦韻部的劃分與韻表的排列。當然，在韻部韻表確定之後，進一步作音理分析時，則不妨以《廣韻》作爲輔助，並利用現代音學理論爲武器，以便得出接近科學的論點，亦即應當先"攷古"以定韻部，而後"審音"以窮音理。

其實，關於陰入二聲的分合問題，即使從"攷古"角度看，它確實也呈現出極其複雜的狀態；即由於入聲韻的收勢不同，其與陰聲的關係亦出現三種情況：

（一）古韻中的入聲緝、盍二部，先秦韻文不易找到與之相通轉的陰聲，故許多古韻學家的古韻表，往往沒有與之相對應的陰聲。原因在於：緝、盍是入聲收雙脣 P 塞音者，其發音特徵，乃韻尾雙脣緊閉。其閉脣狀態與陰聲之開尾韻部絕殊，故先秦韻文很少與陰聲通轉之跡。

（二）古韻的入聲職、覺、屋、鐸、錫等部，在先秦韻文中皆與陰聲混用無別，故許多古韻學家皆與陰聲合而不分。其原因在於：它們都是入聲收舌根 K 塞音者，其韻尾皆舌根後縮，阻位隱而不顯，與陰聲之開尾韻部易於混淆。故先秦韻文與陰聲通轉頻繁。

（三）古韻中的泰、隊、至三部，歷來的古韻學家在分合搭配上，苦心經營，歧見極多。其原因在於：他們都是入聲收舌頭 t 塞音者，其口舌特徵，較收雙脣塞音 P 之入聲，其態勢署隱；而較之收舌根塞音 K 之入聲，其態勢又署顯。在先秦韻文中，其與陰聲開尾韻之關係，往往在若即若離之間。故古韻學家，往往各據所見以爲分合。

在陰入聲的關係上，上述三種情況之產生，乃是由於古人用韻時，並不是先通過科學的音理分析，而祇是憑直覺的音感與脣舌動態異同來決定的。故凡差異特大者，易分用；差異特小者，易混用；而一般差異者，則或分或合，搖擺不定。

基於上述情況，攷古派是根據先秦韻文之分合爲分合。故章太炎先生是：(1) 入聲緝、盍二部與陰聲分而不合。(2) 之與職、幽與覺、侯與屋、魚與鐸、支與錫等部，皆陰入合而不分。(3) 入聲至、隊、泰三部，則視其與陰聲的疏密程度，分別處理。亦即至部作爲陰聲，獨立成部；隊部則附於陰聲脂部；泰部則附於陰聲歌部。所列韻表，分寸之間，全以先秦典籍爲准。至於審音派，則凡屬入聲，不管先秦用韻與陰聲之關係如何，全部與陰聲分離，獨立爲韻部。又據《廣韻》體系，與陽聲互相搭配，列爲韻表。由於上述兩大派的依據各異，方法不同，故在古韻分部上出現章先生的二十三部及後來的二十八部或三十部之異。

據我看，依先秦韻文證先秦韻部，較之依唐宋韻書證先秦韻部，要可靠得多。你在撰述《通假字表》時，覺得章先生的古韻分部，更符合《秦簡》事實，有力地説明了在古韻學史上，攷古派是靠得住的。當然，在攷古的基礎上進行審音，是必要的，但決不能本末倒置。

前人對古韻學上的陰入分合問題，分歧最大，但至今還未見有人能從音理學的角度作出科學的分析與評價。我的上述見解，也未曾公開發表。因你來信所問，又恰是陰入分合問題，故署作答覆如上。是非得失，知者自能論定。

耑此順頌

文祺！

湯炳正

一九九四年九月十二日

脂、微分部説[1]

傅紀同志：

　來函及論文，早已收到，因雜事叢脞，未能及時作覆，歉甚！

　大作立論，足以破王力先生脂、微分部之説，這是應當肯定的。從方法上看，有事實，有數據，有分析，而又出之以矜慎態度，這是很好的，對王氏之説，往往能以子之矛攻子之盾，尤其切中要害。

　你問的問題，我祇提出以下幾點極不成熟的意見，以供參攷：

　關於論文前半篇"分三步"的問題，你"自覺未能把話敍述清楚"，這是屬於文章結構上的邏輯問題。對此，你是否可以攷慮分成這樣"四步"：（一）王氏《攷證》中脂、微二部合韻的比例及其方法；（二）王氏《韻讀》中脂、微二部合韻的比例及其方法；（三）指出王氏的《攷證》及《韻讀》中存在的問題，提出重新統計之後二部合用的百分比；（四）綜合分析：明確展示出，越是認真審覈，兩部合韻的次數越多，即兩部混用的情況越突出，證明了脂、微二部之分，不僅王氏早年的初步結論（《攷證》）靠不住，即使晚年經過精心推敲過的結論（《韻讀》）同樣不符合客觀事實。

　關於文章後半篇所提出的諧聲字問題，這並不是王氏脂、微分部問題的要害（要害在於《詩經》二部合韻的頻繁）。但對王氏所謂"祇須依《廣韻》的系統細細分析"、"用不着每字估價"的作法，提出討論，也是必要的。

　而且董氏認爲諧聲字問題，對攷證上古韻母系統與《詩經》"同等重要"。這話要加上時代斷限的條件在內，纔算是準確的。段氏所謂"諧聲必同

---

[1] 收《湯炳正書信集》，標題係整理者所擬。黎傅紀係山東大學殷孟倫教授的研究生，殷教授囑其把學位論文寄作者審閱，故有此信。

部"也是要加上這一條件的。因爲《詩經》所反映的"古韻"系統,其時代是比較集中的。而諧聲字則不然,凡產生在《詩經》以前的諧聲字,即與《詩經》時代的"古韻",大有出入;凡產生於漢唐以來的諧聲字,則跟《詩經》時代的"古韻"相比,情況更爲複雜。如不認真分析,則王氏的作法,必然出錯。

關於所謂古韻表的"系統性問題",太炎先生有這樣的話:"對轉之理,有二陰聲同對一陽聲者,有三陽聲同對一陰聲者……非若人之處室,妃匹相當而已。"根據具體韻例以分部列表,不以主觀想象求其整齊,此實太炎先生的科學態度。先生的《成均圖》即守此原則。其中入聲緝、盇二部與陰聲分列,而職、藥、鐸、屋諸入聲則與陰聲合而不分,即依據事實而不求整齊之範例。故王氏韻表以入聲質、物二部及陽聲真、文二部配陰聲脂、微二部,這當然是極其整齊的。實則即使脂、微二者不當分部,而入聲質、物,陽聲真、文等部之分,祗要證據確鑿,亦不必爲求韻表的整齊強行合併。總之,一切要尊重事實。

關於"董文以《廣韻》重紐反映古韻部"之說,因我手頭無董書,不知其具體內容,不便詳論。但王力先生在《詩經韻讀》十七頁有云:這裏"同""調"爲韻,"也許是上古有以聲母押韻辦法,調同屬定母。但祗此一例,未能斷定"。今按《詩·車攻》"同""調"韻例,不能成立,或係首二句誤例所致,前人已多言之。而且《離騷》雖有"同""調"爲韻之例,但據《淮南子》此"同"字乃"周"字之誤。古書"同"、"周"二字互誤之例極多。"同"本作"周",則與"調"諧和無礙。王氏"聲母押韻"之說,絕不可從。

以上意見,極不成熟。望與孟倫教授仔細探討,多聽他的意見,再作結論。

匆匆即祝

撰祺!

湯炳正
一九八四年四月十五日

《楚辭韻讀》讀後感[①]

王力同志最近出版了兩本新著:《詩經韻讀》《楚辭韻讀》。這兩部論著,是王力同志多年來攻治古韻學的某些結論的具體體現。因此,無論在體例、論據和觀點上,都是比較精確穩當的。在這方面,讀者自能體會,不準備多談。現祇就《楚辭韻讀》中值得商榷之處,寫出來供參攷。當然,《詩經韻讀》與《楚辭韻讀》是姊妹篇,故對後者的評價,也會涉及前者。因爲王力同志在《楚辭韻讀·凡例》中云:"關於古韻分部及古音擬測問題,已在《詩經韻讀》裏有所討論,這裏不再重覆,請參看《詩經韻讀》。"可見,兩書的關係是極其密切的。但本文的重點,仍是《楚辭韻讀》的讀後感。

一、冬部的分合問題

對本書在古韻分部問題上的得失,不準備作全面的評價,這裏祇就冬部的分合畧抒己見。

我們知道,古韻學的分部問題,冬部是很不好處理的一個韻部。故歷來的古韻學家對冬部的態度,極其紛歧,不易統一;而且同是一個人,也往往舉棋不定,前後矛盾。

從宋鄭庠分古韻爲六部之後,顧炎武分古韻爲十部,江永分古韻爲十三部,段玉裁分古韻爲十七部等等。他們都是東、冬不分,混爲一部。到了孔廣森的《詩聲類》,列古韻爲十八部,纔把冬部從東部中分離出來,獨立爲一部。他説:冬類"古音與東、鍾大殊,而與侵聲最近,與蒸聲稍遠";"今人

[①] 收《屈賦新探》,齊魯書社一九八四年版。

之混冬於東，猶其並侯於幽也"（《詩聲類》卷五）。孔氏這一發現，曾被段玉裁譽爲："此孔氏卓識，勝於前四人處。"（《答江晉三論韻》）但是從此以後，不少古韻學家在冬部的分合上意見並沒有統一。例如江有誥同意孔氏冬、東之分，認爲："東每與陽通，冬每與蒸、侵合，此東、冬之界限也。"（《覆王石臞先生書》）而嚴可均則主張將冬部並入侵部，認爲："古音冬即侵也，不應分爲二類。"（見《說文聲類》下篇自註）但王念孫、朱駿聲卻又把冬部仍合併於東部（見王念孫《與江有誥書》、朱駿聲《說文通訓定聲》）；張惠言、劉逢祿則主張冬部獨立、與東部分開（見張氏《說文諧聲譜》、劉氏《詩聲衍》）。段玉裁早年冬、東不分，而晚年接受了孔氏冬、東分立之說（《答江晉三論韻》）；太炎先生則早年主張冬部獨立，而晚年又主張併冬部於侵部，跟嚴可均意見一致。近人于省吾同志，則又主張冬部仍合併於東部，又回覆到段、戴諸家以前東、冬不分之說（見《吉林大學學報》一九六二年第一期《釋θ、ȣ兼論古韻部東冬的分合》）。不難看出，冬部跟東、侵二部的分合關係，在古韻學界始終沒有穩定下來，而且各持己見，也各有各的根據。

在這個問題上，王力同志提出了新的見解，即在《詩經韻讀》中分古韻爲二十九部，把冬部併入侵部；在《楚辭韻讀》中分古韻爲三十部，把冬部獨立起來。而且在《楚辭韻讀》的《凡例》中說："《楚辭》的韻分爲三十部，比《詩經》的韻多出一個冬部。這是從侵部分化出來的，時代不同了，韻部也不盡相同了。"很顯然，在古人聚訟不決的問題上，王力同志所提出的是新論點；而且從出發點來講，無疑是正確的。因爲他是企圖用發展的觀點來解決這個問題的。這個觀點，我們今後還要充分運用，使古韻遺留問題，得到合理的解決。至於從方法論上講，王力同志是這樣說的："我早年是攷古派，把古韻分爲二十三部（脂微分立，冬侵合併），後來是審音派，把古韻分爲二十九部。最近我又認爲：《詩經》的韻部應分二十九部，但戰國時代古韻應分爲三十部。"（見《詩經韻讀·總論》）不可否認，從清代以來的古韻學家，的確有攷古與審音兩大派；而有的學者，則往往兼有兩派的特點。不過我總認爲，對上古韻部的研究，在"攷古"的基礎上進行"審音"，要穩當一些；而在"審音"的前提下進行"攷古"，就要危險些。因此，要判斷是否《詩經》時代冬、侵爲一部，是否屈宋時期冬部纔從侵部分化出來，關鍵問題，還是先用攷古派的方法，看看《楚辭》用韻比《詩經》用韻究竟發生了變化沒有，以及發生了什麼樣的變化。

首先我認爲：用"合韻"的次數多少來決定侵、冬兩韻的分合，這基本上是科學的。但這種"合韻"的百分比，應當建立在合理的基礎上。根據王力同志的意見，《楚辭》冬部既是"從侵部分化出來"，因此，要探索侵、冬二部的分合問題，就必須攷覈當時冬部字擺脫侵部的程度如何，纔能決定。也就是說，必須是《詩經》時代，侵、冬二部是一個整體，不可分割；而屈宋時代則冬部已擺脫了侵部單獨行動，這纔能證明上述結論的正確性。但今攷《詩經》侵部韻共出現四十一次，其中跟冬部"合韻"者共有六次，僅佔15％弱。二部分化之跡，已極明顯。如果再加上"審音"的條件，主要是侵部韻尾收雙脣 m，冬部韻尾收舌根 ŋ，二部音理，自成體系，分化之勢，更皎然可見。故侵、冬二部"合韻"僅佔15％弱，決不應當影響二部之間的界限（據王力同志統計陰、入二聲"通韻"的比例，宵部佔16％強，支部佔15％強，但也並未因此而淹沒陰、入二聲的分野。見《龍蟲並雕齋文集》第一八〇頁）。因此，認爲《詩經》時代侵、冬爲一部的結論，是值得商榷的。因爲，從王力同志所提出的歷史發展的論點出發，我們祇能就侵部派生冬部的分化程度爲依據來攷查它們的分合，而不應當以冬部向侵部靠攏的程度爲依據來攷查它們的分合。也就是說，我們應以侵部爲基點來計算百分比纔是合理的，而以冬部爲基點來計算百分比是靠不住的。而王力同志卻恰恰是用了後一種計算法。他說："我們認爲冬、侵合一是對的。冬部的字那樣少，而《詩經》裏冬、侵'合韻'達五次之多。"（《漢語史稿》上冊第九九頁）不錯，這樣算來，《詩經》冬部韻例共出現十九次，而冬、侵合韻竟達六次，佔31％強，這就祇有把冬、侵合爲一部纔行。但是，在嚴可均等還沒有能提出冬從侵出的發展觀點以前，這樣的處理是可以理解的；而王力同志既已提出這一發展觀點，就不宜於再作出這樣的推算。

同樣，用王力同志的觀點來看屈宋作品，則侵部韻例共出現七次，其中跟冬部"合韻"者一次，佔14％強。這個百分比，跟《詩經》時代15％弱的數據，基本上是一致的，因而也就無法用以證明王力同志的結論是正確的。

因爲在漢語史上，幾個世紀沒有轉變的音是存在的。當然，從《詩經》的15％弱，到屈宋的14％强，差別雖小，也不妨說他們表現了侵、冬二部由親到疏的發展關係。但如果以此爲根據，而得出《詩經》時代祇有侵部，沒有冬部，屈宋時代，冬部纔由侵部分化出來的結論，那是靠不住的。

其次，王力同志在《詩經韻讀·總論》中，又從屈宋時代冬部纔由侵部分化出來的結論出發，來說明《離騷》冬、東"合韻"的事實。他認爲："這樣，《離騷》'庸'、'降'協韻作爲東、冬合韻纔得到合理的解釋。"這就給人以印象，好像《詩經》時代並不存在冬、東"合韻"問題，祇有屈宋時代侵、冬分化以後纔如此。而事實上，《詩經·蓼蕭》四章以"濃""沖"韻"雝""同"，《詩經·旄丘》三章又以"戎"韻"東""同"。可見冬部向東部逐漸靠攏的條件，在《詩經》時代就早已出現。如果說是由於屈宋時代冬部由侵部分化出來，對《離騷》冬、東"合韻""纔得到合理的解釋"，那麽，《詩經》時代如果冬部還沒有分化出來，又當怎樣"解釋"上述現象呢？這事實，不正說明了《詩經》時代不僅冬部已經離開侵部而獨立，而且同樣向東部靠近了嗎？現在從兩周金文韻讀來看，更足以證明這個結論。

在上述問題上，孔廣森的《詩聲類》曾認爲《離騷》以"庸"韻"降"，是"與詩未合"。因而《九辯》末章本來是"中"與"湛""豐"爲韻，而主觀刪掉"豐"韻以就己見，亦未免千慮之一失。因爲《詩經》時代，不僅冬部已獨立爲韻，而且跟東部逐漸靠近的關係，也是客觀存在，不容否定。

二、韻例與韻部的關係問題

韻例跟古韻分部的關係是很密切的。由於對"韻例"的解釋不同，往往給韻部的分合帶來很大的差異。而《詩經》由於章節結構絕大多數是以同樣的形式重覆回環，章節是容易劃分的，因而"通韻""合韻"的標準易於掌握。而《楚辭》的章節結構極端複雜，與《詩經》不同。故歷代學者對韻例的看法極不一致，因而也就影響了韻部劃分的標準。王力同志的《詩經韻讀》，尤其是《楚辭韻讀》，在這個問題上，既有精到之見，也多有不足之處。

例如上文提到的《詩經》與屈宋在侵、冬二部的分合問題上，王力同志在建立"韻例"上的主觀傾向性是很強的，而且也就往往在"韻例"的攷定上有些混亂。王力同志爲了説明《楚辭》冬部獨立而且向東部靠攏是戰國時期的新現象，因而對《詩經》中的冬、東合韻的韻例在分析上就往往不夠恰當。例如《詩經·蓼蕭》共四章，章六句，語言結構、韻腳形式，四章是一致的。一章魚部，二章陽部，三章"脂微合韻"，因而四章本應當是"冬東合韻"。即用王力同志不立冬部的論點，也應是"侵東合韻"。但他爲了證明《詩經》時代無冬部，也不承認這時冬部已向東部靠攏的事實，於是把第四章分爲侵、東各不相涉的一章兩韻。這顯然跟前三章的韻例不相一致，因而是不妥的。嚴可均《説文聲類》認爲："《蓼蕭》一、二、三章不換韻，則末章濃沖得與雍同協音。"這個分析是很客觀的。同樣的道理，《詩經·旄丘》三章，"蒙戎"的"戎"字屬冬部，本章與"東"同韻，分明是冬、東合韻，而王力同志既不承認《詩經》時代冬部獨立，也不承認冬、東合韻，故祇有根據《左傳》僖五年，改"戎"爲"茸"，以遷就自己的論點。但在沒有攷定出《左傳》的"茸"與《詩經》的"戎"究竟哪個更原始、更可靠以前，這個改法同樣是有些主觀的傾向。事實上，《左傳》引《詩》，祇會改異部爲同部，不會改同部爲異部。這跟孔廣森《詩聲類》爲了強調東、冬分部，認爲"狐裘蒙戎首句不入韻，《左傳》引之做龐茸，亦非韻"的説法是一樣的偏見。這都是因爲王力同志堅持《詩經》時代並沒有出現冬部，更不承認冬部已向東部靠攏，因而就不能不在"韻例"問題上出現種種矛盾。

　　從侵、東二部的關係上看，王力同志同樣有上述的現象。例如他既認爲《詩經》時代冬侵二部未分，當然就認爲冬、侵合韻的"韻例"越多越好。故《詩·鳧鷖》第四章，也作爲冬、侵合韻來處理。這是錯誤的。因爲本詩共五章，每章六句，而且句子的結構、字數的多少，五章全一致。每章的第五句"公尸燕飲"都不入韻。這從五章的"韻例"上看，也是無疑問的。而王力同志爲了強調《詩經》時代冬、侵不分部，竟破例地把第四章的"公尸燕飲"的"飲"標爲侵部，以跟上文的"潀""宗""降"，下文的"崇"等冬部字爲韻，以便爲冬、侵不分部增加一條例證。又如《詩·雲漢》第二章的處理，也有同樣的嫌疑。該詩全篇共八章，除首尾兩章外，其餘每章的第一句都是"旱既大（太）甚"，而且都不入韻。而王力同志出於上述同一目的，竟破例地把第二章第一句的"旱既大甚"的"甚"字標爲侵部，以跟下文的"蟲""宫""宗""躬"等冬部字爲韻，以便爲冬、侵不分部增加聲勢。其實，本章的"臨"已足爲證，破壞"韻例"之舉，是不科學的態度。

　　王力同志對"韻例"入韻字數的多少，是很注意的。爲了證明《詩經》時代脂、微二部分用，曾有下列一段話："這些獨用的例子有五韻以上的。如脂部《碩人》《大田》《豐年》《載芟》各五韻，《大東》六韻，《板》八韻；微部《南山》五韻，《雲漢》六韻。這絕對不是偶然的，而是足以證明脂、微兩部的分立。"（見《詩經韻讀》）這話是有理由的。因此，我們認爲《詩經》時代冬、侵二部分立，也可用同樣的理由來證明。如侵部五韻連用者有《鹿鳴》的"芩""琴""琴""湛""心"，《鼓鐘》的"欽""琴""音""南""僭"，《泮水》的"林""黮""音""琛""金"。而冬部六韻連用的有《出車》的"蟲""螽""忡""降""仲""戎"；五韻連用的有《鳧鷖》的"潨""宗""宗""降""崇"等。所有這些，不是同樣可以證明侵、冬兩部的分立嗎？承認脂微二部分立之例，而不提侵、冬二部分立之例，這也是不夠客觀的。

　　至於屈宋作品"韻例"與分部的關係，其複雜性，遠遠超過《詩經》。而在這個問題上，王夫之《楚辭通釋·序例》曾謂：

　　　　意已盡而韻引之以有餘，韻且變而意延之未艾。此古今藝苑妙合之樞機也。……韻意不容雙轉，爲辭賦詩歌萬不可逆之理。

當然，王氏這段話的論點，祇能説明屈宋詩篇中的某些少數"韻例"是如此（如《涉江》《惜往日》某些詩節），而不能用以概括屈宋詩篇的全部。但也不難看出，如何劃分屈宋作品的"韻例"，是極其艱巨的工作。而王力同志正是在這方面有不少可議之處。

　　以魚部、鐸部爲例而言。《離騷》云：

　　　　汩余若將不及兮，恐年歲之不吾與〔魚〕；朝搴阰之木蘭兮，夕攬洲之宿莽〔魚〕。

　　　　日月忽其不淹兮，春與秋其代序〔魚〕；惟草木之零落兮，恐美人之遲暮〔鐸〕。

　　　　不撫壯而棄穢兮，何不改乎此度〔鐸〕？乘騏驥以馳騁兮，來吾導夫先路〔鐸〕。

　　王力同志對《離騷》全篇都是以四句爲一節，每節爲一"韻例"。但上引這十二句詩，從意義上講，卻是一氣呵成的，都是抒寫"時不我與"的汲汲之情，不需分節；從用韻上講，也是直貫而下，魚、鐸通韻，亦不需分節。而且，這種魚、鐸通韻，在《詩經》裏極其頻繁，在屈宋作品裏更不勝枚舉。而王力同志則強分四句爲一節，於是由一個"魚、鐸通韻"之例，變成了三個不同的"韻例"，即一個"魚部"，一個"魚、鐸通韻"，一個"鐸部"。這就不免影響計算"韻例"時百分比的變化。下文"吾令鳳鳥飛騰兮"十六句，也是一個意義中心，同爲"魚、鐸通韻"之例。而王力同志分成四句一節之後，竟成了一個"鐸部"，兩個"魚部"，一個"魚鐸通韻"。又如"跪敷衽以陳辭兮"八句，本來是一條"魚、鐸通韻"，也變成了兩個"韻例"；又如"理弱而媒拙兮"八句，本來是一條"魚、鐸通韻"，也變成了兩個"韻例"。由於類似情況的反覆出現，這就不能不攷慮王力同志這樣定四句以建"韻例"，是否合乎《離騷》實際？

　　《離騷》而外，王力同志並不守四句一個"韻例"的成規，而是據內容以建"韻例"。這對屈宋作品來講，是比較合乎實際的。如《哀郢》除"亂曰"外，雖皆爲四句一個韻例，但"心嬋媛而傷懷兮"八句皆屬鐸部，即標八句爲一例，這是對的。但也有分合失當，自亂其例之處。如《湘夫人》"蓀壁兮紫壇"到"繚之兮杜衡"十句，意義一貫，也都是陽部韻，而竟分前四句爲一例，後六句爲一例。又，如果認爲《離騷》四句一韻，其八句同韻者可視爲二韻一換之重覆，但《遠遊》韻式最近《離騷》，爲什麼"春秋忽其不淹兮"八句皆屬魚韻，又不分爲二例？"聞至貴而遂徂兮"十二句皆陽部，而不分爲三例？這都未免自亂其例。

三、關於"擬音"

《詩經》地涉十餘國,幅員數千里,而用韻基本一致。過去的學者認爲這是孔子或後學爲適應諷誦或樂歌的需要加以修訂劃一的結果。但是近世以來,不少人攷證不同地域的金文韻讀,竟跟《詩經》大致相同。故"修訂"之説,不攻自破。現在看來,這種現象也可能是説明了音系與音值之間的差别問題。據《詩經》與金文所攷得的韻部,它衹能代表音系,並不能代表音值。音系的基本一致,不足以證明方音音值的完全統一。因爲方音的不同,往往是依音系爲單元,而不是在個别字上漫無規律的演變。因而音系雖然一致,音值卻往往差别很大。而且音系有相對的穩定性,而音值的變化則較快。當然,音值的變化如果發生互相交錯的情況,也必然會影響到音系的改變。居今而言古,探索古韻的音值比探索古韻的音系,要複雜困難到千百萬倍。

春秋戰國時代的楚國跟中原各國相比,方音音值的差别是極大的。故孟子曾稱楚國爲"南蠻鴃舌之人",並有楚大夫欲其子學齊語的比喻。不難看出,楚語與北語之間的懸殊。但從今天攷出的音系來講,《詩經》韻部與屈宋作品韻部,基本上是一致的,既看不出中原語音的特點,也看不出"南蠻鴃舌"的痕跡。這即使在今天,南北語言也還没有融合到這個地步,更不用説在兩千年前的戰國。這就有力地證明了音系與音值的不一致性。因此,王力同志在代表北語的《詩經韻讀》與代表楚語的《楚辭韻讀》裏所擬定的音值,卻完全一致,這確實是一不可思議的現象。對此,學術界應當不斷地探索,尋求答案。

但是,在上述問題還没有得到徹底解决的條件下,這裏衹準備就事論事地談談王力同志這套"擬音"的主要問題。

在"擬音"問題上,王力同志主要是依陰、入、陽三聲對應的傳統體系來進行的,但卻徹底排斥了西方學者高本漢、西門等把陰聲擬爲閉口音節的謬説。这无疑是王力同志頗具卓見之處。但西方学者之所以如此作法,無非是機械地認爲陽、入二声既收音 m、ŋ、n 或 p、k、t 等閉口音節,則與之通轉對應的陰聲,決不會竟是開口音節。他們把閉口音節與開口音節絶對地對立起來，實際上是形而上學的觀點，他們沒有能辯證地看待這二者之間的變化關係，亦即沒有注意到閉口的高元音如 i、u 等跟某些輔音之間由於極度接近而發生的轉化關係。

從上述的觀點看，我認爲王力同志對脂（擬 ei）、微（擬 əi）、歌（擬 ai）三部的擬音，雖在某些方面我還有不同的看法，但以 i 音收尾這一點，在原則上是正確的。因爲跟這三個陰聲韻部相對應的入聲質（擬 et）、物（擬 ət）、月（擬 at）三部的韻尾都收 t，跟這三個陰聲韻部相對應的陽聲真（擬 en）、文（擬 ən）、元（擬 an）三部的韻尾都收 n。而 t、n 的發音部位都是舌尖音，它們跟前舌極高元音 i，相距僅在毫釐。正是由於這條紐帶，纔把它們結成了陰入或陰陽對轉的關係，更何需在陰聲之後再加什麼輔音韻尾？

正是由於上述原因，我認爲王力同志對宵（擬 ô）、幽（擬 u）、侯（擬 o）等部的擬音似值得攷慮。因爲，按照古韻學家的傳統讀法，這三部都是收 u。我認爲這一點是合理的，用不着更弦改轍。這是因爲跟它們對轉的入聲藥、覺、屋都收 k。陽声冬、東都收 ŋ，而 k、ŋ 都是舌根辅音，跟后舌极高元音 u，相差極微，通轉極近。如以 u 爲韻尾，則陰入對轉或陰陽對轉，都是以 u 爲紐帶。故用不着在陰聲之後再加閉口音節以爲橋樑。但王力同志在這一點上卻沒有這樣處理，未免千慮之一失。当然，u 的發音，除了以舌部的前後高低來講，有如上述的特徵而與 k、ŋ 相通以外，如果以 u 的脣狀來講，則爲圓脣閉口元音，閉口的程度，跟双脣輔音 p、m 極近。故古韻學家嚴可均的《説文韻譜》、太炎先生的《國故論衡·二十三部音准》都曾根據古人偶然通轉之跡，以幽部與侵部爲對轉，以宵部與談部爲對轉。此雖不可爲常例，但卻可以説明先秦古韻音值的 u 韻尾在陰入、陰陽對轉中的重要作用。王力同志在《漢語史稿》中認爲太炎先生以幽與侵、宵與談對轉是"靠不住的"（第八一頁註），又謂收 p 的入聲緝、盍二部"不和純元音韻母相對應"（第九一頁）。從某種意義上，這樣説當然是可以的，但也未免把問題看得絕對化了。

以上也不過是擬測，是否有當，祇供參攷。

四、"無韻"及其它

王力同志在《楚辭韻讀》中標爲"無韻"的詩節，凡十二處。其中除五處屬於《卜居》《漁父》等篇的散文句子外，其餘皆不當註爲"無韻"，而祇能註爲"存疑"或"待攷"。因爲這些詩篇都是全篇用韻，不會某句忽然"無韻"。這些所謂"無韻"之句，皆當爲傳寫之誤或理解有差，並非屈宋行文時本不用韻。故標爲"無韻"，義欠明確。而且王力同志標爲"無韻"之句，基本上是以江有誥的《楚辭韻讀》爲依據的，而沒有攷慮到這些所謂"無韻"的句子，江氏之後治《楚辭》者多有攷訂，有的可以說已接近於解決。這些成果，理應斟酌吸收，不應仍以"無韻"視之。有的也應進行攷校，盡可能求得合理的解決。

例如《離騷》：

> 惟茲佩之可貴兮，委厥美而歷茲；
> 芳菲菲其難虧兮，芬至今猶未沬。

這裏"茲"與"沬"爲韻，諸家多異說。江有誥《楚辭韻讀》註爲"無韻"，王力同志亦註爲"無韻"。其實劉永濟同志《屈賦通箋》認爲"茲"古韻在之哈部，"沬"當從"未"作"沫"，古韻在脂微部，"二部音近通押"。並舉《詩·桑柔》、《左傳》成七年史佚之志以及《九章·思美人》爲證。其説極是。以意義言，王逸註："沬，已也……久而彌盛，至今尚未已也。"與《廣雅·釋詁》四，同訓。又《招魂》"身服義而未沬"，王逸亦訓："沬，已也。"可見這節詩，並非"無韻"①。王力同志對《思美人》認爲"出"韻"下缺一句"（亦用江有誥"韻未詳，或脫偶句"之說），而不知《九章》單

---

① 波按：據力之先生講，"芬至今猶未沫"之"沫"與"沬"就形言，極不易辨。江、王等氏之"無韻"云云，即緣疏忽而以"沬"爲"沫"所致。其實，持是說者此前若能注意就整體來攷察局部，並看一下師叔之註，恐便不會如是觀矣。

句單行連韻者極多，此處亦爲之、職部與物部通韻，與上例相似，不應斷爲缺句。

又如《天問》云：

閔妃匹合，厥身是繼，
胡維嗜欲同味，而快鼂飽。

此節"繼"與"飽"不韻，歷代學者有不少探討。如戴震的《屈原賦註》附《音義》，方績的《屈子正音》，劉盼遂的《天問校箋》皆有所攷證。而郭沫若同志在《屈原賦今譯》中認爲"鼂飽"當爲"鼂饑"，"饑"與"繼"爲韻。按繼在脂部，饑在脂部入聲質部，故可通叶。而江有誥《楚辭韻讀》不攷，也註曰："無韻。"王力同志又從江說，註爲"無韻"，未妥。今按"鼂饑（朝饑）"之說之所以可從，因《詩·汝墳》："未見君子，惄如調饑。""調饑"即"朝饑"。毛傳云："惄，饑意也，調，朝也。"箋云："惄，思也。未見君子之時，如朝饑之思食。"故《說文》心部引《詩》，"調"正作"朝"。"朝饑"蓋形容男女相思之情。王逸《天問》註謂："何特與眾人同嗜欲，苟欲飽快一朝之情乎。"即指問上文禹娶塗山之女而言。王氏本以"飽快"釋"快"，後人不察，遂據王註改正文"饑"爲"飽"，非是。可見，這節詩也並非"無韻"。

又如《惜誦》：

心鬱邑余侘傺兮，又莫察余之中情；
固煩言不可結詒兮，願陳志而無路。

這四句"情""路"不韻，古多異說。而江有誥《楚辭韻讀》註爲"無韻"，王力同志亦從之。其實，這在朱熹《楚辭集註》中，基本上是解決得很好的。朱云："中情以韻叶之當作善惡……由《騷經》一句差互，故此亦因之耳。"此蓋指《離騷》既有"孰云察余之善惡"句，又有"孰云察余之中情"句，故此處互誤"善惡"爲"中情"。"惡""路"皆在古韻鐸部，並非"無韻"。

聞一多同志脫句之説，不如朱説之可信。

又《招魂》云：

> 魂兮歸來，君無下此幽都些；
> 土伯九約，其角觺觺些。

本段上文，描寫四方及天庭的險惡，首句皆入韻，故此處"君無下此幽都"的"都"亦應入韻。王力同志對"都"字跟下文"觺""駓""牛""災"爲韻，不得其故，於是首句註爲"無韻"，大誤。江有誥《楚辭韻讀》註爲"之魚借韻"（即"之魚合韻"），極是。《詩經》與《楚辭》"之魚合韻"之例頻繁出現，江説不可易。

其它有關問題，如《天問》：

> 玄鳥致貽，女何嘉。

王力同志在這里加了一條註云："'嘉'，今本作'喜'。王逸註：'一作嘉。'今改作'嘉'。"按從一本作"嘉"是對的。作"喜"之本，乃後人不明古韻者所妄改。但"喜一作嘉"這條註文，乃宋洪興祖《楚辭攷異》語，並非王逸註。《攷異》原爲單行本，後人纔分散於洪氏《楚辭補註》王逸註之下，"補曰"之前。王力同志把它稱爲"王逸註"，這是錯誤的。

又《涉江》：

> 被明月兮珮寶璐。

王力同志劃此單句爲一節，註爲"鐸部"，並云："此句疑前面缺三句。"又將下文"世溷濁而莫余知兮"四句別爲一節，註爲"魚部"。其實，這樣處理是不妥的。攷江有誥《楚辭韻讀》在"被明月兮珮寶璐"句下曾註謂："此上疑脫一句。"此後劉永濟同志《屈賦通箋》謂"被明月兮珮寶璐"句當在"登昆侖兮食玉英"句上。聞一多同志《楚辭校補》又認爲"被明月兮珮寶璐"下,當缺一句。而王力同志現在又有"缺三句"之說。此皆由於不明屈賦韻例之所致。其實,此處前後兩節詩的韻例是一致的,即:

被明月兮珮寶璐,
世溷濁而莫余知兮,吾方高馳而不顧,
駕青虬兮驂白螭,吾與重華遊兮瑶之圃。〔鐸魚通韻〕
登昆侖兮食玉英,
與天地兮同壽,與日月兮齊光。
哀南夷之莫吾知兮,旦余將濟乎江湘。〔陽部〕

可見,這兩節詩的韻例完全相同,而且非常協調。王力同志既疑前節脱三句,爲什麽又不疑後節也脱三句呢?而且魚鐸二部通韻,屈賦例不勝舉,何獨懷疑於此?實則各家蓋皆受江説的影響。

又《懷沙》"亂曰"以下,王力同志於"道遠忽兮"句下增加一節:

曾吟恒悲,永歎慨兮。
世既莫吾知,人心不可謂兮。

並註云:"今本無'曾吟恒悲'四句,據《史記》補。"這是對的。但下文又於"余何畏懼兮"句下仍保有:

曾傷爰哀,永歎喟兮。
世溷濁莫吾知,人心不可謂兮。

這就錯誤了。因爲這兩段衹能保留一段,不能重覆出現。朱熹《楚辭集註》早已指出:這兩節詩《史記》同文再出,乃後人"因校誤加"。主張文從《楚辭》,次依《史記》,當接在"道遠忽兮"之下,兩處文意始通。此後,戴震、王引之皆从其説。而且這兩段的異文,經王念孫的攷證:"恒悲"當作"爰哀","爰哀"即"咺哀"之通假,已成學術界定論。而王力同志仍把互相重覆的兩節詩，既補之於前，又保留於後，重床架屋，失之攷慮。這對統計韻例來講，也會帶來偏差。

五、結語

王力同志的《楚辭韻讀》，的確不失爲一部精審之作。其中不少結論，都是經過長期研究、周密攷查之後纔得出的。但是身居兩千多年以後，而攷證兩千多年以前的韻系，擬測兩千多年以前的音值，的確是一件複雜而艱巨的工作。古韻之學，雖經過幾百年來無數聲韻學家的探索，而爲我們勾劃出了大致的輪廓，但其中的遺留問題，值得我們進一步研究的還很多。王力同志在這一點上，取得了很大的成就，著述豐富。但千慮一失，智者難免，拙見所及，亦未必有當，謹記所感，就正於有道。

寫於一九八二年一月

《說文》歧讀攷源

——兼論初期文字與語言之關係

一、《說文》歧讀字之來源

　　漢許慎《說文解字》一書，乃研究中國古代語言文字之重要典籍。雖著者由於時代限制，其內容尚存在某些問題，但上探金甲文字之源，下推隸楷演變之跡，旁研聲韻訓詁之禪遞，莫不因此書之存在而提供後人以極其豐富之資料。有清以來，雖研討註釋者輩出，但不能謂此項寶貴資料已得到充分利用。例如從《說文》中所保存之"歧讀"現象以探討古代語言與文字之關係，即尚爲前人未曾涉及之新問題。

　　研究中國古代語言現象，不得不有賴於文字。然泝厥文字之初起，則既非諧聲，又非拼音，祇爲一種極簡單之事物形象符號。因此，古代文字與語言之結合關係及結合過程，必須加以探索。清代自顧亭林起而古音之學大昌。乾嘉諸儒，遞相發明，所得益精且宏，皆知根據聲韻以抉語言文字之源。其中，對《說文解字》一書之整理，功績尤偉。然攷其所持之理論，莫不以爲："文字之始作也，有義而後有音，有音而後有形，音必先乎形。"（見段玉裁《說文解字》土部坤字註）又云："夫聲之來也，與天地同始。未有文字以前，先有是聲，依聲以造字，而聲即寓文字之內。"（見王筠《說文釋例》卷三）則是謂文字根據語音而創造，文字即爲語音之符號，在文字產生之始，即與語音有互相凝結而不可分離之關係。此乃清儒以來一貫之理論。然清儒之治《說文》者，其成績之所以能超越前代者固因此，而其猶有某些問題無法解決者，亦即因固守此說之所致。例如凡遇《說文》中具有兩音以上之"歧讀"字，既不能以"音近"解釋，又不能以"音轉"推演者，輒感迷離，其蔽可想而見。

迨太炎先生《文始》問世，始對古字"歧讀"現象有所突破。先生在《文始·畧例癸》云："形聲既定，字有常聲，獨體象形，或有逾律。""何者，獨體所規，但有形魄，象物既同，異方等視，各從其語以呼其形。譬之畫火，諸夏視之則稱以火，身毒①視之則稱以阿揭尼能。呼之言不同，所呼之象不異，斯其義也。"但揆先生之意，乃以此爲文字音讀"或有逾律"之偶然現象，並未視爲文字發展過程中之必然規律。故先生此說之提出，至今雖已七十餘年，並未引起學術界之注意。

因而，當代國內外語言學界最權威之結論，似仍與清儒之成說相雷同。即認爲："文字不是和語言同時產生的，而是在語言發展的一定階段上，並在語言的基礎上發生和發展起來的。這就是說，先有語言，後有文字，語言是第一性的，文字是第二性的，是在語言的基礎上派生出來的；同時文字又是從屬於語言的。"但是，吾人從文字發生和發展之某些客觀的歷史事實上看，似乎並非如此。

簡言之，即先民之初，語言與文字應皆爲直接表達社會現實與意識形態者。並非文字出現之初即爲語言之符號，根據語言而創造。即使人類先有語言，後有文字，然文字衹是在社會現實與意識形態之基礎上產生出來，而不是在語言之基礎上產生出來。語言者，乃以喉舌聲音表達事物與思想；而文字者，則以圖畫形象表達事物與思想。語言由聲音以達於耳；而文字則由形象以達於目。在文字產生初期階段，語言與文字各效其用，各盡其能。因此，遠古先民，實依據客觀現實以造字，並非"依聲以造字"；亦即文字並非"在語言的基礎上派生出來的"。

當然，爲說明文字"是在語言的基礎上派生出來的"，學術界早已在文字與圖畫之間人爲地下了個斬釘截鐵的界說，即："文字是標記語言的。因此，標記語言的始爲文字；僅表意義的衹是圖畫而不是文字。"但是，如果從文字發展過程和發展規律講，則決不當把圖畫文字與記音文字截然分開。因爲事實上從表達意義之圖畫走向標記語音之文字，其間還存在一個過渡階段。而

---

① 波按：今印度。

在此過渡階段，文字與語言之間是處於遊離狀態與不穩定情況之中。甚至在語言與文字已經基本結合之歷史階段，仍然殘存少數語言與文字之間若即若離之奇特現象。此確係不容否認之歷史事實。《説文》所保留之"歧讀"字，正是此種歷史現象之真實反映。因此，應當説：文字與語言有一逐漸結合之過程；而不能説文字一開始就是"在語言的基礎上産生的"。研究問題，當從事實出發，不當從界説與定義出發；應當尊重辯證法的發展觀點，不應當自劃框框，割斷歷史。

　　文字與語言之最初發生關係，其情形當如下：即古人之視象形文字，殆如吾人之視圖畫焉，祇能明瞭此圖畫中含有某種意義，而不能謂此圖畫即代表某一固定之語音。迨觀者必須以語言表明此圖畫之意義時，則同一圖畫，或因各人理解之不同而異其音讀；或同一人而前後對此圖畫之印象不同，亦足以使其産生種種不同之音讀。蓋視其形近乎此者，即呼以此名，形近乎彼者，即呼以彼名；得此義者，即以此音讀之，得彼義者，即以彼音讀之。見仁見智，無有定常。因之，一字或得數義，一文或得數音，而造成所謂"歧讀"之事實。如今日雲南麽些族①之象形文字，雖同一字形，而彼族往往用與字義相近而聲音絶殊之不同語音讀之。例如字形爲一人持皿飲水狀，則或以表"飲"之語音讀之，或以表"水"之語音讀之，或以表"渴"之語音讀之，並無固定之音。此乃人類語言與文字開始結合時之必然現象，不足爲奇。迨象形文字相當發達以後，文字與語言之關係始漸相接近。又後，則有諧聲字或假借字産生，此則專依語言而造，或專爲標音而設，始可謂之語音符號。至是，語音與文字始互相凝結而不可脱離。

　　但是，即使在文字相當發達以後，語音與文字之關係已凝固穩定，而由於時地之不同，亦或讀以歧音。如當中國漢字傳入日本之後，即有"音讀"與"訓讀"之不同。所謂"音讀"，即以中國原字之音讀讀之；而所謂"訓讀"，則係以彼土固有之日本語音誦讀與彼土意義相近之漢字。彼土語音與中國漢字之本音，雖甚懸隔，亦在所不顧。

　　又如：清劉獻廷《廣陽雜記》卷一云："高麗書，以牛爲魚，以魚爲牛。

---

① 波按：今習稱納西族。

謂四足者宜爲牛，無足長尾者宜爲魚也。讀矮爲射，讀射爲矮，謂委矢宜爲射，而寸身宜爲矮也。高麗人號稱能讀書，而不能究六書之源委，杜撰若此……"此則讀者祇以字形取義，不究造字之本，以致意義迥殊，音讀歧異。

案：《説文》中之"歧讀"字，亦有上述三種類型：即麼些型之"異讀"；日本型之"訓讀"；高麗型之"誤讀"。其中既有文字與語言尚未緊密結合時期原始"歧讀"殘痕；亦有文字與語言基本結合以後象形文字之"後遺症"。

今觀殷周甲骨金文，已有諧聲、假借等字，知其時語言與文字之間已基本達到互相結合之狀態。然其間象形、指事、會意等字仍極多，歧讀仍存在。例如甲骨文中同一※形，或作草木之"木"字用，或作午未之"未"字用，則※字仍有木、未二音之歧讀可知。子璋鐘月字作ᗡ，歧讀夕爲月音也；曆鼎夕字作ᗡ，則又歧讀月爲夕音也。楚王畬忑鼎以獲爲獲，則歧讀隻字爲獲音也。又善鼎之足字，師兑鼎之足字，皆作正字用，不作足字用，是足字歧讀爲正音也。以上現象，以造字或書寫者言之，或爲異字同形，而從讀者言之，則顯係一字歧音。此乃字形與字音之關係尚未固定時之必然現象。

足見上述諸問題，自今日視之或爲怪誕，而自古人觀之則爲恒事；以之研究後世文字，或易趨於瞀亂，而以之探討遠古文字，則實足資借鑒。

中國古代一字歧讀之殘痕，保存在《説文》一書者不少，而且多爲象形、指事、會意等較原始之字形。其間亦偶有一二例外之諧聲字，此乃極其奇特之現象（詳後）。茲就《説文》中之歧讀字加以疏通證明，不僅借此以理前人之惑，而且對中國語言文字發展史之研究，或亦有所裨益。

二、《説文》歧讀字疏證

第一，義同歧讀例。

攷古人對事物之命名，往往同一事物而因各人所得之印象不同，或所注意之特徵各異，其名稱亦即發生差別。故同爲禦雨之衣着，而就其以草爲之有細草莎莎之特徵，故即呼之爲"蓑"。《説文》云"蓑，艸雨衣"是也。然若就其可以禦雨而有披被掩蔽之特徵，則又可呼之爲"䘔"。《説文》云

"革，雨衣"是也。此皆因一物而有各種特徵，見之者即就其所得之印象不同而異其名稱。亦或有同一特徵，同一印象，而亦以不同之語音表之者，則因此不同之語音有共同特徵也。如《方言》云："參、蠡，分也。齊曰參；楚曰蠡；秦晉曰離。"此因分、蠡、參三音，皆可表離散分裂之義，故同一意義而有三種不同之語音。以上二者，皆一事一物而有多名之所由來也（凡本爲一名，由語音轉變而轉爲他名者，不在此例）。故就原始圖畫式之文字言之，其所摹寫者雖同爲一事物，而觀之者亦得各就其所得之不同印象與特徵，而呼以不同之語音；即所得之印象與特徵相同，亦得以不同之語音表此共同之印象與特徵。此"義同歧讀"字之所由來也。茲舉其例如下。

(1)《說文》吅部云："吅，眾口也。从四口。凡吅之屬皆从吅。讀若戢，又讀若呶。"——阻立切

今案，"讀若戢"爲莊紐緝部字，而"讀若呶"則又爲娘紐魚部字，古音不相近，並非通轉。玫吅字之所以讀若"戢"者，乃"咠""譖"等字之借音也。咠，譖皆有多言不止之義，古人亦或借"緝"字爲之。如《詩·巷伯》"緝緝翩翩，謀欲譖人"，毛傳云："緝緝，口舌聲。"古人蓋以吅形爲四口，有眾口多言之義，故即以"戢"音呼之耳。"戢"與《毛詩》之同"緝"音，乃表眾口多言之恒語也。

至於吅字又讀若"呶"者，因吅字象眾口集合之狀，有眾口譁呶之義，故古人又讀爲"呶"音。《說文》口部云："呶，譁聲也。从口，奴聲。《詩》曰'載號載呶'。"案多言與譁呶，意義相同而語音各異，故吅字一形而歧讀爲"戢""呶"二音也。

小徐本《說文》此條作"讀若戢，一曰呶"，段玉裁氏不解歧讀之理，斷从小徐本而以"呶"爲釋義之語，非也。蓋"一曰呶"承上句言之，猶言"一讀呶"耳。如《說文》諞字下云"讀若苹，或曰偏"，"苹""偏"乃一聲之轉，其皆爲音讀無疑。故即从小徐本，亦不應以"呶"爲釋義之語。段玉裁氏對歧讀字，其曲解多類此。

(2)《說文》㚔部云："㬰，盛貌。从㚔，从日。读若虋虋；一曰若存。𣄴，籀文㬰，从二子；一曰：㬰即奇字㬰。"——魚紀切

今案，此乃"㬰"字一形，而古人歧读为"虋""存"二音也。蓋"虋"

音古在疑紐之部，"存"音古在從紐諄部，二音相距甚遠，並非通轉。至於奇字以昏爲晉，則因"存"音與"晉"（晋）音相近，故互爲通假耳。並非歧讀。

攷"晉"字之義爲"盛貌"，故讀若蕘蕘之"蕘"。因"蕘"乃古人表盛多或盛壯之恆語。如《詩·甫田》"黍稷蕘蕘"，鄭箋云："蕘蕘然而茂盛。"《廣雅·釋訓》亦云："蕘蕘，茂也。"古人又或以此語表小兒壯盛之貌，如《詩·生民》云"克岐克嶷"是也。"蕘"與"嶷"乃一語之異文。晉字讀"蕘"，亦即讀"嶷"耳。壯盛與盛多相引申，晉字之形爲三子同日並生，其盛可知，故古人亦即以"蕘"音呼之也。

至於晉字又讀"存"音者，則因古人又多以"存"音表盛多叢集之義。如《左傳》襄四年"戎狄荐居"杜註，《國語·晉語》"戎翟荐處"韋註，皆云："荐，聚也。"晉字讀"存"一音，實即歧讀爲"荐"音也。晉字從三子同日並生之象，有盛多叢集之義，故古人即以"荐"音呼之耳。"荐"之一語，古或轉爲"僔"。《離騷》王逸註云："僔僔，聚貌。"亦或轉爲"振"，《詩·螽斯》云："螽斯羽詵詵兮，宜爾子孫振振兮。"又《麟趾》云："振振公子。"毛傳皆訓"振振"爲"信厚"，非也。詩與上文相承，"振振"當訓爲"眾多"。《周頌·振鷺》"振鷺于飛"，毛傳云："振振，群飛貌。"即以"振振"爲"眾多"，其義爲得。蓋古人多以"振"音爲表子孫眾多之恆語，與"晉"從三子之義尤合。故"存"音亦即"振"音也。

（3）《説文》屮部云："屮，艸木初生也。象丨出形，有枝莖也。古文或以爲艸字。讀若徹。凡屮之屬皆从屮。尹彤説。"——丑列切

今案，"徹"古音在徹紐質部，故"蚩""省"等字皆从"屮"得聲。至於"艸"字則古音在清紐幽部，二音不相近，此亦歧讀也。攷"屮"與"艸"，異形同義。屮象艸萌蘖之狀，故古人即以"徹"音呼之。"徹"音即"蘖"音也。蘖之原始音符从屮，是其證。然就屮形言之，亦象艸有枝莖之形，故古人又或以"艸"音呼之。《漢書·地理志》"屮繇木條"，語本《禹貢》"厥艸惟繇，厥木惟條"，蓋古文《尚書》即讀"屮"爲"艸"也。

（4）《説文》焱部云："燊，盛貌。从焱在木上。《詩》曰'莘莘征夫'；古文伸；一曰：槸；一曰：役也。"——所臻切

今案，《説文》此條，段玉裁氏以爲"譌誤不可通"。然尋其文理，並無"譌誤"，實係四種不同之歧讀，即讀若"莘"，讀若"秞"，讀若"嶷"，讀若"役"也。

玫燊形从焱在木上，蓋象木葉茂盛之狀。因甲骨文火字多作ᗣ形，金文从火之字又多作山形，皆與華葉之狀相混。燊从品或品在木上，故有樹木華葉繁盛之狀。因此，古人即以表"盛貌"之恒語"莘"音呼之。"莘"即"蓁"之借音。《詩·桃夭》"其葉蓁蓁"，毛傳云："蓁蓁，至盛貌。"許書此處引"莘莘征夫"，今《詩·皇皇者華》作"駪駪征夫"，毛傳訓"駪駪"爲"眾多之貌"，是"莘"音乃古人表"盛多"之恒語耳。

至於古人又讀燊爲"秞"音者，乃古文以"藗"音讀燊字也。《説文》艸部云："藗，艸盛貌，从艸，繇聲。《夏書》曰：'厥艸惟藗。'"按"藗"古籍多作"蘨"，皆與"秞"爲同音字。故《廣韻》尤部又云："秞，禾盛貌。""秞"與"藗"實一語之異文（此猶"柚"字《列子》《山海經》皆作"櫾"）。古文讀"燊"爲"秞"，即以藗或秞音讀燊字也。蓋"秞"之一音，乃古人表示茂盛之通語，燊象木葉茂盛之狀，故即以"秞"音呼之耳。《説文》無"秞"字，此處"秞"字，實即藗或秞之借音字。

"燊"又歧讀爲"嶷"音者，"嶷"即"薿"之借音字也。"薿"亦古人表茂盛之恒語。《詩·甫田》"黍稷薿薿"，鄭箋云："薿薿然而茂盛。""燊"字既象樹木茂盛之狀，故古人又以表茂盛之恒語"薿"音讀之。《詩》"黍稷薿薿"，《白帖》八十一引作"嶷嶷"，則古人借"嶷"爲"薿"之證也。

"燊"字古人又歧讀爲"役"，但"役"字古音屬喻紐支部，與疑紐之部"嶷"字音不相近，並非一聲之轉。此蓋古人又歧讀燊字爲"堛"音耳。《説文》土部云："堛，陶竈窗也。从土，役省聲。"古人見"燊"字又有木上火光熊熊之狀，遂與陶竈窗口木上出火狀相聯繫，故即以"役"音讀之，"役"即"堛"之借音字。《儀禮·既夕禮》，"堛"字作"垼"，鄭註云"古文垼爲役"，是其證也。

以"燊"字之四種歧讀言之，前三者，皆以"燊"象樹木茂盛之狀，故以表茂盛之不同語音讀之，乃"義同歧讀"例；至於最後之"役"音，乃以"燊"爲木上有火之狀，故以表陶竈窗口出火之"堛"音讀之，而與枝葉茂盛之義相比，則屬於"義異歧讀"例。因同出桑字下，故附述於此。

（5）《說文》囟部云："㐁，頭會匘蓋也。象形。凡囟之屬皆从囟。䏄，或从肉宰。𢁆，古文囟字。"——息進切

今案，此乃古文歧讀"甲"字爲"囟"字也。《說文》木部枅字下云："𢁆，古文枅。"攷𢁆即甲字，故古文得借爲枅字。此猶《韓詩》"能不我狎"，《毛詩》作"能不我甲"也。《說文》甲部，甲字作㔿，則本之古文𢁆而倒轉爲形。許氏訓甲爲"人頭空爲甲"（段氏依《集韻》校），"頭空"即"頭腔"，字象頭腔之形。是甲字之本義爲"頭腔"與囟字之本義爲"匘蓋"相同，故古文𢁆字一形，既讀爲"甲"音，又讀爲"囟"音。囟字古音在心紐真部，甲字古音在見紐盍部，音理遠隔，乃歧讀也。

至於許謂"䏄，或从肉宰"，"䏄"或係"䏄"之訛體。从肉，辛聲。與囟字"息進切"同音，乃"囟"之後起字也。此與歧讀無關。

（6）《說文》土部云："墉，城垣也。从土，庸聲。𩫖，古文墉。"——余封切

今案，此乃𩫖字一形，而古人歧讀爲"郭""墉"二音也。《說文》𩫖部云："𩫖，度也。民所度居也。从回，象城郭之重兩亭相對也。"（古博切）攷𩫖即郭之初文，郭古音在見紐魚部入聲；古文讀𩫖爲"墉"，"墉"字古音則在喻紐東部。二字之聲紐韻部皆相距甚遠，乃一字之歧讀耳。蓋𩫖本象城郭之狀，而"墉"之一語，義爲城垣，"郭"之一語，義爲城郭，二者義相通。故《說文》土部，垣之籀文作𩫣，从𩫖；堵之籀文作𩫱，亦从𩫖。因此，古人或以"郭"音呼𩫖形，或以"墉"音呼𩫖形，遂留此歧讀之殘痕。或疑《說文》古文以𩫖爲墉，𩫖乃䧊之誤字，然此說實非。金文《毛公鼎》"余非𩫖又昏"，𩫖乃𩫖之異體，此處作"庸"字用。因𩫖亦讀爲"墉"音，故得以同音假借爲"庸"。又《周公殷》之"𩫖人"，實即《尚書》"庸、蜀、羌、髳……人"之"庸人"，亦古人讀𩫖爲"墉"之證，餘例尚多。

第二，義近歧讀例。

文字有原義廣泛而後來漸就萎縮者，亦有原義狹隘而後來漸行擴張者。

凡字義之擴張，多由人之聯想作用所造成。此種現象，若發生在語言與文字已經緊密結合之後，則係古人之所謂"引申"。然而，引申祇能將此一意義擴張至與之相近之別一意義領域，而不能將別一意義原有之語音同時佔據之。但若在語音與文字之關係尚遊離未定之時，則往往發生"義近歧讀"之現象。即對同一字形，當視之者由此意義而聯想到別一意義時，亦即以表示別一意義之語音讀之。因之，既有二義，又有歧音；意義雖爲引申，而音讀並非通轉。此歧讀之又一例也，茲舉其例如下。

（1）《說文》水部云："𣱵，浮行水上也。从水子。古文或以汓爲沒字。泅，汓或从囚聲。"——似由切

今案，水部又云："沒，湛也。从水，𠬸聲。"（莫勃切）是"汓"爲浮行水上，而"沒"則爲沈潛於水中，二義相近而不相同。蓋从"汓"形觀之，从子在水中，"子"象人形也。人在水中，是浮行之義也，故即以"泅"音呼之；然就字形言之，亦有沈水中之狀，故古人又以意義相近之"沒"音呼之。但"泅""沒"二義雖相近，而韻部與聲紐皆遠隔，乃義近歧讀也。

（2）《說文》䀠部云："𥄕，目圍也。从䀠𠃌。讀若書卷之卷。古文以爲醜字。"——居倦切

今案，此乃𥄕字讀爲"卷""醜"二音，亦義近歧讀也。𥄕字訓爲"目圍"者，猶今世俗之所謂眼圈也，指雙目四圍陷落成圈之處而言。字體原當爲𥄕形，橫視即得之。讀若"卷"音者，"卷"與"圈"音義皆同，與圓、圜、圓等字，亦同音同義。是"卷"之一音，乃表圓圈物形之恒語。𥄕字象眼圍有圈之狀，故即以"卷"音呼之也。

至於"古文以爲醜字"者，"醜"字當爲"眸"之同音假借字。《說文》目部云："眸，䀹也。从目，攸聲。"（敕鳩切）又云："䀹，目不正也。"目圈陷落，與目斜不正，義異而近，故古人又以"眸"音讀𥄕形，此乃義近歧讀之例。

迨𥄕字既以義近而歧讀爲"眸"音之後，古人以"眸""醜"同音，故又借𥄕字爲"醜"字用耳。《說文》所謂"古文以爲醜字"者，即由此而來。

（3）《說文》羍部云："羍，所以驚人也。从大从羊。一曰：大聲也。凡羍之屬皆从羍。一曰：讀若瓠。一曰：俗語以盜不止爲羍，讀若

㚔。"——尼輒切

今案，㚔字凡二義二音："所以驚人也""大聲也"，此爲一義，其音讀若"瓠"；"俗語以盜不止爲㚔"，此又爲一義，其音讀若"籋"（即尼輒切）。然"瓠"音在匣紐魚部，而"籋"音在娘紐緝部，二義雖相近，而音讀相距甚遠，乃義近歧讀也。

段玉裁於"一曰：讀若瓠"句下註云："五字未詳。疑當作一曰讀若執，在讀若籋之下。"按段氏欲改"瓠"爲"執"，以求其音與"籋"相近，非也。蓋"入一爲干"，"入二爲羊"，㚔從大干，爲干犯之甚，故有"大聲"與"驚人"之義。因此，古人即以"瓠"音讀之。"瓠"者，即誇、謣、訏、吳等字之借音。《說文》言部云"誇，諏也"，"謣，妄言也"，"訏，大言也"。矢部云："吳，大言也。"諸字同音同義，皆以魚部喉音表大言驚人之義，故古人即以"瓠"音讀㚔字也。

至於"讀若籋"一音，以"執"字從"㚔"得聲推之，古音當在緝部。今《廣韻》籋字猶作"尼輒切"可證。此音之所以能表"盜不止"之義者，《說文》口部云："叉，下取物縮藏之。從口，從又。讀若籋。"此即與㚔字"尼輒切"一音，同紐同部，同一意義，"取物縮藏之"，即盜竊也。又《說文》亦部云："夾，盜竊褱物也。從亦有所持。"失冉切，舌紐侵部字，實即"籋"之轉音，其義與㚔同。是"籋"之一音，乃古人表示盜竊之恒語。㚔從大羊，義爲干犯之甚；盜竊他人之物而至於"不止"，其干犯之甚可知，故古人即以"籋"音讀㚔字也。"驚人"與"盜不止"，二義相近，而"瓠""籋"二音則相遠，故爲義近歧讀。

（4）《說文》丝部云："丝，微也。從二幺。"——於虯切

今案，從《說文》形聲字之音符觀之，知"丝"字古有二義二音：因其象絲束糾繞之狀，故或讀如"絲"音；又因絲有細微之義，故或讀如"幽"音，即今之"於虯切"一音。

其讀如"幽"音者，如《說文》"幽"字即從"丝"得聲。故《說文》麎字或體作麠，從幽得聲，而《汗簡》收魏石經麎字作麠，則從丝得聲。又《汗簡》收魏石經幽字，則直作丝。此皆因丝字古讀"幽"音，故丝、幽二字互用也。

然丝字古人除讀"幽"音而外，又有歧讀爲"絲"音者。如《說文》艸

部云"兹"字"从丝聲"（今本作"絲省聲"，乃淺人所改，《韻會》引作"丝聲"是也）。因丝古讀"絲"音，故兹字从之得聲也。因丝古讀"絲"音，故古人又有借丝爲兹字者。如《彔伯毁》銘文，即以丝爲兹。魏石經《尚書》"越兹蠢"，古文作"粵丝載"，亦以丝爲兹。孫星衍氏以丝爲誤文，乃拘虛之見。此皆丝字古人又歧讀爲"絲"，故得爲"兹"字之同音假借字也。

（5）《説文》皀部云："皀，穀之馨香也。象嘉穀在裹中之形，匕所以扱之。或曰：皀，一粒也。凡皀之屬皆从皀。又讀若香。"——皮及切

今案，"又讀若香"句下，段玉裁氏註云："又字上無所承，疑有奪文。""當云讀若某，在又讀若香之上。"攷段説是也。蓋"又讀若香"之上，當有"皮及切"一音之讀若。《説文》凡"卿""鄉"等字，皆从"皀"得聲，此皀字古讀若"香"之證也。但《説文》鳥部"鶝"字，亦从"皀"得聲，而《經典釋文·爾雅音義》云："鶝，彼及反；郭，房及反。《字林》：方立反。"此皆"皀"字古又有"皮及切"一音之證也。然"香"音古在曉紐陽部，"皮及切"一音古在並紐緝部，聲音相距甚遠，乃義近歧讀也。蓋皀象"嘉穀在裹中"之狀，有穀粒之義，故古人即以"皮及切"一音讀之。顏黃門謂：益州猶呼粒爲"逼"。"逼"即"皮及切"一音之轉耳。又嘉穀"以匕扱之"而食，其馨香可知，故古人又以"香"音讀皀字也。

（6）《説文》豕部云："豕，彘也。竭其尾，故謂之豕。象毛足而後有尾。……凡豕之屬皆从豕。㣇，古文。"——式視切

今案，《説文》亥部又云："亥，荄也。……㣇，古文亥。亥爲豕，與豕同。"是㣇之一形，古人讀爲"豕"，亦讀爲"亥"也。然攷豕、亥二音，古不相近，乃義近歧讀也。《爾雅·釋獸》云："豕……四蹢皆白豥。"據此，則《詩·漸漸之石》："有豕白蹢，烝涉波矣。""豕"字本當讀"亥"，被人歧讀爲豕也。豥乃亥之後起字，《爾雅釋文》云："豥，戶楷切。《爾雅》《説文》皆作豥。"（波按：《詩·漸漸之石》："有豕白蹢，烝涉波矣。"箋云："豕……四蹄皆白曰'駭'。"可知：此"豥"與"駭"音義同）是古本《説文》豕部當有"豥"字。"豥"爲白蹢豕之專名，其初文當祇作"亥"，象頭

喙四足之形。迨"亥"字被借爲十二支字，世人乃別造一形聲"孩"字以代之。至於"豕"字，則爲豨類之通稱，與"豕"之爲專名者不同，故語音亦有別。然冇之一形，既象豕狀，則與"豕""亥"之義皆相關，故古人或讀爲"豕"音亦或讀爲"亥"音也。

(7)《說文》介部云："臭，大白澤也。从大白，古文以爲澤字。"——古老切

今案，"古老切"與"澤"字音讀不同。《玉篇》臭字亦有"公老""昌石"二切。其"公老切"，即"古老切"一音，其"昌石切"，即"澤"字之音。是"臭"有二讀，六朝尚存其舊。此乃義近歧讀也。蓋古人多以皓、翯、皞等喉音宵部字表潔白之義，故臭字之本義爲大白。但古人于潔白與光澤二義每相引申。如《說文》羽部云："翯，鳥白肥澤也。"臭字下云："大白澤也。"是皆爲白與澤二義相近之證。臭字从大白會意，故讀之者或以"古老切"（即皓、皞、翯之音）一音呼之，以表皓白之義；又《說文》水部云："澤，光潤也。"故或以"澤"音讀臭字，以表光澤之義。音雖遠隔，義實相近也。

(8)《說文》頁部云："頁，頭也。从𦣻，从儿。古文𦣻首如此。凡頁之屬皆从頁。頁者𦣻首字也。"——胡結切

今案，許書此條，前人諸說紛紜。小徐以爲頁字當讀𦣻首之"首"，段玉裁氏則斷爲頁字當讀爲𦣻首之"𦣻"，各持一端，各是其是。實則"頁"字一形，古人既讀爲"首"，又讀爲"𦣻"。乃義近歧讀字也。

玫頁即"首"之異體。許書首句云："頁，頭也。"此釋頁字之義；又云："从𦣻，从儿。"此釋頁字之形；末句"頁者𦣻首字也"，原本當作"頁者首字也"，乃上承"凡頁之屬皆从頁"而來，總釋頁字之形音義也。後人不知歧讀之理，乃與上文相涉，於此句"首"字上妄增"𦣻"字。玫《說文》㗊部云："囂，聲也。气出頭上，从㗊頁。頁亦首也。"不承"气出頭上"作"頁亦頭"，而云"頁亦首"，是以"頁"爲"首"字之異體。"頁亦首也"與此處"頁者首字也"之義相同。蓋"首"字古有𦣻、𦣻、頁、𩠐等形，《說文》𦣻部云："𦣻，頭也。象形。"（書久切）首部云："𦣻，𦣻同。古文𦣻也，巛象髮。"（書久切）頁部云："頁，頭也。从𦣻，从儿。……頁者首

字也。"頁部頰字籒文作𩑋，則頁又作𩑋矣。因"頁"即"首"之異體，故《秦詛楚文》"道"字作𧗟，即以"頁"爲"道"字聲符；近年出土之《中山壺銘》，"道"字亦从"頁"得聲。是皆"頁"字古人讀"首"音之證。

但古人往往以"首"與"䭫首"之義相聯繫，故亦有歧讀"頁"爲"䭫"音者（古書多作"稽"），今之"胡結切"一音，即"䭫"音之畧變者。故許書所謂"古文䭫首如此"，言古文又歧讀"頁"爲"䭫首"之"䭫"字也。金文中亦有以"頁"爲"䭫"字者。如卯殷之"䭫"字作𩑋，即頁字之異形。猶籒文頰字變頁作𩑋也。段玉裁氏謂頁字應讀爲"䭫首"之"䭫"是也。但因昧於歧讀之理，不知頁字古人又讀爲"首"字，以爲"䭫"義與許書首句"頭也"之訓不合，乃誤以"頭也"二字爲後人所加；然又見頁部百數字皆從頭得義，乃於頭字下註云："首以䭫爲最重，故字多从頁。"此乃迂曲之說，進退失據。

第三，義異歧讀例。

前述二例，一字之音讀雖有歧異，而二音所表之意義則或同或近，皆與原字有相聯之關係。至於本例所舉者，則音讀既不相同，意義亦相遠甚至相反。蓋古人以字形表事物，勢不能纖悉畢肖。當文字與語音尚未緊密結合之時，對此含義不甚明確之字形，發生誤讀現象，乃意中事也。於是，此形本表此物，而讀之者或呼以彼物；此形本表此事，而讀之者或呼以彼事。遂使同一字形而得多音，而每音所表之意義又各不相近。此義異歧讀之所由產生也。茲舉其例如下。

（1）《説文》丨部云："丨，上下通也。引而上行讀若囟，引而下行讀若退。"——古本切

今案，此丨字一形而三音三義也。而且音既歧異，義亦遠隔。乃義異歧讀也。

"引而上行"，謂書寫時引筆上行，故讀若"囟"，"囟"實即"進"之借音，前進之義也；"引而下行"，謂書寫時引筆下行，故讀若"退"，亦即後退之義也。但書寫時雖可引上引下，而就字形言之，則極難區別。故實同一字形而歧讀爲意義相反之"進""退"二音也。許書列爲一字而不別其形，

是也。

至於"古本切"一音，亦古人歧讀之遺也。而此音究表何義，則前人罕言之者。今謂"上下通也"一義，古人蓋即以"古本切"一音讀之。"古本切"古當讀如緄、錕、硍等音（此數字《廣韻》皆"古本切"），而古凡從"昆"得聲之字，多與"貫""毌""串"相通，即諄、寒二部之轉也。如《説文》玉部，"琨"或作"瑻"；《書·禹貢》"瑤琨"之"琨"，《釋文》云"馬本作瑻"，又《詩·皇矣》"串夷載路"，《釋文》云：串，"古患反。……鄭云：'串夷，混夷也。'"此皆"昆"聲字與貫、串相通之證。｜字"古本切"一音，古當與貫、串相通，所謂"上下通"者，即指｜形有貫穿、貫通之義也。故《説文》釋"玉"字云："象三玉之連，｜其貫也。"又釋"王"字云："孔子曰：'一貫三爲王。'"此皆以"貫"釋玉、王二字之｜形，亦即古人讀｜如"貫"之證。

是｜之一形，古人既可讀"進"，又可讀"退"，並可讀"貫"，三音遠隔，三義亦不相屬也。

（2）《説文》且部云："且，所以薦也。从几，足有二横；一，其下地也。……Ω，古文以爲且；又以爲几字。"——子也切

今案，"且"音在清鈕魚部，"几"音在見鈕脂部，鈕韻遠隔，意義亦殊，此義異歧讀也。

玫"且"與"俎"乃一字之異形，後世以"且"爲語詞，"俎"字始專有其義。"且"者，所以承薦進物之器，故作"俎"則爲半肉在且上之形。古文以Ω形爲且者，因Ω象且形，特足無横距耳。鄭玄註《禮記·明堂位》言俎之制，謂：有虞氏以"梡斷木爲四足而已"；夏后氏始"中足爲横距"。是古制"且"無横距之證。Ω既象"且"無横距之形，故古文讀爲"且"字也。

又玫《説文》几部云："几，居几也。象形。"是"几"乃古人坐時所憑之器，與薦肉之俎，並非同物。然以Ω字之形言之，其上作⌒，與几同狀；其下"一"，几下地也。Ω形既與⌒字相似，故古文又讀Ω爲"几"也。

（3）《説文》丂部云："丂，气欲舒出，𠃌上礙於一也。丂，古文以爲亏字；又以爲巧字。"——苦浩切

今案，丂字"苦浩切"，故古文以爲"巧"者，乃同音假借也。至於古文又以丂爲"亏"者，乃義異歧讀也。《說文》亏部云："亏，於也。象气之舒亏。从丂从一，一者，其气平也。"是"亏"義爲气之舒，"丂"義爲气被阻而不得舒，二義適相反；而且"亏"爲喻紐魚部字，"丂"爲溪紐幽部字，音理亦遠隔。然就字形言之，則丂字从丿从一，既可表"气欲舒出上礙於一"之義，亦可表"一者其气平也"之義。故同一丂形，古人既可以"亏"音呼之，又可讀爲"苦浩切"一音而借爲"巧"字也。

（4）《說文》鼎部云："鼎，三足兩耳，和五味之寶器也。昔禹收九牧之金，鑄鼎荆山之下，入山林川澤，螭魅蝄蜽莫能逢之，以協承天休。《易》卦：巽木於下者爲鼎，象析木以炊也。古文以貝爲鼎；籀文以鼎爲貝。凡鼎之屬皆从鼎。"——都挺切

今案，許書此處末二句从段校，原本"貝"作"貞"，乃後人妄改以求鼎、貞二音相近，非也。然鼎、貝二字，音既遠隔，義亦不近，古文籀文，乃義異歧讀耳。

攷許謂"古文以貝爲鼎"者，如《說文》卜部云："貞，卜問也。从卜貝，貝以爲贄。一曰：鼎省聲，京房所說。"案京氏"貞"从"鼎"聲之說，爲古義之僅存者，實爲古文讀"貝"爲"鼎"之證，而京氏不知古文即以貝爲鼎，貞从貝聲，即讀貝爲鼎，並非"鼎省聲"也。又《說文》雨部云："霣，齊人謂靁爲霣，从雨，員聲。……䨷，古文霣如此。"今攷員部云："員，物數也。"蓋其始指貨幣之數而言，故从貝。古文霣字，員字从鼎，實讀鼎爲貝，因古人不以鼎紀物數也。據此可證，古文固讀貝爲鼎，然亦讀鼎爲貝，實互爲歧讀也。

迨籀文好緐複，始承古文貝、鼎互讀之例，而多以鼎代貝，故許稱"籀文以鼎爲貝"。如刀部云："則，等畫物也。……鼎刂，籀文則从鼎。"又員部云："員，物數也。……鼎，籀文从鼎。"女部云："妘，祝融之後姓也。……䚏、籀文妘从鼎。"知籀文讀鼎爲貝，乃承古文之舊，非與古文相反也。

案鼎之與貝，意義相遠，音亦不相近，而古人得互用歧讀者，蓋以字形相似耳。今觀金文鼎字多作 ?、?、? 等形，與貝字極相近；金文貝字多作 ?、?、? 等形，與鼎字亦極相似。此貝、鼎二字古人歧讀之故也。

(5)《說文》囧部云："囧，窗牖麗廔闓明也。象形。凡囧之屬皆從囧。讀若獷；賈侍中說：'讀與明同。'"——俱永切

今案，以《說文》他部攷之，囧字一形實有三義：表窗牖麗廔闓明之狀，一也；表鼻形，二也；表目形，三也。三義實有三歧讀。

然此處"讀若獷"、"讀與明同"以及"俱永切"等，並非歧讀，乃一音之轉。初音蓋讀若"明"，後轉如"獷"等（凡極度開口元音之收舌根鼻音者，往往脣音消失而變為喉音，如丙聲有更，网聲有岡，不勝縷舉）。"囧"之初音讀如"明"，而此音亦祇表"窗牖麗廔闓明"之義，以"明"音表"闓明"之義耳。因囧形乃象窗櫺疏朗之狀，故即以"明"音讀之。

然攷《說文》："臬"古文作𣛱，"息"古文作𢜤（恖實即息之古文，因古文又借恖為悉，故許書系於悉字之下，今正之。詳《釋四》）。則是古人又以囧為"自"，"自"即鼻也。因囧形又象人面有鼻之狀也。而且臬字從"自"得聲，為純形聲字；息字則從心從自，"自"亦聲，為形聲兼會意字。臬、息二字既從"自"聲，則古文𣛱𢜤之從囧，亦必為其音符。以此推之，則表鼻義之囧字，其音古讀亦與"自"同，而非"讀與明同"也。

又《說文》"睦"古文作𦝢；"省"字古文作𥏆；"觀"字古文作𥌇。此又古文以囧為"目"之證。蓋因囧形又象人面有目之狀，故得取目字之義。古人當即讀如"目"，今則不可攷矣。

第四，諧聲字歧讀例。

文字既入"諧聲"階段，則文字與語言之結合已達相當成熟時期。故"諧聲"字者，乃未造此文字之前已有此語音，既造此文字之後，則此語音即寄此文字而行。意符之外更加音符，即字即音，二者不能分離。然在諧聲文字之初期，文字本身雖已附有音符，而讀者仍有一字可以歧讀之舊習。因之，往往仍有以意義相近之別一語音，加諸音有所屬之諧聲字者，從而產生"諧聲字歧讀"之現象。此猶漢字傳入日本之後，除意符字有"訓讀"外，諧聲字亦有"訓讀"。讀之者，並不顧、甚至不知與漢字原有之音符有無矛盾也。例如"頭"字從"豆"得聲，彼土"音讀"為"とう"，與"豆"音相合，而"訓讀"為"わたま"，則與"豆"音相乖；又如"神"字從"申"得

聲，彼土"音讀"爲"しん"，與"申"音相合，而"訓讀"爲"かみ"，則與"申"音相乖。此在中土，即使古代，亦爲極不合理之現象，偶然如此，殊非故常。其例如下。

（1）《說文》系部云："續，連也。从系賣声。賡，古文續，从庚貝。"——似足切。

今案，賡字之音讀，前人有二說：《書·益稷》"乃賡載歌"，此賡字，《釋文》有"加孟切""皆行切"二音。《唐韻》以下承之，收入庚韻。故賈昌朝云："《唐韻》以爲《說文》誤。"此乃以賡爲諧聲字，从貝，庚聲。此一說也。而大徐則以《說文》之"續"音爲準，云："今俗作古行切。"段玉裁氏承之，則斷以賡字爲會意字，不從庚聲，並謂《釋文》以下"加孟"諸切，誤爲形聲字，皆爲瞀亂，當以讀"續"音爲正。此又一說也。然而，以歧讀之例視之，則《說文》既不誤，而《釋文》以下諸音切亦有根據，前人各持一端，皆未允當。

攷"賡"字實爲形聲兼會意，"从貝从庚，庚亦聲"。許書釋古文形聲字，多省去"聲"字，故祇云"从庚貝"。然"賡"之本義，當爲多貝互相連續貫穿。音讀雖與"續"異，而意義實與"續"同。古人或因賡有連續之義，故沿歧讀之舊習，即以"續"音讀之。賡字既有"續"音，古文亦即用以爲"續"字耳。《說文》又謂"賡，古文續"之說，即由此而來。

舉例言之，如《書·益稷》"乃賡載歌"，《史記·夏本紀》引作"乃更爲歌"。因賡从庚聲，庚與更同音，故史遷即以"更"字易讀"賡"字，則漢初相傳之師讀已如此，不得謂《釋文》以下"加孟切"等皆誤音矣。足見段氏力駁賡从"庚聲"之說，乃一偏之見。又凡與"庚"同音之字，古多有"續"義。如《詩》"西有長庚"，毛傳云："庚，續也。"又《晉語》韋昭註云："更，續也。""庚""更"之訓"續"，亦猶《爾雅·釋詁》之訓"賡"爲"續"也。是"賡"有"續"義，其來甚古。因"賡"有"續"義，讀者即呼以"續"音，此又古人歧讀之恒事也。可證，《唐韻》以下排除古文以"賡"爲"續"之說，蓋未知古人諧聲字歧讀之例也。

（2）《說文》車部云："軵，反推車令有所付也，从車，从付。讀若茸。"——而隴切。

今案，軵字當"从車从付，付亦聲"，形聲兼會意字也。其本音，當讀如"付"；許書又讀若"茸"一音，乃諧聲字歧讀也。

"軵"字歧讀"付""茸"二音，漢代猶同時並行。特前人習焉不察，未能細加攷覈、辨其異同耳。其讀如"付"音者，例如《淮南·覽冥》云："軵車奉饟。"高註云："軵，推也。讀楫拊之拊也。"其訓軵爲"推"者，與許書"反推車令有所付"之義正相合，其讀軵如"拊"者，亦軵本从"付"聲之證也。

至於又讀"茸"者，除許書外，高誘註《淮南》亦兼用之。如《淮南·氾論》云："相戲以刃者，太祖軵其肘。"高註云："軵，擠也。讀近茸，急察言之。"攷軵字之所以又得"茸"音者，因"茸"音亦古人表"推"之恒語，軵字既有"推"義，故古人又以"茸"音呼之耳。《說文》手部云："搑，推擣也。从手，茸聲。"此古人以"茸"音表"推"義之證，亦即軵有"茸"音之所由來也。

(3)《說文》門部云："閳，開閉門利也。从門，䚘聲。"——旨沇切

今案，大徐云："䚘非聲，未詳。"不同意"䚘聲"；而段玉裁氏則云："此篆當音由，《唐韻》乃旨沇切，未詳。"不同意"旨沇切"。兩說各持一端，未得其全。攷許書既云"从門，䚘聲"，則實爲形聲字，其音讀應如段氏所云"當音由"（以周切），爲喻紐幽部字；但"旨沇切"一音，乃在照紐寒部，二音相距甚遠，故說者多疑莫能解。而不知，此乃諧聲字之歧讀耳。"䚘"乃本音，而"旨沇"一切，乃歧讀之殘痕，故與"䚘"音不合。此與"賣""軵"等字同例也。今以字書韻書攷之，除許書外，皆祇傳其歧音"旨沇切"，其本音已失傳矣。泝"閳"字之初造，實从"䚘"得聲，乃表門戶開閉流利之義，《說文》系部云："䚘，隨从也。"閳字从"䚘"得聲，亦即从"䚘"得義，形聲兼會意，言門戶隨人開閉流利無礙也。但此猶"軸"字从"由"得聲，而兼有轉動與流利二義。門戶開閉流利，亦與戶樞旋轉自如之義相通，故古人沿歧讀之舊習，又以"轉"音讀之（旨沇切），以表其"旋轉"之義。於是，歧讀之"轉"音行而本音之"䚘"音堙沒無聞矣。如《玉篇》云："閳，之羨，止兗二切。"《廣韻》云："閳，旨沇切。"《集韻》云："閳，主兗切。"《說文》小徐本作"職沇切"，大徐本又作"旨沇切"。

以上諸音切，皆由"轉"音而來，乃歧讀，非本音。

又案，諧聲字之歧讀，乃語言文字發展史上之奇特現象，故許書所保留之殘痕獨少。今攷之他書，尚有一例可爲佐證，茲特附述於下：《説文》倉部云："倉，穀藏也。倉黃取而藏之，故謂之倉。从食省，口象倉形。……仺，奇字倉。"（七岡切）但从奇字仺得聲之"創"字，古人或歧讀爲"割"，此亦形聲字歧讀之例。餘杭章先生《三體石經攷》"有命曰割殷，割作劍"條云："案此字右从刀，左从奇字倉。《汗簡》刃部有劍字，引孫强説爲創字，形聲皆合。古文刃刀多相變，則劍、劍同字，不解何以用爲割字。《汗簡》刀部又有劍字，以爲古文割，與此筆勢有異。……今莫高窟所出《尚書音義》，《堯典》方割作劍，皆劍之隸變。段氏謂劍左旁當从囟。然今石經劍字，形甚分明，與囟不類。由今論之，讀劍爲創，似合。"今謂此乃諧聲字歧讀之殘痕耳。仺字既爲奇字倉，則劍从仺聲，自當以讀"創"爲是；然古人以"創"字本有"割"義，故即以"割"音讀之，並作爲"割"字用之。石經以"創"爲"割"，即由此而來。段氏斷爲形誤，固非；章先生以爲讀創"似合"，此以形聲準之爲卓見，以歧讀言之則不必。

第五，諧聲字歧符例。

諧聲字之初作也，自其產生此字之時地言之，其實際之音讀與文字所從之音符，皆相脗合。然語音之轉變無恒，或殷世讀之而諧，周代讀之則不諧；或秦地讀之而諧，晉地讀之則不諧。因欲消除由時地不同所產生之齟齬以適應其時其地之實際語音，古人除創造以"芰"代"茤"、以"鯱"代"觶"等新諧聲字外，又往往祇就原諧聲字之旁別加一新音符，其原有之舊音符，仍然保留，因而出現一字二音符之諧聲字。如《説文》口部云："曷，誰也。从口，曷、又聲。"又韭部云："韱，韲也。从韭，次、弟皆聲。"然此雖一字兼有二種不同之音符，而二音之間仍有轉變之痕跡可尋也。至於"諧聲字歧符例"，則與此不同。即前者乃因語音之轉變而發生，後者則因文字之歧讀而發生。蓋當諧聲字出現歧讀之後，其原有音符已失去表音之功能，於是古人或就原字之旁別加以新音符，以爲標識。其情況與曷、韱等字相似，特彼乃二符之間爲一音之轉，而此則二符之間並無通轉關係耳。此種諧聲字歧符之現象，在文字發展史上極爲奇特。但在古人視之，則此字之音讀既已歧異，其原有之音符已與本字之音讀無關，亦即與無音符之文字相同。故別加新音符，亦無須刪其舊音符。因而造成新舊音符並存之奇特現象，並不足怪。其例如下。

（1）《說文》米部云："竊，盜自中出曰竊。从穴米。离、廿，皆声也。廿，古文疾；离，偰字也。"——千結切

今案，"竊"字有廿、离二音符，而且二符之間音理相隔，諸家之說，遂多紛紜。如張文虎《舒藝室隨筆》卷三云："离、廿不同部，豈得兩諧其聲。"朱駿聲則云：當"从离从穴米，會意"，竟取蟲竊米之意，尤附會不可从。攷竊字今讀"千結切"，乃从"离"符得音，离、竊同爲齒頭音脂部入聲字；至於"廿"符則爲娘鈕侵部入聲字（詳後）。二符鈕韻皆不相近。雖以古諧聲字攷之，韻部亦偶有通轉之跡，但"离""廿"二音之不能相通者乃在於聲紐；而聲紐之所以不能相通者，乃在二紐所表之意義各異，語源不同。祇就韻部而漫然以"一聲之轉"說之，此實不精之論。竊字二音符之音理既相隔，所表之意義又各殊，實乃諧聲歧符字也。

先就"离"符言之。《說文》内部云："离，蟲也。从内，象形。讀與偰同。"（私列切）攷离與竊，同爲齒音脂部入聲，竊字从"离"得聲者，乃以"离"爲"屑"之借音，表盜竊者動作切切之義也。其本字當作"屑"。故《說文》尸部云："屑，動作切切也。"（私列切）又《漢書・王莽傳》註云："屑屑猶切切，動作之意也。"离音與屑音，同紐同部，故竊字借"离"音以表"屑"意。然攷"屑屑"或"切切"之表動作，乃表其動作倉猝不安，故《方言》又云："屑屑，不安也。……秦晉謂之屑屑。"（《廣雅・釋訓》同）又《漢書・外戚傳》註云："屑然，疾意也。"且凡盜物者，動作狡獪迅速，亦其特徵，故《方言》又云："屑，獪也。"此數義者，皆相通也。竊字既从"穴米"會意，又讀以"屑屑"之音，故借"屑"字之同音字"离"爲其聲符也。此竊字之所以从"离"得聲之故也。

至於竊字又以"廿"爲聲符者，世或因許書有"廿，古文疾"一語，遂以爲"廿"音"疾"，乃齒音字，與竊字爲雙聲，故可作竊字之聲符。而不

知許書"廿,古文疾"一語,實有誤。或係後人所竄改,以求其與竊音相近。今攷"廿"乃古文"疒",非古文"疾"。以"廿"爲"疒",乃古文之同音假借字。《説文》十部云:"廿,二十併也。"(人汁切)古音爲日紐侵部入聲字。又疒部云:"疒,倚也。人有疾痛,象倚箸之形。"(女厄切)古音爲娘紐侵部入聲字。娘、日二紐古相通,此古文之所以借"廿"爲"疒"之故也。然"疒"字古人又或借"繭"字爲之。故《莊子·齊物論》"繭然疲役",《釋文》云:"繭,徐李:乃協切;崔:音稔;簡文云:病困之狀。"可證《莊子》之"繭",實與"疒"字音同義通也。又《説文》燕字下云"箭口,布翅,枝尾,象形",案"箭口"二字,即指"廿"形而言,許時讀"廿"如"繭"音,故以"箭"釋"廿"(許書此類甚多)。此猶《莊子》之借"繭"爲"疒"也。由此可證,古文乃以"廿"爲"疒",並非以"廿"爲"疾";"廿"音讀如"繭"(箭),與"离"音不相同也。故竊字之所以從"廿"得聲者,實爲"夲""囟"之借音字,用以表盜竊之義也。《説文》夲字下云:"俗語以盜不止爲夲,讀若箭。"(尼輒切)又口部云:"囟,下取物縮藏之。从又从口,讀若箭。"(女洽切)夲、囟二字古讀如"箭",皆與"廿"字同紐同部。是竊字之取"廿"爲聲符,實以"廿"字爲夲、囟之借音,古人乃以此表盜竊取物之恒語也。蓋竊字从"穴米"以表盜竊取米之義,故既讀如表盜竊動作之"屑"音,而以同音之"离"爲其聲符,又或歧讀爲盜竊取物之"夲"(囟)音,而又取與"夲"(囟)同音之"廿"字以標其音也。

竊字既有"廿""离"二聲符,其間誰先誰後,已無從推知。但第二聲符之加入,必其時其地祇有歧讀,其原有之聲符已無表音之能力,故亦存而不廢,遂遺此不同聲符同存於一字之殘痕。後世竊字,"离"音行而"廿"音廢,故"廿"聲符在漢碑隸書中亦逐漸消失矣。

(2)《説文》殺部云:"殺,戮也。从殳,杀聲。𢼛,古文殺;𣍃,古文殺;𣏂,古文殺;杀,古文殺;𣪫,籀文殺。"——所八切

今案,對許書殺字,古今異説甚多,莫衷一是。攷許氏謂殺字从杀得聲,而《説文》無杀字。大徐云:"《説文》無杀字,相傳云:音察,未知所出。"小徐云:"杀,从×,术聲。"段玉裁氏則云:"案張參曰:杀,古殺

字。張説似是。"此皆據許書"杀聲"一語推測言之，殊無根據。今謂"殺"乃諧聲歧符字耳。許書"殺"字下所屬古、籀諸體，其演變之程序當下：

殺——假定諧聲字之初文

殺——後出歧符字之古文

殺——上承古文之籀文

殺——刪減歧符之小篆

攷殺字之初文，或祇作殺，从殳，朮聲。朮字見《説文》禾部："朮，稷之黏者，从禾，朮象形。朮，或省禾。"是朮乃秫之初文，象稷垂穗之形。朮非省禾，秫乃後人加禾耳。朮字"食聿切"，爲神紐脂部入聲字，殺字則爲"所八切"，爲疏紐脂部入聲字。朮與殺韻部相同，至於聲紐，則神、疏二紐古相通。故殺字之初文，實"从殳，朮聲"，乃以"朮"爲聲符，紐韻皆脗合，絶無齟齬。

但後出之古文殺字，其爻形亦係聲符。朮、爻並存，乃諧聲字之歧符也。攷殺字從殳爲義，殳乃"積竹爲杖"以擊人者，故殺字之古義，本指"擊殺"而言，非指"刺殺"而言。古人謂"擊"爲"殺"者，如《公羊傳》莊十二年云："(宋)萬臂搉仇牧，碎其首。"何註云"側手(擊)曰搉"，搉即殺也。然古人凡"擊殺"亦曰"搉"。如《公羊傳》宣公六年云："公怒，以斗搉而殺之。"何註云："搉，猶擊也。搉謂旁擊頭項。"(搉與擊乃一聲之轉)故古人又以"擊而多殺爲鏖"，鏖即擊之同音假借字。《漢書·霍去病傳》云"鏖皋蘭下"，註云："鏖謂苦擊而多殺也。"古人之讀殺字者，以其从殳，本表"擊殺"之義，故又或以"擊"音呼之者，因而造成諧聲字歧讀之現象。而歧讀爲"擊"音者，又加一與"擊"音相同之"爻"字以爲聲符。於是，由"殺"字變爲歧符"殺"字矣。爻字與擊字同在喉音宵部，故借爻字爲擊音之聲符也。

迨籀文興，以體喜緐複，仍承古文之舊，故作殺形，祇變殳旁爲殳旁耳。至秦統一文字，不僅整齊古文之異體，而且劃一文字之音讀，故於古、籀殺字之符歧"爻"，簡化爲"乂"，使其失掉標音功能，以免音讀歧異，而形成小篆之殺字(實則爻爲乂，古文早有其例，如三體石經《尚書》"胥教誨"之教字，古文作敎是也)。至於殳殳二形則皆爲古文，特古文取殳形而籀文取乂形耳。

至於許書所録之古文殺字又有㣵𢼛𣏂三形，説者對此，最感迷惘。實則此皆古文殺字之同音假借字也。因殺字既有朮音乂音之歧讀，故其假借字亦隨二音而異。其承借之跡當如下：

殺——因歧讀如朮音，故假借同音之𣏂字爲之，𣏂即㣇之古文。

殺——因歧讀如乂音，故假借同音之𢼛㣵二字爲之，𢼛㣵即敖傲之古文。

古文之借𣏂爲殺者，因𣏂即𢑱字，與从“朮”聲之殺字同音也。《説文》㣇部云：“㣇，脩豪獸。……𢑚，古文。”（羊至切。殺字古文作𢑚，省一筆）又云：“𢑱，㣇屬。从二㣇。𢑱，古文𢑱。《虞書》曰：‘𢑱類于上帝。’”（息利切）今攷古文𢑚𢑱二形，實一字之異體。以形言之，單複畧異，乃古文之恒例；以義言之，同爲“𢑚屬”；以音言之，同爲脂部字，惟𢑚在喻紐，𢑱在心紐。由喻紐變心紐，乃喻紐四等齒化之結果。此猶余聲變徐，以聲變似，羊聲變祥也。可證𢑚𢑱古爲一字，而且與“殺”字同齒紐，同韻部，此古文之所以借𢑚爲殺字也。又許書𢑱字下引《虞書》“𢑱類于上帝”，與三體石經同。今《尚書》𢑱作“肆”，“肆”字亦“息利切”，與𢑱字同音，故古人亦或借“肆”爲殺字。如《夏小正》云：“狸子肇肆。”傳云：“肆，殺也。”此借“肆”爲殺，亦猶古字借𢑚爲殺字也。《論語》云“吾力猶能肆諸市朝”，古註多謂“有罪既刑，陳其尸曰肆”（《集解》引鄭玄説），“殺人而陳其尸”爲肆（皇疏）。此因不知“肆”即殺之借字，故強以“陳”義附會之。

古文之所以又借𢼛㣵二字爲殺字者，因𢼛即“敖”字，㣵即“傲”字（許書㣵字或當爲傲之形譌）。殺字既以乂爲聲符，歧讀如“摯”音，故古人又或以同音字“敖”或“傲”爲其假借字。此亦古人同音假借之慣例也。前人不知殺字又歧讀如“摯”之事實，故疑莫能解。案，三體石經《尚書·無逸》及《春秋》僖公二十八年等，殺字古文皆作𢼛，可證許書不誤。又《墨子·魯問》：“並國覆軍，賊敖百姓。”《太平御覽》兵部七十七引《墨子》，“敖”字正作“殺”。又《墨子·尚賢》“詬天侮鬼，賊傲萬民”，“傲”亦即

"殺"。畢沅、王念孫、孫詒讓等，對此皆視爲誤文，其實"敖""傲"並非譌誤，乃"殺"之同音借字耳，此皆古人歧讀殺字爲"摯"音，並借"敖""傲"爲"殺"之確證。

三、歧讀字之消失

殷周甲骨金文中所殘留之歧讀字，實較《說文》中所保存者爲多，以其非本文論述之範圍，故畧而未及，祇在必要時引爲佐證，至於《說文》所載之歧讀字，亦祇選其較爲顯著者、或難於理解者疏證如次。但借此已可推知周秦之際歧讀現象並非廣泛流行，祇是中國遠古文字發展史上所殘餘之遺痕耳。

然世運日進，人事益緐，即此殘餘之遺痕，亦爲文字之運用造成不少困難，如《呂氏春秋·慎行論》云：

子夏之晉，過衛。有讀史記者曰：晉師三豕涉河（《意林》引作渡河）。子夏曰：非也，是己亥也。夫己與三相近，豕與亥相似。至於晉而問之，則曰：晉師己亥涉河也。

今案，《呂覽》"夫己與三相近，豕與亥相似"二句，乃秦人敍述之語，非子夏之言。秦人昧於古文之真象，故祇遊移其詞，不能確言其故。實則"己亥"之誤爲"三豕"，"三"乃形誤，"豕"乃歧讀耳。讀史者爲衛人，則其所讀之文字，當爲通行於東方各國之古文可知。古文"己"作"丆"（見《說文》己部及三體石經）；"亥""豕"二字古文皆作"帀"（見《說文》豕、亥二部）。當時史志原文必作"丆帀"，迨"丆"誤爲"三"，遂至"帀"字歧讀爲"豕"。蓋其時一字之有歧讀者，欲知此字究讀何音，須視上下相連之文義而定。若"己"字不誤爲"三"，則"丆帀"連文，必知"帀"之爲"亥"而不至誤爲"豕"矣。至於子夏之校讀，則更依"晉師伐秦，三豕涉河"之全段史實而得之。因晉師涉河既與"三豕"無關，而大事紀日又爲史文之慣例，並知"帀"之一形有"豕""亥"二讀，則"三豕"必爲"己亥"之誤無疑。據此可知，當時一字歧讀之現象，雖爲殘痕，已在運用上造成極大之困難與不便。

正由於此，故理文字之淆亂，杜飾僞之萌生，使文字之形體與音讀趨於統一，乃成爲古代必然之社會理想。而《周禮》一書正反映出此種理想之一斑。如《秋官·大行人》云："王之所以撫邦國諸侯者，歲徧存；三歲徧覜；五歲徧省；七歲，屬象胥諭言語，協辭命；九歲，屬瞽史諭書名，聽聲音。"所謂"諭言語，協辭命"者，蓋欲統一其方音異語也；所謂"諭書名，聽聲音"者，蓋欲統一文字之音讀也。中國文字之發源極早，普及之地域又廣，其間異音歧讀，自所難免。觀上述許書所收古文歧讀，可以想見。故整理文字之音讀，已爲古人極迫切之要求。周宣王時，史籀整理文字之形體，當亦兼正文字之歧讀。故《説文》所收籀文，絕無古文之異形雜淆與互用歧讀之現象。此固因籀文衹行於周地，地域既狹，歧讀自少。但整理之功亦不可忽視也。

迨春秋以降，邦國分立，文字異形，音讀異聲，今觀《説文》所錄古文，字形詭異，歧讀極多，正當時真實情形之反映。秦興，李斯作小篆，罷其不與秦文合者。此舉，不特正一字之異形，而且同形限於爲一音，對歧讀現象亦收劃一之功。如前節所述"諧聲字歧符例"例中，小篆刪減古文"殺"字之歧符"爻"，使其無表音作用，亦足見其用意所在。此外更有一突出事例可以爲證：

《説文》黽部云："鼂，匽鼂也。讀若朝。楊雄説：'匽鼂，蟲名。'杜林以爲朝旦，非是。从黽从旦。鼂，篆文从皀。"——陟遙切。

今案，鼂爲蟲名，黽屬，故字从黽。楊雄之説是也。至於从"旦"之義，許氏已不能詳，故衹曰"从黽从旦"，而不言其故。段玉裁氏亦云："蓋亦蟲之大腹者，故从黽；其从旦之意，不能詳也。"後之説者，更多紛紜。實則鼂字乃以"旦"字爲聲符耳。鼂字"讀若朝"，與"旦"字音理遠隔，而其所以能用"旦"字爲其聲符者，因"旦"字古人有歧讀爲"朝"之一音也。"旦"字象日出地上之形，《説文》云："旦，明也。"又云："朝，旦也。""旦"與

"朝"既爲一義，故二音皆可以之呼此日出地上之"旦"字。朝从旦聲而"讀若朝"，乃以"旦"字之歧讀爲其聲符也。迨秦人統一文字，見朝从"旦"聲而讀爲"朝"，二者相距甚遠，故改从"倝"聲，以就其音之近者。《說文》日部云：倝，"讀若窈"，與朝之讀"朝"，同在幽部。是秦人之定小篆，對不合理之歧讀現象，亦在整頓之例矣。至於許書引杜林以朝爲朝旦之"朝"，此乃古人多借朝爲"朝"，係同音假借，並非朝字之本義（例多，不舉）。從上述"殺""朝"二例，可見秦代統一文字，乃歧讀進一步消失之時期。

降及漢代，先秦歧讀之殘痕，已寥寥不可多見。本文前節所疏證者，皆採自《說文》。其大別約有三類。

（1）"古文以爲某""古文某"

案此類遺跡較多，可見秦以前流行各國之古文，實多歧讀。惟此乃許氏根據典籍中經師相傳之歧讀字加以著錄，並非盡爲漢時通行之歧讀。經今古文之間，漢時異文甚夥，許氏所錄亦多。但本文所採者，並非一般今古家之異文，乃爲極其奇特之一字歧讀。特今日攷之，許書對古文歧讀字，多有遺漏。如《說文》刀部云："則，等畫物也。从刀从貝。貝，古之物貨也。鼎，古文則。"（子德切）但"則"字古文又歧讀爲"敗"，而許氏並未著錄。餘杭章先生《三體石經攷》云："楚師敗績，敗作鼎；晉人敗狄於箕，同。"鼎字"左从二貝，上貝省作目，猶具字从貝，省作目也。此本古文則字，而用爲敗，如貝、鼎相貿之例，誠有不可知者。且經中此字數見，非有譌也。"今謂此乃古文歧讀之遺跡也，並非"不可知"。不特不當以譌字觀之，亦不當以一般異文視之。因經典異文，須二義相通，且文句順隨。若"則"字不歧讀爲"敗"，而作"楚師則績""晉人則狄於箕"，是成何語耶？蓋以字形言之，以刀施於貝物，爲"等畫"之義，然以刀施於貝物，亦有"毀敗"之義，與"敗"字之施"攴"於"貝"相同。故鼎之一形，古人既以"則"音讀之，又或以"敗"音讀之。又如《說文》又部"友"字下云："習，亦古文友。"段玉裁註云："未詳。"實則此乃古文讀"習"爲"友"耳。因"習，數飛也"，與"友"爲友好熟習之義相近，故古人既讀"習"爲熟習之"習"，又讀爲友好之"友"。據此可知，許書所錄之歧讀字，絕不同於一般異文，乃爲極其珍貴之古文歧讀資料。

（2）"讀若某""又讀若某"

案此類爲漢代猶存之歧讀，許書歧音兩存，以備攷稽。其中多爲遠古初文或不常用之字。蓋惟其爲遠古初文，故歧讀之遺音獨多；惟其爲不常用之字，故其統一歧讀之需要亦少，反而得保存更多之歧讀現象也。例如上述之品、燊等字是也。

（3）聲符歧讀字與意符歧讀字

所謂聲符歧讀字，乃本字之歧音漢時早已消失，而從此得聲之諧聲字，反保存其歧音，不與所從之聲符同聲，如上述之"幽"字是也。但聲符歧讀字，漢時雖多遺跡可尋，而許氏囿於諧聲字之常例，往往以"省聲"説之。例如《説文》鈾、蚰、融、痋等字，皆在古音東部，本係以"虫"字爲聲符。然古"虫"字與"蟲"字有別，讀"許偉切"，（實即虺字之初文）爲脂部字，與東部相距甚遠。此必古人或有歧讀"虫"爲"蟲"音者，故上述諸字皆取其歧讀爲聲符也。而許氏釋諸字皆作"蟲省聲"，非其朔矣。所謂意符歧讀字者，乃本字之歧音漢時早已消失，但從此得義之會意字猶保存其異義，由異義而推知其本有歧音，如上述之"囧"字是也。然許氏對此二者，皆未註有歧讀。准此二例，可證漢代歧讀字已消失殆盡，雖文字學專家，亦無從追其本始，得其原委。

但《説文》所載歧讀字，雖祇上述三類，而其反映之形式則極爲曲折複雜，不易整理。以前五例中所未舉出之"㬎"字言之，即可見其一斑。

《説文》日部云："㬎，衆微杪也。从日中視絲。古文以爲顯字；或曰：衆口貌，讀若唫唫；或以爲繭，繭者，絮中往往有小繭也。"——五合切

許氏對此字之音讀，雖有較明確之解説，而其間之相互關係，實難探索。由今攷之，㬎字之音讀與意義，雖極複雜，但從歧讀言之，蓋祇有二音：其一讀爲"五合切"，義爲"衆微杪也，从日中視絲"；其二讀爲"繭"音，指"絮中小繭"，與"日中視絲"爲義近歧讀。至於其中"古文以爲顯字"一語，乃因"㬎"字古有"繭"音，故古文以爲"顯"字之同音假借字，顯字从頁从㬎，㬎亦聲也。至於其中"或曰：衆口貌，讀若唫唫"一語，則既非義同、義近之歧讀，亦非一般之義異歧讀。因一般之義異歧讀，雖二義並不

相近，而字形實易混淆，至於"朤"字之形，則與"眾口貌"一義毫不相涉。此蓋古人假借字之義異歧讀也。因"朤"字本讀"五合切"，故古人或以同音關係假借爲"嗑"字。據《說文》口部云："嗑，多言也。从口，盍聲，讀若甲。"（侯榼切）而"朤"之"五合切"與"嗑"之"讀若甲"，古實同音，故得假借也。因此"唫"之一讀，殆即由"嗑"音轉變而來，此又古音入聲盍部轉爲陽聲侵部之通例。由此可見，"朤"字之訓爲"眾口貌"與"讀若唫"一音，其來源乃經過極其曲折之歷程。許氏雖紀其音義，卻未必知其音義之所由來。故整理發掘，須待後人之努力，否則許書所載之歧讀現象，即無從大白於世矣。

總之，遠古一字之有歧音與一字之有異形，皆爲文字發展史中之必然現象。特語音與文字既相結合之後，則一字異形迄今猶存，而一字歧音則漸就消失。《說文》九千餘字中，所得者僅爲上述數事，則漢代之歧讀殘痕，可謂消失殆盡矣。

　　　　　　　　　　一九四五年七月初稿於蜀之西山精舍
　　　　　　　　　　一九六四年七月定稿
　　　　　　　　　　一九八四年八月修改

在漢字討論中所想到的[①]

——致《東方文化》的一封公開信

《東方文化》編輯部：

在最近一段時間裏，貴刊開展了漢字問題的討論，這是多麽好的一場及時雨。新時期以來，在中國傳統文化領域裏，有多少問題要重新評估。我深望在這場及時雨的澆灌之下，傳統文化問題的討論，能出現百花齊放的大好春光。

在漢字問題的討論中，我受到不少啟發，也引起了不少的回憶。現在畧記於下，作爲這場討論會中的一個小小插曲。

首先使我感到的是，在科學研究領域裏，對一個相同的課題，而在不同的時代或不同的人們，用不同的資料或從不同的角度進行探討，往往會得出相同的結論。這樣的事實，是不乏其例的。一般地説，這種相同的結論，又往往是更接近科學或更接近真理的。當然，從我個人的體會來看，這其間，也並非一帆風順的坦途。

記得，抗戰時期我在蜀中西山書院講學時，曾提出"文字之初不本語音"之説。於一九四五年七月間，我又寫成了論文，題目是《〈説文〉歧讀攷源》。內容主要是利用《説文》所殘留的一字"歧讀"現象，證明上述的那個文字不表語音的論點，並反對當時語言學界種種最權威的論調，諸如什麽"語言是第一性的，文字是第二性的"，"文字是在語言的基礎上派生出來的"，"文字是從屬語言，是語言的符號"等等學説。對此我明確地提出了

[①] 收《湯炳正書信集》，標題係作者自擬。

如下的結論：

> 先民之初，語言與文字，應皆爲直接表達社會現實與意識形態者。並非文字出現之初即爲語言之符號，根據語言而創造。即使人類先有語言，後有文字，然文字祇是在社會現實與意識形態之基礎上產生出來，而不是在語言之基礎上產生出來。語言者，乃以喉舌聲音表達事物與思想；而文字者，則以圖畫形象表達事物與思想。語言由聲音以達於耳，而文字則由形象以達於目。在文字產生初期階段，語言與文字，各效其用，各盡其能。因此，先民實依據客觀現實以造字，並非依聲以造字，亦即文字並非在語言的基礎上派生出來的。

　　不料，我的這個結論，竟在"文革"中被列爲十大罪狀之一，幾遭滅頂之災。一九八四年學術界已解凍，我又把此文作爲"中國訓詁學會"年會論文提交大會。當時雖有不少青年同志同意我的意見，但似乎也並沒有被認爲是語言文字學理論上的重大突破；甚至可能有人仍視爲異端邪說，也未可知。直到一九八七年香港中文大學中國文化研究所纔把我的這篇文章發表在他們主辦的《中國語文研究》第九期。一九九〇年，我又把此文收入我的文集《語言之起源》，由臺灣貫雅文化事業有限公司出版，我的這個觀點纔算是跟國內外的學術界見了面。但由論文完稿到論文發表，先後竟經歷了四十多年之久！

　　但是，我對前人所說"空谷足音"這句話的意境，直到最近讀了畢可生等同志的文章，纔有了更真切的感受。在《東方文化》上，畢可生同志等對亞里斯多德到索緒爾以來流行了二千多年的"文字是記錄語言的書寫符號"這一世界性的經典定義，提出了挑戰，這不能不說是語言文字學領域具有重大理論意義的問題。我首先佩服他們學術探索的勇氣，其次也佩服他們的科學精神。長期處在寂寞的"空谷"之中的我，忽然聽到這難得的"足音"，其"跫然而喜"之情，是不言而喻的。

　　我雖然不算是這次討論的參與者，但讀了討論文章之後，也有一些感想。索緒爾既認定"文字是記錄語言的書寫符號"，故說："語言和文字是兩種不同的符號系統，後者唯一的存在理由，是在於表現前者。"這個定義，已經夠明確的了。但有的同志最近又引用索緒爾的另一段話："有兩種文字的體系：（1）表意體系。……這種體系的典範例子就是漢字；（2）通常所說的'表音'體系（按即指歐洲的拼音文字）。"並認爲這是索氏對漢字的"認可"，承認表意字的存在。其實，索氏"文字是記錄語言的書寫符號"學説，是錯誤的；索氏的這個"有兩種文字體系"的學説，同樣亦是錯誤的。因爲文字的表音與表意問題，應當納入歷史發展的範疇加以解釋，而不應當納入民族區域的範疇予以探討。否則就會有很多問題扯不清楚。我的意見是：任何一個民族，從文字上追本泝源，其原始性的文字，都是表意的，而不是表音的。即以歐洲的拼音文字來講，是古希臘人向鄰族借用了腓尼基文字的字母作爲希臘字母，開創了歐洲的表音文字；而腓尼基文字的字母，原來本是表意字，而非表音字。從東方來講，日本作爲拼音字母用的平假字、片假名，也是借用了漢字楷書的偏旁或草書作爲字母的；而漢字則是世界公認的所謂表意字。我這裏所謂任何一個民族的"原始性"的文字，即指此而言。故從歷史發展的角度看問題，在文字產生之初，都是表意的，而不是表音的。半個世紀以前，拙文所謂"先民之初"，也就是這個意思。

從上述的情況看，如果不能歷史地對待問題，而籠統地説歐洲文字是表音的，並不準確；反之，若籠統地説漢字是表意的，也同樣不準確。因爲對漢字的特點，也要從歷史發展角度看問題。而世界著名的表意字的典型——漢字，其發展過程是相當複雜的。

先民之初，漢字是從表意開始的，這是沒有爭議的史實。但到了殷代的甲骨文，已出現了假借字（即借音字，亦即表音字），其中多係語詞。此蓋因：對實物，表意易；對詞語，表意難。故不得不借表意字而祇取其音，以濟造字之窮。與此同時，甲骨文中又有少數的形聲字，即在借音字之旁，加注意符以區別事物之品類，成了半音半意的文字。但從漢字的發展趨勢看，此後的借音字雖有發展，而遠不及形聲字的發展之迅速而且廣泛。

漢字的這個走向，很值得注意。它説明了漢字在走入表音階段，似乎碰到了什麼困難，故不得不在借音字上留下個表意的尾巴。這是否由於漢語爲單音節，同音詞語多，單用表音字，易生混淆，故不得不加附意符以示區別？

（西方爲多音節語，可用音節的加減以示區別）。這有待於語言文字學家的進一步討論。因爲，這是漢字沒有直截了當地走向表音道路而走入了表意道路的一個分水嶺，不能不作深入的研究。

實際上，到兩漢時代，漢字仍在表音與表意的歧途上徘徊不定。我們祇要看看兩漢及其以前的典籍，其中借音字之多，以及形聲字的大量出現，就會發現漢字在兩漢時期的處境。即當時是表意字與表音字同時並存，混用無別；再加上表意字在含義上的引伸延綿，更加令人眼花繚亂。

但也正在兩漢時期，學者們已發現了先秦以來漢字在表意或表音的道路上所形成的混亂與識別上的不便。爲了解決這些問題，就出現了大批的所謂"訓詁學家"，企圖打通先秦典籍中的諸多語言隔閡。除了表意字的引伸義之外，尤其是對表音字，亦即假借字所造成的理解上的困難，皆一一作了疏通。《爾雅》一書，其中大部分是對這些文字問題的解決，也是對這些文字現象的總結。看來，漢儒爲了清理文字在表音表意尚未穩定時期，對古代典籍記錄中所造成的混亂現象，確實費了不少周折。

但到東漢時期的許慎，又把秦代的"書同文"政策所確定下來的小篆，作了一番整理，寫成一部《說文解字》。他的主旨，是以先秦留下的九千多個小篆爲主體，摒棄其中曾被用作表音字的假借義，各歸本位，記下了它們的本來定義。其中當然也包括大量的形聲字，即附有表意符號的表音字。總之，這是一部以總結表意字爲宗旨的著述，大有對一切表音字，即一切假借字的含義一掃而空之勢（許氏在《敘》中所說的"假借"字，實即意義上的引伸字，並非我們今天所說的表音字）。從此以後，《說文解字》一書，大爲朝野所重視。在學術界乃至群眾中，表音字，亦即假借字，在寫作實際中，大爲收斂，沒有無限制地再向前發展。從此，中國文字的表音道路，基本結束。

這是否說明，中國自東漢以後，文字又完全走上表意的道路呢？並非如此簡單。因爲此後對先秦迄東漢凡已慣用的表音字，即假借字，已成歷史事實，仍皆沿用不改；而且大量的形聲字，本屬表音字，但因附有表意的偏旁，仍然合理地流行，甚至有所發展。不過上述這兩種表音字，因時代變遷，多已失其表音功能，與現實的語音，已互不相應。而且即使是真正的表意字（包括所謂"象形"、"指事"、"會意"等字），由於時代的變遷，由篆到隸，由隸到楷，亦皆不是本來面貌，逐漸失掉了表意的功能，形與意互不相屬。因此，東漢以來的漢字，從實質上講，祇能説它們是表音、表意兩者並用，而且趨向了"定形化"，故不能籠統地説中國文字是表意文字的典範。

我們今天通常所説"漢字是表意字"，這主要是從廣義而言，即指：漢字在千百年的運用過程中，代代相傳，心心相印，約定俗成地見形而知意；而不是説漢字的形與義之間，至今都具有必然的先天關係。

但是，也正是這樣一種經過千變萬化、千曲百折、千錘百煉的漢字，它已成爲聯結着億萬中國人民思想感情的紐帶，負荷着中華民族數千年歷史文化的載體。我們中國人民一天也離不開它。它閃爍着燦爛奪目的多角折光，是中華民族智慧的結晶，是東方民族的一顆明珠。

寫到這裏，畢可生同志有一段話，給我以極大的啓發。他説：

> 世界上有影響的拼音文字，也都在向"定形化"轉化。尤其當這種文字形成了較大的文化積累之後，更是如此。

畢可生同志又接着説，拼音文字如果不能隨着語音的變化而變化，其結果祇會變成"拼音表意符號"。這話很有見地。從被稱爲表意字的漢字來講，它雖非拼音，祇是部分的記音，但由於種種歷史原因，有大量的文字已變成了"記音的表意符號"。例如假借字乃借字記音，其形與義之間已皆失掉聯繫。如借"易"爲難易之"易"，則蜥蜴之本義已失；借"舊"爲古舊之"舊"，而鵂鶹之本義全無；借"四"爲表數之字，則鼻自之本義不存；借"而"、"其"爲詞語，則"而"爲髵鬢之本義、"其"爲簸箕之本義，已茫然難知：都已成了"記音的表意符號"。即以形聲字而論，則義雖未變，音已多轉，如"江"以"工"爲聲符，而今已不讀"工"音；"柴"以"此"爲聲符，而今已不讀"此"音；"海"以"每"爲聲符，而今已不讀"每"音。它們多已失掉表音作用，而約定俗成地跟表意的偏旁一起構成了"記音的表意符號"。即使是漢字中本屬表意的字，而由篆變隸，由隸變楷，早已失去象形表意作用，同樣也變成了"記音的表意符號"而已。如"水"字本作"𝕴"，表流水之狀，但今楷作"水"，讀者祇是約定俗成，見字知意，其本身並無表意作用。由於上述三種情況，故我把漢字統稱爲"准表意字"。而且這種"准表意字"，千百年來，早已走向了"定形化"的道路。

其實，西方的拼音文字，也正在向着"定形化"的道路前進。由於語言的演變，文字中的表音字母，多已失其表音作用。尤其是在它有"較大的文化積累之後"，則它們逐漸成了"准表意字"的可能性是極大的。亦即畢可生同志所説"拼音表意符號"。有人説，漢字的發展是"滯後"了。這話並不妥當。相反，漢字是在表音字尚未穩定的階段，就走向了"准表意字"；而西方的拼音文字，很可能還要"滯後"很長一段時間，纔能進入"准表意字"。由此可見，東西文字的起源，都是從表意開始的。中國的漢字，是在表音尚未成熟的階段，就走向了"准表意字"；西方的拼音字，則在表音字極度發達之後，纔開始有了"准表意字"的苗頭。這並不是像索緒爾所説的"兩種文字體系"，而祇能説是人類文字兩段不同的發展歷程。所謂"文字是記錄語言的書寫符號"，這也祇能説是文字在某一發展階段的定義，而不是一個概括文字特徵的完整的定義。

總之，通過這次漢字的討論，使我受到不少的教益與啟發。而這次漢字討論的進展之大，又跟貴刊的熱情支持是分不開的。故特署抒所感，寫成這封信，以表達個人的一點極不成熟的看法，並向參加討論的同志請教。

特此順頌
文祺！

湯炳正
一九九六年二月廿六日

"漢字討論" 餘义[1]

可生同志：

得九月二日手示及大作，不勝欣慰！閣下爲外語專家，懂多國文字，此對研討漢字最爲有利。因東西文字對照比勘，纔能切中肯綮，提出嶄新的見解。讀閣下發表的文字，不難看出這一點。

我在《公開信》中的話，乃就事論事的膚淺之談，望賜指正！

寄來的大作，讀之不勝欽佩。文中最精闢的論點是："文字的發展，應當是演進，而不是改革。"因爲人爲的"改革"，必致幾千年來豐厚的文化積累遭到破壞。這應當是全篇的論證中心。至於文字的發展過程，無論是有的由簡趨繁，還是有的由繁趨簡，都應當是自然的演進，而不是人爲的改革。其次，從閣下的統計看，漢字的筆劃，由簡趨繁者有之，由繁趨簡者亦有之。辯之頗費口舌。但古人所言"約易"二字，很有概括性。我認爲"約"爲筆劃簡省；"易"爲書寫便利。以此衡之，則漢字的發展趨勢，"約"固未必盡然，"易"則顯然可見。如由小篆之圓曲到隸書之波折，由隸書之波折到楷書之平直，由楷書之平直到行草之短促聯綿，皆向着書寫便利的方向發展。這一點似乎是客觀事實。但關鍵問題，仍在於這漸趨"便利"的書寫方式，正如閣下所言，乃歷史的演進，而不是人爲的改革。是約定俗成，而不是強迫命令。

涉及中國歷史上改革文字的先例，大作也對秦始皇改古籀爲小篆作了解釋。我個人不成熟的意見，以爲《説文叙》所言，秦兼天下後，因六國的"文字異形"，乃"罷其不與秦文合者"定爲小篆。可見小篆者乃據秦國早已

---

[1] 收《湯炳正書信集》，標題係整理者所擬。

通行之文字爲准，凡六國文字之不合於"秦文"者皆廢除不用。此其一也。至於李斯、趙高、胡毋敬所編之小篆字典，則對"史籀大篆或頗省改"；所謂"史籀大篆"，乃指這以前曾經使用於秦國的古文字。對其體勢過繁者（如《説文》所附録籀文），則畧（即"或頗"）加省改，並於小篆字典內。此其二也。以上就是秦代文字改革的史實。其實，秦文字改革從秦文而言，是整齊劃一之功多，而生制硬造之事少。但即使如此，而由於對通行於關東六國廣大地區之古文遭到硬性廢除，造成了漢興以來經今文古文之爭，一直延續了兩千多年之久，其在文化史上的副作用，是不可低估的。

大作凡涉及"古籀"一詞，概念似有些模糊。其實，在中國文字學史上的慣例，"古"又稱"古文"，指先秦時期盛行於關東六國的文字而言；"籀"，又稱大篆，是指曾經流行於秦地的古文字而言。"古籀"二字連舉，是因《説文》中有些"古文""籀文"，多附於小篆之後，以備參攷。故學術界多據此而連稱"古籀"耳。

以上所言，未必有當，畧陳梗概，請予賜教！

匆匆即頌

文祺！

湯炳正

一九九六年十月十二日

古等呼説

戴震《聲韻攷》謂："呼等亦隋唐舊法。"錢大昕《音韻答問》又謂：開合等呼，"法言分二百六部時，辨之甚細"。然炳竊案：劉熙《釋名》云："天，豫司兗冀以舌腹言之，天，顯也，在上高顯也。青徐以舌頭言之，天，坦也，坦然高而遠也。"又云："風，兗豫司翼橫口合脣言之，風，汜也，其气博汜而動物也。"攷彼所謂"以舌頭言之"，即開口呼；彼所謂"以舌腹言之"，即齊齒呼；彼所謂"橫口合脣言之"，即合口呼。是等呼有四，而得其三，劉氏表而析之，亦可謂等韻學之萌芽矣。蓋人事漸繁，語音孳衍，洪細相生，出於自然。例如：開之與啟（猶豈字古讀凱；闓即開字而從豈聲），安之與焉（安、焉，古同詞通用），拖之與曳（猶也字古讀如拖），皆一義也，而開齊不同；懋之與勖（猶勖字從冒得聲），吾之與余，還之與旋，皆一名也，而合撮互異。他如：狗、犬一物也（猶物之句曲者亦可謂之卷曲），而開撮相演；沃、澆（五弔切）一事也（猶沃字從夭得聲），而合齊相錯；居、舍一詞也（猶車字讀居聲又讀舍聲），而齊撮互轉。誠以四等之呼，源於天籟，故雖錯綜變化，而脈絡固可尋也。

然若鉤玄探邃，上稽古音，則古人祇有開合，而無齊撮。試觀孩提發音之初，莫不先有開口，繼由開口斂為合口；至於齊齒、撮口，則成聲最晚。蓋由開口抑為齊齒，由合口聚為撮口，必須脣舌作勢，始能成聲，絕不似開合二呼之平舒易發。古人之有開合而無齊撮，亦同此理。又如苗侗之民，語音大氐洪拙；荒僻之域，開合多於齊撮。此猶可睹古音之遺也。故今音雖洪細相屬，莫可究詰，然若擷取同聲符而古音未變之字，以參對周秦用韻之文，則古音有洪無細之大齊，皎然可見。茲舉數事於下以為佐證。其間如無同一聲符之字，或無古人音切可舉者，雖於韻文有徵，亦不羅列，恐淆視聽也。

古讀開口而今轉入齊齒者，如義、儀、羲等字，古讀如俄；豈、薑、顗等字，古讀如闓（哈韻開口）；枒、鴉等字，古讀如號；奇、倚、寄、騎等字，古讀如阿；开、岍、研等字，古讀如干；移、宜等字，古讀如多；迎、仰等字，古讀如昂（五剛切）；謁、揭、揭、竭等字，古讀如曷；禪、蟬、戰等字，古讀如單；迄、汔、吃等字，古讀如刉（《說文》云："刉讀若殪。"殪字在哈韻，古哀切，開口）；乙字古讀如㐳；乂、刈等字，古讀如艾；茵、咽、烟等字，古讀如恩；奚、溪、徯等字，古讀如鞋（戶佳切，開口）；塞、騫、寨等字，古讀如寒；倪、睨、霓等字，古讀如掜（嬭佳切，佳韻，開口）；旡、既、暨等字，古讀如愾；軼、佚等字，古讀如眣（鎋韻、開口）；遰、埽等字，古讀如帶；宴、匽、偃等字，古讀如安；井、阱等字，古讀如耕；枺、逹、殀等字（霽韻、齊齒），古讀如駄（歌韻、開口）；契、絜、挈等字，古讀如害（曷韻、開口）；央、殃、秧等字，古讀如盎（烏朗切，開口）；練、鍊等字，古讀如闌；衣、依等字，古讀如哀（《說文》云"從衣聲"，哈韻、開口）；延、筵等字，古讀如誕；銀、眼等字，古讀如痕。他如：孕讀乃（《一切經音義》引《說文》孕從乃聲，凡二見），給讀合，音讀暗，今讀含，炎讀談，弋讀代，九讀尻（苦刀切），潒可讀蕩，棪木可讀皓（二讀皆見《說文》），橋可通槹（見《禮記·曲禮》鄭註）。此皆古有開口無齊齒之證也。

其古讀合口而今轉入撮口者，如爲、僞等字，古讀如譌（同訛）；渚、諸、豬等字，古讀如都；說、悅、稅等字，古讀如脫（末韻、合口）；瑞、惴等字，古讀如端（桓韻、合口）；云、芸、雲等字，古讀如魂；發、廢等字，古讀如𥏆（《說文》云"讀若撥"，末韻、合口）；披、皮、被等字，古讀如波；靡、糜、麋等字，古讀如磨；㕁（即厥字）字古讀如昏、括（末韻、合口）；車字古讀如庫；垂、陲、睡等字，古讀如涶（歌韻、合口）；於、迂、盂等字，古讀如汙；余、餘等字，古讀如途；抒、杼等字，古讀如捈；缺、抉、決等字，古讀如快；隨、髓等字，古讀如惰；阮、元等字，古讀如完；非、菲、腓等字，古讀如裴（灰韻、合口）；荀、洵、峋等字，古讀如郇（案《說文》云，郇"讀若泓"。是古讀合口呼。今齊東人以郇爲姓者，皆讀如環，亦合口呼。《廣韻》諄部與荀洵同切語者有橍字，則以㽕得聲之字，亦由合入撮矣。又《廣韻》耕部與宏弘同切語者有弸字，則邹字《說文》讀泓而齊人讀環者，乃青寒旁轉也。朱駿聲謂《說文》泓字乃洵字之訛，段玉裁又謂泓當作淵字，皆大誤）；綏、浽、荾等字，古讀如妥；遠、轅等字，古讀如環；欲、裕等字，古讀如谷；虞、娛等字，古讀如吳；川、馴、順等字，古讀如坤（案川字古讀如坤，故《詩·雲漢》以川字與焚、熏、聞、遯爲韻。又漢《衡方碑》《堯廟碑》等，皆借川爲乾坤之坤。知古人以順字訓坤，亦音訓耳。說者每謂古川河字爲三連，乾坤字爲六斷，皆皮傅之言）。他如：語讀吾，居讀古，緣讀泵，戀讀孌，女讀奴，爰讀緩，許讀午，宣讀桓，沄讀混（見《說文》）；卷讀衮（見《禮記·王制》鄭註），以及鸛之爲鷬（《左傳》鸛鴿，《公羊傳》作鷬鴿）。此皆古有合口無撮口之證也。

諸如上述各例，遽數之不能終其物，茲不過舉其大畧耳。

又案：古人語言簡樸，有重脣無輕脣（錢大昕所證明），有舌頭無舌上（錢大昕所證明），娘日二紐同歸泥紐（本師章先生所證明），有齒頭無正齒（黃季剛先生所證明）。竊謂洪細之辨，雖在韻而不在紐，然發聲苟礙於口舌之勢，則收聲必難備洪細之等。是故輕脣之非敷奉微四紐，祗有撮口，而不能作開合齊；舌上之知徹澄娘日五紐及正齒之照穿神審禪五紐，則皆祗有齊撮而不能作開合。是則古人之所以無輕脣，無舌上，無正齒者，蓋因其能發細音而不能發洪音耳。紐韻互證，益見古人祗有開合而無齊撮。昔段玉裁倡古音多斂今音多侈之說，本師章先生曾力斥其非，並舉古侈今斂之徵以駁之，可稱卓越之論矣。黃季剛先生所定二十八部古本音，大都爲開合，祗有先青等少數韻部，有細無洪，似尚有待於商榷。

攷之古音，有時開合可以互變。如：亨聲有烹，黑聲有默，爻聲有駁，高聲有嗃（胡覺切，合口），各聲有路，此開與合之變也。勹聲有匋，毛聲有耗（呼到切，俗作耗），乎聲有𠵀（呼訝切，開口），奴聲有拏，互聲有牙，此又合與開之變也。逮及後世，變化日繁，除開變齊，合變撮之外，又有齊撮互變者。如：立聲有位，就聲有蹴，令聲有命，有聲有洧，戾聲有淚，此齊與撮之變也。取聲有驟，努聲有鄒，唯聲有鸉（以沼切），㒸聲有鬪，予聲有野，此又撮與齊之變也。他如：由開入撮者，則更聲有便，豆聲有豎，句

（音鉤）聲有拘；由合入齊者，則卯聲有聊，亡聲有良，八聲有分。然由開入撮，或由合入齊，聲雖可通，勢實扞格。故凡由開入撮者，中必有齊爲之樞，由合入齊者，中必有撮爲之介。舉例言之，尻（開口）之變宄（撮口），必先變九（齊齒），始能入宄；都（合口）之變者（齊齒），必先變渚（撮口），始能入者。古人等呼之變，此其大畧。至於後世八等之說，謂開合各有四等，此乃唐宋以來等韻之學，與上古等呼之變，不應混爲一談，故本文畧而不論，闡幽發微，實有俟於高明。

【附記】

　　此文寫成後，我曾持以請教於太炎先生，謬承獎譽，並發表於先生主編之《制言》雜誌一九三六年二月號。但事過五十餘年，我的觀點已有發展，即跟《論古聲紐的歸併問題》意見相似，認爲古有洪音，亦有細音，而在語言發展中，洪音往往變爲細音。選錄此文，特以自紀治學之經過耳。

一九八八年春

釋 "四"

文字之表數者，許書解説，頗多可疑。一、二、三等字，視而可識，察而見意，可置不論。"八"之訓爲別，"萬"之訓爲蟲，亦皆通達可據。其餘各字，則大氐以陰陽五行之義皮傅其説。畧事審究，輒覺牽強舛謬。求厥癥結，蓋不知古人所用以表數者，除以意引申之外，多爲同音假借字。此乃通例，信而有徵。

今試就"四"字言之，《説文》四部云："四，陰數也。象四分之形。"如許君之説，是"四"爲象形字。然而，口中加八作四，乃象三分之形，不得謂之四分也。古今之註《説文》者，率以許説爲依歸，連篇累牘，莫得真諦。餘杭章先生亦以許書爲難信，故其解釋數目字，多以算數之原理爲本。其説"四"字云："四字从口从八。口者平方之形，平方之法，廣與縱各二，則其積四，其周八。然从口者象其形，从八者定其數也。"先生此説，一祛許君之謎障，可謂釋數字者之大解放，爲後學開闢了廣闊道路。

在師説之啟迪下，竊對"四"字又別有一解，未知是否，願質高明。按"四"之本字當作亖，作"四"者同音假借字也。"四"實即"㲋"字之異體；"㲋"實即"鼻"字之初文也。《説文》四部云："亖，籀文四。"魏《三體石經》"四"字皆作亖。餘如《毛公鼎》《盂鼎》等彝器，"四"字亦皆作亖。據此可知，古文、籀文，猶多用本字亖也。然數目字，除一、二、三等字外，勢不能再以積畫爲之。一因積畫過多，書寫困難；二因積畫過多，辨識不易。故雖"四""五"等字猶有作亖與𠄡者（如《丁子尊》《小臣俞尊》"五"字皆作𠄡），而卒因繁複難辨，通行不廣，不得不假借"四""五"等同音字爲之。"四"即鼻自之本字，"五"即交互之本字也。今日披閲古代典籍，猶可見積畫易誤之跡。如《儀禮·覲禮》鄭玄註"四享"云：

"四當爲三。古書作三四，或皆積畫。此篇又多四字，字相似，由此誤也。"又《周禮·天官》賈《疏》釋鄭註"四狄"云："古三四積畫，是以三誤爲四也。"又《穀梁傳》定公十五年"滕子來會葬"，楊《疏》云："范云：四，四當爲三，古者四三皆積畫，字有誤耳。"據上述諸例，已可見"四"之本字古多積畫作三，而作三又極易於淆誤，是從"四"以上諸數目字，多取同音假借，實有不得不然之勢矣。

借"四"爲三，乃"依聲"假借之例，與形、義二者無涉。因三字繁複易淆，故遂借取同音之"四"字以代之耳。然"四"既被視爲數目字，至其本義如何，亦漸漸被人所遺忘。今謂"四"即"自"之異體。"自"即"鼻"之初文者，乃就其形、音、義三者攷驗而得之。

以音讀言之，"四"字息利切，在心紐、隊部；"自"字疾二切，在從紐、隊部。是"四""自"二字，同一齒類，同一韻部，聲音之相通，似不煩言。至於"自"既爲"鼻"字之初文，則聲音雖異，亦有轉變之跡。攷《說文》王部"皇"字下云："自，讀若鼻。"是"自"之齒音與"鼻"之脣音，實由語音轉化所致；至於韻部，則"自""鼻"皆屬隊部。其齒、脣之變，乃古音所恒見，蓋猶豹字從"勺"得聲、燹字從"豕"得聲、朏字從"出"得聲之例耳。

以形體論之，則"四"之小篆，《說文》作四；金文則有作囗（《邵鐘》）或囗（《大樑鼎》）者。小篆作四，蓋省筆也。"自"字《說文》作自，又省作白。蓋自字合其上則爲囗，白字合其上則爲囗，金文"四"字是也。而囗字開其上則爲自，囗字開其上則爲白，《說文》小篆"自"字是也。至於《說文》自部，"自"之古文作囗，蓋即囗之變體；川部"息"字古文囗，囗亦即囗之變體。此皆"自""四"本爲一字之證。《說文》自部云："自，鼻也。象鼻形。"白部云："白，此亦自字也。"所謂"象鼻形"者，自字以∪象面，以象鼻；白字以∪象面，以△象鼻。至於四囗囗，則以口象面，而以儿△△象鼻。故"四"之與"自"，其形畧異，其字則一，皆即鼻字之初文耳（按《說文》目部古文目字作囗。《汗簡》則從目之字作囗。皆象眉目之形。至於《說文》眉部省字古文作囗，見部古文觀字作囗；心部古文慝字則又作㲋。其⿴⿵等形，葢皆古文⿴字之省變，與"四"形相近，而各有所指)。

從字義言之，則凡從"四"從"自"之字，皆與鼻息之義有關。如《説文》云："鼻，所以引气自畀也。"又《説文》心部云："息，喘也。从心，从自，自亦聲。"徐鍇曰："自，鼻也。气息从鼻出，會意。"又尸部云："眉，臥息也。从尸自。"（許器切）而鼻部"齂""䶎"二字，亦皆訓"臥息"。則"眉"之从"自"，亦猶"齂""䶎"之从"鼻"也。又辛部云："辠，犯法也。从自辛。言辠人蹙鼻，辛苦之憂。"又犬部云："臭，禽走，臭而知其跡者，犬也。从犬自。"則自即鼻也。由於"自""四"古爲一字，故凡从"四"之字，亦皆有鼻息之義。如《説文》口部云："呬，東夷謂息爲呬。"《方言》二亦云："䭕、喙、呬，息也。周鄭宋沛之間曰䭕……東齊曰呬。"則"呬"之與"息"，乃一音之轉，呬之从四，猶息之从自也。《文選・思玄賦》云："怬河林之蓁蓁。"舊註云："怬，息也。"則"怬"即"息"之異文耳。《詩・澤陂》："涕泗滂沱。"毛傳云："自目曰涕，自鼻曰泗。"是亦以"四"爲鼻。此乃从"自"从"四"之字，義皆相通之證。又如《爾雅・釋詁》云："齂、呬，息也。"郭註云："齂、呬，皆气息貌。"《文選・羽獵賦》李註引《埤蒼》云："嚊，喘息聲也。"是凡从"鼻"从"自"之字，其義皆與從"四"之字相通。葢"四"即"自"，"自"即"鼻"，古實一字之異形也。

"四""自"爲一字之說既定，則凡古代典籍之譌誤及難解者，皆可得而說也。兹舉其例如下：

《詩・谷風》云"伊余來墍"，《假樂》云"民之攸墍"。毛傳皆云："墍，息也。"今按"墍"之本義爲"塗墍"，與"息"義無關。其所以得"息"義者，乃以同音借"墍"爲"呬"耳。故《詩・正義》及《一切經音義》皆謂某氏《爾雅註》引《詩》作"民之攸呬"，此葢三家《詩》之異文，不用假借，而用本字。據上文知"息"乃"呬"之通訓，毛傳之義，即由此而來。孔《疏》謂"墍與呬爲古今字"，其實，乃假借字，非古今字也。例如《尚書・舜典》："暨皋陶。"而《説文》从部引作"息咎繇"。又謂古文"㤅"作㲋。可證从"既"得聲之"暨"，以同音關係，故得與从"自"

得聲之"息"字相通假；而從"自"得聲之"息"，其古文又以"四"爲音符，其由"四"而"自"而"暨"之演變，亦猶《詩》之由"呬"而"息"而"塈"之演變。其中"塈"之本義爲"塗塈"，"暨"之本義爲"日偏見"，皆爲《詩》《書》之同音假借字。以二字皆從"既"得聲，故古人又通用。如《儀禮·士喪禮·釋文》謂"暨"或作"塈"，是其證也。

又如《說文》大部云："奰，壯大也。从三大三目。二目爲𡗓，三目爲奰，益大也。一曰：迫也。讀若《易》虙羲氏。《詩》曰：'不醉而怒謂之奰。'"按"不醉而怒"之訓，見《詩·蕩》"內奰於中國"句毛傳。毛傳所釋，殆爲奰字之本義。因凡盛怒者，其鼻息必粗大。故《詩·疏》謂："奰者，怒而作气之貌。"極是，許書訓爲"壯大"，乃引申之義。而其所謂字從"三目"，亦當作"三四"，"目"乃"四"之誤。"四"指鼻息，三疊之以狀其盛。或誤解爲耳目之目，非也。據《淮南子·地形》云："食木者多力而奰。"此亦指气息壯盛也。高誘註云："奰，讀內奰於中國之奰，近鼻也。"高氏以奰之音讀爲"近鼻"，是奰字當即後起之"臏"字。《廣雅·釋詁》云："臏，盛也。"即指气息壯盛而言。《方言》二云："臏，盛也。"郭註云："臏呬充壯也。"則亦指鼻息壯盛之義。因"呬"爲鼻息，乃通訓也。臏、奰二字，《廣韻》皆音"平祕切"，義既不異，音亦相同，蓋一字之異體耳。臏之從"鼻"，亦猶奰之從"四"，"四"亦鼻也。至於《玉篇》云："癐，气滿也。"作爲病症，亦其引申義也。

又按《文選·西京賦》云："巨靈贔屭。"薛註云："贔屭，作力之貌。"《吳都賦》亦云："巨鼇贔屭。"劉註云："贔屭，用力壯貌。"然《一切經音義》卷十一云："贔屭當作奰屭。"蓋謂"贔"乃"奰"之譌體。其說甚是。《文選·魏都賦》註引《詩》正作"內贔於中國"，可證。今謂"屭"亦當爲"眉"之譌體。眉之本義爲臥眠時鼻息粗大，此處"奰眉"結合，已演化爲複合詞。薛註所謂"作力之貌"，劉註所謂"用力壯貌"，皆指"靈""鼇"用力時鼻息粗壯之貌。"眉"之誤"屭"，乃因"自""貝"形近；而"奰"之誤"贔"，殆因許書"三目"說之所致。

又《說文》釆部云："悉，詳盡也。"从心釆。🈳，古文悉。按🈳乃"息"之或體，並非"悉"之或體。蓋因從"四"與從"自"同義，皆指鼻。

故☒即气息字之或體。但又因"息"與"悉"同音，故古文又借"息"爲"悉"。此與古文借"洒"爲灑埽字，借"㝬"爲魯衛字，借"丂"爲工巧字，皆同例。乃依聲假借也，並非古文之異體，此亦不可不辨。

據上述事實觀之，知我國數目字之通例，多爲同音假借字，是無疑義的。許書強以陰陽五行之說解之，未可信也。

一九三六年秋

試論"寅"字之本義與十二支的來源

　　中國的十二支，從已有文字的歷史來看，已經流行了幾千年之久。漢代許慎的《説文解字》認爲這十二個字，本爲紀月而造。於是乃用陰陽五行學説附會字形字義，這顯然是錯誤的。近代學者，多能拋開陰陽五行，而深入探索十二字的本義，這在古文字學史上是一次大解放。但是，這樣又把這十二個字當作孤立的文字現象來對待，而沒有能把它看成一個有體系的東西，更沒有注意到它們在中國文化史上的淵源。因而，文字本身的意義也就同樣無法弄得清楚。後來，郭沫若同志在《甲骨文字研究》一書裏，把古文字學跟歷史學互相結合起來，使問題的研究向前邁進了一大步。他的結論是：中國的十二支是來自巴比倫的十二宮。這無疑是一個值得重視的創見。但建國後，郭沫若同志在該書重版序言裏又説："釋干支篇所談到的十二支起源問題，在今天看來依然是個謎。"這説明了任何科學，都要經過無數科學家的努力探索，纔能使它逐步接近真理。本文即擬在郭沫若同志的結論之外，從另一個角度對十二支的來源作一番研討；亦即以"寅"字作爲突破點，對十二支的來源提出一項新的看法，以就正於學術界。

一、"寅"字的古音、古形、古義

　　《説文》寅部云：

　　　　寅，髕也。正月陽气動，去黃泉欲上出。陰尚強，象宀不達，髕寅於下也。𡪡，古文寅。——弋真切。

許慎以陰陽五行說"寅"字，早已遭到後人的反對。如清代朱駿聲的解釋是："寅，居敬也。從宀。𢎩象人體。從𦥑，手自約束之形。"後來馬敘倫氏又以爲："寅爲胂之本字。《說文》曰：胂，夾脊肉也。古文作𦦙，象夾脊肉之形。"及至郭沫若氏則參攷甲文金文之形體，認爲：甲文"寅"，象兩手奉矢之形；金文"寅"，象燕子展翼之狀。我覺得，這些說法，都還沒有能對"寅"字作全面的攷查。現將"寅"字的本義，分爲五項，說明如下：（1）寅字的古音；（2）寅字的古形；（3）寅字的古義；（4）寅字的轉語；（5）寅字的引申義。這五個問題弄清楚了，纔能對於"寅"字有個全面的了解。

（1）從"寅"字的古音來講，它本來是脣音幫母真部字，後來纔變爲喉音喻母的字，韻部未變。按《說文》由"子"至"亥"的十二支字，許慎都是用同音字來解釋它。其意義的正確與否且不論，但他是承受了古人同音相訓的遺說，則無可疑。如以"滋"訓"子"，以"紐"訓"丑"，以"冒"訓"卯"，以"震"訓"辰"，以"已"訓"巳"，以"牾"訓"午"，以"昧"訓"未"，以"神"訓"申"，以"就"訓"酉"，以"滅"訓"戌"，以"荄"訓"亥"。本字與訓釋，原來都是同紐同韻的關係。可是，衹有"寅"字，竟用"髕"字作訓釋。"寅""髕"二字，雖元音同在真部，而以輔音言之，則"寅"屬喉音喻母，"髕"屬脣音幫母。以其餘十一字例之，不當有此齟齬。因此，以同音相訓的原則推之，"寅"字的古音，也該屬幫母，跟"髕"字同音。現在之所以失去脣音轉爲喉音者，這是古音演變中的通例之一，不足爲奇。如"八"字屬幫母，而本從"八"得聲的"佾""鳦"等字，現在轉入喻母；又"勹"字屬幫母，而本從"勹"得聲的字，如皋陶的"陶"，則轉入喻母；"筆"在幫母，而從以得聲的"聿"又在喻母；"必"在幫母，而從以得聲的"弋"又在喻母。當然這些轉變，都有它一定的過程，但可以證明後世"寅"字的由幫母轉喻母，是合乎語言轉變規律的。因此，我們認爲"寅"字在古代是讀同"髕"音。段玉裁氏因許書以"髕"訓"寅"，聲音不合，而謂"髕"乃"濱"字之誤，這是不合乎事實的。段氏多擅改古書，此其一例。固然有的古書也有以"引"等訓"寅"之例，但這應當是"寅"音已由脣轉喉之後而據轉音以爲訓；至於許氏則顯然是據古代音訓之遺說而爲訓。不應據今音以妄改。

（2）寅字的形體，在金文中有下列各形：

🈯 （兮甲盤）

🈯 （静簋）

🈯 （史懋壺）

🈯 （彔伯戎簋）

🈯 （師趛鼎）

🈯 （師奎父鼎）

據以上各種字形推之，則"寅"字之初，乃象虎形，頭目毛文，宛然如生。金文多不易識，惟干支字則按數推攷，決無爽誤。至於甲文又作 🈯 🈯 🈯 等形者，則因刀筆不易刻劃，故畧省其形，且作方筆。《説文》寅字的古文作 🈯，也是象虎形，不過筆劃又畧繁。又攷《説文》虎字的古文作 🈯，與"寅"字同形，而側其首；古文作 🈯，則並側其身，皆與"寅"字爲正視之形畧異。

（3）至於寅字的古義，則結合上述之古音古形來看，就不難得其梗概。攷"寅"字的 🈯 形，乃象虎皮之毛文，而古音讀"髕"，也是表虎皮之毛文。因爲凡脣音幫母字而出入於真、諄、寒等韻部者，多表虎身文彩分佈之狀。如《説文》虍部云：

彪，虎文彪也。从虍，彬聲。——布還切。

攷彪从彬聲，是幫母諄部字。寅字讀如"髕"，與彪爲一語之異文，祇是象形與形聲之不同。故知寅字的本義亦爲虎文（《集韻》："璸，玉文理貌。"此猶"寅"讀髕音，義爲虎之文理）。又《文選·七啟》"拉虎摧斑"，註云："斑，虎文也。"按"斑"字《説文》作辬。或借"班"字爲之。如《漢書·敘傳》："楚人謂虎'班'。"班、辬等字，都屬幫母真部，實即"彪"之異體，也跟"寅"字讀"髕"爲一語之轉，故同表一義。

此外，亦有直以"寅"爲"虎文"者：《左傳》定公八年杜註云："中行文子，荀寅也。"名"寅"而字"文子"，乃根據寅表虎文而來的。這跟楚國

謂虎爲"於菟",故鬥穀於菟的字叫"子文",是同樣的道理。過去或謂"文子"是荀寅的謚,前人已斥其非。又《説文》艸部云:

　　黃,兔瓜也。从艸,寅聲。

攷"兔瓜"的"兔"字,實即楚人謂虎爲"於菟"的"菟"字。《漢書·敘傳》作"於檡";《方言》作"於虝"。兔、菟、虝、檡四字,同爲一語之異文。實則"虝"爲虎名之本字;"菟"爲瓜名之本字(《爾雅·釋草》正作"菟瓜");"兔""檡"皆爲同音借字。"黃"字從"寅"聲,讀如髕,與"彪"爲一語。因瓜上有虎文,故名爲"黃瓜";又因其文爲虎,故或直呼爲"菟瓜"。正如《説文》牛部云:"犂,黃牛虎文。从牛,余聲,讀若塗。"按"塗"音與"菟""虝"爲一語,故《左傳》隱公十一年"菟裘",《公羊傳》隱公四年作"塗裘"。黃牛虎文,得名曰犂,亦猶瓜有虎文,得名曰菟。

(4) 寅字的轉語:寅字古讀如彪,因此凡寅字一音之轉語,也都含有虎文的意思。例如《説文》虍部云:

　　虙,虎貌。从虍、必聲。——房六切

按"虙"字从"必"得聲,古爲脣聲質部字。"寅"之與"虙",乃真部與其入聲質部之轉。虙訓"虎貌",與寅訓"虎文"同義。虙即彪之異文,亦即寅之異文,因音轉而字異耳。又《説文》文部云:

　　斐,分別文也。从文,非聲。《易》曰:"君子豹變,其文斐也。"——敷尾切

攷"斐"从"非"得聲,古音爲脣母脂部字,與"寅"字爲脂、真二部對轉。《尚書·呂刑》:"刜罰之屬五百。"《史記·周本紀》及《漢書·刑法志》兩引之,皆作"髕罰之屬五百"。"髕""刜"二字之轉,亦猶"寅"讀"髕",又轉爲"斐"音。其義同爲虎豹之文。今《易》革卦,"斐"字作

"蔚"，乃"斐"字失掉脣音以後之借字。蔚字的原始音符爲"㕯"，"㕯"爲喻母字。這跟"寅"字失掉脣音，轉入喻母，是同一轉變規律。

又"必""非"二音，古亦互轉。《詩·淇澳》"有匪君子"，《禮記·大學》引"匪"作"斐"，而《韓詩》"匪"作"邲"，訓"美貌"。"邲"即"虑"的借字，"美貌"亦即"有文章之貌"。斐之與虑，爲脂、質二部之轉。

至於同一個字，而後世具有上列數種變音者，則有"賁"字。《易》賁卦《釋文》"賁，彼僞反"，此與斐音相近；又"甫寄反"，此與虑音相近；又引傅氏"賁，古斑字，文章貌"，此與斑音相當；又引王肅"符文反，有文飾，黃白色"，則又與彪音相當。此不特"賁"字的讀音與"寅"字一語而有彪（音髓）、斑、虑、斐四種音變相同，而且與"寅"字的意義也相通。因爲《說文》訓賁字爲"飾也"，其本義當指《爾雅·釋魚》所說：貝之"黃白文"者，故从貝。"黃白文"，即虎文耳。又古人釋"虎賁"一詞，多以爲"猛力如虎，供奔走之任者"，以"奔"訓"賁"，乃望文生義。實則因其身着虎文衣，其形彪彪而得名。《史記·司馬相如傳》"被豳衣"，《集解》引郭璞曰"著斑衣"；《索隱》引《輿服志》云"虎賁騎，被虎文單衣"，可謂得其本義。因"豳"實"彪"之借字，故得訓"斑"，又爲"虎文"。

（5）寅字的引申義，則有"畏敬"之意。蓋古人山居，畏虎特甚，故多以虎相戒惕。因之，引申爲凡戒懼儆惕之義。如《尚書·無逸》："嚴恭寅畏。"又《舜典》："夙夜惟寅。"而《說文》夕部云："夤，敬惕也。从夕，寅聲。"《易》曰："夕惕若夤。"按"夤"字从夕从寅，形聲兼會意。凡儆惕虎患，以夕爲甚，故特造此字。此猶"畏"字从鬼頭虎爪；"虔"字以虎文會意。而古人亦引申爲虔敬之義。此皆古昔先民"寅畏"之遺意。

根據以上五個方面的探討，可以證明"寅"字的形體象虎狀；"寅"字的意義爲虎文；"寅"字的音讀當如彪，乃古人表示虎文之恒語。因此，我們追泝十二支字的來源，很自然地就把"寅"字跟"虎"聯繫了起來；從而把十二支字跟遠古社會"物名紀月"的習俗聯繫了起來。

二、從"物名紀月"到十二支的起源

我認爲，在文字還沒有出現以前的遠古時代，應當有過"物名紀月"的時期。即用具體的動物名稱標記抽象的月數次序。迨文字產生之後，纔選取十二個與物名有關係的文字以代替"物名紀月"，即現在的十二支。故十二支字實從"物名紀月"演化而來。如以"子"代鼠月，以"丑"代牛月，以"寅"代虎月，以"卯"代兔月，以"辰"代龍月，以"巳"代蛇月，以"午"代馬月，以"未"代羊月，以"申"代猴月，以"酉"代鷄月，以"戌"代狗月，以"亥"代猪月。上文所釋的"寅"字，正由於它跟"虎"的意義有密切關係，故擔當了代表"虎月"的任務。當然，十二支字與物名之間的關係，不一定都像"寅"字一樣，從形、音、義三方面直接取得聯繫；也可能還通過其他種種不同的渠道，把二者之間的關係溝通起來。這一切，正有待於人們的進一步探索。總之，十二支都不是專爲紀月而創造出來的文字，祇不過是取代"物名紀月"的文字。故許慎的《說文解字》認爲十二支本爲紀月而造，這當然是不對的；但他把十二支跟紀月緊密聯繫起來，這一點還是有所承受的遠古遺說。

我們說十二支在古代乃是代替"物名紀月"而出現的紀月符號，這是因爲寒暑一周而月圓十二次，先民由於勞動生產的需要，故首先認識了這一自然規律。因而始則以十二物名以標記十二月，繼則以十二支取代十二物名。但傳之既久，這十二支字又成爲表示一切數目的抽象符號，運用日益廣泛，乃至失其本義。因而"物名紀月"，在古代漢族典籍中，並沒有留下豐富的佐證。但是，如《詩·吉日》云："吉日庚午，既差我馬。"選馬而以"午"爲吉日，此殆因遠古傳統"午"與"馬"曾有密切關係之故。又由於歷史文物不斷出土，這個中國文化史上的啞謎，也逐漸被揭示出來。例如：一九七八年河北平山縣戰國中山王墓出土的銅器銘中，我發現了一個極有趣味的現象。其中銅方壺銘文中有這樣一段話：

郾（燕）佸（故）君子噲（噲），新君子之，不用豐（禮）宜

（義），不顨（顧）逆㥜（順），菇（故）邦辷（亡）身死，曾亡（無）鼠（一）夫之裁（救）。（見一九七九年《文物》第一期）

這段銘文，本來是很容易理解的，故各家釋文，基本一致。但其中"一"字从"鼠"作"鼠"，雖各家皆釋爲"一"，而"一"字爲何从鼠，卻無法解釋。因而被認爲是"書體最奇特的""前所未見的"文字（羅福頤《中山王墓鼎壺銘文小攷》，見一九七九年《故宮博物院院刊》第二期）。事實確是如此。在古文字中，有"駟"爲一車駕四馬，"牭"爲牛生方四歲等例，但在人類生活中，對老鼠這種動物，既無計算歲數的可能，也無計算勞動力的必要。因此，把"鼠"作爲"一"字的義符，頗值得探索。攷春秋戰國時代的中山國，處在晉、燕、趙等大國之間，過去多認爲即鮮虞，乃白狄種族國家。現從出土文物來看，或認爲乃周同姓之國，是可信的。因爲周民族的文化特徵，從出土遺物中，完全顯示了出來。《十三州志》云："中山武公本周之同姓。"（《太平御覽》卷一六一引）當有所本。當時，周以建子之月爲歲首，"子月"爲全年的第一個月，"子"字又爲十二支的第一個字。而在"物名紀月"的舊習還沒有完全消失的中山國，可能還有稱周的正月爲"鼠月"的。因而反映在文字結構上，他們於"一"字的偏旁上加了"鼠"字作爲義符，以強化"一"字的意義，這是完全可以理解的。在許慎的《說文解字》裏，一、二、三的古文作弌弍弎，偏旁的"弋"是代表籌枚，乃古代計數的工具，故古文或在一、二、三之旁加"弋"爲義符，以強化它們作爲紀數字的意義。這雖跟"一"字作"鼠"不完全相同，卻頗有相似之處。

至於遠古由"物名紀月"轉化爲十二支紀月，爲什麼要用"子"字取代"鼠"字，這也是值得探討的。恐怕他們的關係跟上文所述以"寅"代"虎"有些相似。因爲，殷代甲骨文中十二支字的"子"字，多作 等形，金文"子"又有 等形，此皆以干支順序推識無誤。而且它們皆與《說文解字》所收"子"之籀文作 ，有其一脈相承之跡。可見十二支的"子"字，古體頗似鼠形。至其爲何與後世之"子"形不同，由於時代久遠，資料缺乏，尚不得而知。但無論如何，跟"鼠"字結合起來看，"子"字與"物名紀月"的密切關係，是顯然可見的。

其實，十二支字與十二物名的對應關係，自遠古以來，民間傳流一直未斷，一九七五年湖北雲夢秦墓出土的秦簡《日書》甲種本已記有十二物名紀月，除缺"辰"外，餘爲：子鼠、丑牛、寅虎、卯兔、巳虫、午鹿、未馬、申環、酉水、戌羊、亥豕。足見至晚戰國時已見諸記載，但與後世畧有不同。漢代人則言之鑿鑿，與後世全同。如王充《論衡·物勢》云："寅，木也，其禽虎也；戌，土也，其禽犬也；……丑禽牛；未禽羊也；……亥，水也，其禽豕也；巳，火也，其禽蛇也；子亦水也，其禽鼠也；午亦火也，其禽馬也；……酉，雞也；卯，兔也；……申，猴也；……"王充稱之爲"十二辰之禽"。但是，降至漢代，中國的文字，已由篆而隸，本義難明。因而，他們即使傳述着十二支與十二物名的對應關係，而古人之所以用某支字取代某物名，早已無法索解。即使專業的古文字學家如許慎者，也祇能在十二支個別字的結構上畧知其端倪。如《說文解字》云："㠯（巳）爲蛇，象形。"又云："𠀉，古文亥。亥爲豕，與豕同。"至於十二物名與十二支、十二月到底是什麼關係，則已無法解釋。可見，要求漢代人能根據十二支字徹底理解人類遠古本以十二物名紀月的問題，那是不可想像的。

不過在這個問題上，我們應當想起恩格斯的一段名言：

> 摩爾根的偉大功績，就在於他發現了並且在主要方面恢復了我們成文歷史的這種史前的基礎；並從北美印第安人的民族聯繫中，找到了一把鑰匙來解決古代希臘史、羅馬史和日爾曼史中那些極其重要至今尚未解決的啞謎(《家庭、私有制和國家的起源》第一版序)。

由此可見，從某些後進民族中去尋找解決遠古某些歷史現象的鑰匙，是大有科學價值的。

在現代，雖然十二物名猶行於漢族，但用十二物名以紀月的原始習俗，則祇有在我國西南某些兄弟民族中纔較爲普遍地保存下來。在四十年代中期，我對此曾蒐集了不少資料，茲畧舉數例，列表如下：

物名＼夏曆 族別	正	二	三	四	五	六	七	八	九	十	十一	十二
廣西鎮邊：倮儸	馬	蟻	人	雞	狗	猪	雀	牛	虎	蛇	龍	風
雲南班洪：擺彝	象	牛	虎	鼠	龍	蛇	馬	蟻	猿	雞	狗	猪
貴州大定：苗族	蛇	馬	羊	猴	雞	狗	猪	鼠	牛	虎	兔	龍
貴州貞豐：仲家	虎	兔	龍	蛇	馬	羊	猴	雞	狗	猪	鼠	牛

從上表可以看出，遠古先民"物名紀月"的遺俗，確實在西南兄弟民族中仍被保存下來。即他們在生活中，都不稱一月二月等，而稱虎月、兔月、象月等。但同時也可以看出，不同民族之間也各有特點。（1）各民族所用的物名不盡相同：如除苗族、仲家的物名全同漢族外，餘則擺彝有象、蟻、猿，而沒有兔、羊、猴。倮儸有風、蟻、人、雀，而沒有兔、羊、猴、鼠。合諸族所用物名計之，凡十八種。即漢族習用的十二種以外，更有象、蟻、猿、風、雀、人。（2）各民族物名所紀的月份不同：如除仲家用某物紀某月全同漢族的系統外，餘則各族沒有相同的。同一蛇名，而苗族用以紀正月，擺彝用以紀六月，倮儸用以紀十月；同一馬名，而苗族用以紀二月，擺彝用以紀七月，倮儸用以紀正月；等等。（3）各民族物名的順序不同：如除苗族、仲家的十二物名次序全同漢族以外，而擺彝則以象、牛、虎、鼠、龍、蛇、馬、蟻、猿、雞、狗、猪爲次；倮儸則以馬、蟻、人、雞、狗、猪、雀、牛、虎、蛇、龍、風爲次，等等。

（波案：作者在自存本此處寫道："天水漢簡：虎兔虫雞①馬羊猴雞犬豕鼠牛；雲夢秦簡：虎兔？虫鹿馬環〔猿〕水〔雉〕老羊豕鼠牛。"雲夢秦簡內容，見《雲夢睡虎地秦墓》〔一九八一年文物出版社〕，其中以鹿代馬，可能與秦趙高指鹿為馬有關。天水漢簡內容，參《天水放馬灘秦簡甲種〈日書〉釋文》，見《秦漢簡牘論文集》〔一九八九年甘肅人民出版社〕。""在美洲也有用蛇、兔、狗、猴、虎等生肖紀年的習俗。""墨西哥國立大學的基奇霍夫

---

① 波按："巳雞"與"酉雞"相重，有學者懷疑可能是"巳蛇"之誤。

教授：'在歐洲人入侵以前，當地居民使用的所謂阿蘇特克曆法，是中國人發明的。'"《光明日報》一九九二年六月六日第七版）

據上述情況看，足見各民族間物與月的關係，紛歧錯雜，各不相同。充分證明了"物名紀月"的習俗，在古代先民來講，純爲輔助記憶、區別事物的一種原始方法。物與月之間，並沒有什麼必然關係。正如湘西民間習俗，至今猶有把今天、明天、後天以後的日子依次稱爲"喜鵲後天""老鴉後天"等，其道理是一樣的。但是，另一方面"物名紀月"中所取物名，必其時其地所得見之物，不是未見之物。如雲南擺彝十二物名中有"象"，而其他民族則沒有，就是這個原因。以此推之，漢族紀月的十二物名中，除少數野生動物如虎、蛇等外，他如馬、牛、羊、雞、狗、猪等，皆係家畜，則漢族"物名紀月"的產生時代，大概是已由漁獵時期進入畜牧時期。而且"物名紀月"的習俗，除歷史悠久外，流行的地域亦相當廣泛。從亞洲來講，如印度、柬埔寨等國，也都有跟中國極其相似的"物名紀月"，這裏就不贅述了。

這裏應當特別注意的是：從古以來，由於漢族與西南兄弟民族之間的文化交流比較頻繁，不僅在"物名紀月"方面互相影響，如上所述；而且在漢族採用十二支字以取代十二物名以後，一部分兄弟民族中也多受到影響。祇是他們並沒有採用十二支字的全部，而僅僅是把十二物名中的某些物名換爲十二支字。舉例言之，如貴州麻江縣的苗族是以"物名紀月"的。但在十二個月名中，夏曆的二月和五月，卻不是物名，而是十二支字。因爲二月本爲兔月，該族語言，應呼"兔"音爲 lay，而事實上他們卻呼之爲 mwəɬ，這分明是漢語"卯"音的轉化；五月本爲馬月，該族語言已漢化，應呼"馬"音爲 Hɐm，而事實上他們卻呼之爲 kaŋɬ，這分明是漢語"午"音的轉化。這種物名當中雜用十二支字的現象，在擺彝與仲家等族中也存在。不過這些民族自己祇能指出某個月不是物名，而是特殊稱號；但並不知這些特殊稱號乃是借用了漢族的十二支字。雖然他們以支字取代物名的月數多少各有不同，但這種趨勢是顯著的。這恰恰可以用以推斷遠古時期漢族用十二支字代替十二物名的歷史演變過程。古人說"禮失而求諸野"，這話是有道理的。

三、結語

　　十二支導源於"物名紀月",而"物名紀月",則是先民由於勞動生產的需要,用以標識月數、輔助記憶的原始符號。而後世言陰陽消息、五行生剋者,卻以十二物名配合陰陽五行,作爲判斷人事休咎的根據,無怪其齟齬百出,不能自圓其説。漢代王充《論衡·物勢》對此早已予以批判。祇因王充處在那個時代,還不可能從事實出發還歷史以本來面目。我們知道,在古代文化史上本來是屬於樸素的唯物思想的東西,而後來竟被蒙上了唯心的外衣者,是不勝數的。因此,以歷史唯物主義爲指針,具體問題具體分析,使古代文化史的本來面目大白於世,是今天落在我們肩上的重要任務。

一九五二年三月初稿
一九八一年三月修改

《廣韻訂補》敘例

　　《廣韻》一書，爲治聲韻學之要籍。魏晉以來之韻書散佚，存於世者，惟此書爲最古且全。故攻古韻者，此其階梯，而研今韻者，此其管鍵也。然此書或因纂修失檢，或因迻寫奪譌，字句義例，多不可通。雖今世傳本，猶有潘氏藏宋本（即《古逸叢書》底本）、涉園藏宋本、元泰定本、明内府本、澤存堂本等佳刊，而其間是則皆是，誤則皆誤，以相對勘，所得甚鮮。故居今日而欲訂補《廣韻》，上之，應以唐寫本陸氏《切韻》、孫氏《廣韻》、王仁煦《切韻》、五代刻本《切韻》等殘卷及《玉篇》《經典釋文》等書爲準；下之，當以《韻畧》《集韻》及《類篇》等書爲本。惟《廣韻》乃宋代之書，唐寫諸卷所無者，不應據以妄刪；《廣韻》乃審音之作，《集韻》諸書所多者，不當據以妄增（《集韻》等以搜羅異字爲主）。間嘗就本書之可疑者，依其體例，參以別籍，偶有舉正，隨筆迻録。久之，畧成卷帙，約十四萬言，遂名以《廣韻訂補》焉。至於各本字句之異同，而不關音理、無礙義例者，則概從闕如。此蓋與一般校勘之作，畧異其趣。今特示其簡例如左。

一、正文奪落者

　　去聲。用韻：撞，扶用切。註云："灼龜視兆也。《說文》：父容切，奉也。"（依《古逸叢書》影宋本，後同）

　　按：澤存堂本，撞字作捀。又音"父容切"，互見於平聲、鍾韻，逢鈕下，字亦作捀。註云："《說文》曰：奉也。又符用切。"此"符用切"，亦即去聲"扶用切"，但並無"灼龜視兆"之訓。徵之他本，捀字亦無此訓。據《玉篇》骨部云："髼，府貢切。灼。"又《類篇》骨部亦收髼字，註云：

"房用切。灼龜坼。"是則灼龜之字，从骨不从手明矣。《集韻》於用韻俸鈕下，既收"捀"字訓"奉"，又收"䯢"字訓"灼龜坼"。可證《集韻》所據之《廣韻》，正文"捀"字下猶有"䯢"。自《廣韻》傳寫奪落正文"䯢"字，遂以"䯢"字之註文附之"捀"字下耳。《玉篇》手部"捀"字，亦兼收"灼龜"之訓。此蓋後人據誤本《廣韻》所增羼。不然，骨部䯢字既有此訓，何得自亂其例耶？《集韻》鍾、用二韻及《類篇》手部，"捀"字皆無此訓，可證。此因其註文猶存而知其正文有奪落者。

去聲。沁部：蔭，註云："《說文》曰：草陰地也。於禁切。"又收"稔"字，註云"上同"。

按：古書無以"稔"字爲"蔭"異文者。《玉篇》禾部云："稔，於占切。稔稔，苗美也。"又《廣韻》平聲。鹽韻。厭紐下收"稔"字，"一鹽切"，註云："稔稔，苗美也。"據此，是本書亦不以"稔"爲"蔭"字之異文可知。故沁韻"蔭"字下之正文當係脫異文"稔"字一條，淺人遂以下文"稔"字當之耳。《集韻》沁韻，"蔭"字下收異文"蓓"字，其下又別收"稔"字，註云："禾苗茂美也。"《類篇》草部有"蓓"字，"於禁切"，與《廣韻》"蔭"字同音切。則二書所據之《廣韻》，正文"蔭"字下猶有異文"蓓"字無疑。玫"蓓"乃"蔭"之後起字。《爾雅·釋言》云："陪，闇也。"又《說文》阜部云："陰，闇也。"是"陪"乃"陰"之或體，後人又加艸以爲"蔭"之異文耳。故《廣韻》收以爲"蔭"字之重文。此因其重文有誤而知其爲奪落者。

去聲。嶝韻：亙，註云："通也，遍也，竟也。出《方言》。古鄧切，六。"

按："本鈕祇收亙、堩、掯、緪、鯁、硆等六字。然據上聲阮韻，晅字註云："日气。況晚切。又古鄧切。"玫"古鄧切"一音，即應在去聲嶝韻亙鈕下，而今本亙鈕下並無此字，當係奪落，應據補之。此據他韻又音而知其爲奪落者。

二、正文譌誤者

平聲。冬韻：鼕，"力冬切"，註云："鼓聲。"爲鼕鈕三字之一。

按："力冬切"不當有"鏊"字。《集韻》冬韻，以爲"鼕"字之異文。然竊謂"鏊"字並非"鼕"字之異文，乃"鼘"字之譌體耳。《廣韻》東韻"鼘"字註云："鼓聲。俗作鏊。"蓋因俗體作"鏊"，故以形似而誤爲"鏊"。《韻畧》東韻"鼘"字註云："良中切，又盧中切，見冬韻。"攷"又盧宗切"，即與"力冬切"同音，故《廣韻》又收入冬韻"曨"紐下。但今本《廣韻》冬韻"鏊"字既誤爲"鏊"，而東韻"鼘"字又無又音。於是世人既不知"鼘"字有二音，又誤分"鼘""鏊"爲兩字矣。

又按：《玉篇》金部收有"鏊"字，註云："七昔切，又力宗切。鼓聲。"攷"鏊"字之"力宗切"，實即《廣韻》之"力冬切"，"鏊"爲譌體，説已見前；但《玉篇》之"七昔切"一音，亦與"鼘"字不相合，且與"鼓聲"不相類。據《廣韻》入聲錫韻戚紐下有"鼜"字（唐寫本《切韻》作鼜，誤），註云："夜戒守鼓也。倉曆切。"（《説文》同，惟字作鼜）此"倉歷切"即與"七昔切"同音，故《玉篇》之"鏊"字，當即"鼜"字之譌體，亦形近之誤。

依上所述，是"鏊"字既爲"鼘"之譌體，又爲"鼜"之譌體，古往今來實無此一字也。乃《玉篇》既誤收入金部，強取"鼘""鼜"二字之音以音之；而《切韻》《廣韻》諸書，又皆沿其謬誤，以"鏊"爲"鼘"爲"鼜"。是自隋唐以來，此三字已糾纏不清矣。此據音理不通而知其爲譌誤者。

平聲。鐘韻：噇，丑凶切。註云："地名，又直容切。"

按："噇"字不見於他書。惟《玉篇》阜部云："陯，音重，地名。"又《類篇》云："陯，傳容切，地名。"又《集韻》鍾韻重紐下，收"陯"字，"傳容切"，註云："地名。"據以上三書，"陯"字"音重"及"傳容切"，皆與《廣韻》"噇"字"又直容切"之音相同，是"噇"即"陯"之異體耳。攷《國語·魯語》云："宿於重館。"韋昭註云："重，魯地。館，候館也。"《左傳》僖三十一年，亦作"重"。蓋地名古秖作"重"，《玉篇》等書作"陯"者，後起之字也。故《廣韻》"噇"字，原當秖作"重"，不從阜，亦不作"噇"。其"又直容切"，即上文"重"之互音，而"重"字下並未別收"噇"字，可證。其字作"噇"，當係譌體或俗字。此據本字又音而證其爲譌誤者。

平聲。東韻：鼕，徒紅切。註云："鼓聲。"

按：各本皆同，然"徒紅切"不當作"鼕"。《集韻》以"鼕"爲"鼛"之異文，徒紅切；《類篇》亦以"鼕"爲"鼛"之異文，註云："徒紅切，又徒冬切。"然攷《玉篇》鼓部云："鼛，徒冬切。鼓聲。或作鼛。"據此，是"鼕"字蓋本作"鼛"，以形聲字之慣例推之，即從鼓，蟲省聲。《廣韻》東韻之"鼕"，實即"鼛"字之異文，當作"鼛"，不作"鼕"。因形近故誤爲"鼕"。宋代韻書對此已皆不能糾正之。幸賴《玉篇》而得存其舊。此因證之他書而知其爲譌誤者。

三、異文錯亂者

去聲。願韻："鄢（地名，在楚）鄔（上同）賸（引與爲價，又於面切）傿（上同）。"此條在堰紐下，於建切。

按：此條乃誤以"鄔"爲"鄢"之異文。又誤以"傿"爲"賸"之異文矣。據《說文》邑部云："鄢，南郡縣。孝惠三年改名宜城。"又云："鄔，潁川縣。"是二地相距甚遠，不容混淆。此"鄔"字非"鄢"字異文之證。又攷《說文》貝部無"賸"字，人部有"傿"字，云："傿，引爲賈也。"《玉篇》人部亦云："傿，引爲賈也。"但貝部又有"賸"字，註云："物相當也。"是"賸""傿"二字，各自爲義，兩不相涉。《廣韻》"賸"字註所云"引與爲價"，乃誤用其下文"傿"字註。《廣韻》上聲阮韻亦收"賸"字，註云"物相當也"，不註"引與爲價"，足證願韻"賸"註之誤。所謂"引爲賈"或"引與爲價"者，"引"有延長之義，引爲賈，即擡高其價也。《後漢書·崔駰傳》謂："靈帝時，開鴻都門，榜賣官爵。……（崔）烈時因傅母入錢五百萬，得爲司徒。及拜日……帝顧謂親倖者曰：'悔不小傿，可至千萬。'"是所謂"傿"者，即擡高其價也。此與"賸"字之訓"物相當"，義正相反，其不當混爲一字甚明。推《廣韻》原本，當祇以"傿"爲"鄢"之異文，而"鄔""賸"則當各爲一字，與"鄢""傿"無關。"傿"與

"鄢"既不同義，而《廣韻》列以爲異文者，蓋因《春秋》經傳"鄢陵"字，《漢志》皆作"傿陵"故也。《廣韻》平聲仙韻，"鄢"字註云"亦作傿"，可證顧韻此處，原本亦當以"傿"爲"鄢"之異文矣。此求之字義、證以本書而知其錯亂者。

平聲。東部：伀，德紅切。註云："古文，見道經。"

按："伀"字上無所承，不知爲何字之古文。《廣韻》雖列於"鍊"字下，然以"伀"爲"鍊"字之古文，不類。且不見於其他古籍。今玫下文"同"字下收"仝"字，註云"古文，出道書"，"仝"字既爲"同"字之古文，而且與"伀"字皆見於道家經典，以文字結構言，則"伀"字似當爲下文通紐下"恫"之古文，而誤廁於此耳。《集韻》《韻畧》《類篇》等書，"鍊"字下皆不列"伀"字；且各書"恫"字皆作"他紅切"，正與《廣韻》通紐下"恫"字同音切，無作"德紅切"者，是"伀"字不應在"鍊"字下而應爲"恫"之異文，尤明。

平聲。鍾韻：宆，餘封切。註云："宆，盛也。《説文》云：古文容。"

按：《説文》宀部云："容，盛也。从宀，谷聲。宆，古文容，从公。"《玉篇》《集韻》《類篇》等書，與《説文》同。而修《廣韻》者，既知"宆"爲"容"之古文，乃不廁於本紐"容"字下，竟遠屬於"頌"字之下，是自亂其例矣。蓋以"宆"字之結構言，乃形聲字，从宀，公聲。與"容"爲"盛容"之義相合；至於"頌"乃"容貌"之本字，與"宆"義不相涉。雖"容""頌"二字，後世多互借，但《廣韻》既本《説文》註"宆"爲"古文容"，自應依例列於上文"容"字之下，不應自相錯亂如此。

四、註文誤屬者

去聲。願韻：妧，無販切。註云："《纂文》云：姓也。古萬字。"

按：《廣韻》各本皆如此，義不可解。據本書上聲阮韻及獮韻，兩收"妧"字，皆註云"婉妧，媚也"，並無姓氏及古萬字之訓。《玉篇》及《集韻》等書亦然。故此註蓋係本紐上文"曼"字註，而誤屬於此耳。其云

"曼"爲姓氏者,據《漢書·五行志》有"曼滿",註云:"鄭大夫。"又司馬相如《子虛賦》云:"鄭女曼姬。"是皆"曼"爲姓氏之證。其云"曼"爲古萬字者,《荀子·正論》云:"曼而饋。"註云:"曼當爲萬。"又《鶡冠子·近迭》云:"乃才居曼之十分一耳。"此"曼"字亦即"萬"之同音借字。《廣韻》以"曼"爲"古萬字",特據事實言之,未悉通假之理。據上述,"姓也""古萬字"二義,皆當屬於"曼"字,不當屬於"娩"字。而今本《廣韻》,"曼"字祇有"長也"一訓,"娩"字反有"姓也""古萬字"等訓,誤矣。

平聲。東韻:狨,如融切。註云:"細布。""狨"下又收"絨"字,註云:"上同。"

按:《玉篇》犬部云:"狨,如充切。"無註。又糸部云:"絨,如充切,細布也。"二字雖同音,而不謂即一字。《集韻》東韻戎紐下收"狨"字,註云:"獸名,禺屬。"又收"絨"字,註云:"布細曰絨。"《類篇》與此同。並無訓"狨"爲"細布"而以"絨"爲"狨"之異文者。明內府本《廣韻》云"狨,猛也","絨,細布也",皆"絨""狨"分訓,各不相涉。可證今本《廣韻》註文,顯係傳寫淆亂所致。惟明內府本"猛也"二字,或係"猛獸"二字之誤,參之《集韻》等書,可得其義。

五、反切上一字訛誤者

平聲。脂韻:推,註云:"排也。叉隹切,又湯回切,二。"

按:灰韻鞾紐下亦收"推"字,註云:"又昌隹切。""昌隹切"即指脂韻"推"而言。然"叉隹"與"昌隹"二音,韻同等而聲不同紐,"叉"在初紐,"昌"在穿紐,兩處必誤其一。據《韻畧》及《集韻》等書,脂韻"推"字皆作"川隹切","川"與"昌"同紐,則脂韻"推"字,應从灰韻作"昌隹切"爲是。此處所以誤爲"叉隹切"者,蓋本作"尺隹切","尺"與"昌"同紐,"尺"形近"叉",故傳寫致誤。

平聲。江韻:"惷,愚也。醜江切,又丑龍切,又抽用切。"

按:又音"丑龍切",互見於鍾韻舂紐下。惟彼處作"書容切",不作

"丑龍切"。然"容""龍"二字韻同等，而"書""丑"二字聲不同紐，"書"在審紐，"丑"在徹紐。江韻又音"丑龍切"，"丑"字蓋涉上文"丑江切"而誤。《韻署》作又音"書容切"，《類篇》亦然，則鍾韻作"書"字是也。江韻應據改。

六、反切下一字譌誤者

上聲。阮韻：蹇，居偃切。註云："跛也，屯難也。亦卦名。又居免切。"

按：又音"居免切"，互見於獮韻。惟獮韻作"九輦切"。"居""九"聲同紐，而"免""輦"韻不同等，"免"字撮口呼，而"輦"字則齊齒呼，應以"九輦切"爲是。《韻署》阮韻又音作"九輦切"，《類篇》又音作"九件切"，皆不誤，此處應據改。

平聲。東韻：飍，薄紅切，"又步留切"。

按："飍"字又音"步留切"，互見於幽韻。惟幽韻作"皮彪切"，"皮""步"聲同紐，而"留""彪"不同韻，"留"在尤韻，"彪"在幽韻。"飍"字既收於幽韻，則此處又音"步留切"當係"步彪切"之誤，應據改。

七、一字兩收而誤其一者

去聲。沁韻：紟，巨禁切。註云："紟帶，或作襟。又音今。"

按："又音今"，應在平聲侵韻金紐下。然金紐無"紟"字而有"衿"字。註云："衣小帶也。又其禁切。"攷"又其禁切"，即指本韻"紟"字而言。特字當从本韻作"紟"，侵韻作"衿"誤矣。《說文》系部云"紟，衣系也"，即本韻"紟帶"之義。若"衿"字，則係裣衽之異體，與此無涉。至於本韻"紟"字下註云"或作襟"，則又誤以"紟帶"字爲"裣衽"字矣。《說文》衣部云："裣，交衽也。"《玉篇》衣部以"襟"爲"裣"之異文，是"襟"與交衽之"裣"同，不與衣系之"紟"同也。《廣韻》侵韻金紐下收"襟"字，又收"裣"字，註云"上同"，此固不誤。乃本韻反以"紟"

爲"襟"之或體，自亂其例矣。唐寫本亦誤。

平聲。東韻：潼，徒紅切。註云："水名，出廣漢郡。亦關名。又通、衝二音。"

按：又音"通"，"通"字即在本韻下文，"他紅切"。與"通"紐同切語者凡九字，無"潼"字而有"曈"字，註云："曨曈欲明之貌。"各本皆然。然攷本韻"曈"字已收入上文同紐下，又音祇有"他孔切"，已收入上聲董韻，不應復見於本韻"通"紐下。"通"紐下之"曈"字，當爲"潼"字之誤。據唐寫本陸氏《切韻》及王仁煦本《切韻》，"潼"字皆有又音"他紅切"一音。"他紅切"亦與"通"字同音讀，可證《廣韻》通紐下當有"潼"字，而今本之"曈"字，乃係"潼"字之誤。

八、一字兩收而誤爲二字者

去聲。笑韻：尣，弋照切。註云："行不正也。"在燿紐下。

按：上聲阮韻阮紐下收"尳"字，"虞遠切"，註云："小貌。"攷"尳"即笑韻"尣"字之譌體。修《廣韻》者，列之於"阮""尡"二字之間，蓋誤以"尳"字爲從"元"聲矣。《説文》尣部云："尣，行不正也。從大，𠃊聲，讀若燿。"《玉篇》同。而《廣韻》阮韻之所以又訓"小貌"者，或因"尣"字本從"大"，《玉篇》云："尢，跛曲脛也；又僂也；短小也。"故"尣"得有"小貌"之訓。《集韻》註謂"弱小貌"，亦即此意。至其聲由笑韻"弋照切"轉爲阮韻"虞遠切"者，亦猶"遙"與"遠"爲一語之轉耳。今因"尣"字聲既不同，義亦有別，形又有譌，幾不知其爲一字矣。

平聲。鍾韻：䪧，力鍾切。註云："圭爲龍文。"各本皆如此。

按：《説文》玉部云："瓏，禱旱玉也。爲龍文。從玉，龍聲。"是"䪧"即"瓏"也，後起之字耳。而今《廣韻》東韻又別收"瓏"字，註云："玲瓏，玉聲。"是又強分爲二字矣。《説文》云："玲，玉聲也。"古書多添"瓏"於"玲"下以象玉聲耳，與訓"禱旱玉"之"瓏"，並非二字。今《廣韻》鍾韻作"䪧"，既異其形，又別其訓，亦不註又音，非也。《廣韻》一書，凡遇字音稍有不同，字義畧有歧異，字形或有變化者，輒誤分爲二字，此例屢見。

九、一字兼收於別韻而不註又音者

上聲。寑韻：懍，渠飲切。註云："《玉篇》云：寒極也。"

按：去聲沁韻唫紐下亦收"懍"字，巨禁切，註云："寒懍。"無又音。因此，寑韻"懍"字下，依例應據補"又巨禁切"。

入聲。黠韻：𢷏，恪八切。註云："《説文》：刮也。一曰：撻也。"

按：鎋韻䫻紐下亦收"𢷏"字，古鎋切。註云："刮聲也。"無又音。又狎韻渫紐下亦收"𢷏"字，丈甲切。註云："押𢷏，重接貌。"無又音。因此，黠韻"𢷏"字下，依例應補鎋韻之"古鎋切"及狎韻之"丈甲切"二又音。

按：此例似甚簡單，然皆涉及語音演變規律及《廣韻》全書體例問題，故極重要。

十、字本不同音而誤爲同音者

入聲。末韻：䰖，姊末切。

按：本韻下文又收"繓"字，子括切。與"繓"同紐者共三字。然"姊末"與"子括"二切，聲同紐，韻同等，不應分列兩處。據《廣韻》慣例，凡後人增加重音字，多在韻末，今繓紐三字竟在韻中，非其例。攷唐寫本《唐韻》"䰖"字作"姝末反"，"姝"字在穿紐，與下文"繓"字固不同紐也。則是末韻各本作"姊末切"者，"姊"當係"姝"之誤字。蓋"䰖"從"贊"得聲，本在精紐，"姝末切"則轉入穿紐。此乃古音齒頭多轉正齒之常例。陳澧以爲繓紐三字乃後人所加而刪之，誤矣。

平聲。鹽韻：鍼，巨淹切。註云："鍼虎，人名。又之林切。"

按：本韻末又收一"鍼"字，註云："巨鹽切，又音針。"然攷"巨淹切"與"巨鹽切"，聲同紐，韻同等，不應兩列之。據《廣韻》慣例，異字同音、或同字異音而分列兩處者有之，不應同字同音而又分列兩處。《類篇》

一書之音切,多據《廣韻》爲準。《類篇》"鍼"字共有四音,其中"諸深""職任"二切之"鍼"字,已分見《廣韻》之侵、沁二韻。此外,又有"且鹽切"及"其淹切"二音。其"其淹切",即與《廣韻》鹽韻"巨淹切"之"鍼"字同音;至於"且鹽切",則當即鹽韻韻末所收之"鍼"字音。今本《廣韻》作"巨鹽切"者,因"且""巨"二字形近,且涉上文"巨淹切"之"巨"字而誤。應作"且鹽切"爲是。"巨"在群紐,"且"在清紐,由淺喉轉齒頭者古多有之。鹽韻末"且鹽切"之"鍼"字,即依齒頭音收之,並非同字同音而重見者。陳澧斥爲一音重見而刪之,非也。

按:凡一韻之中,確係同紐同等而誤分兩處者,陳澧每以爲後人所增,刪之以復《切韻》之舊;而拙著《廣韻訂補》則僅註其應歸一紐,以通《廣韻》之例。然上述諸條,顯係誤字所致,不應以"一音重見"論之。

總之,《廣韻》一書之重要價值,已爲學術界所公認;而《廣韻》一書之譌誤百出,亦較其他古籍爲嚴重。因此,董理之功,刻不容緩。然《廣韻訂補》之作,僅爲此事開其端;本文所敘,又僅爲拙著示其例,並以之就正於學術界也。

【附記】

一九三六年春,余撰《廣韻訂補》竟,曾以之就教於太炎先生。先生聞後,謬予贊許。因全書約十四萬言,一時不易刊佈,乃草此文,畧敘體例,並發表於一九三六年七月《制言》雜誌,惜先生已不及見矣。不意此後迭經喪亂,書稿早已全部遺失。是則此文之猶存於人間,得傳之後世,亦云幸矣!

一九八七年三月七日炳正識

《法言》汪註補正

《楊子法言》一書，雖繼跡孟荀，次於經傳，而義訓奇觚，文字奪譌，竟鮮爲之箋釋校理者。吳縣汪榮寶氏宣統三年出版之《法言疏證》，頗精審，然而有待商榷之處甚多。余既署通訓詁校讎之學，遂不自揣譾陋，而思爲之校釋焉。因先撰《法言版本紀要》一卷，以便依本逐加對勘；又於閱覽群書之際，每每以箋疏此書爲質的。二年來，銖纍寸積，稿近半尺矣（此稿已佚於抗戰——附註）。不意二十二年冬，汪氏又有《法言義疏》問世。亟購讀之，精密詳審，遠過前書，而其中與拙稿相同者強半。然千慮一失，智者不免，補苴改正，後學與有責焉。故竊取舊稿，去其同者，留其異者，董而理之，作《法言補註》若干卷，以竟汪氏之志（此稿佚於"文革"——附註）。今舉數例於下。

一、字句顛倒而汪氏未能校正者

《問神》卷五云："或曰：述而不作，《玄》何以作？曰：其事則述，其書則作。育而不苗者，吾家之童烏乎，九齡而與我《玄》文。"炳正案："育而不苗"句，自魏晉以來即倒誤，原本當作"苗而不育"，指童烏早死而言。《爾雅·釋詁》云："育，長也。"《詩·生民》云"載生載育"，毛傳云："育，長也。"《谷風》云"既生既育"，鄭箋云："育，謂長老也。"是古人皆以生爲始生，育爲長大之義。《法言》若作"育而不苗"，則既長大矣，安得猶謂之不苗。漢《鄭固碑》云："君大男孟子，有楊烏之才。"又云："嗟嗟孟子，苗而弗毓。"攷"楊烏"即"童烏"；"苗而弗毓"，即"苗而不育"也。《說文》玄部"育"字重文作"毓"；又《易》蠱卦云"振民育德"，

《釋文》云："王肅作毓，古育字。"蓋《法言》一書漢時已大行（見《漢書·楊雄傳·贊》）故鄭碑即用《法言》成句。可證當時《法言》猶未倒誤。《論語》："苗而不秀者有矣夫；秀而不實者有矣夫。"孔註云："言萬物有生而不育成者。"詳此註之意，乃以"生"字釋"苗"，"育"字釋"秀"，"成"字釋"實"也。是《法言》"苗而不育"，實即"苗而不秀"之變文。蓋《法言》多擬《論語》也。

二、文字謬誤而汪註未能更正者

《孝至》卷十三云："辟廱以本之，校學以教之，禮樂以容之，輿服以表之，復其井刑，免人役，唐矣夫。"炳正案"唐矣夫"當作"唐虞夫"，比況讚歎之詞也。"矣"乃"虞"之誤字。蓋古人"虞""吳"二字同聲通用。（如《詩·絲衣》云"不吳不敖"，《史記·五帝本紀》作"不虞不驁"；《泮水》云"不吳不揚"，漢《衡方碑》作"不虞不揚"；《左傳》及《論語》"虞仲"，《吳越春秋》作"吳仲"；《公羊傳》定四年"鮮虞"，《釋文》云："本或作吳，音虞。"）《法言》此處"唐虞夫"，當時寫本或作"唐吳夫"，漢隸"吳""矣"二字形體極相近，故又誤"吳"字為"矣"字耳。然李軌註云："無羨唐虞之世也。"可證弘範所據之晉本，猶未誤也。宋代，自宋咸、吳祕、司馬光而下，不知"矣"字之誤，遂將"唐"字專屬之堯，且強以上文諸事附之，甚誤；汪氏知其牽強難通，又訓"唐"為"大"，愈失愈遠矣。

三、汪氏有為古本所誤者

《學行》卷一云："或曰：學無益也，如質何？曰：未之思矣。夫有刀者礪諸，有玉者錯諸，不礪不錯，焉攸用。"晉李軌註云："礪、錯，治之名。"而汪氏《義疏》云："李註當作'礪、錯，治玉名。'治平本作'治之名'，世德堂本作'石名也'，皆誤。今依淳熙八年吳郡錢佃重刊元豐本訂正。"炳正案：汪氏改從淳熙本作"礪、錯，治玉名"，非也。《法言》正文明言"有刀者礪諸"，則"礪"字不得以"治玉名"釋之明矣。《荀子·性惡》云：

"鈍金必將待礱厲然後利。"是"礱"者治金之名也。《法言》此處，蓋"礱"爲以石磨刀，"錯"爲以金治玉，皆爲動詞，而各有所施。故治平本作"治之名"，是也。世德堂本作"石名也"，淳熙本作"治玉名"，皆不可從。

四、汪氏有誤改原文者

《孝至》卷十三云："或曰：食如蟻，衣如華，朱輪駟馬，金朱煌煌，無已泰乎？"汪氏《義疏》云："'食如蟻'者，《音義》云：'蠁與蟻同。'《御覽》八百四十九，又九百四十七引並作'蟻'。案'食如蟻'，於義難通。疑當作'皚'。《說文》：'皚，霜雪之白也。''食如皚'，猶云：食如霜雪狀，精米之潔白也。'皚'誤爲'蠁'，傳寫遂改爲'蟻'耳。"炳正案：果如汪說，則作"食如霜雪"方可通；若作"食如皚"，則須解作"食如白"，是成何語哉。崔駰《七依》云："玄山之梁，不周之稻，萬鑿百淘，精細如蟻。"是古人多以蟻喻米之精者。此蓋皆指蟻幼蟲之未孵化者而言。其色純白，聚積土中，故狀如米。汪氏擅改原文，殊誤。

五、汪氏有爲古書徵引之文所誤者

《孝至》卷十三云："或曰：訩訩北夷，被我純繢，帶我金犀，珍膳寧餬，不亦厚（"享"，從《御覽》作"厚"）乎？"汪氏《義疏》云："'寧餬'，《御覽》八百四十九引作'曼餬'。案'寧餬'於義難通，當依《御覽》作'曼'。《楚辭·招魂》王註云：'曼，澤也。'《後漢書·杜篤傳》章懷太子註云：'曼，美也。'……《爾雅·釋言》：'餬，饘也。'《莊子·人間世·釋文》引李云：'餬，食也。'然則'曼餬'謂精米之食。"炳正案：寧餬，即飯餬也。《御覽》八百五十八引《通俗文》云："煴羊乳曰酪，酪曰飯餬。"又引慕容晃與顧和書曰"今致飯餬十斤"，是也。字亦作"醍醐"，《涅槃經》曰"從乳出酪，從酪出生酥，從熟酥出醍醐"是也。寧、飯、醍三字，一聲之轉耳。《詩》"鴟鴞"，毛傳云："鸋鳩也。"孔疏亦謂"鴟鴞"一名"鸋鳩"。《廣韻》則以爲"鸋鳩"即"鶻鳩"。此寧、氏、是三聲通轉之證。據史籍記載，北夷嗜酪漿。而"寧餬"者乃酪漿之尤美者，故北夷來朝，漢室因其所嗜而設之。汪氏《義疏》改"寧餬"爲"曼餬"，似誤。

【附記】

章先生云：寧與醍，舌音同類，亦可云雙聲。然醍醐乃戎狄之物，中國不應以此享之，彼亦未必以爲珍膳也。今謂"寧餬"當依《御覽》引作"曼餬"，乃形況之詞。據《釋名》："胡餅，作之大漫沍也。"《天官》鼈人註："互物謂有甲兩胡，龜鼈之屬。""漫沍""兩胡"皆平徧圓滿之謂。《莊子·說劍篇》"曼胡之纓"，司馬云："曼胡，麤纓無文理也。"此則以"曼"爲"縵"，亦取平徧之義。此"珍膳曼餬"，則取徧滿之義。凡是數者，悉當於音求之，若求之字形，則窒矣。

六、前人已有成説而汪氏未經采用者

前人著述中，如劉師培之《法言補釋》，頗有創獲。他如散見於梁玉繩《瞥記》、曾廷枚《香墅漫鈔》、蔣超伯《南漘楛語》、孫人和《讀書脞錄》等書中者，亦多勝義，而汪氏皆未采用。舉例言之，《問明》卷六云："鶄明遴集，食其潔者矣；鳳鳥蹌蹌，匪堯之庭。"汪氏《義疏》云："《廣雅·釋言》云：'匪，彼也。'案：古無輕脣音，匪、彼音近，故《詩》多以'匪'爲'彼'。"炳正案：劉師培《法言補釋》云："匪字即古飛字也。……《攷工記》：'且其匪色，必似鳴矣。'先鄭註云：'飛讀爲匪。'（炳案此處當引鄭玄註："故《書》匪作飛。"）此其證也。蓋匪从非聲，非字亦从鳥飛取義，故古飛字皆作蜚。如《史記·周本紀》'蜚鴻滿野'，司馬長卿《封禪文》'蜚英聲'，是也。此文匪字蓋即蜚字之異文，義與飛同。李氏不知古字通假之例，以匪爲非，失之甚矣。"劉説是也。蓋"鳳鳥蹌蹌，匪堯之庭"，與上句"鶄明遴集，食其潔者"相對成文。訓"匪"爲"飛"，尤與上文"食"字相呼應。劉説頗允，汪説難通。

一九三五年秋七月

《法言》版本紀要[1]

《法言》一書，佳刊極尠。唐代《書鈔》《意林》等類書所引者，來源雖古，而斷章節錄，奪僞疊見。其次則蜀之天復本，字句頗多可據者，惜其原本久佚，吉光片羽，僅見於本書《音義》中耳。北宋所刊者，大氐以李軌註本爲主，嘉祐及治平等刊本，其犖犖者。及宋咸、吳祕之註成於前，司馬溫公之《集註》繼於後，因其所據之本不佳，故譌誤亦滋多矣。南渡後，《集註》本大行，幾有駕李註本而上之之勢。而書坊圖利，又有"纂圖互註"之刊，割裂羼易，益不足觀。降及有明，李註本湮没不見，各地書坊，《集註》而外，無他刻也。且以肊校改，謬誤不一而足。幸清儒網羅舊刊，不遺餘力，嘉慶中江都秦恩復，始得南宋修版治平本刻之，李註本因復大行焉。茲將所見歷代《法言》舊刊本及名人手校本之留存於今者，或傳本已佚，第見於前人著録者，畧加搜羅，約得五十種，今臚列於後，並畧攷其源流。

蜀天復刊本

宋治平刊本，末附《音義》一卷，其中多引天復本。天復者，唐昭宗之紀元，厥後王建在蜀亦稱之。則天復本者，蓋蜀本也（見《楹書偶録》子部，顧廣圻治平本跋）。當司馬溫公時，此本已不易見，故自謂：不知天復爲何（見溫公《法言集註》序）。此本字句多與今本不同，於《法言音義》中，猶

---

[1] 波按：此文原題《〈法言〉版本源流攷》，一九三七年一月十八日發表於上海《大美晚報》"歷史週刊"。一九八〇年代，章念馳先生曾翻拍此文，作者謄清一過（並更为今名），卻未收入本書（初選目録有）。現衹見兩紙，其餘已不知去向。今本係據成方曉、沈建中先生提供的"縮微膠片"過録。因膠片多漫漶奪誤，非不才所能作，特恭請力之教授董理成为定本。另，一处无法识读的文字，且以"□"标出。

可見其梗概。《法言》舊刊本之見於載籍者，當以此爲最古。

宋庠家藏本

案司馬溫公《法言集註》序云："景祐四年，詔國子監校《楊子法言》，嘉祐二年七月始校畢上之。"又云："故相宋公庠，家有李祠部註本及《音義》，最爲精詳。……諸公校《法言》者，皆據以爲正。"據溫公此言，則是治平本之校定，已多取資於此本，第不知其爲何時刊本。但其爲北宋或北宋以前之佳刊則無疑。

北宋嘉祐刊本

此李註本也。久佚。後世有影鈔本，爲德清戴望所藏；其副本則歸儀徵劉師培。與治平各本對勘，字句多有出入。如《學行篇》"無心"作"無止"；《重黎篇》"韋玄"作"韋玄成"，均與天復本合。《重黎篇》"守失其微"，"微"作"徽"，與《音義》所引或本同；又如《吾子篇》"景差"，"差"作"磋"；《重黎篇》"欒布之不塗""塗"作"倍"，皆足以是正治平本之脫誤（劉師培《法言校補》自序）。

北宋治平刊本

此亦李註本也。宋仁宗景祐四年，詔國子監校《楊子法言》，嘉祐二年七月始校畢上之，又詔直閣呂夏卿校定。英宗治平元年，呂夏卿上所校《楊子》。治平二年，始命國子監鏤版行世（《仁宗本紀》《英宗本紀》皆不載。見王應麟《玉海》及溫公《法言》序）。案此本校勘垂二十年，所據者又多前代佳刊，如宋庠家藏本之類，故糾謬正誤，極爲精詳。原本久佚，今存者惟有南宋修版重印本。又案龔鼎臣《東原錄》云："嘉祐中，予在國子監，與監長錢象先，進學官校定李軌註《楊子法言》。後數年因於唐人類書中見'如玉如瑩'一義，惜其未改正也。'或問：屈原智乎？曰：如玉如瑩，爰變丹青'，軌註云：'夫智者達天命，如玉加瑩，石而不磷。'往日不知其誤，遂改軌註以就文義爾。"案今傳修版治平本，卷末列景祐治平，校官二十三人，而錢象先、龔鼎臣二人不與焉。

北宋宋咸註本

溫公《法言》序云："宋著作吳司封，亦據李本，而其文多异。"案此則是宋咸所據者亦爲李註本，但併合十三卷以爲十卷，則與李本迥异（合《吾子》《修身》二篇爲一卷，《問明》《寡見》二篇爲一卷，《五百》《先知》二篇爲一卷）；然案宋咸《法言註》自序云："仍條其舊，以爲十卷。"則似其所據之李本已作十卷，且《唐書·經籍志》，《新唐書·藝文志》，載漢宋衷所註《法言》，亦皆作十卷，是合爲十卷，不自宋咸始，惟擅移序文於各篇之首，則咸不能辭其咎也。（咸《法言》序云："每篇之序，皆子雲親旨，反列於卷末，甚非圣贤之法，今升之於章首，取合經義。"王應麟《困學紀聞》謂置序篇首，始於溫公，似誤。）咸註成於景祐三年，景祐四年，始表上之（見王應麟《玉海》，又見宋咸《法言》序，及進《法言》表）。單註本不傳，字句與治平本异者，見於溫公《集註》中。

北宋吳祕註本

據溫公《法言》序所言，則吳祕所據以爲註者亦爲李註本，故字句與宋咸註本大同而小异。單註本久佚，惟見於溫公《集註》中。又，吳氏此本所據雖爲李註本，而《音義》詆之爲俗本（宋咸註本的情況亦然），蓋有以也。然其佳處正多，治平本亦頗賴以訂正。

北宋司馬《集註》本

溫公采用李軌、柳宗元、宋咸、吳祕諸家所長，附以己意，名曰《集註》，成於神宗元豐四年（見王應麟《玉海》及溫公《法言集註》自序）。《宋史·藝文志》，晁公武《郡齋讀書志》、鄭樵《通志》均著録此本，惟《宋史》、晁《志》皆作十三卷，而《通志》則十卷。蓋溫公作《集註》時，係"參攷諸家，從其通者，以爲定本"（三語見溫公《集註》自序語）。故序冠篇首，既以宋咸本，而併爲十卷，亦即以咸本爲定。《宋史》、晁《志》猶稱十三卷者，以其仍爲十三篇，即仍稱十三卷耳。古書每多此例，初非版本即變易也。厥後建寧四註本、五臣音註本、纂圖互註本，皆以此爲底本，而註文少有出入。

北宋元豐刊本

此刊未見傳本，惟有南宋錢佃重刊本傳世，陳振孫《書錄解題·儒家類》云："錢佃得舊監本刻之，與《孟》《荀》《文中子》爲四書。"初不知舊監本何指，近人汪榮寶校《法言》時，曾得錢氏刊本，始知錢氏所據之舊監本，即北宋元豐中國子監刊本也。

絳雲樓藏宋刊李註本

此乃李註本。序在篇末。舊藏絳雲樓，又轉入秦興李［季］氏，後歸傳是樓（見《何義門校本自跋》），乾隆四十五年，又歸桐鄉金雲莊德輿收藏（楊紹和《楹書偶錄》，顧廣圻治平本跋），何義門氏之校世德堂本（見《鐵琴銅劍樓藏宋元本书目》），即以此本为据（見《何義門校本自跋》）。此本今不可見，然以義門校本十一卷非夷齊數句推之，似與修版治平本同，但不同之處亦甚多。即如十三卷正文荒荒聖德之荒字，治平本作芒，註文道至微渺之渺字，治平本作妙。若謂其所據者即治平本，則此等居不應與治平本獨異，且世德堂本原文亦作芒作妙，與治平本同。何氏校書，素稱精慎，亦必不能無據而竄改。治平本卷末有《音義》一卷，何氏亦未錄出，則何氏所據之本，必非修版治平本無疑（顧廣圻謂修版治平本恐誤）。惟此本自德輿而後，不知淪落何處，不能斷定爲何本，固列於此以備攷。

嚴道甫藏宋刊李註本

此亦李註本而與治平本不同，舊藏江寧嚴道甫家，清盧文弨校《法言》時，即以此本爲正（見《抱經堂文集》）。劉師培謂有宋槧正明刊（見《法言斠補》序），未知何據。

南宋修版治平本

此本歷代收藏家皆以爲北宋治平原刊，然攷卷中宋諱闕避惟謹，而卷五第四葉註中"三桓專魯"句，桓字缺末筆。卷三第四葉"君子微慎厥德"句及《音義》第七葉註文"《史記》作貨睹王,《索引》作順靚王,或是慎轉有順",各句慎字均缺末筆,則已入南渡無疑(見傅增湘《藏園群書題記》)。又如卷六"巢父漉耳",漉改爲洗,卷十"始六之詔",六下脱世字,皆與溫公《集註》所稱之治平本不同。(公《集註》自序云:治平二年"命國子監鏤版印行"。又云:"今獨以國子監所行者爲李本,宋著作、吳司封本,各以其姓別之。"是溫公註從李本,即治平本。)又卷十一第五葉,溫公註云:"李、宋、吳本皆云:'非夷尚容,依隱玩世,其滑稽之雄乎?'……恐諸家脱誤也,今從《漢書》。"是治平原本祇此十四字,溫公《集註》本,則依後書增入數句,而治平本之修版者,亦據溫本補入。現其字數較前後各行獨多,剜版添補之痕顯然可見。尤可證其非治平原刊本。然宋刊李註本之於今者,寥寥空覯,無怪諸家珍若拱璧也。舊藏江都秦恩復家(見秦刻《法言》自序及顧廣圻治平本跋),後歸汪氏藝芸精舍(見《藝芸精舍宋元本書目》),又歸楊氏海源閣(見《海源閣藏書目》)。民國十九年冬,故都文友書坊,收書於順德,得海源閣舊藏十餘種,內有宋刊《楊子法言》一部,即爲此書。卷之首尾,有各家題跋及印記,後爲邢贊庭氏購去。又案秦氏覆刊修版治平本卷十三之第三葉,版心下端,註明宋槧缺葉依何屺瞻傳校本補。今觀邢氏所購之治平本,此葉赫然具存,並不缺殘本。傅增湘氏以爲,"秦氏付刊時,原缺此條,嗣後得宋刊殘本,缺葉幸獲補完,而畢版不及追改,故致有此參差"。世之説近之。

南宋唐仲友刊本

此本首載宋咸表序,次司馬光序,又次唐仲友淳熙八年序,卷末有《楊子音義》一卷。書中缺諱極謹密,至孝宗諱慎字止,是必淳熙時原鋟(見《天録琳琅書目》)。又案《朱子大全》的《按唐仲友第六狀》云:蔣輝供"去年三月內,唐仲友叫上輝就公使庫開雕《楊子》《荀子》等印板,輝共王定等一十八人,在局雕開。"據此則此本當即蔣輝王定等所雕也。

南宋錢佃刊本

此本係淳熙八年吳郡錢佃重刊元豐國子監本,今有傳本。近人汪榮寶氏所註《法言義疏》，賴以校正者極多。陳振孫《書錄解題·儒家類》謂："錢佃得舊監本刻之，與《孟》《荀》《文中子》爲四書。"即此本對勘。

南宋建寧四註本

陳振孫《書錄解題·儒家類》論治平本《法言》有"與建寧四註本不同"之語。振孫乃理宗寶慶時人，可證建寧書坊之刊行此本，當在理宗以前。但此四註本，所據者即溫公註本，蓋自溫公視之，則曰四註，後人稱之則曰五臣，實一本耳。秦恩復謂："建寧人集爲四家註，厥後書坊又增入溫公爲五臣註。"見秦氏重刻《法言》序，此實大誤。觀《宋史·藝文志》云："《集註》四家《楊子》十三卷。"原註云"司馬集"。可證溫公《集註》本名四家，非後人所爲。又溫公《法言》序云："竊不自揆，輒采諸家所長，附以己意名曰《集註》。"可證溫公之註，本在《集註》四家中，後人增入。

南宋崇川余氏新纂門目五臣音註本

此本字畫槧法，俱極精工。書序後有刻記云："謹將監本寫作大字刊行，校證無誤，專用上等好紙印造，的與他本不同，收書賢士，幸詳鑒焉，崇川余氏家藏。"（見《天祿琳琅書目後編》卷五）案此亦用溫公《集註》本，而刊此變其名稱耳，明世德堂所刊之五臣音註本，其名蓋出於此。

南宋纂圖互註本

案此本在景定元年龔士卨所刊之六子中六子書，首即龔士卨刊書序一篇，每半葉十一行，黑口雙闌。首宋咸序，次宋咸《進法言表》，次司馬溫公序，次篇目，次渾儀圖一幅，次五聲十二律圖一幅（纂圖指此）。宋咸序後有木記云："本宅今將監本《四子纂圖互註》附入《重言重意》（案莫友芝《邵亭知見傳本書目》云所謂四子或但指《老》《莊》《荀》《楊》而言，是刊實六子，因《列》《文中子》，無《纂圖互註》耳），精加校正，並無訛謬，謄作大字刊行，務令學者將以參攷，互相發明。誠爲益之大也，建安□□□謹啓。"據此記所言，則是書中之纂圖及重言互註處，皆建安書坊所增者溫公註本，由是頗被羼亂。卷中貞慎等字，均闕末筆，左闌外記篇名及卷數。此本乖誤雖多，而佳處亦復不少。他本註文之脫誤者，均可據以訂正。

宋張敷註本

張氏所著之《楊子法言義》，共十三卷，《宋史·艺文志》不載。見宋紹興祕書省總編到《四庫缺書目》子部儒家。今已不見傳本。

宋巾箱本

見莫友芝《邵亭知見傳本書目子部·儒家類》。又見孫星衍《孫氏祠堂書目》內編二《諸子三》。

金大定刊《集註》本

金世宗大定十六年，以國子監印本《楊子》授諸學校，用李軌、宋咸、柳宗元、吳祕註（見《金史·選舉志》）。未見傳本。

金大定譯本

金大定二十三年九月己巳，使將譯經所進所譯《楊子》頒行之（見《金史·世宗本紀》）。案所譯者係女直字，當時必有印本，今已不傳。

元修宋版纂圖互註本

此書多修補之葉，且卷六第十一二兩葉，卷八第九葉，卷九第三四五六葉，卷十第七葉，行格既有改易，註文咸經刪落，闌外亦不記篇名，審爲元代補刊之葉（見《藏園群書題記》）。此本後世又稱建陽麻沙云者，建安之書坊名也，創於南宋之初，而毀於元之末。（祝穆《方輿勝覽》卷十一云，建寧府"土産書籍行四方"。原註："富沙、崇化兩坊產書，號爲圖書之府。"又《福建通志》卷十一云：書籍"出建陽縣麻沙、崇化二坊，麻沙書坊元季燬"。）《纂圖互註》之底版，經宋迄元，歷年久遠，必有缺蝕處，故修補之葉頗多也。此刊傳本甚多，如北平圖書館、上海涵芬樓、江安傅增湘、日本內府圖書寮等處皆有之。

明永樂大典本

《大典》乃明代類書，成祖永樂元年，敕解縉姚廣孝等編纂。合經史子集百家之書，而依韻排列之。凡二萬二千八百七十七卷（卷數據姚廣孝《進大典表》）。合訂一萬二千冊，用朱絲闌宣紙鈔寫，葉八行，行大字十八，小字二十八。所據底本，多爲宋元舊刻，殊可貴也。《楊子法言·學行篇》在一萬八千五百四十三卷中、《吾子篇》在一萬二百七十三卷中、《五百篇》在二萬二千二百九十七卷中、《淵騫篇》在四千八二九卷中、《孝至篇》在一萬七千二百二十卷中，其餘各篇在四千八百六十五卷中。見《永樂大典》目錄。惜原書多佚，不得一一勘也。

明世德堂刊新纂門目五臣音註本

此本在顧春世德堂嘉靖十二年所刊之《六子》中，正文及註，皆與互註本不同。其源蓋出宋崇川余氏刊《新纂門目五臣音註》本（顧廣圻治平木跋，傅增湘《藏園群書題記》，皆謂源出《纂圖互註》本，似誤。又《天祿琳琅書目》謂世德堂以前其五臣音註之名，亦非）。開版宏朗，精美悅目，惟以互註本勘之，則間有奪譌。此本之存於今者頗多，南京圖書館、北平圖書館、上海涵芬樓等處皆有之。

明桐除書屋刊本

此亦六子合刊本，版式行數字體，皆與世德堂本相同。惟版心無"世德堂刊"四字，而卷六之二十五條版心則有"桐除書屋校"五字。《天祿琳琅書目》謂爲世德堂原版爲書賈所得，遂鑱去世德堂，補以桐除書屋耳。今以二本對勘，信然。

明賀芷刊本

見莫友芝《郘亭知見錄傳本書目·子部·儒家類》。又見邵懿辰《簡明目錄標註·子部·儒家類》。

明張榜刊本

此本原名《楊子法言纂》，乃節録《法言》之重要語言纂集而成者。校刊極精，與吕纂合訂一册。有張榜序文一篇，卷首題"秣陝張榜賓王芟輯"，卷末有日本明治中山雲寺藏書印記。

明聚奎樓刊本

此本所據爲《集註》十卷本，惟註文皆删落竄改，正文亦間有异同。卷首有"明仁和朱蔚然茂叔父校"等字，每卷皆有楊慎、茅坤等人評語。當時似爲帖括而刻。

明讀書坊刊本

此本與聚奎樓本行格字數悉同，校刊名氏及各家評語，亦無不同，惟卷首"聚奎樓"三字易爲"讀書坊"耳。邵懿辰《簡明目録標註·子部·儒家類》著録之。

明焦竑刊本

此本在明刊《二十九子品彙》中，刻於萬曆四十四年。卷首題"從吾焦竑校正"。每卷皆有王守仁、袁了凡等人評語，似爲竑時士人帖括而刻。註文足依《集註》本，而屢脱錯出，正文亦多乖誤，與卷首新題焦竑校正云云，名實不符。

明歸有光刊本

此本在明刊《諸子彙函》中，刻於天啓五年，卷首題"昆山歸有光熙甫搜輯"。以《集註》本爲主而正文間有异同，註文亦删落殆盡。每卷皆有王守仁、焦竑等人評語。書中缺《寡見篇》，並誤置《五百篇》於《問明篇》之前。

明許宗魯刊本

此本在嘉靖六年新刊之《六子》中，版心有"芸窗書院刻"五字。案元修版《纂圖互註》本《修身篇》脫落一葉，自"作東周矣"以下至"聖人好己師"，計奪正文一百三十餘字。今此本所奪，與彼半同。此本源出《纂圖互註》本無疑，惟無註文耳。葉德輝云："許宗魯刻書，好以《説文》寫正楷，亦是一弊。"如所刻《呂氏春秋》。畢沅以爲所本者古刊，誤矣。"（見《書林清話》卷七《明許宗魯刻書用説文體字》）案葉説頗是。又《法言·學行篇》咸無專爲衆人，無字作无（與所據之註互本不同），其以意作古，可見一斑。

明吉藩刊本

此本在萬曆六年所刊之二十家子書中，版心有"崇德書院"四字，此本經謝汝韶校讎多年，方始刊行（見本刊自序）。《修身篇》正文百餘，與許宗魯本同，是亦以互註本為底本也。明世諸藩府刻書之風最盛，藩府王孫多好學，故亦時有佳刻。

明趙大綱《集註》本

趙氏之《集註》，共十卷，《明史·艺文志》不載，見范邦甸等《天一閣書目·子部·儒家類》，又見邵懿辰《簡明目録註·子部·儒家類》。今已不見傳本。

明程榮漢魏叢書本

此書合刊三十七種。書首襲用屠隆之漢魏叢書序，則其源蓋出屠刻也。卷首題"新安程榮校"。明代叢書以此刊爲最精。核《法言》之字句，畧與《集註》本同，卷數亦依《集註》本書十，惟無註文。

明何允中漢魏叢書本

此書源出程刻，惟又增多三十九種，合刊七十六種。《法言》字句，與程式本畧同。清王謨所刊之《漢魏叢書》，即以此爲底本。

明刊六子本

此刊所據者，亦《集註》十卷本，半葉十一行、行大字二十三，小字稱之，槧法頗佳，惟止存《法言》二冊，刊於何人，不得而知，與其他《集註》本，間即出入。

明重刊小字本

見孫星衍《孫氏嗣堂書目》內編二《諸子三》，又見莫友芝《邵亭知見傳本書目·子部·儒家類》，又見邵懿辰《簡明目錄·子部·儒家類》。

明藍文炳刊本

此書原名《法言纂註》。首題"明後學莆陽藍文炳纂註，藍文烜參校"。前有萬曆三十年壬寅文炳自序，次宋咸序表，並司馬光序，袁文弨跋。又有"讀耕齋之家藏"、"佐伯侯毛利高標字培松藏書畫之印"諸印記（見日本宮內省圖書寮漢籍並本書目）。案此書中國未見傳本，各書志目錄，亦未見著錄，今惟日本宮內省圖書寮中藏有一袠，十三卷共六冊。

清四庫全書本

據所見者書文津閣本，清代藏熱河避暑山莊，今歸北平圖書館。濟闌以世德堂刊書為底本，用朱絲闌宣紙鈔寫，合訂四冊。卷首有御制書《楊雄法言》文一首，次提要一首（與《四庫提要》單行本同，惟首有"臣等謹案"四字，末有"乾隆四十九年閏三月恭校上"十二字）。每冊前後，皆用黃紙簽詳列校官姓名，紀昀、莊通敏、陸錫熊等共十三人。然今詳勘是書，奪譌不可勝計（乾隆在熱河披覽《法言》時，曾逐加改正）。乾隆五十六年重校文津閣時，又加意詳勘（詳校文津閣《法言》事，見北平圖書館《讀書月刊》所載之乾隆五十六年都察院移會中），而其脫誤猶且如此，則當時校官之有名無實，可以概見。

清何義門校本

案此書底本，爲世德堂原刊，卷首有稽瑞樓米記（見《鐵琴銅劍樓藏宋元本書目》）。康熙中何義門與弟心友，以傳是樓所藏宋刊李註本，手校一過（見義門校本跋）。舊藏江都吳澄埜紹濼（見《抱經堂文集》卷十《李軌註〈楊子法言〉跋》）。卷中所改字句，有與修版治平本不同者，蓋沿傳是明本而异耳。

清盧文弨校本

此本乃乾隆中盧文弨據嚴道甫所藏宋刊李註本，細加參校，又得吳澄埜所藏何校本，復校一過，始爲定本（見《抱經堂文集》卷十《李軌註〈楊子法言〉跋》）。嘉慶丁卯中嘉定李鄿齊賡芸，守郡吾禾時，屬德清徐養原刊盧抱經所校《法言》等，李軌註以視秦刻治平監本，註文間有异同，音義則秦本增多過半，秦本刻於嘉慶戊寅，李公授梓此時不及見也（見錢泰吉《曝書雜記》）。

清秦恩復刊本

此秦氏印影修版治平本也。凡遇南宋修版處皆仍而不改，惟作札記二十四則，列於卷首，以資參校。據李申耆所撰《顧澗蘋墓誌銘》，其謂秦氏所刻《楊子法言》《駱賓王集》《呂衡州集》，皆元和顧澗蘋校勘。然觀顧之治平本《法言》跋語，在修版治平本《法言》卷末，則先是顧廣圻謂何校本《法言》，後過揚州，秦恩復出修版治平本示之，顧遂對勘一過。何本賴以是正者極多，是顧氏所校此乃何本，而校治平本，則秦力居多也（秦恩復重刊治平本自序，所言畧與此同）。同治十一年維揚倪文林又重影秦本。

清王謨刊漢魏叢書本

據王氏本書例語所云，則以何刊叢書爲底本也，獨載宋咸一家之註，乃刪節《集註》本爲之，非宋註原本。卷首題潘焯校。

清任兆麟刊本

此爲節録本。在任氏述記中，述記發例又云："編中間又移易字句處，皆搜羅宋元舊本近世名人校本參定，匪敢臆竄。"今案此本校刊頗精，惟删節處間又失其段落者。

清沈寶硯校本

此乃勘德堂原刊本，而沈寶硯用朱筆以宋本者，於原本多所糾正，舊藏滋蘭堂朱氏。乾隆乙卯中，又歸吳郡黃丕烈（見《士禮居藏書題跋記續》），現歸上海涵芬樓收藏。卷尾有黃丕烈及顧廣圻跋語，惟已佚其半，祇存卷六至卷十。（見涵芬樓並本書目）

清方正澍校本

此本與世德堂本同，惟版心無"世德堂刊"四字，乃新安方正澍依宋刊本註本所校者。卷首末有"新安方正閣珍藏"、"嚴長明用晦甫圖書記"、"文弨借閱"諸朱記。（見《鐵琴銅劍樓藏宋元本書目》）

清戈小蓮校本

此亦世德堂本，而戈小蓮據宋本校之，今藏上海涵芬樓（見涵芬樓並本書目）。

清蘇坊刊本

此本在姑蘇聚文堂所刻之《十子》中，全書之首有黃丕烈序文。刊於嘉慶九年，據溫公《集註》本，而間有出入。

清浙局刊本

此本在浙江書局所刊之《二十二子》中，刊於光緒二年。先是同治十三年甲戌之秋，浙江書局欲刻諸子，購得《十子全書》一部，俞樾在蘇州以坊間假得觀之，乃嘉慶九年蘇坊鐫本也。俞樾謂未可依據，因貽書力爭於浙江巡撫楊昌浚（見《春在堂隨筆》）。今觀此書，其所據者乃秦氏蜀宋本，非蘇坊本，蓋俞樾之爭持，而另易底本歟。

清湖局刊本

此本在湖北崇文書局所刊之子書百家中，刻於光緒元年，用溫公《集註》本，而校勘不精。

六年前，校訂《法言》，訪求舊刊甚力。偶得善本，輒對勘不倦，就其异同，審其源流。每畢一刊，即撮其要而紀之，其出於前人載籍而不得見者，亦箋錄之以備訪求。前後約得六七十種。今冬偶檢積稿，得之舊篋中，懼其散佚，遂去繁就簡，輯爲是篇云。民國二十五年仲冬之月記於姑蘇客舍。

駁林語堂《古音中已遺失的聲母》

——原作見林氏《語言學論叢》

一、敘論

　　林語堂早年曾努力於中國古代語言學的研究，見解新穎，成就卓著，我們翻閱林氏所著《語言學論叢》一書，即可見其梗概。可是，林氏往往說前人的方法"不科學"，或"來得武斷"，實則林氏的著述，雖大體精緻，而"不科學"與"來得武斷"的地方，也着實不少。今祇舉其《古音中已遺失的聲母》一篇，加以商榷，並就教於林氏。

　　關於引起林氏寫這篇文章的動機，歸納起來，不外下列兩點：

　　（1）清儒陳蘭甫，根據《廣韻》中的切語上字，由照、穿、牀、審四紐中，分出二等字，別立莊、初、神（牀）、疏四紐。而照組同列的禪紐，竟沒有二等字可以分出。禪紐何以獨無二等？此爲第一疑問。

　　（2）又據陳蘭甫的攷證，古音中的喻紐，也當分爲二類，故將三等字分出，別立爲紐。而與喻紐並列的影紐，則祇爲一類。喻紐何以較影紐多出一類？此爲第二疑問。

　　此外，關於林氏所謂"影、喻二紐的區別何在"，這是另一問題。不管禪、喻二紐問題怎樣解釋，皆與影、喻的讀法無關，不應混爲一談，故未列爲林氏的疑問。

　　經過林氏攷證的結果，他得到了一個結論：喻紐的四等字，本來是禪紐的二等字，後來纔變入喻紐的。至於與影紐同列的，乃是喻紐的第三等字，與四等字無關。現已節錄他的結論於上，還要看看他的具體例證。而林氏所舉的例證，則不過是因爲古人喻紐字，多與心、邪、審、禪等紐相轉。關於諧聲字相轉的,如"予"之與"序"等;關於通假相轉的,如《詩》"假以溢我",《左傳》作"何以恤我"等;關於一語相轉的,如"移"之與"徙"等。又見禪紐少個二等,喻紐多個四等,遂移此補彼,得到了上述的結論。但是,我們想承認這個結論,至少有下列幾個基本問題,必須攷慮。那就是:

(1)古人喻紐字與心、邪、審、禪等紐的相轉,究竟是由喻紐轉入心、邪等紐,還是由心、邪等紐轉入喻紐?這兩者,究竟哪個能在事實上找出證據,在音理上尋到解釋?

(2)喻紐之有四等,禪紐之缺二等,究竟是由此轉彼所造成的,還是喻之四等,自有來歷,禪之二等,另有去處?這更須通攷語音系統的全局,纔能決定。

據我個人的觀察,林氏這篇論文,在方法上和見解上,顯然有兩個很大的缺點:

(1)忽視了音素與音素之間的影響與制約作用。在中國語音中,韻母受聲紐的影響,或聲紐受韻母的影響,因而發生了變化,這是常見的事。以後者而論,尤以聲紐下接有 i、u、y 等音素者,最能使聲紐發生劇烈變化。例如方音中的"歡"字,一般讀 xuan,而廣州讀 fun,客家讀 fon;又如"書"字,一般讀 su,而西安與蘭州則讀 fu。若不顧 u 音素在這種情況下的影響與制約作用,而竟據以證明正齒的審紐與舌根的曉紐,皆可直接轉入非紐;並以此爲例,推演無窮,這顯然是錯誤的。因爲 x、s 之與 f,雖然都是摩擦音,然方法相同,而阻位太遠,若無 u 音素的影響,是絕對轉不成的。林氏以爲禪紐二等字會轉爲喻紐四等字,正是沒有攷慮到音素之間的互相影響與制約。

(2)忽視了語音演變的歷史與體系問題。語音這東西,在演變關係上,是整體的,而不是零碎的,是規律的,而不是混亂的。例如古代的入聲,現在北方完全失掉;古代的濁聲,現在北方漸變爲清音等等,這種大勢所趨的規律,是語音史上不可否認的事實。林氏見禪紐缺少二等,遂強拉喻紐四等以當之,這是剜肉補瘡的作法。無怪此處雖似可通,而彼處便矛盾百出。這無疑是沒有攷慮到語音系統的整體性與發展的規律性。

因此,我們的結論,不僅不同於林氏,而且跟林氏恰好相反。簡單地說,我認爲:

（1）林氏以爲本係禪紐之二等，其後變爲喻紐之四等。我則以爲本係喻紐字，其後纔變爲心、邪、審、禪等紐，然禪紐之二等，卻不與喻紐之四等相轉。換言之，即禪、喻二紐之關係，不但其轉變的起點與林氏的説法相反，並且以爲禪紐二等絕不會與喻紐四等相轉。

（2）林氏尋不到禪紐二等的去處，因取喻紐之四等以當之，即以爲禪的二等，是轉入了喻的四等。我則以爲禪紐二等之所以消失，是轉入了與他相對應的審紐二等裏去了（即疏紐）。由濁紐轉爲清紐，這是語音演變史上的自然趨勢，不必捨近求遠。

二、禪紐二等不轉喻紐四等之例證

爲什麼我們提出禪二不轉喻四的結論？下面分爲兩項來説明。

首先談談一般原則：

關於辨等問題，江永的《音學辨微》有云："一等洪大，二等次大；三四皆細，而四尤細。"以此推之，則凡聲紐之三四等，皆當有 i、y 等音素。喻紐就是祇具三四等的聲紐之一。故探討他的轉變軌跡，就不能離開三四等這一具體條件。故：

（1）凡由喻紐轉入他紐者（如齒頭、正齒、舌頭、舌上等），喻紐音素雖有 i 或 y，而其轉成之他紐字，則不必皆有 i 或 y 等音素。蓋因 i、y 皆爲前舌開口元音，即近於輔音化的元音，舌與顎、齦、齒各部，極易發生接觸，而變爲輔音。當其變爲輔音之後，輔音本身即爲 i 或 y 所變成，爲一個音素之演化，故輔音之後不一定仍有 i 或 y，亦即不必皆爲三、四等。例如中土"用"字音，與安南①音相比，其式如下：

中土——iuŋ（喻紐）
　　　　↓
安南——zuŋ（邪紐）

然大多數亦有保留 i、y 之餘勢者，例如中土"盈"字音與安南轉音相比，其

---

① 波按：越南古稱，包括今廣西一帶。

式如下：

　　中土——iŋ（喻紐）
　　　　　　↓
　　安南——ziŋ（邪紐）

（2）凡由他紐轉入喻紐者，則他紐下必具有 i、y 音素者始能轉，且又多爲元音化的輔音（如疑、來、泥、娘、日等紐）。而當其失掉輔音而轉成喻紐，則喻紐本身即爲 i 或 y，無他例外。蓋因疑、來等紐，其樂音性質極強，阻礙作用極小，故往往失掉其阻礙作用，而祇餘聲紐下面的元音 i、y 等音素，亦即其轉成喻紐，必爲三四等。此與上述第一項之爲一個音素之演化者不同。例如中土"連"字音，與高麗轉音相比，其式如下：

　　中土—— l i ə n
　　　　　　 ↓↓
　　高麗—— ↓i ə n

至此，我們再檢查一下林氏所謂禪紐二等轉爲喻紐四等的結論，就立刻會發現他的錯誤。即以理論言，林氏既謂古音所失掉的是與疏紐相並的禪紐二等，則自然是無 i、y 音素的字（這裏是指的緊接在輔音之後的 i、y 而言，韻尾的 i、y 例外）。既無 i、y 音素，則失掉輔音以後，絕不會變爲含有 i、y 音素的喻紐四等，這是極顯然的道理。雖然林氏假定禪紐二等的輔音爲 j，故得轉爲喻紐四等，然照組各紐的二、三等既已分爲二類，則二等之所以別於三等者，在元音上講，即應當是有 i、y 與無 i、y 之分。二等既無 i、y，則其輔音即不得爲 j。因 j 爲顎化輔音，不會出現在二等字之前。故不能以 j 音素作爲構成由禪二變喻四的條件。

其次，再看看大量的歷史事實：

（1）現將喻紐諧聲字的轉變情況列表如下：

表一

變紐＼喻紐	齒　頭	正　齒	舌　頭	舌　上	舌　根
甬 四合	誦 邪四合		通桶痛 透一合		
蠅 四合		繩 牀三開			
炎 三開		袨綅帗 穿三開	談痰 定一開 毯 透一開		
枼 四開	渫 清四開 屑鰈 心一開		諜蝶鰈 定四開	袨綅牒殜 澄三開	
已 四開	耙杞侣 邪四開				
台 四開	枲 心一開 飴 邪四開	始 審三開	苔怠 定三開 胎 透一開	治 澄三開 笞 徹三開	
矣 三開		竢俟涘 牀二開			烸娭 曉三開
臣 四開		苣 照三開			姬笸 見四開
異 四開	禩 邪四開 屣 心一開			趩 徹三開	冀 見三開
有 三開					賄 曉一合
弋 四開		式試拭 審三開	代 定一開 忒 透一開		
攸 四開	修筱脩 心四開	條儵儵 審三合	條滌 定四開 條 透一開		
由 四開	岫袖紬 邪四開		迪笛 定四開	冑宙 澄三開 抽 徹三開	
酉 四開	酒精四開 茜道 從四開	醜 穿三開			
敫 四開					激 見四開 竅 溪四開 檄 匣四開
俞 四合		輸趎腧 審三合	偷媮鍮 透一開		
賣 四合	續賣 邪四合	贖 牀三開	瀆讀犢 定一合		
于 三合					吁訐 曉三合 夸 溪三合
易 四開	錫 邪四開	鍚傷 審三開	湯 透三開 湯碭 定三開	暢 徹二開 腸場 澄二開	
羊 四開	祥詳庠 邪四開				姜 見四開 羌 溪四開
兩 三合		委 審三合			
與 四合	鱮嶼酗 邪四開				舉 見四合

駁林語堂《古音中已遺失的聲母》

表二

變紐＼喻紐	齒頭	正齒	舌頭	舌上	舌根
予四合	序屛邪四合	抒杼審三			
余四合	敘徐邪四合 斜邪四開	賒審三開	涂途荼定一合	除澄三	
睪四開		釋繹審三開	鐸襗定一開	澤擇澄一開	
爲三合					媯溈見四合
亦四開	跡精四開		狄定四開		
厂四開	虒褫柂心四開		鷈踶定四開	篪傂澄三開	
乁四開		氏禪三開			祇羣三開
也四開		弛施審三開	地定四開		
易四開	賜心四開	鍚餳審三開	剔惕踢透四開		
韋三合					諱曉三合
胃三合					㵜談三合
夷四開			荑洟透四開		
衍四開					愆溪三開
爰三合					緩暖煖匣一合
允四合	夋俊精四合 酸心一合	吮牀三合			
㕣四合		舩牀三合			
員三合	損膞心一合				勳曉三合
勻四合	笱珣心四合 旬邪四合				均鈞見三合
引四開		狁夤審三開		紖朋澄三開	
舀四開			蹈滔透一稻定一開		
延四開	涎邪四開		誕定一開		
唯四合	雖心四合				

今按上表所列，乃喻紐聲符之諧聲字轉入他紐者。當然在未加說明以前，我們不應當就認爲這都是由喻紐轉他紐，而不是由他紐轉喻紐。因爲語音的轉變是有規律的，但現象卻是複雜的。現特列舉幾點值得注意的問題如下：

（甲）這種聲符爲喻紐、而諧聲字爲他紐的例證，署加搜集，已得四十四條之多（此外尚有未舉者），尤其以精組照組的例子最爲豐富。可是，再看聲符爲他紐、而諧聲字爲喻紐的例證，則頗爲稀少。僅就精組照組而言，盡可能地收羅，精組祇得二條，即"汙"（邪四開）之於"游"（喻四開），"秀"（心四開）之於"誘"（喻四開），這是因爲"汙""秀"本屬心、邪四等，而"游""誘"則是喻紐四等，都有 i 音素。至於與禪紐同類的照組二等轉喻四等者，則簡直不見一例。此種現象，決不是偶然的。因爲這至少可以證明語音的轉變，由喻紐轉他紐，是最自然的途徑。而由他紐轉喻紐則是有條件的。至於林氏所舉的例證，也完全是喻紐爲聲符，他紐爲諧聲字，無一例外。林氏似乎不應忽署這種現象，而倒因爲果。

（乙）這個表所列的他紐字，其等呼多爲一、二等，也就是沒有 i、y 音素的字。例如"齒頭"組一等者五條，"正齒"組二等者一條，"舌頭"組一等者十五條，"舌上"組二等者一條，"舌根"組一等者二條，二等者二條（盡量搜羅，不祇此數）。凡一、二等既沒有 i、y 音素，那就沒有由他紐轉喻紐的可能。而凡這種大量的一、二等他紐字，他們正是由喻紐轉來的，而不是由他紐轉喻紐的。又以現代方言證之，凡由他紐轉爲喻紐者，多爲疑、來、泥、娘、日等紐之字。而此表所列的他紐字，也沒有一個是屬於這些紐的。這也是值得注意的現象。

（丙）據此表觀之，喻紐不但有與"齒頭""正齒"相轉的痕跡，即與"舌頭""舌上""舌根"相轉的，也不在少數。如果據林氏的說法，又應當說喻紐是"古頭""舌上""舌根"等紐的變音了，不 定必須說他是禪紐二等的變音。喻必爲禪之變音，這究竟是以何爲斷呢？而林對此，卻又有解釋。他說："倘是假定'喻'爲'j'，我們知道齶化的 d、g……與 j 字音的相近。"這裏所謂的 d，當然是指定紐言，g 當然是指群組言。林氏的意思，是以爲喻紐本爲 j 音，因 j 與齶化的 d、g 極相近，所以又有喻紐與群、定等紐轉變的痕跡。不過禪紐二等的音值，不得有 i，前面已經説過。故禪紐二等字，即使失掉輔音以後，也決不會變成所謂 j 音的喻紐，這是顯而易見的。是林氏爲了解決喻紐與定紐群紐之轉，又跟禪二轉喻四的論點自相矛盾。

（丁）此表所列喻紐轉"齒頭""正齒""舌頭""舌上""舌根"等紐的，共八十八條。其中轉"齒頭"者（精組）凡二十三條；轉"正齒"者（照組三等）凡二十一條。惟林氏所認爲與喻紐最近而爲同類的莊組（照組二等），則衹見一條（即牀紐二等的涹、竢、俟）。這頗使我們對林氏所説的"我們應該認'喻'母爲與'莊、初、神、山'等母同類，與'禪'相對"的一段話，產生疑問。那就是説，爲什麼跟喻紐不同類的紐，轉得那樣多，而同類的紐反而很少轉變的痕跡呢？即以林氏所列的證據而論，除一"俟"字外，也衹限於心、邪、神（三等）、審（三等）、禪（三等）五個紐的字。林氏對此，也應當自生疑問。林氏在原文中曾批評古人合併古紐之非，他説："如果承認'通用'即是'同音'，就韻母的通用，正又不少，結果衹須把古韻分成苗夔的七部完事，何必分爲二十幾部呢？"今按林氏所謂禪二轉喻四，根本就沒有一條直接"通用"的證據，而林氏竟認爲他們是"同音"，這又何以自解呢？

從上述的情況看，在古代聲紐的轉化問題上，情況是相當複雜的。即使由爆變擦或由擦變通，可以視爲常見之例，但在一定條件下，通之變擦、擦之變爆，也自有其規律。如喻紐四等，由於具有 i、y 音素之故，多轉他紐，就是最典型的例證。

（2）除了諧聲字的轉變以外，於古人通用假借諸字中，也能看出上述的轉變途徑。現在就原書本爲喻紐字，而後人引用時轉入他紐者，列舉數條，以資證明。而凡古書註解中所云"某某作某"、"或作某"、"一作某"，以及其他不能決定時代先後者，皆不入錄。列表如下：

表三

喻紐	他紐	出　　處
溢四開	恤邪四合	《詩·維天之命》："假以溢我"。《左傳》襄公二十七年引作"何以恤我"。
遺四開	隊邪四合	《詩·角弓》："莫肯下遺"。《荀子·非相》引作"莫肯下隊"。
蜴四開	蜥心四開	《詩·正月》："胡爲虺蜴"。《鹽鐵論·周秦》引作"胡爲虺蜥"。
驛四開	涕透四開	《書·洪範》："曰驛"。《史記·微子世家》引作"曰涕"。
夷四開	鐵透四開	《書·堯典》："宅嵎夷"。《史記·五帝本紀·索隱》云："今文《尚書》及《帝命驗》並作禺鐵。"又《說文》作"嵎銕"。
易四開	狄定四開	《管子·戒》："易牙"。《大戴禮·保傅》作"狄牙"。
已四開	似邪四開	《詩·維天之命》："於穆不已"。《疏》引孟仲子作"於穆不似"。
余四合	除澄三合	《爾雅·釋文》："四月爲余"。《詩·小明》鄭箋引作"四月爲除"。
以四開	似邪四開	《詩·旄邱》："必有以也"。《儀禮·特牲饋食禮》鄭註引作"必有似也"。
豫四合	舒審三合	《書·洪範》："豫恆燠若"。《論衡·寒溫》引作"舒恆燠若"。又《洪範》"曰豫"。《史記·微子世家》引作"曰舒"。又《大戴禮·五帝德》："貴而不豫"。《史記·五帝本紀》引作"貴而不舒"。

據上述這些材料所表示的，不但本音與轉音的年代先後，劃然清晰，而其轉音又大多在漢代。雖然這可能是他紐諸字漢代本讀喻紐，故得與喻紐字通用。然韻部的淆亂，漢代最爲劇烈，則聲紐的轉變，或者也不例外。其次是他們的轉變途徑，與前表形聲字的轉變，如出一轍。即轉齒頭組的字最多，而尋不出什麼禪紐二等轉喻四等的痕跡。

（3）我們如對前二表還有些懷疑的話，那麼，再用現代方音的轉變，做個證明。即凡中土的喻紐四等字，在安南語音中，整個轉入了邪紐；可是反過來看，凡中土邪紐的字，卻絕沒有一個轉入喻紐的。列表如下：

表四

喻紐例字	夜	夷	怡	淫	延	寅	允	盈	蠅	營	洋	耀
等呼	四開	四開	四開	四開	四開	四開	四合	四開	四開	四合	四開	四開
安南轉音	Za	Zi	Zi	Zem	Zien	Zan	Zuan	Ziŋ	ZWŋ	Ziŋ	ZWeŋ	Zieu
	油	餘	逾	用	葉	悅	逸	繹	欲	鹽	弋	
	四開	四合	四合	四合	四開	四合	四開	四開	四合	四開	四開	
	Zu	Zw	Zu	Zuŋ	Ziep	Zyet	Zat	Zit	Zuk	Ziem	Zwk	

　　據上表所列，我們清楚地看到，凡中土的喻紐四等字，傳到安南之後，就全部轉入了邪紐；反之，凡中土的邪紐字，傳到安南之後，卻絕沒有一個轉入喻紐的。這一事實，有力地證明了古代喻紐字的轉變軌道，是由通變擦，而不是由擦變通。這跟上文所列的諧聲字表及通假字表中所顯示的情況是一致的。毫無疑問，此乃語音轉變的自然規律。因此，林氏禪紐轉喻紐的結論，同樣是不能成立的。

　　（4）喻紐轉他紐，由上文三表證明，知道這是語音演變的事實。那麼，他紐是否能轉喻紐呢？當然，這在某種條件下，是完全可能的。尤其是像鼻音、邊音、顫音等紐，更是如此。例如就中國整個方音轉變的現象看，疑、來、泥、娘、日、明六紐中的三、四等字，有的地區全都轉入了喻紐，而他紐轉喻紐的，還沒有發現。列表如下：

表五

紐別	例字	等呼	轉音	轉　音　地　域
疑紐（d）	研	四開	iɛn	北京 開封 山東 懷慶
	藝	三開	i	北京 開封 太原 西安 山東 四川 蘭州
	吟	三開	in	北京 開封 四川 山東
	迎	三開	iŋ	北京 山東 四川 南京 三水
	仰	三開	iã	西安 蘭州 平涼 鳳台
	語	三合	y	北京 開封 懷慶 歸化 太谷 文水 西安 鳳台 蘭州 山東 四川 南京
	堯	四開	iau	西安 四川 南京 太原 文水 平涼 北京 開封 山東 懷慶

紐別	例字	等呼	轉音	轉 音 地 域
來紐（l）	良	三開	iŋ	高麗
	鄰	三開	in	高麗
	盦	三開	iem	高麗
	倫	三合	iun	高麗
	隆	三合	iuŋ	高麗
	立	三開	ip	高麗
	曆	四開	iak	高麗
	禮	四開	ie	高麗
日紐（r）	人	三開	in	高麗 膠東
	兒	三開	i	高麗 廣州 客家
	柔	三開	iu	高麗 客家 福州 膠東
	熱	三開	it	廣州
	任	三開	iŋ	福州
	染	三開	iəm	高麗 廣州
	入	三開	ik	福州
娘紐（n）	儒	三合	y	廣州 福州 膠東
	娘	三開	iaŋ	高麗
	濃	三合	iuŋ	廣州
	匿	三開	ik	高麗
泥紐（n）	你	四開	i	高麗
	念	四開	iəm	高麗
	年	四開	iən	高麗
	寧	四開	iəŋ	高麗
	捻	四開	iəp	高麗
	泥	四開	i	四川 北部
	溺	四開	ik	高麗
明紐（ɔ）	謬	三開	iu	高麗

　　本例證據繁富，表中不過署舉數字以示例，又轉音地域，亦皆舉其大要，細目不及備載。

從上表所列方音來看，喻紐轉他紐的常例，是轉入了疑、來、泥、娘、日、明六紐。這是因爲疑紐爲舌根鼻音，來紐爲邊音，泥紐爲舌尖鼻音，娘紐爲舌面鼻音，日紐爲舌尖顫音，明紐爲雙脣鼻音，皆爲樂音性質極強、阻礙作用極微的三、四等輔音，故最易失掉阻礙，轉入喻紐。至於其他聲紐，方音中卻找不到轉入喻紐的例證。儘管輔音之後帶有 i、y 音素者，亦無轉喻紐的情況。這無疑是因爲他們缺少強烈的樂音與輕微的阻礙這兩個重要的條件。更何況林氏所舉的禪紐二等，並 i、y 音素亦無之，則尤無轉入喻紐四等的道理。方音轉變，乃古今音變的一面鏡子。因此，林氏從喻紐裏去尋找"古音中已遺失的聲母"禪紐二等，是沒有根據的。

現將上列四表歸納起來，即可得如下列現象：

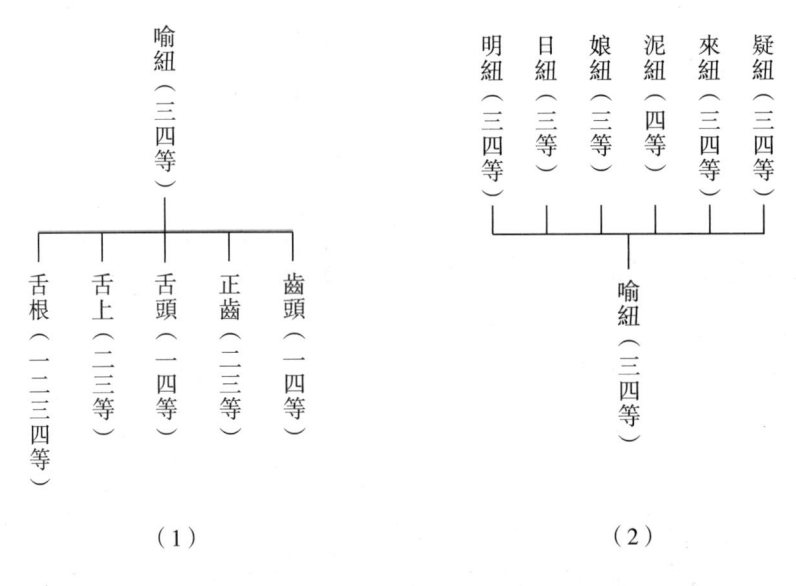

（1）喻紐（三四等）
├ 舌根（一二三四等）
├ 舌上（二三等）
├ 舌頭（一四等）
├ 正齒（二三等）
└ 齒頭（一四等）

（2）
疑紐（三四等）
來紐（三四等）
泥紐（四等）
娘紐（三等）
日紐（三等）
明紐（三四等）
└─ 喻紐（三四等）

上述四表反復證明了喻紐轉他紐，是常例；至於他紐，則除疑、來等六紐外，卻不轉喻紐；尤其沒有所謂禪紐二等轉喻紐四等的事實；即使與禪紐二等同組的莊、初、牀、疏，也不轉喻。當然，除疑、來六紐外，其他各紐之轉喻，不能説是絕不可能的。但至少跟疑、來六紐一樣，必然是三、四等。而所謂禪紐二等，並不具備這個條件。所以我們不同意林氏禪二等轉喻四等的結論。

三、禪紐二等轉入了審紐二等

現在我們要進一步討論第二個問題，即既不承認林氏禪二等轉喻四等的結論，那麼禪紐的二等字究竟哪裏去了？對此，我認為它是轉入了跟禪紐二等相對應的清音審紐二等（即疏紐）。關於由濁變清這一點，我們可以用中國語音轉變史上的常例來作證明。古代的濁音，後世逐漸變為清音，這是因為發濁音時，除了口腔器官互相接觸而外，又須加上聲帶的振動；即噪音之外，並發樂音，這是較為吃力的事。所以由濁變清，乃語音轉變的自然趨勢。

林氏見到清陳蘭甫氏將照組的二等字，分出為莊、初、牀、疏四紐，而惟禪紐缺少二等，無紐可分，便去尋覓解釋，於是就提出了上述的禪二變為喻四的結論。其實，缺等的現象，在《廣韻》及等韻所代表的語音體系中，已經是個極其普遍的問題。就是說，不但禪紐缺少了二等，其他各濁紐中等呼不全的，比比皆是；而清紐卻都是全的（這裏所說的全與不全，乃指與其同組相比而言，並非指四等之全與不全）。茲列表於下（缺等者識以〇）：

表六

阻位	正齒				齒頭				根舌					喉	
紐別	照	穿	牀	審	禪	清	從	心	邪	見	溪	群	疑	曉	匣	影	喻
等呼全或缺						一	一	一	〇	一	一	〇	一	一	一	一	〇
	二	二	二	二	〇					二	二	〇	二	二	二	二	〇
	三	三	三	三	三					三	三	三	〇	三		三	三
						四	四	四	四	四	四	四		四	四	四	四

看了這表以後，林氏應當爽然自失。因為除了禪紐缺少二等以外，精組邪紐缺少一等，見組群紐缺少一二四等，曉組匣紐缺少三等，影組喻紐缺少二等。假設像林氏的說法，則此種等類的殘缺，又應當如何解釋呢？我們的看法，這並不是禪紐所獨有的現象，也不是向喻紐去尋找去處的問題。而是要用人類語音由濁變清這一歷史規律來進行分析。上表所列，清紐獨全而濁紐多缺，這正是問題的關鍵。

凡上表所列各缺少等類的濁紐，事實上都是在《廣韻》等韻時代，他們已經一部分變入了跟他們相對應的清紐之中；而禪紐所缺的二等，也與此同例，變入了跟他相對應的清音審紐二等。這就是禪紐缺少二等的根本原因。我們試看《廣韻》等韻系中猶未由濁變清的字，而在現代方音中，除上海、溫州等少數地域外，大都變入了清紐；但是清紐字，卻絕對沒有一個轉入濁的。這就是禪紐字之所以轉入了審紐的歷史規律。茲舉由邪紐轉心紐、尤其由禪紐轉審紐為例，列表於下：

表七

紐別　轉音　例字　地名	邪 z	心 s	紐別　轉音　例字　地名	心 s	邪 z
	遂 本為濁紐	遂 轉入清紐		送 本為清紐	送 不轉濁紐
日本吳音	Z(ui)	○	高麗 汕頭 上海 四川	S(oŋ)	○
溫州	Z(y)	○	廣州 溫州 開封 太原	S(uŋ)	○
上海	Dz(oe)	○	福州	S(ouŋ)	○
高麗		S(u)	大同 三水	S(uoŋ)	○
汕頭 開封 西安 南京	S(ui)		日本漢音	S(O:)	○
廣州		S(ey)	日本吳音	S(u)	○
福州		S(oi)	歸化	S(aŋ)	○
北京 蘭州		S(uei)	蘭州 平涼	S(uɜ̃)	○
歸化		S(ai)	太谷	S(ũ)	○
太原 平涼		S(uɛi)	文水	S(uð)	○
鳳台		S(uai)	懷慶	S(oŋ)	○
四川		S(y)	安南	T(oŋ)	○

表八

紐別　轉音　例字　地名	禪 z 紹 本爲濁紐	審 c 紹 轉入清紐	紐別　轉音　例字　地名	審 c 矢 本爲清紐	禪 z 矢 不轉濁紐
溫州	Z (io)	○	日本漢音及吳音	Ce (i)	○
廣州	S (ug)	○	上海	Z (y)	○
日本漢音		Ce (O:)	北京 開封 南京 山東 四川	S (ʃ)	○
高麗 汕頭	S (i)	○	北京 開封 太原 西安 四川		S (au)
歸化 大同			上海 溫州 懷慶 太原 西安	S (i)	○
蘭州		S (o)	太谷	S (ar)	○
興縣		S (u)	福州	tC (i)	○
廣州		S (iu)	安南	T (i)	○
高麗 太谷 鳳台		S (o)			
汕頭		S (iau)			
福州		S (ieu)			
安南		S (ieu)			

　　我們如果再看看《中原音韻》所代表的北方音系，更可以知道元明時代濁紐變清紐的整個現象。那就是濁紐幾乎全變清紐，不僅像《廣韻》系統中的濁紐缺少某等而已。茲將《中原音韻》中濁紐變清紐的情形，列表如下（凡濁紐之變入清紐者，以括弧識之）：

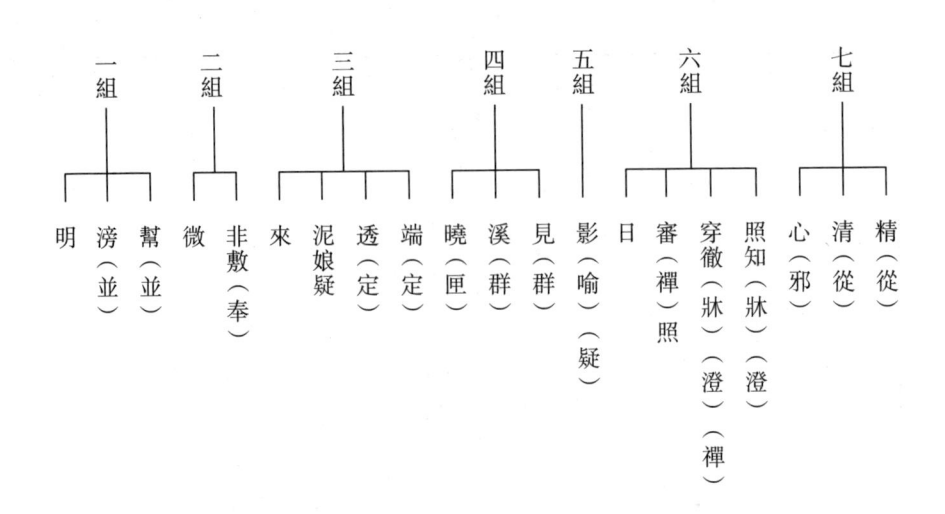

```
   一組        二組        三組        四組      五組    六組        七組
 ┌──┬──┐    ┌─┐    ┌──┬──┐    ┌──┬──┐    ┌─┐    ┌──┬──┐    ┌──┬──┐
 明  滂  幫   微    非  來  泥  透  端   曉  溪  見   影    日  審  穿  照   精  清  心
 （   （   （   （   敷  （   娘  （   （   （   （   （   （   （   （   徹  知   （   （   （
 並   並   ）   ）   （   ）   疑  定  定）  匣  群）  群   喻   ）   禪）  牀   （   從   從   邪
 ）   ）              奉          ）       ）       ）   ）       ）   ）   （   牀   ）   ）   ）
                      ）                                                   澄   ）
                                                                          ）
                                                                          禪
                                                                          ）
```

右表爲《中原音韻》的二十聲紐。在這裏我們可以看到《廣韻》音系中僅缺等類的濁紐，這時已整個變入了清紐。如缺少一二四等的群紐，整個變入了見紐溪紐；缺少三等的匣紐，整個變入了曉紐；缺少一等的邪紐，整個變入了心紐；缺少一二等的喻紐，整個變入了影紐；尤其必須注意的是，缺少二等的禪紐，這時已整個變入了審紐（少數入穿）。這樣看來，在《廣韻》音系中禪紐缺二等的問題，就可煥然冰釋。即禪紐在《廣韻》時代，已開始沿着由濁變清的軌道，部分（二等）變入了與之相對應的清音審紐中去了；而到了《中原音韻》時期，則連剩下的三等也變入了審紐。至於喻紐，他原來也是跟清音影紐相對應而存在的濁音聲紐；在語音體系中，地位跟影紐一樣，其四等是本來就有的，並不是從哪里變來的。以上就是我們的結論。

因此，林氏從喻紐裏去尋找"古音中已遺失的聲母"禪紐二等，是違反歷史事實的。

四、其他

最後，林氏原文還有些零碎錯誤，也應提出商榷。那就是：

（1）關於喻紐兩類的名稱問題及等呼所屬問題

林氏原文第二段《廣韻四十一聲類表》的前面，有個附帶聲明云："表中

'於'，黃原作'爲'，'山'原作'疏'。"按"爲""疏"兩紐，都是陳蘭甫氏根據《廣韻》反切上一字分出的，既無古名可遵，自可酌命新名。惟林氏改稱疏紐爲山紐，這本無關宏旨，二者皆通；而改稱爲紐爲於紐，卻大錯特錯，名實不副。因爲凡名某聲類爲某紐，有個根本原則，那就是紐名的本身，應當即屬於此聲類中的字。今攷陳氏分喻紐三四等各爲一類，"喻"屬四等字，則"喻"名自可代表四等，自成一類。若三等則雖無舊名，而以習慣言之，或取《廣韻》反切上字中之最先見者以爲名，或取反切上字出現次數最多者以爲名，或任取一字以爲名，無往不可，總之以不離本紐之字爲原則。若取他紐之字，以命此紐之名，則於古未聞（黃侃之言古韻，以"齊"字表支部，以"灰"字表脂部，以"先"字表真部，其誤與此同）。"於"爲影紐裏的字，而林氏卻取以代表喻紐三等的名稱，這是絕無根據、絕不應當的事。林氏在其原文中，屢屢說出"於"紐這個名稱，頗令人有與影紐相混的錯覺（張世祿氏在《中國音韻學史》第八章中也沿襲林氏的錯誤，未加糾正，失之疏忽）。茲將林氏原文中提及"於"紐的句子列左：

"陳蘭甫發明古有'莊、初、神、山、於'五母"

"'喻'分出'於'"

"併'喻'於'於'的理由"（以上見四七頁）

"'喻'母……與'於'母併合"

"'於'母古讀 w、y 輔音"

"與'影'相近者，不是'喻'而是'於'"

"'於'母爲與'影'母相近"（以上見四八頁）

"問'喻''於'的區別何在"

"未講到'於'母"

"'喻'、'影'、'於'三類的切語上字"（以上見四九頁）

"（於類）於羽雨……"

"但矣（於）俟（牀）"（以上見五〇頁）

"而絕不見於'於'影二類字"（見五一頁）

"與'影'、'於'母相近"（見五三頁）

表"第六類$\begin{cases}影\\於\end{cases}$"（見五四頁）

上舉數條，都是林氏稱"爲"紐爲"於"紐的例子。按喻紐既分三、四等爲兩類，自然是四等屬"喻"，三等屬"爲"。這是因爲"喻"字即在喻紐，"爲"字即在爲紐。至於"於"，則係影紐字，怎能以之爲喻紐三等的名稱呢？這顯然是犯了名實淆亂、張冠李戴的錯誤，嚴重影響了全文的論證邏輯。

（2）關於牀紐二等的名稱問題

按古人對"正齒"組中各紐的名稱，是任取該紐中一字以爲代表，不計等別。因爲其時"正齒"組雖有一、二兩等之別，而兩等同爲一類，並未分列。故兩等中的字，可以任取其一以爲紐名。如：

照——三等字

穿——三等字

牀——二等字

審——三等字

禪——三等字

但是，自從陳蘭甫氏將本組的二、三兩等分爲二類以後，就發生了問題。那就是説，以原則而論，應當用二等中的字作爲二等的紐名，用三等中的字作爲三等的紐名。據上表所列，知"牀"爲二等字，當然就不再能與照、穿、審、禪並列以代表三等。故後人或別取三等中的"神"字，以更換"牀"字，而將"牀"字改爲二等的紐名。即爲：

照——三等字　　莊——二等字

穿——三等字　　初——二等字

（神）——三等字　（牀）——二等字

審——三等字　　疏——二等字

禪——三等字

這個改變，是極合理的。但林氏對此，卻執古不變，仍稱爲"照、穿、牀、審、禪"及"莊、初、神、山"。這也是混淆名實，張冠李戴。因此，林氏原文就出現了下列的種種錯誤提法：

"'照'分出'莊','穿'分出'初','牀'分出'神','審'分出'山'"

"陳蘭甫氏發明古有'莊、初、神、山、於'"（以上見四七頁）

"'喻'母爲與'莊、初、神、山'等母同類"（見四八頁）

"照、穿、牀、審、禪、莊、初、神、山、喻"（見四九頁）

兩稱"莊、初、神、山"（見五三頁）

上述這些問題，在林氏的論文中雖非主要錯誤，但已使作者在論證上增加了不應有的矛盾。例如原文五一頁，林氏曾列舉了"弋（喻）射（喻、神）"一事，這是用以說明古人"弋""射"二字通用，而"射"字亦有喻紐神紐二讀，《廣韻》中"射"字"羊益切"，即屬喻紐（四等），又音"食夜切"，即屬神紐（三等）。但是，林氏在全文中，分明是以神紐代表牀紐二等字，而在這裏，爲什麼又用"神"來註明三等的"射"字呢？這顯然是連林氏自己也被這不正確的紐名所淆亂了。故附記於此，以澄視聽。

一九四六年七月二九日寫於貴陽南明河畔旅次

漢代語言文字學家楊雄年譜

序　論

（一）世系

　　《漢書·楊雄傳》云："楊雄字子雲，蜀郡成都人也。其先出自有周伯僑者，以支庶初食采於晉之楊，因氏焉，不知伯僑周何別也。楊在河汾之間，周衰而楊氏或稱侯，號曰楊侯。會晉六卿爭權，韓魏趙興，而范、中行、知伯弊。當是時，偪楊侯，楊侯逃於楚巫山，因家焉。楚漢之興也，楊氏泝江上，處巴江州，而楊季官至廬江太守。漢元鼎間避仇復泝江上，處岷山之陽曰郫。有田一壥，有宅一區，世世以農桑爲業。自季至雄，五世而傳一子，故雄亡它楊於蜀。"（波按：本譜所引古文獻，"揚雄"均作"楊雄"）此乃楊雄世系之大畧，然其中多疑似之言。

　　按本傳所謂"不知伯僑周何別"者，言不知伯僑在周爲何王之支庶別子也。此事後儒亦鮮攷之者。今據《蔡邕集》載《司空楊秉碑》云："公諱秉，字叔節，弘農華陰人也。其先蓋周武王之穆，晉唐叔之後也。末葉以支子食邑於楊，因氏焉。周家既微，裔胄無緒。暨漢興，烈祖楊憙，佐命征伐，封赤水侯。"攷《秉碑》所謂"末葉以支子食邑於楊"者，即《雄傳》所謂伯僑"以支庶食采於晉之楊"也。但《雄傳》謂"不知伯僑周何別"，而《秉碑》則謂爲"周武王之穆，晉唐叔之後"。二文所敘，雖詳畧不同，而其同出一祖則甚明。楊秉者，楊震之子，楊修之曾祖也。《三國志·魏書·陳思王傳》裴註引《典畧》，謂楊修答臨淄侯書，稱楊雄爲"修家子雲"，則雄、秉同出，當時固甚瞭然。據此可知，雄姓應作楊，从木不从手。自後世《漢書》

傳本，往往楊、揚二字互用。而劉貢父《漢書》註又謂：楊氏兩族，赤泉氏從木；子雲自敍，其受氏从扌。後世遂多从劉氏説。及段玉裁氏始謂劉氏所據之《子雲自敍》爲僞物，不足信。而段氏不知劉氏所謂《子雲自敍》者，即指《漢書》楊雄本傳而言。蓋班固《漢書·楊雄傳》全文，實即取《子雲自敍》之原文爲之。故"贊曰"之首句總結上文云："雄之自序云爾。"師古註此句云："自《法言》目之前，皆是雄本自序之文也。"劉氏所謂"子雲自敍，其受氏从扌"者，即謂所見《漢書·楊雄傳》傳本楊家从扌耳。"受氏从扌"四字，乃劉氏之言，非子雲自敍之語也。王念孫《讀書雜志》云："(《雄傳》)景祐本、汪本、毛本，从木者尚多，而監本則否。余攷漢郎中《鄭固碑》云：'君之孟子，有楊烏之才'，烏即雄之子也，而其字从木，則雄姓之不从手益信矣。"此説極確。烏乃雄次子，詳後。又唐刻宋拓王羲之《十七帖》，凡稱"楊雄""楊子雲"，楊皆从"木"不从手，知晉人猶不誤。

綜上所述，列楊雄世系簡表如下：

（周）武王──唐叔……伯僑……楊侯……（漢）楊季─□─□─□─楊雄
┌─┴─┐
楊烏　□

（二）生卒年及來京年

楊雄之生卒年及來京年，當以《漢書》本傳及贊所言者爲可信。本傳乃班固取子雲《自敍》之文爲之，其言有據。《贊》雖班氏所自作，而《贊》末有云"自雄之没，至今四十餘年"，則是班氏作《贊》，在明帝初年，時固三十歲左右，距父彪之卒，纔四五年。彪與雄友善，固承父説，其言亦當信而有徵。明焦竑謂：班孟堅早世，《雄傳》所言，乃曹大家輩傳失其實。其弗攷已甚矣。班氏《贊》云"年七十一，天鳳五年卒"，此楊雄生卒年之紀實也；又云："雄年四十餘，自蜀來至游京師。大司馬車騎將軍王音奇其文雅，召以爲門下史，薦雄待詔。歲餘，奏《羽獵賦》，除爲郎，給事黄門。"此楊雄來京之紀實也。參以本傳雄所自敍獻賦之歲月次第，則生卒年及來京年，歷然可攷。然後世多因襲"雄爲通儒，必不仕莽"之成見，而班《贊》傳本復誤王商爲王音，於是岐説遂多。如焦竑《筆乘·楊子雲始末辯》云："《雄傳》稱雄有大度，自守泊如，仕成帝哀平間，未言仕莽。獨其《贊》謂雄仕莽，作符命投閣，年七十一，天鳳五年卒。余攷雄至京見成帝，其年四十餘矣。自成帝建始改元至天鳳五年，計五十有二歲。以五十二合四十餘，已近百年。則其所謂七十一者，又相抵牾矣。又攷，雄至京，大司馬王音奇其文。而音薨永始年，則雄來必在永始之前無疑。然則謂雄爲延於莽年，妄也。其云媚莽，妄可知矣。"案焦氏此説，極有代表性，因而楊雄之生卒年及來京年等問題，研究楊雄者實不得不首先加以攷覈。

今謂焦氏之説非也。以《贊》言"年七十一，天鳳五年卒"之語推之，雄當生於宣帝甘露元年。《文選》李註及《大唐類要》等書引《楊子家牒》，亦明言甘露元年生。此皆楊雄生卒年之實録也。又《贊》謂"四十餘"至京師，"歲餘"奏《羽獵賦》。亦有史實可攷。據《成帝紀》，幸甘泉，幸河東，及幸長楊校獵等事，並在元延二年庚戌(《四庫提要》作元延元年己酉，誤)。雄之《甘泉》《河東》《羽獵》三賦，小皆上於是年。以"歲餘"奏賦之文推之，則雄之來京在元延元年無疑。是年子雲四十二歲，與"四十餘"來京之數正合；下推"天鳳五年卒"，又與"年七十一"之數正合。焦氏不攷成帝幸長楊、子雲奏《羽獵》之年，而從成帝即位之建始元年算起，其誤殊甚。《四庫提要》已能辨之。此蓋固執成見，故不得不曲爲之説以爲子雲訟枉也。

又案《漢書補註》引錢大昕曰："雄以天鳳五年卒，年七十一。則成帝永始四年，始四十有一。而王音之薨，乃在永始二年正月。使雄果爲音所薦，則遊京師之年，尚未盈四十也。"又引周壽昌曰："雄生適當宣帝甘露元年戊辰，至成帝即位甫二十二歲。陽朔三年己亥，王音始拜大司馬車騎將軍，雄年三十二。永始二年丙午音薨，雄年三十九，與書中所云四十餘自蜀遊京師爲王音門下史語不合。案古四字作亖，傳寫時由三字誤加一畫，應作三十餘始合。"近人董作賓氏，本錢、周二人之説，又誤參以雄答歆書，遂定雄之來京在陽朔三年，雄年三十二歲也。今案錢、周、董三説皆誤。據《楊雄傳·贊》明言至京"歲餘"即從幸長楊，奏《羽獵賦》；而《甘泉》《河東》二賦，亦上於是年。若謂雄於陽朔三年來京，則不但陽朔四年無幸甘泉、河東、長楊等事，即自此以後直至永始三年止，此九年中亦絕無其事（《文選·甘泉賦》《羽獵賦》李註引《七畧》謂二賦皆上於永始三年。案永始三年當爲元延二年之誤，詳後）。蓋成帝即位之初，即罷甘泉、河東之祠，罷上林宫館二十五所，至永始四年後，漸復之。史有明文，不容置疑。周、董等氏改《贊》文"四十"餘來京之文爲"三十"餘，以強就王音召爲門下史之語，而不顧其與《傳贊》全文前後抵牾，此不通之論也。

　　《漢書補註》又引宋祁曰："《通鑒攷異》云：雄《自序》云：上方郊祠甘泉泰畤，召雄待詔承明之庭，奏《甘泉賦》，其十二月奏《羽獵賦》，事在元延元年（案當爲二年之誤），時王音卒已久，蓋王根也。"今案此説，不求譌誤於"四十餘"，而求譌誤於"王音"，頗爲近是。然王音與王根，字形不相似，似無互譌之理。且《傳贊》謂來京"歲餘"奏《羽獵賦》。而《羽獵賦》奏於元延二年十二月，以"歲餘"二字上推之，則雄之來京，當在元年十二月以前無疑。然王根之爲大司馬，在元年十二月庚申（見《百官公卿表》），以《本紀》是年正月朔己亥推之，則庚申當在十二月二十九日前後。若謂雄之來京依王根在十二月二十九日以前，則《傳贊》不得稱王根爲"大司馬"，若謂在十二月二十九日以後，或二年正月間，則距奏《羽獵賦》不及一年，《傳贊》又不得謂"歲餘"始奏《羽獵賦》也。故改"王音"爲"王根"，雖與《傳贊》前後文義大致吻合，而細參之，則仍多參差也。

　　今謂《傳贊》之"王音"，當爲"王商"之誤，其理由如下：（一）音、商二字形近，故《傳贊》傳本"王商"誤爲"王音"。（二）王商以成都侯爲大司馬，是時五侯以好士養賢相高（見《漢書·元后傳》），楊雄爲成都人，故來京依之。（三）王商卒於元延元年十二月辛亥（見《漢書·成帝紀》及《百官公卿表》），以正月朔推之，當在十二月二十日前後，雄於此一年中來京，皆能爲其門下史；且以"歲餘"奏賦之文推之，則雄之來京，至晚亦當在十二月二十日以前也。（四）王商是時爲"大司馬大將軍"，而《傳贊》稱爲"大司馬車騎將軍"者，蓋原文當祇稱"大司馬王商"，自傳本誤"商"爲"音"，後人遂據王音官銜加"車騎將軍"於"大司馬"之下耳。《文選·甘泉賦》李善註引《漢書·楊雄傳》，"大司馬"下猶無"車騎將軍"四字，可證也。戴震註雄《答劉歆書》以爲：時"王音卒且五年，不得云音薦雄待詔"，"殆出於傳聞失實"。自今視之，並非"傳聞失實"，乃傳寫譌誤耳。戴氏之不得其解，宜矣。

案楊雄居蜀，其學業以辭賦爲主，蓋沐相如、王褒之流風者，來京後，始以辭賦爲無用，棄不復作，而轉事學術著述；雄素習天文學，主蓋天說，來京後，由蓋天之說改從渾天，其演《太玄經》，即以渾天之法起算；中國語言學名著之祖《方言》，亦始撰於楊雄來京之三年。是楊雄之來京，實爲其生平學術思想大轉變之契機，故爲之詳辯其始末於上。

（三）學術流派

西漢通儒，以博覽爲主，其經學大氐不分今古，與博士之專習一經，不求條貫者有間。《漢書·成帝紀》：陽朔二年，詔舉博士詔云："古之立太學，將以傳先王之業，流化於天下也。儒林之官，四海淵原，宜皆明於古今，溫故知新，通達國體，故謂之博士。否則學者無述焉，爲下所輕，非所以遵道德也。'工欲善其事，必先利其器。'丞相、御史，其與中二千石、二千石雜舉可充博士位者，使卓然可觀。"案當時博士，率皆章句之徒，孤陋寡聞，已成流弊。觀此詔所云，可知當時博士中，欲求一明於古今、通達國體而卓然可觀者，已鮮其人。故言"學者無述""爲下所輕"也。然據《漢書》雄本傳云："雄少而好學，不爲章句，訓詁通而已，博覽無所不見。"又《後漢書·桓譚傳》云："博學多通，徧習五經，皆詁訓大義，不爲章句。……憙非毁俗儒。"又《張敞傳》云："敞孫竦……博學文雅過於敞。"又《後漢書·杜林傳》云："林從竦受學，博洽多聞，時稱通儒。"可知，楊雄、桓譚等人之博無不通，在當時諸博士之外，別成一派學風，所以矯諸博士抱殘守缺之弊也。但是，近代自康有爲氏《新學僞經攷》出，一則曰：雄乃受劉歆之僞學者，其《法言》《太玄》並用古經（見卷三下）。再則曰：觀雄之言《周官》《左氏》《書序》《月令》，則其傳古學昭昭矣（見卷八）。於是世人遂誤以楊雄爲與經今文學家對壘之經古文學家。而不知雄乃通儒，今古並習，《法言》等書，固多用古經，然亦雜用今文學家之説也。如《法言·重黎》謂：淳于越事秦爲"仕無妄之國，食無望之粟"。李軌註云："《易》有《無妄》

卦，此亦依義取譬。"今案《易·無妄》虞翻註云："京氏以爲大旱之卦，萬物皆死，無所復望。"是楊雄亦讀《易》之"無妄"爲"無望"，故以秦爲"無望之國"，此雄曾習今文家京房《易》之證也。又《法言·至孝》云："螭虎桓桓，鷹隼羧羧。"此蓋用《尚書·牧誓》"尚桓桓如虎如羆，如熊如貔"之語。《史記·周本紀》正作"如虎如羆，如豺如離"，此"離"字，即《法言》"螭虎"之所本，故《集解》引徐廣云："此訓與螭同，字亦作螭。"今案班固《西都賦》"拖熊螭"句，李善註引《歐陽尚書説》云"螭，猛獸也"，此雄曾習今文家歐陽《尚書》之證也。《法言·至孝》又云："周康之時，頌聲作乎下，《關雎》作乎上。"今案《漢書·杜欽傳》云："是以佩玉晏鳴，《關雎》歎之……故詠淑女，幾以配上。"註引李奇云："后夫人鷄鳴佩玉去君所。周康王后不然，故詩人歎而傷之。"又引臣瓚曰："此《魯詩》也。"此又雄曾習今文家《魯詩》之證也。又《法言·先知》云："或問爲政有幾？曰：思斁。或問思斁？曰：昔在周公，征於東方，四國是王，召伯述職，蔽芾甘棠，其思矣夫。齊桓欲徑陳，陳不果內，執袁濤塗，其斁矣夫。"今案以周公東征與齊桓徑陳對言，此《公羊傳》文也。故吳祕註云："《左氏》無'斁之'之文，楊據《公羊》而言也。"此又雄曾習今文家《公羊傳》之證也。總之，康有爲納楊雄於古文學家行列，乃無稽之談也。至於《周官》《左傳》等古文學家經典，亦皆先秦古籍，楊雄博學，泛覽及之，固無足怪，此又與劉歆何關。

博習今古，乃西漢通儒之常事，即被人稱爲今文學家者，又何嘗不習古文經典。例如董仲舒以《公羊》名家，劉更生以《穀梁》名家，而《繁露》《説苑》諸書，多取《左氏》説；即今文大師龔勝、師丹之流，亦皆稱引《左氏》不絕。又如《張湯傳》謂湯既斬郅支，請懸首以示萬里，丞相匡衡以爲《月令》春乃掩骼埋胔之時，宜勿懸。此又今文家明用《月令》文也。斯數子者，雖學術思想與楊雄不同，而其兼覽並習則一。若謂楊雄乃爲劉歆傳僞，爲古文張目，則不明西京之學術流派，不知子雲之兼通古今也。

（四）小學之傳受

　　西漢小學，至楊雄而集其大成。續《倉頡》，識奇字（即古文），此形義訓詁之學也。採別國語以作《方言》，此声韻語言之學也。斯數者，皆雄畢生之精業。其發意研討，遠在居蜀之日；而氾覽群籍，受業咨訪，以促成其功者，則在來京之後。葢蜀自漢武以還，文化追踪齊魯。就小學言，通《倉頡》、作《凡將》者，有司馬相如（見《漢書·藝文志》。又，《倉頡》亦作《蒼頡》，本譜所引均統一作《倉頡》）；註《爾雅》者，有犍爲文學舍人（見《經典釋文·敘錄》）。楊雄景仰先哲，而於相如則尤所矜式者（見《楊雄傳》）。又臨邛林閭、成都嚴遵，皆傳言方之絕學，猶及見輶軒使者所奏言，雄少師二人，頗能得其梗概（見《華陽國志》及雄《答劉歆書》）。據此數端，知楊雄之通小學，實早已淵源於居蜀之時矣。

　　楊雄著《方言》，乃創始於成帝元延三年，時雄至京甫三歲。京師五方雜輳，語言各異，故天下上計，孝廉及内郡衛卒至京者，雄皆就訪異言而識諸槧素。審其聲音，厘其地域，交錯思索者，前後二十七年，卒時書猶未成。其歷時之久，用力之勤，較《法言》《太玄》且倍之（詳譜中）。雄之小學著述，以《方言》爲最精，乃中國古代声韻學、語言學之鼻祖。

　　楊雄形義訓詁之學，乃來京後在張竦、杜鄴二家影響下而成其業者。張、杜之學，上承於張敞。而張敞之好古文字，傳訓詁學，則實得力於《左氏傳》；其受《倉頡》、識古鼎諸事，皆在其後（詳譜内）。西漢古文經不列學官，而《左氏》則通儒多習之。張蒼而下，傳授不絕。《劉歆傳》云："初，《左氏傳》多古字古言，學者傳訓詁而已。"今據《漢書·儒林傳》及《經典釋文·敘錄》攷之，由張蒼、賈誼五傳至貫長卿，其時學者祇習訓詁。故《房鳳傳》謂賈誼有《左氏訓詁》。張敞與張禹，則皆受《左氏》於貫長卿者。然張禹流爲章句派，其弟子尹更始有《左氏章句》（見《儒林傳》），三傳至劉歆，而章句之學極盛；張敞則專習其古字與訓詁，並濟以《倉頡》之學，遂流小學派（《張敞傳》稱敞治《春秋》，案其所上封事，多用《左氏》事）。《漢書·郊祀志》云："張敞好古文字。"又《藝文志》云："倉頡多古字，俗師失其讀，宣帝時徵齊人能正讀者，張敞從受之。傳至外孫之子杜林，爲作訓故。"又《張敞傳》云："敞孫竦，王莽時至郡守封侯，博學文雅過於敞。"又《杜鄴傳》云："鄴少孤，其母張敞女。鄴壯從張敞子吉學問，得其家書。"又云："初，鄴從張吉學，吉子竦又幼孤，從鄴學問，亦著於世，尤長小學。鄴子林，清淨好古，亦有雅材。……其正文字過於鄴、竦，故世言小學者由杜公。"又《杜林傳》云："外氏張竦父子喜文采，林從竦受學，博洽多聞，時稱通儒。"從上述諸多史料攷之，張、杜二家，實爲西漢小學家不祧之大宗，其傳受之淵源，瞭然可見。而其時楊雄與張竦善（見《答劉歆書》），故雄之通《左氏》，明《倉頡》，識古字，實上與張、杜二家之學一脈相承也。

據《漢書·藝文志》，知西漢《倉頡篇》，六十字爲一章，凡五十五章，三千三百字。然群書所載，實有未盡。孝平帝元始中，徵天下通小學者記字廷中，楊雄取其有用者，以作《訓纂篇》，凡三十四章，二千四十字，以補《倉頡》之不備，又易《倉頡》中重復之字。合《訓纂》於《倉頡》，共爲八十九章，凡五千三百四十字。是爲西漢文字之總匯。許慎《說文解字·敘》云：

孝宣皇帝時，召通《倉頡》讀者，張敞從受之。涼州刺史杜業，沛人爰禮，請學大夫秦近，亦能言之。孝平皇帝時，徵禮等百餘人，令說文字未央庭中，以禮爲小學元士，黃門侍郎楊雄，採以作《訓纂篇》。凡《倉頡》以下十四篇，凡五千三百四十字。群書所載，畧存之矣。

今案許氏所紀，頗得西漢小學傳受源流與所纂輯文字總數之實況。

康有爲《新學僞經攷》謂：《倉頡》之三千三百字，爲周漢以來之真字；而楊雄所增采之二千餘字，乃皆劉歆所僞造。按康説殊謬。茲據近人以西漢之《史記》《淮南子》等書核之，共得六千二百七十字，較楊雄合《訓纂》於《倉頡》之五千三百四十字，多九百三十字。是西漢文字，實有六千餘。可證楊雄所採於《倉頡》三千三百字之外者，決非劉歆所僞造。

茲據以上所言，將西漢小學家傳受之源流及其與楊雄之關係，列表於下：

```
（左氏）        （蒼頡）        （方言）
  │              │
 張蒼             │
  │              │
 賈誼             │
  │              │
 賈嘉             │
  │              │
 貫公             │
  │              │
 貫長卿          齊人
  │              ┊
  └──────┬──────┘
         │
        張敞
         │
        張吉
         │
        杜鄴    爰禮      嚴遵──杜鄴
         │      │          └──┬──┘
        張竦────┴─────────── 楊雄
         │                    │
        杜林                   │
         │                    │
    ┌────┴────┐          ┌────┴────┐
 《蒼頡      《蒼頡       《方言》  《蒼頡
   訓纂》     故》                   訓纂》
```

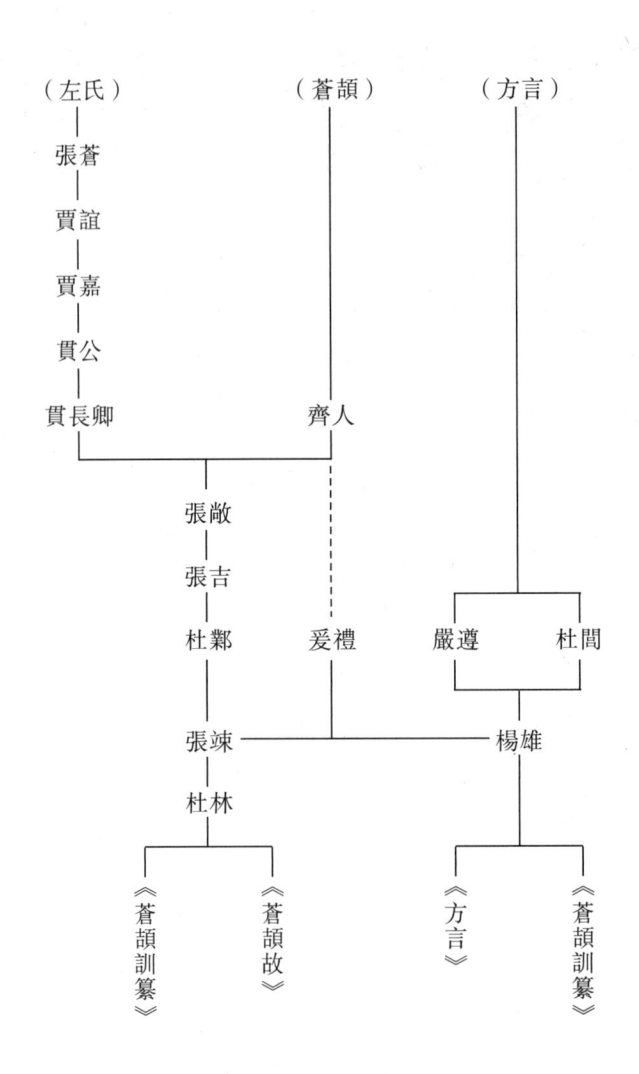

年　譜

漢宣帝甘露元年戊辰（前五十三）　一歲

楊雄生於是年三月十三日戊寅雞鳴時。

《漢書·楊雄傳·贊》云：雄"年七十一，天鳳五年卒"。

按：由天鳳五年上推七十一歲之數，則生於宣帝甘露元年也。故《文選》任彥昇《王文憲集序》李善註引《七畧》曰："《子雲家牒》言，以甘露元年生也。"又藝海樓鈔本《大唐類要》（現藏北京圖書館善本室）卷九十四引《楊雄家録》云："子雲以甘露元年二月戊寅雞鳴生。"攷《楊雄家録》當即《子雲家牒》之異稱。然據朔閏推之，甘露元年二月無戊寅日；戊寅日實在三月十三日。是《大唐類要》之"二月"乃"三月"之誤文耳。

京兆尹張敞免爲庶人。

《漢書》敞本傳謂：敞爲京兆尹九年，楊惲以大逆誅，敞坐與惲善當免，以有政績得留任。至冬月已盡，以事致殺絮舜。會立春，行冤獄，敞始以殺不辜免。

按：惲之誅在五鳳四年，則是敞之免在甘露元年正月矣。據《百官公卿表》，敞由膠東相爲京兆尹在神爵元年，距今正九歲，與《傳》合。敞爲西漢訓詁大家，雄傳其學，故著事蹟如次。

劉向是年二十七歲。

《漢書》向本傳云：向"居列大夫官前後三十餘年，年七十二卒。卒後十三歲而王氏代漢"。

按：《漢書補註》引錢大昕曰："依此推檢，向當卒於成帝綏和元年。"據錢説，則向當生於昭帝元鳳二年，距今正二十七歲。

甘露二年己巳（前五十二）　二歲

大司農中丞耿壽昌奏渾天圖儀。

《後漢書·律曆志》中引賈逵論曰："按甘露二年，大司農中丞耿壽昌奏，以圖儀度日月行，攷驗天運狀。"《漢書·藝文志》曆譜家有《耿昌月行帛圖》二百三十二卷，《耿昌月行度》二卷。

按：楊雄《法言·重黎》云："或問'渾天'。曰：'落下閎營之，鮮于妄人度之，耿中丞象之，幾乎，幾乎，莫之能違也。'請問'蓋天'。曰：'蓋哉！蓋哉！應難未幾也。'"李軌註云："幾，近也。落下閎爲武帝經營之，鮮于妄人又爲武帝算度之，耿中丞名壽昌，爲宣帝攷象之。言近，近其理矣，談天者無能違遠也。"據此，是漢自武帝以來，攷曆定時，皆已用渾天，蓋天之法久廢矣。然蓋天之説，猶行於民間，故子雲少時居蜀曾習之。後至京，始改從渾天説。

張敞拜冀州刺史。

《漢書》本傳云："數月（承上文敞免而言），京師吏民解弛，枹鼓數起。而冀州部中有大賊。天子思敞功效，使使者即家在所召敞。……拜爲冀州刺史。"

趙充國卒，年八十六。

見《漢書》本傳。後三十餘年，楊雄曾奉詔作《趙充國頌》。

甘露三年庚午（前五十一）　三歲

張敞爲太原太守。

《漢書》本傳云："居部歲餘，冀州盜賊禁止。守太原太守滿歲爲眞，太原郡清。"

諸儒論五經異同於石渠閣。

《漢書·宣帝紀》甘露三年云："詔諸儒講《五經》同異，太子太傅蕭望之等，平奏其議，上親稱制臨決焉。乃立梁丘《易》、大小夏侯《尚書》、穀梁《春秋》博士。"皆今文經。

按：劉歆《移太常博士書》云："往者，博士《書》有歐陽，《春秋》公羊，《易》則施、孟。然孝宣帝猶復廣立穀梁《春秋》、梁丘《易》、大小夏侯《尚書》。義雖相反，猶並置之。何則？與其過而廢也，寧過而存之。"西漢元成以前，所立博士皆今文經，但古文經實亦通行傳誦於人間，故楊雄得兼習之，其所著書，今古文經並用。

甘露四年辛未（前五十）　四歲

黃龍元年壬申（前四十九）　五歲

冬十二月，宣帝崩於未央宮。

見《漢書·宣帝紀》黃龍元年。

元帝初元元年癸酉（前四十八）　六歲

張敞卒於是年。

《漢書》敞本傳云："宣帝崩，元帝初即位。待詔鄭朋薦敞宣帝名臣，宜傳輔皇太子。上以問前將軍蕭望之，望之以爲敞能吏，任治煩亂，材輕非師傅之器。天子使使者徵敞，欲以爲左馮翊。會病卒。"

按：敞本傳又云："敞本治《春秋》，以經術自輔。其政頗雜儒雅，往往表賢顯善，不醇用誅罰，以此能自全。"《漢書補註》引周壽昌曰："敞蓋治

《左氏春秋》，前封事所引公子季友，晉趙衰，齊田完等事，皆與《左傳》合。"今攷敞之上封事，在霍光既死之後，霍氏謀反之前，蓋宣帝地節三年事。據此，是敞之治《左氏》早在地節以前矣。《左氏》多古字古言（見《劉歆傳》），敞之識古文字，實導源於此。故《漢書·郊祀志》下云："是時，美陽得鼎，獻之。下有司議，多以爲宜薦見宗廟，如元鼎時故事。張敞好古文字，按鼎銘勒而上議曰：……郊梁酆鎬之間周舊居也，固宜有宗廟壇場祭祀之臧。今鼎出於郊東，中有刻書曰：'王命尸臣，官此栒邑，賜爾旂鸞、黼黻、琱戈。'尸臣拜手稽首曰：'敢對揚天子丕顯休命。臣愚不足以跡古文，竊以傳記言之，此鼎殆周之所以襃賜大臣，大臣子孫刻銘其先功，臧之於宮廟也。'"

按《郊祀志》敘此事於神爵元年，上距地節已八、九年，則敞之能識鼎銘古文，非偶然也。

又按：《漢書·藝文志》云："《倉頡》多古字，俗師失其讀，宣帝時徵齊人能正讀者，張敞從受之，傳至外孫之子杜林，爲作訓故。"今攷宣帝即位之初，敞爲豫州刺史，後又爲函谷關都尉，又徙山陽太守，又爲膠東相。則其受《倉頡》讀，當在神爵元年後爲京兆尹期中。其時敞居京師，且習古文，通齊語（爲膠東相有年）。故齊人被徵至京師，敞得從而受之。

據上述事蹟，可知張敞之通小學，實始於治《左氏》而成於受《倉頡》也。

黃門令史游作《急就篇》。

《漢書·藝文志》小學收錄"《急就》一篇"，班固自註云："元帝時，黃門令史游作。"

按：未詳元帝何年，故系於此。《漢志》所收錄小學典籍凡十家四十五篇，今惟《急就》獨存，餘皆亡。然《漢志》又云："黃門令史游作《急就篇》……皆《倉頡》中正字也。"則文字無出《倉頡》之外者。

初元二年甲戌（前四十七）　七歲

蕭望之卒於是年。

見《漢書·元帝紀》初元二年及《蕭望之傳》。

初元三年乙亥（前四十六）　八歲

詔舉天下明陰陽災異者。

《漢書·元帝紀》：初元三年六月"詔曰：'蓋聞安民之道，本由陰陽。間者，陰陽錯謬，風雨不時。……有司勉之，毋犯四時之禁。丞相御史，舉天下明陰陽災異者各三人。'於是言事者眾，或進擢召見，人人自以得上意。"

按：西漢陰陽災異之説，至此而大盛。但楊雄生當其時，不同流俗。《法言·五百》有云："或問：聖人占天乎？曰：占天地。若此，則史也何異？曰：史以天占人，聖人以人占天。或問：星有甘石，何如？曰：在德不在星。"楊雄重人事得失，而不信災異休咎，此蓋有爲而發。

賈捐之議罷珠厓郡。

《漢書·元帝紀》云："珠厓郡山南縣反，博謀群臣，待詔賈捐之以爲宜棄珠厓，救民饑饉。乃罷珠厓。"又詳《賈捐之傳》。

按：楊雄對賈捐之此舉，頗爲稱道。如《法言·孝至》云："龍堆以西，大漠以北，鳥夷獸夷，郡勞王師，漢家不爲也。朱崖之絶，捐之之力也。否則鱗介易我衣裳。"楊雄此言，即追論賈捐之議罷珠厓之事也。蓋漢自武帝好大喜功，屢啓邊釁，勞民糜財，子雲目擊時弊，故力貶邊功。其《法言·淵騫》論古之名將曰："鼓之以道德，征之以仁義，輿尸血刃，皆所不爲也。"此與其所上《諫勿許單于朝書》，皆以安邊息民爲本，乃子雲對時政之一貫主張也。

初元四年丙子（前四十五）　　九歲

王莽生於是年。

《漢書·五行志》云："王莽生於元帝初元四年，至成帝封侯，爲三公輔政，因以篡位。"

初元五年丁丑（前四十四）　　十歲

永光元年戊寅（前四十三）　　十一歲

永光二年己卯（前四十二）　　十二歲

永光三年庚辰（前四十一）　　十三歲

永光四年辛巳（前四十）　　十四歲

永光五年壬午（前三十九）　　十五歲

建昭元年癸未（前三十八）　　十六歲

建昭二年甲申（前三十七）　　十七歲

京房棄市。

《漢書·元帝紀》建昭二年云："淮陽王舅張博、魏郡太守京房，坐窺道諸侯王以邪意，漏泄省中語，博要斬，房棄市。"

按：《漢書·眭兩夏侯京翼李傳·贊》云："漢興，推陰陽言災異者，孝武時有董仲舒、夏侯始昌，昭、宣則眭孟、夏侯勝，元、成則京房、翼奉、劉向、谷永，哀、平則李尋、田終術，此其納説時君著明者也。察其所言，仿佛一端。假經設誼，依託象類，或不免乎'億則屢中'。仲舒下吏，夏侯囚執，眭孟誅戮，李尋流放，此學者之大戒也。京房區區，不量淺深，危言刺譏，構怨彊臣，罪辜不旋踵，亦不密以失身，悲夫！"攷西漢言陰陽災異之風大盛，而子雲鮮及此，其《法言·淵騫》云："蓄異，董相、夏侯勝、京房。"蓋輕之也。

建昭三年乙酉（西元前三十六）　　十八歲

韋玄成卒於是年。

《漢書·韋賢傳》："少子玄成，復以明經歷位至丞相。""玄成爲相七年，守正持重，不及父賢，而文采過之。建昭三年薨，謚曰共侯。"

按：韋玄成少好學，能修父業，尤以高行著名於世。史稱父賢卒時，兄弘以事繫獄，家人矯賢令，立玄成爲後，玄成陽爲病狂，妄笑語昏亂。及葬，當襲父爵，又以病狂不應召。故楊雄在《法言·重黎》篇云："或問賢，曰：爲人所不能。請人，曰：顏淵、黔婁、四皓、韋玄成。"子雲此言，蓋高其行也。子雲於一代韜跡勵行之士，譽揚不遺餘力。如《問神》之稱鄭子真，《淵騫》之稱李仲元，《問明》之稱兩龔、蜀莊，皆其意也（各詳後）。東漢士風，以高節奇行相尚，其端已開於斯時，而子雲之推崇獎譽，與有力焉。

建昭四年丙戌（前三十五）　　十九歲
建昭五年丁亥（前三十四）　　二十歲

楊雄少居蜀，師事嚴君平、林公孺，受方言訓詁之學。

《漢書·王貢兩龔鮑傳·序》云："君平卜筮於成都市，以爲'卜筮者賤業，而可以惠眾人。有邪惡非正之問，則依蓍龜以言利害。與人子言依於孝，與人弟言依於順，與人臣言依於忠，各因勢導之以善，從吾言者，已過半矣'。裁（纔）日閱數人，得百錢足自養，則閉肆下簾而授老子。博覽亡不通，依老子嚴（莊）周之指，著書十餘萬言。楊雄少時從遊學。"

又《華陽國志·先賢士女總贊》云："林閭字公孺，臨邛人也。善古學。古者天子有輶軒之使，自漢興以來，劉向之徒但聞其官，不詳其職。惟閭與嚴君平知之，曰：'此使攷八方之風雅，通九州之異同，主海內之音韻，使人主居高堂知天下風俗也。'楊雄聞而師之，因此作《方言》。閭隱遯，世莫聞也。"《華陽國志·蜀志》又云："林翁儒訓詁玄遠。"翁儒即公孺之異文，"訓詁玄遠"即言其深通方言訓詁之學也。或曰"林閭"復姓，常璩誤記。

按：據上述，知西漢小學已流行於蜀，而嚴君平與林公孺皆深得其傳，楊雄少居蜀，曾師事嚴、林，並受其方言訓詁之學。對此，子雲亦自言之。如舊本《方言》所附楊雄《答劉歆書》云："雄少不師章句，亦於《五經》之訓所不解。常聞先代輶軒之使，奏籍之書，皆藏於周秦之室。及其破也，遺棄無見之者。獨蜀人有嚴君平、臨邛林閭翁孺者，深好訓詁，猶見輶軒之使所奏言，翁孺與雄外家牽連之親，又君平過誤，有以私遇少而與雄也。君平財（才）有千言耳，翁孺梗概之法畧有。"又《風俗通義·序》云："周秦常以歲八月遣輶軒之使，采異代方言，還奏籍之，藏於秘室。及嬴氏之亡，遺脫漏棄，無見之者，蜀人嚴君平有千餘言，林閭翁孺才有梗概之法，楊雄好之。……"應劭此言，即據雄《書》，故語句畧同。是以知子雲之著《方言》，雖采訪諮詢起於至京爲郎之時，而居蜀之日早已有所傳受矣，故附記於此。

竟甯元年戊子（前三十三）　　二十一歲

五月，元帝崩於未央宮。

見《漢書·元帝紀》竟甯元年。

按：《元帝紀·贊》曰："臣外祖兄弟爲元帝侍中，語臣曰：元帝多材藝，善史書。"註引應劭云："周宣王太史史籀所作大篆。"但《漢書補註》引錢大昕說，以爲應說非是。錢列舉兩漢記載凡言"善史書"，皆指令史所習之書，實即隸書，並非史籀大篆。今謂錢說極是，應說不足信。蓋兩漢通行之字，惟有隸書；古文久廢，大篆小篆，在八體內，官署簡牘之類，絕少用之者，尤其武帝以後尉律不課，習之者益寡。故古文篆籀，闕妄愈甚，當時漸成絶學。楊雄在《法言·吾子》中云："或欲學《倉頡》《史篇》。曰：史乎，史乎！愈於妄闕也。"可知許氏《說文解字·敘》所謂以"馬頭人爲長""人持十爲斗"之妄說，殆不始於東漢時矣。

六月，王鳳爲大司馬大將軍。

見《漢書·成帝紀》及《百官公卿表》。

成帝建始元年己丑（前三十二） 二十二歲

罷甘泉泰畤，河東后土之祠，徙置長安。罷上林宮館希御幸者二十五所。

見《漢書·郊祀志》及《成帝紀》建始元年。

將作大匠李長作《元尚篇》。

《漢書·藝文志》"小學"類著錄："《元尚》一篇。"班固自註云："成帝時將作大匠李長作。"未詳成帝何年，故系於此。

建始二年庚寅（前三十一） 二十三歲

建始三年辛卯（前三十） 二十四歲

建始四年壬辰（前二十九） 二十五歲

河平元年癸巳（前二十八） 二十六歲

河平二年甲午（前二十七） 二十七歲

王商封成都侯。

《漢書·元后傳》云："河平二年，上悉封舅譚爲平阿侯，商成都侯，立紅陽侯，根曲陽侯，逢時高平侯。五人同日封，故世謂之五侯。"又見《成帝紀》河平二年。

王鳳禮聘鄭子真，不應。

《漢書·王貢兩龔鮑傳·序》云："谷口有鄭子真，蜀有嚴君平，皆修身自保，非其服弗服，非其食弗食。成帝時，元舅大將軍王鳳以禮聘子真，子真遂不詘而終。"據荀悅《漢紀》敘此事於河平二年。故附記於此。

按：楊雄重士氣，對鄭子真之拒聘，曾盛道之。如《法言·問神》云："或曰：君子病沒世而無名，盍勢諸名卿，可幾也。曰：君子德名爲幾，梁齊趙楚之君，非不富且貴也，惡乎成名。谷口鄭子真，不屈其志，而耕乎巖石之下，名振於京師。豈其卿，豈其卿。"楊雄此言，即追述王鳳聘鄭子真之事，其砥礪士風之意，溢於言表。

河平三年乙未（前二十六）　二十八歲

劉向及子劉歆受詔校中祕書。

《漢書・成帝紀》河平三年云："光禄大夫劉向校中祕書。謁者陳農使使求遺書於天下。"（又見《藝文志》）又《劉向傳》云："少子歆，最知名。歆字子駿。少以通《詩》《書》能屬文召，見成帝，待詔宦者署，爲黃門郎。河平中，受詔與父向領校祕書，講六藝傳記，諸子、詩賦、數術、方技，無所不究。"

劉向奏所著《洪範五行傳論》。

《漢書・劉向傳》云："上方精於《詩》《書》，觀古文，詔向領校中《五經》祕書。向見《尚書・洪範》，箕子爲武王陳五行陰陽休咎之應。向乃集合上古以來歷春秋六國至秦漢符瑞災異之記，推跡行事，連傳禍福，著其占驗，比類相從，各有條目，凡十一篇。號曰《洪範五行傳論》，奏之。"

按：五行災異之說，是時大盛。

河平四年丙申（前二十五）　二十九歲

陽朔元年丁酉（前二十四）　三十歲

楊雄作《反離騷》《廣騷》《畔牢愁》。

《漢書・楊雄傳》云：雄"自有大度，非聖哲之書，不好也；非其意，雖富貴不事也。顧嘗好辭賦。先是時，蜀有司馬相如，作賦甚弘麗溫雅，雄心壯之，每作賦，常擬之以爲式。又怪屈原文過相如，至不容，作《離騷》，自投江而死，悲其文，讀之未嘗不流涕也。以爲君子得時則大行，不得時則龍蛇，遇不遇命也，何必湛身哉！乃作書，往往摭《離騷》文而反之，自岷山投諸江流以弔屈原，名曰《反離騷》。又旁《離騷》作重一篇，名曰《廣騷》；又旁《惜誦》以下至《懷沙》一卷，名曰《畔牢愁》。"

按：《反離騷》有句云："漢十世之陽朔兮，招搖紀於周正。"註引晉灼曰："十世，數高祖、呂后至成帝也。成帝八年乃稱陽朔。"又引應劭曰："招搖，斗杓星也，主天時。周正，十一月也。"又引蘇林曰："言己以此時弔屈原也。"攷陽朔凡四年，雄賦作於何年，不能確知，故系於此。

陽朔二年戊戌（前二十三）　三十一歲

董賢生於是年。

《漢書·董賢傳》謂賢爲大司馬時年二十二歲。按賢爲大司馬在元壽元年，上推當生於是年。

陽朔三年己亥（前二十二）　　三十二歲

八月，大司馬王鳳卒。

九月，御史大夫王音爲大司馬車騎將軍。

並見《漢書·百官公卿表》陽朔三年。

王莽爲黃門侍郎，遷射聲校尉。

《漢書·王莽傳》云："陽朔中，世父大將軍王鳳病，莽侍疾，親嘗藥，亂首垢面，不解衣帶連月。鳳且死，以託太后及帝，拜爲黃門侍郎，遷射聲校尉。"

陽朔四年庚子（前二十一）　　三十三歲

鴻嘉元年辛丑（前二十）　　三十四歲

鴻嘉二年壬寅（前十九）　　三十五歲

鴻嘉三年癸卯（前十八）　　三十六歲

鴻嘉四年甲辰（前十七）　　三十七歲

楊雄次子烏，生於是年。

按：楊烏卒於元延四年，年九歲，上推應生於是年。又按：桓譚《新論》謂：子雲爲郎，比歲亡其二男。劉向《別錄》謂：楊信，字子烏，雄第二子（俱詳下文元延四年）。據此，則子雲有二子，烏其次也。然長子之名字及生卒年，不見典籍，無從攷稽。

永始元年乙巳（前十六）　　三十八歲

王莽封新都侯。

見《漢書·成帝紀》永始元年及《王莽傳》。

杜鄴説車騎將軍王音，令親附成都侯王商。

《漢書·杜鄴傳》云：鄴"以孝廉爲郎，與車騎將軍王音善。平阿侯譚不受城門職，後薨，上閔悔之，乃復令譚弟成都侯商位特進，領城門兵，得舉吏如將軍府。鄴見音前與平阿有隙，即説音（書從畧）。音甚嘉其言，由是與成都侯商親密，二人皆重鄴。後以病去郎"。

按：王譚之卒在去年，而王商之領城門兵在今年，《元后傳》敘此事於今年莽爲新都侯之後，是也。杜鄴博學，爲西漢小學名家，傳張敞之學。《杜鄴傳》云："鄴少孤，其母張敞女。鄴壯，從敞子吉學問，得其家書。"攷張敞治《左氏》，識古字，而鄴傳其學。然鄴説王音書中有云："昔秦伯有千乘之國，而不能容其母弟，《春秋》亦書而譏焉。"此明用《公羊傳》昭公元年文也。當時通儒治經，不分今古，於此亦可見。

永始二年丙午（前十五）　　三十九歲

正月，大司馬王音卒。

二月，特進成都侯王商爲大司馬衛將軍。

並見《漢書·百官公卿表》永始二年。

杜鄴除主簿，舉侍御史。

《漢書·杜鄴傳》云："商爲大司馬衛將軍，除鄴主簿，以爲腹心，舉侍御史。"

永始三年丁未（前十四）　　四十歲

十月，皇太后詔復甘泉泰畤，汾陰后土。

《漢書·成帝紀》永始三年云："冬十月庚辰，皇太后詔有司復甘泉泰畤、汾陰后土、雍五畤、陳倉陳寶祠。語在《郊祀志》。"

按：《文選·甘泉賦》李善註引《七略》曰："《甘泉賦》，永始三年正月，待詔臣雄上。"又《文選·羽獵賦》李善註引《七略》曰："《羽獵賦》，永始三年十二月上。"然而，自成帝建始元年十二月罷甘泉、汾陰祠，至永始三年十月，凡十九年無幸甘泉、河東事；今年冬，亦無校獵於長楊宮事；而且楊雄此時亦未來京師。不應今年正月竟有獻《甘泉》之事，今年十二月竟有獻《羽獵》之事。故《七略》所謂"永始三年"，皆當爲"元延二年"之誤傳。原因見後。

永始四年戊申（前十三）　　四十一歲

正月，帝幸甘泉，郊泰畤；三月，幸河東，祠后土。

見《漢書·成帝紀》永始四年。

十一月，賜大司馬王商安車駟馬免。

見《漢書·百官公卿表》。

楊雄撰《蜀王本紀》。

按：雄撰《蜀王本紀》，記古代巴蜀歷史傳説與神話故事。其事往往即出雄故里郫，蓋或雄居故里時據所聞而記之者。故附録於雄至京之前。

元延元年己酉（前十二）　　四十二歲

正月壬戌，成都侯王商復爲大司馬衛將軍；十二月乙未，遷爲大司馬大將軍；辛亥薨。庚申，光禄勳王根爲大司馬驃騎將軍。

並見《漢書·百官公卿表》。

楊雄是年由蜀來京，大司馬王商召爲門下史，並薦雄爲待詔。

《漢書·楊雄傳·贊》云："初，雄年四十餘，自蜀來游京師，大司馬車騎將軍王音，奇其文雅，召以爲門下史，薦雄待詔。"

按：時楊雄正四十二歲，與"四十餘"來京之語合；但此時上距王音之卒已四年，豈得薦雄。《贊》稱"王音"，乃"王商"之誤文。詳見譜前《敘論》。

又按：《楊雄傳》云："孝成帝時，客有薦雄文似相如者。上方郊祠甘泉泰畤，汾陰后土，以求繼嗣，召雄待詔承明之庭。"而楊雄《答劉歆書》亦云："雄始能草文，先作《縣邸銘》《玉佴頌》《階闥銘》及《成都城四隅銘》，蜀人有楊莊者，爲郎，誦之於成帝。成帝好之，以爲似相如。雄遂以此得外見。"據此，是《雄傳》所謂"有客"薦雄，實指蜀人楊莊而言（《華陽國志》作尚書郎楊莊）。此與《傳·贊》謂王商"薦雄待詔"之説不同。然王商之薦雄，楊莊之誦文，固可同時並行，不相牴牾也。

元延二年庚戌（前十一）　　四十三歲

正月，楊雄從帝至甘泉郊泰畤，還奏《甘泉賦》以風。

《漢書·成帝紀》元延二年云："春正月，行幸甘泉，郊泰畤。"又《楊雄傳》云："正月，從上甘泉還，奏《甘泉賦》以風（賦文從略）。甘泉本因秦離宮⋯⋯非成帝所造，欲諫則非時，欲默則不能已。故遂推而隆之，乃上比於帝室紫宮。若曰：此非人力之所爲，儻鬼神可也。又是時趙昭儀方大幸，每上甘泉，常法從，在屬車間豹尾中。故雄聊盛言車騎之衆，參麗之駕，非所以感動天地，逆釐三神。又言'屏玉女，卻虙妃'，以微戒齊肅之事。賦成奏之，天子異焉。"

按：《漢書補註》引沈欽韓云："《成帝紀》永始四年正月，元延二年正月,四年正月,俱有行幸甘泉事。據此傳下云:其三月將祭后土,其十二月羽獵,不別年頭,則爲一年以內之事。奏《甘泉賦》當在元延二年,與紀文方合。"玫沈氏此説極是。且以本傳而言,則"正月從上甘泉"句,乃緊承雄始來京"召雄待詔承明之庭"。則"從上甘泉"當爲元延二年"正月"無疑。

又按:《藝文類聚》卷五十六,《文選·文賦》註,《白孔六帖》卷八十六,《太平御覽》卷五百八十七,皆引桓譚《新論》云:"余少時,見楊子雲麗文高論,不量年少,猥欲逮及。常作小賦,用精思大劇,而立感動發病。子雲亦言,成帝上甘泉,詔使作賦,爲之卒暴,倦臥,夢其五藏出地。及覺大少氣,病一歲。"(此據《藝文類聚》卷五十六引)今玫各書所引,文字畧有小異;甚至一書所引,前後亦有出入。然如"病一歲"句,《北堂書鈔》卷一百二,作"病發一年而死";《藝文類聚》卷七十五,作"疾一歲而亡";《文選·甘泉賦》註,作"明日遂卒";《太平御覽》三百九十三,作"一年卒";又卷三百九十九及七百三十九,作"病一歲卒"。按此皆誤解《新論》"卒暴"爲"暴卒"所致,不足爲據。以子雲生平事蹟覈之,以作"病一歲"者爲近是。

三月,楊雄從帝至河東祠后土,還上《河東賦》以勸。

《漢書·成帝紀》元延二年云:"三月,行幸河東,祠后土。"又《楊雄傳》云:"其三月(承上文正月言),將祭后土,上迺帥群臣橫大河,湊汾陰。既祭,行遊介山,回安邑,顧龍門,覽鹽池,登歷觀,陟西嶽以望八荒,迹殷周之虛,眇然以思唐虞之風。雄以爲臨川羨魚,不如歸而結罔。還,上《河東賦》以勸(賦文從畧)。"

冬十二月,楊雄從帝至長楊宮校獵,還上《羽獵賦》以風。

《漢書·成帝紀》元延二年云:"冬,行幸長楊宮,從胡客大校獵,宿萯陽宮,賜從官。"又《楊雄傳》云:"其十二月羽獵(承上文三月言),雄從。以爲昔在二帝三王,宮館臺榭,沼池苑囿,林籠藪澤,財足以奉郊廟,御賓客,充庖廚而已,不奪百姓膏腴穀土桑柘之地,女有餘布,男有餘粟,國家殷富,上下交足。故甘露零其庭,醴泉流其唐,鳳凰巢其樹,黃龍游其沼,麒麟臻其囿,神爵棲其林。昔者,禹任益虞,而上下和,艸木茂;成湯好田,而天下用足;文王囿百里,民以爲尚小,齊宣王囿四十里,民以爲大,裕民之與奪民也。武帝廣開上林……尚泰奢，麗誇詡，非堯舜成湯文王三驅之意也。又恐後世復修前好，不折中以泉臺，故聊因《校獵賦》以風（賦文從畧）。"

楊雄除爲郎，給事黃門，得觀祕書於石室。

《漢書·楊雄傳·贊》云："歲餘（承上文雄至京而言），奏《羽獵賦》，除爲郎，給事黃門，與王莽、劉歆並。"

按：雄來京一年餘，忙於獻賦。然爲郎之後，已有棄賦治學之意。據雄《答劉歆書》有云："雄爲郎之歲，自奏少不得學，而心好沈博絕麗之文，願不受三歲之奉，且休脫直事之繇，得肆心廣意，以自克就。有詔可，不奪奉，令尚書賜筆墨錢六萬，得觀書於石室。"足見雄此時潛心典籍之志已決。《文心雕龍·事類》云："夫以子雲之才，而自奏不學，及觀書石室，乃成鴻采，表裏相資，古今一也。"攷劉氏此語，固自合理，然子雲此後，實已疏於創作而勤於撰述矣。

楊雄作《趙充國頌》。

《漢書·趙充國傳》云："初，充國以功德與霍光等列畫未央宫。成帝時，西羌嘗有警，上思將帥之臣。追美充國，迺召黃門侍郎楊雄即充國圖畫而頌之（頌文從畧）。"

按：成帝即位以來，西羌烏孫屢作亂，然皆在楊雄來京之前。其最後一亂，乃元延二年漢使段會宗殺烏孫丘仁而被圍（見《漢書·西域傳》及《段會宗傳》）。則帝令子雲作《趙充國頌》，當在是時。

楊雄作《酒箴》。

《漢書·陳遵傳》云："（張）竦居貧，無賓客，時時好事者從之質疑問事，論道經書而已。而遵晝夜呼號，車騎滿門，酒肉相屬。先是黃門郎楊雄作《酒箴》以諷諫成帝，其文爲酒客難法度士，譬之於物（文從畧），遵大喜之。"

按：《漢書·成帝紀》云："元帝即位，帝爲太子，壯好經書，寬博謹慎……其後幸酒，樂燕樂，上不以爲能。"據此，則是成帝在即位之前即好酒矣。而子雲作此《酒箴》時，已爲"黃門郎"，殆在元延二年爲郎之初歟。

楊雄屢稱嚴君平於朝。

《漢書·王貢兩龔鮑傳·序》云："（楊雄）仕京師顯名，數爲朝廷在位賢者稱君平德。杜陵李強素善雄，久之，爲益州牧，喜謂雄曰：'吾真得嚴君平矣。'雄曰：'君備禮以待之，彼人得見而不可得詘也。'強心以爲不然。及至蜀，致禮與相見，卒不敢言以爲从事，乃歎曰：'楊子雲誠知人！'"

按：楊雄來京，從帝校獵、郊祀、獻賦、爲郎、賜筆墨錢、觀書石室，蓋已"顯名"於朝，其數稱君平，當在此後，故附記於此。至於楊雄贊嚴君平語，則其《法言》中屢見之。如《問明》云："蜀莊沈冥，蜀莊之才之珍也，不作苟見，不治苟得，久幽而不改其操，雖隨和何以加諸！舉玆以旃，不亦珍乎。吾珍莊也，居難爲也。"攷嚴君平本姓莊，故"蜀莊"即指蜀中嚴君平而言。後漢避明帝諱，改稱嚴君平。

元延三年辛亥（前十）　四十四歲

秋，楊雄從帝校獵長楊射熊館。還上《長楊賦》以風。

《漢書·楊雄傳》云："明年（承上文十二月言），上將大誇胡人以多禽獸。秋，命右扶風發民入南山，西自襃斜，東至弘農，南敺漢中，張羅罔罝罘，捕熊羆豪豬虎豹狖玃狐菟麋鹿，載以檻車，輸長楊射熊館，以罔爲周阹，縱禽獸其中，令胡人手搏之，自取其獲，上親臨觀焉。是時，農民不得收斂。雄從至射熊館，還，上《長楊賦》，聊因筆墨之成文章，故藉翰林以爲主人，子墨爲客卿以風（賦文从署）。"

按：本年校獵事與賦《長楊》事，學者多疑之。《漢書補註》引錢大昕曰："此傳皆取子雲《自序》，與《本紀》敍事多相應。如上文云'正月从上甘泉'，即《紀》所書'元延二年正月行幸甘泉郊泰畤'也；云'其三月將祭后土，上迺帥群臣橫大河湊汾陰'，即《紀》所書'三月行幸河東祠后土'也；云'其十二月羽獵'，即《紀》所書'冬行幸長楊宮從胡客大校獵'也。此年秋復幸長楊射熊館，則《本紀》無之。蓋行幸近郊射獵，但書最初一次，餘不盡書耳。但二年校獵無从胡客事，至次年乃有之，並兩事爲一，則《紀》失之也。戴氏震以《本紀》元延三年無長楊校獵事，斷爲《傳》誤。不知《羽獵》《長楊》二賦，元非一時所作，《羽獵》在元延二年之冬，《長楊》則在三年之秋，子雲《自序》必不誤也。"按錢說是而戴說非。

又按：《文選·長楊賦》李註引《七略》云："《長楊賦》，綏和元年上。"

玫綏和元年，上距元延二年之上《羽獵賦》，前後凡三年之久，與《揚雄傳》所謂"明年"者不合，《七畧》殆誤。又玫，此與本譜上文永始四年引《七畧》錄《甘泉》《羽獵》二賦，年代皆有誤。但劉歆與子雲同時，不應差誤，此當别有原因。或《七畧》一書由後人續補而致誤；或並非見諸《七畧》，而後人援引有誤。例如，阮孝緒撰有《七錄》，而《史記·申不害傳》張氏《正義》兩引之皆作《七畧》。豈李善註《文選》所引《七畧》，亦雜有後人簿錄歟？

揚雄著《方言》創始於是年。

按：揚雄《答劉歆書》有云："如是後一歲（承上文觀書石室而言），作《繡補》《靈節》《龍骨》之銘詩三章，成帝好之，遂得盡意。故天下上計孝廉及內郡衛卒會者，雄常把三寸弱翰，齎油素四尺，以問其異語。歸即以鉛摘次之於槧。二十七歲於今矣。"足證揚雄之撰《方言》，本年已創始。故《西京雜記》亦云："揚子雲好事，常懷鉛提槧，從諸計吏訪殊方絕域四方之語，以爲裨補輶軒所載。"並指撰《方言》時廣事蒐蘿之事。

揚雄從葢天學改習渾天學。

桓譚《新論》云："通人揚子雲，因眾儒之說天，以天爲如葢轉，常左旋，日月星辰隨而東西。乃圖畫形體行度，參以四時曆數昏明晝夜，欲爲世人立紀律，以垂法後嗣。余難之曰：'春秋晝夜欲等平，且日出於卯，正東方，暮日入於酉，正西方。今以天下之人占視之，此乃人之卯酉，非天卯酉。天之卯酉當北斗極，北斗極，天樞。樞，天軸也，猶葢有保斗矣，葢雖轉而保斗不移。天亦轉周匝，斗極常在，知爲天之中也。仰視之又在北，不正在人上。而春分時日出入，乃在斗南。如葢轉則北道近，南道遠，彼晝夜刻漏之數，何從等平。'子雲無以解也。後與子雲奏事待報，坐白虎殿廊廡下，以寒故，背日曝背。有頃，日光去，背不復曝焉。因以示子雲曰：天即葢轉而日西行，其光影當照此廊下而稍東耳，無乃是反應渾天家法焉？子雲立壞其所作。則儒家以爲天左轉，非也。"（《太平御覽》卷二，《晉書·天文志》一，《事類賦·天賦》註，皆引桓氏此論）。

按：《後漢書·桓譚傳》云："桓譚，字君山，沛國相人也。父成帝時爲太樂令，譚以父任爲郎，因好音律，善鼓琴。博學多通，徧習《五經》，皆訓詁大義，不爲章句。能文章，尤好古學，數從劉歆、楊雄辯析疑異。"據此，是桓譚在成帝時已爲郎；又《新論》謂譚與子雲奏事待報坐白虎殿廊廡下，則此時譚與子雲俱爲郎無疑。攷子雲爲郎，始於去歲之末，其與桓譚奏事，至早當在今年；又子雲撰《太玄》始於明年，《太玄》已以渾天起算，則子雲改從桓氏渾天之說，至遲亦當在今年。故附記於此。如以"以寒故，背日曝背"之語推之，其事或在今年之冬耶？

楊雄作《難蓋天八事》。

《隋書·天文志》上云："西漢末，楊子雲難蓋天八事，以通渾天。其一云：'日之東行，循黃道。晝夜中規，牽牛距北極南百一十度，東井距北極南七十度，並百八十度。周三徑一，二十八宿周天當五百四十度，今三百六十度，何也？'其二曰：'春秋分之日正出在卯，入在酉，而晝漏五十刻。即天蓋轉，夜當倍晝。今夜亦五十刻，何也？'其三曰：'日入而星見，日出而不見，即斗下見日六月，不見日六月。北斗亦當見六月，不見六月。今夜常見，何也？'其四曰：'以蓋圖視天河，起斗而東入狼弧間，曲如輪。今視天河直如繩，何也？'其五曰：'周天二十八宿，以蓋圖視天，星見者當少，不見者當多。今見與不見等，何出入無冬夏，而兩宿十四星當見，不以日長短故見有多少，何也？'其六曰：'天至高也，地至卑也。日託天而旋，可謂至高矣。縱人目可奪，水與影不可奪也。今從高山上，以水望日，日出水下，影上行，何也？'其七曰：'視物，近則大，遠則小。今日與北斗，近我而小，遠我而大，何也？'其八曰：'視蓋橑與車輻間，近杠轂即密，益遠益疏。今北斗爲天杠轂，二十八宿爲天橑輻。以星度度天，南方次地星間當數倍，今交密，何也？'"

按：此文當係楊雄受桓譚之啟發，故對已以前所信奉之蓋天說提出疑難。

元延四年壬子（前九）　　四十五歲

正月，帝幸甘泉；三月，幸河東。

見《漢書·成帝紀》元延四年。

楊雄是年初草《太玄》，不復作賦。

《漢書·楊雄傳》云："雄以爲賦者將以風也，必推類而言，極麗靡之辭，閎侈鉅衍，競於使人不能加也，既迺歸之於正，然覽者已過矣。往時武帝好神仙，相如上《大人賦》，欲以風，帝反縹縹有陵雲之志。繇是言之，賦勸而不止，明矣。又頗似俳優淳于髡、優孟之徒，非法度所存，賢人君子賦詩之正也，於是輟不復爲。而大潭思渾天，參摹而四分之，極於八十一。旁則三摹九据（晉灼曰："据，今據字也。"），極之七百二十九贊，亦自然之道也。故觀《易》者，見其卦而名之；觀《玄》者，數其畫而定之。……"

按：此乃子雲自述其不復作賦之原因及草《玄》之動機與根據。蓋子雲自來京侍成帝，至今凡四獻賦，欲借以諷諫，而卒無效。故遂不復作賦，而潭思渾天以撰《太玄》也。然《解嘲》一文，本作於哀帝時，而《楊雄傳》卻述於不復作賦而潭思草《玄》之前，世人遂疑子雲草《玄》始於哀帝之朝，此實誤解。因爲《楊雄傳》本子雲《自序》之文（詳前），就其通篇結構而言，《解嘲》以前，乃自述其生平處世之跡；《解嘲》以後，乃自述其生平著述之事。關於著述，祇以《太玄》《法言》二書爲重點，即自"雄以爲賦者將以風也……"起，乃言草《玄》之緣起及《太玄》之綱要；自"雄見諸子各以其知舛馳……"起，乃言撰《法言》之原因及《法言》之敘目，全篇各有起訖，語意分明。《自序》之末，專言著述綱目，此漢人之慣例也。又攷《楊雄傳》蕭該《音義》引"劉向《別錄》"，有《太玄》"經目"。劉向卒於綏和元年，故子雲草《玄》，至晚當始於今年，劉向方得見其"經目"而附諸《別錄》之末。若草《玄》起於哀帝之時，則向安得見之。特向所見之"經目"，較之今傳《太玄》與楊雄《自序》多《玄問》一篇。蓋其時《玄》尚未成，向所見者乃其稿目，而《自序》所述乃其定本歟？

又按：楊雄草《玄》，不復作賦，但對辭賦不滿之意，仍時有流露。如《法言·吾子》云："或問：吾子少而好賦。曰：然，童子雕蟲篆刻；俄而曰：壯夫不爲也。或曰：賦可以諷乎？曰：諷乎！諷則已，不已，吾恐不免於勸也。或曰：霧縠之組麗。曰：女工之蠹矣。劍客論曰：劍可以愛身，曰：狌狌使人多禮乎？或問：景差、唐勒、宋玉、枚乘之賦也，益乎？曰：必也淫。淫則奈何？曰：詩人之賦麗以則，辭人之賦麗以淫。如孔氏之門用賦也，則賈誼升堂，相如入室矣，如其不用何？"子雲對辭賦之評價，於此畧見其梗概。

楊雄次子烏卒，年九歲，歸葬於蜀。

《太平御覽》五百五十六卷引桓譚《新論》云："楊子雲爲郎，居長安，素貧。比歲亡其兩男，哀痛之，皆持歸葬於蜀，以此困乏。子雲達聖道，明於死生，不下季札。然而慕戀死子，不能以義割恩，自令多費，而至困貧。"

按：楊雄死兩男，長男無攷；次男爲楊烏，而死年亦不見記載。然《法言·問神》云："育而不苗者，吾家之童烏乎，九齡而與我玄文。"李軌註云："童烏，子雲子也。"又《太平御覽》三百八十五卷引《劉向別傳》（《御覽》引《別錄》，有時稱《七畧別傳》，有時稱《劉向別傳》）云："楊信，字子烏，雄第二子，幼而聰慧。雄算《玄經》不會，子烏令作九數而得之。雄又擬《易》'羝羊觸藩'，彌日不就。子烏曰：大人何不曰'荷戟入榛'。"今據以上二說攷之，則楊烏九歲與《玄》文，當在今年；其夭亡，亦當在今年。蓋早於今年，則不得與《玄》文；晚於今年，則劉向不得著之《別錄》也。至於《華陽國志》卷十，謂楊烏九歲卒，是也；謂七歲與《玄》文，則非。因楊烏七歲乃元延二年，其時雄正忙於獻賦，並無草《玄》之事。且《法言》明言"九齡而與我《玄》文"，不容舛誤也。又今《太玄經》無"荷戟入榛"句，惟《干》次七云："荷戟解解。"豈今本《太玄》爲子雲後來所改定耶？

綏和元年癸丑（前八）　　四十六歲

七月甲寅，大司馬王根免。

十一月丙寅。光禄大夫王莽爲大司馬。

並見《漢書·百官公卿表》。

是年，劉向卒，年七十二歲。

《漢書·劉向傳》云：向"居列大夫官前後三十餘年，年七十二卒。卒後十三歲而王氏代漢。"《漢書補註》引錢大昕曰："依此推檢，向當卒於成帝綏和元年。"錢說極是，蓋漢人皆以爲莽代漢在居攝元年。

按：以學術地位言，漢人往往劉向、楊雄並稱。如《漢書·劉向傳·贊》云："仲尼稱'材難，不其然與！'自孔子後，綴文之士眾矣。惟孟軻、孫況、董仲舒、司馬遷、劉向、楊雄，此數公者，皆博物洽聞，通達古今，其言有補於世。傳曰'聖人不出，其間必有命世者焉'，豈近是乎？"

綏和二年甲寅（前七）　　四十七歲

正月，帝幸甘泉；三月幸河東。

三月丙戌，帝崩於未央宮。

並見《漢書·成帝紀》綏和二年。

四月丙午，哀帝即位。

見《漢書·哀帝本紀》。

劉歆繼父向校書，移祕書於天禄閣。

《漢書·劉歆傳》云："向死後，歆復爲中壘校尉。哀帝初即位，大司馬王莽舉歆宗室有材行，爲侍中太中大夫，遷騎都尉、奉車光禄大夫，貴幸。復領《五經》，卒父前業。歆乃集六藝群書，種別爲《七略》。語在《藝文志》。"又《隋書·經籍志》云："向卒後，哀帝使其子歆嗣父之業，乃徙溫室中書於天禄閣上。歆遂總括群書，撮其指要，著爲《七略》。"

按：《隋書》所謂"天禄閣"，即子雲校書處。子雲爲郎之歲，即得觀中祕書於石室。及徙書天禄閣，子雲又得任校書之職，子雲之博學，實基於此。

谷永卒於是年。

《漢書·谷永傳》云："曲陽侯根爲票騎將軍，薦永徵入爲大司農。歲餘，永病，三月，有司奏請免。故事，公卿病，輒賜告，至永獨即時免。數月，卒於家。本名並，以尉氏樊並反，更名'永'云。"攷《百官公卿表》谷永爲大司農在元延四年，則其卒當在今年。

按：《谷永傳》云："永於經書，汎爲疏達，與杜欽、杜鄴畧等，不能洽浹如劉向父子及楊雄也。"

又按：焦竑《筆乘》謂《劇秦美新》一文，乃谷子雲（谷字子雲）所作，非出於楊子雲。而不知谷永卒於今年，下距王莽代漢尚有數年之久，安得作是文。此殆前人多爲雄諱，故致違史實。

十二月丁丑，大司馬王莽免，師丹爲大司馬。

並見《漢書·百官公卿表》。

哀帝建平元年乙卯（前六）　　四十八歲

四月丁酉，傅喜爲大司馬。

見《漢書·百官公卿表》。

杜鄴爲涼州刺史。

《漢書·杜鄴傳》云："哀帝即位，遷爲涼州刺史。鄴居職，寬舒少威嚴，數年以病免。"

劉歆移書讓太常博士，因出爲河內太守。

《漢書·劉歆傳》云："及歆親近，欲建立《左氏春秋》及《毛詩》《逸禮》《古文尚書》皆列於學官。哀帝令歆與《五經》博士講論其義，諸博士或不肯置對，歆因移書太常博士，責讓之曰：（文畧）其言甚切，諸儒皆怨恨。是時名儒光祿大夫龔勝以歆移書，上疏深自罪責，願乞骸骨罷。及儒者師丹爲大司空，亦大怒，奏歆改亂舊章，非毀先帝所立。上曰：'歆意欲廣道術，亦何以爲非毀哉？'歆由是忤執政大臣，爲衆儒所訕，懼誅，求出補吏，爲河內太守。"

按：劉歆移書，爲西漢學術界大事，但史未書在何時。攷師丹爲大司空，至今年九月即免。則歆之移書及其求出補吏，殆皆在今年九月以前。

建平二年丙辰（西元前五）　四十九歲

二月丁丑，大司馬傅喜免，丁明爲大司馬。

見《漢書·百官公卿表》。

王莽以新都侯就國。

見《漢書·王莽傳》。

楊雄與李尋諫上不應相朱博。

《漢書·五行志》云："哀帝建平二年四月乙亥朔，御史大夫朱博爲丞相，少府趙玄爲御史大夫，臨廷登受策，有大聲如鐘鳴，殿中郎吏陛者皆聞焉。上以問黃門侍郎楊雄、李尋，尋對曰：'《洪範》所謂鼓妖者也。……'楊雄亦以爲鼓妖，聽失之象也。朱博爲人彊毅多權謀，宜將不宜相。恐有凶惡亟疾之怒。"

建平三年丁巳（前四）　五十歲

董賢拜黃門郎，與楊雄同官。

《漢書·楊雄傳·贊》云：楊雄"哀帝之初，又與董賢同官"。

按：《漢書·董賢傳》云："二歲餘（承上文爲郎言），賢傳漏在殿下，爲人美麗自喜，哀帝望見，説其儀貌，識而問之，曰：'是舍人董賢耶？'因引上與語，拜爲黃門郎，繇是始幸。"是楊雄與董賢同官，當自是年始。

建平四年戊午（前三）　　五十一歲

楊雄上書諫勿許單于朝。

《漢書·匈奴傳》云："建平四年，單于上書願朝五年。時哀帝被疾，或言匈奴從上游來厭人，自黃龍、竟寧時，單于朝中國輒有大故。上由是難之。以問公卿，亦以爲虛費府帑，可且勿許。單于使辭去，未發，黃門郎楊雄上書諫曰（書從畧）書奏，天子寤焉，召還匈奴使者，更報單于書而許之。賜雄帛五十匹，黃金十斤。單于未發，會病，復遣使願朝明年。"

按：當時君臣，以魔道自蔽，竟謂"匈奴從上游來厭人"，能使漢有大故。今觀子雲此書，歷述秦漢以來中國與匈奴之關係，及其利害得失，瞭若指掌。而於羈縻外族防患未然之道，言之尤明且詳，非當時一般博士經生所能見及者。其《法言·孝至》有云："詘詘北夷，被我純繢，帶我金犀，珍膳寧餬，不亦厚乎？（從《御覽》"享"作"厚"）曰：昔在高文武，實爲兵主，今稽首來臣，稱爲北藩，是爲宗廟之神，社稷之靈也，可不厚乎。"此蓋子雲弭邊寡息民生之一貫主張也。

元壽元年己未（前二）　　五十二歲

楊雄作《解嘲》。

《漢書·楊雄傳》云："哀帝時，丁、傅、董賢用事，諸附離之者或起家至二千石。時雄方草《太玄》，有以自守，泊如也。或嘲雄以玄尚白，而雄解之，號曰《解嘲》（文從畧）。"

按：《漢書·百官公卿表》元壽元年：正月辛丑，丁明爲大司馬驃騎將軍；傅晏爲大司馬衛將軍；十二月庚子，董賢爲大司馬衛將軍。是丁明、傅晏、董賢等人用事，皆在是年，則《解嘲》當即作於是時。《解嘲》有云："客徒欲朱丹吾轂，不知一跌將赤吾之族也。"在群小當道之日，子雲全身遠害之意，溢於言表。

杜鄴卒於是年。

《漢書·杜鄴傳》云："元壽元年正月朔，上以皇后父孔鄉侯傅晏爲大司馬衛將軍，而帝舅陽安侯丁明爲大司馬票騎將軍。臨拜，日食，詔舉方正直言。扶陽侯韋育舉鄴方正，鄴對曰（文從畧）。鄴未拜，病卒。"則鄴之卒，即在是年。

按：《杜鄴傳》云："鄴少孤，其母張敞女。鄴壯，從敞子吉學問，得其家書。"又許慎《説文解字·敘》云："孝宣帝時詔通《倉頡》讀者，張敞從受之。涼州刺史杜鄴，沛人爰禮，講學大夫秦近，亦能之。"足證杜鄴之長於小學，實受自張敞也。

帝徵王莽還京師。

見《漢書·王莽傳》。

元壽二年庚申（前一）　五十三歲

張竦著名於時，楊雄常示以《方言》初稿。

《漢書·陳遵傳》云："遵少孤，與張竦伯松俱爲京兆史。竦博學通達，以廉儉自守，而遵放縱不拘，操行雖異，然相親友，哀帝之末俱著名字，爲後進冠。"是竦之著名，即在此時。

按：張竦乃西漢小學家，傳杜鄴之學。故《杜鄴傳》云："初，鄴從張吉學，吉子竦又幼孤，從鄴學問，亦著於世，尤長小學。"楊雄與竦亦友善，是時雄正撰《方言》，曾以初稿示竦，竦大稱賞。故雄《答劉歆書》有云："張伯松不好雄賦頌之文，然亦有以奇之。常爲雄道言其父及其先君憙典訓，屬雄以此篇目（指《方言》），頗示其成者，伯松曰：'是懸諸日月不刊之書也。'又言，恐雄爲《太玄經》，由（猶）鼠坻之與牛場也。"是漢人對《方言》已予以崇高之評價。

六月戊午，哀帝崩。

見《漢書·哀帝本紀》元壽二年。

新都侯王莽爲大司馬。

九月平帝即位。

並見《漢書·平帝本紀》。

平帝元始元年辛酉（公元一年）五十四歲

王莽爲安漢公。

《漢書·平帝紀》元始元年云："群臣奏言大司馬（王）莽功德比周公，賜號安漢公。"

劉歆爲羲和。

《漢書·平帝紀》元始元年云："二月，置羲和官。"又《劉歆傳》云：

"會哀帝崩，王莽持政。莽少與歆俱爲黃門郎，重之，白太后。太后留歆爲右曹太中大夫，遷中壘校尉、羲和、京兆尹，使治明堂、辟雍。"

元始二年壬戌（二）　　五十五歲

元始三年癸亥（三）　　五十六歲

王莽奏車服制度，立官稷及學官。

《漢書·平帝紀》元始三年云："夏，安漢公奏車服制度，吏民養生、送終、嫁娶、奴婢、田宅、器械之品。立官稷及學官。郡國曰學，縣、道、邑、侯國曰校，校、學置經師一人。鄉曰庠，聚曰序，序、庠置《孝經》師一人。"

按：楊雄《劇秦美新》有云："式軨軒旂旗以示之，揚和鸞肆夏以節之，施黼黻袞冕以昭之，正嫁娶送終以尊之……"蓋即指上述數事而言。

張竦爲陳崇草奏，稱莽功德。

《漢書·王莽傳》元始三年云："陳崇時爲大司徒司直，與張敞孫竦相善。竦者博通士，爲崇草奏，稱莽功德。"

元始四年甲子（四）　　五十七歲

楊雄作十二《州箴》及二十五《官箴》。

《漢書·楊雄傳·贊》云："箴莫善於《虞箴》，作《州箴》。"又《後漢書·胡廣傳》云："初，楊雄依《虞箴》作《十二州二十五官箴》。其九箴亡闕。"

按：《漢書·藝文志》儒家云："楊雄所序三十八篇。"班固自註云："《太玄》十九，《法言》十三，《樂》四，《箴》二。"攷班氏所謂"《箴》二"者，即指《州箴》與《官箴》言也。至於作箴時間，各書未詳。然據《平帝紀》元始四年云："更公卿大夫八十一元士官名位次，及十二州名分界。"則子雲之《官箴》《州箴》，當即作於此時也。

加王莽號曰宰衡。

見《漢書·平帝本紀》元始四年及《王莽傳》。

王莽奏立明堂辟雍。

見《漢書·平帝本紀》元始四年。又《王莽傳》云："是歲，莽奏起明堂、辟雍、靈臺，爲學者築舍萬區，作市、常滿倉，制度甚盛。立《樂經》，益博士員，經各五人。"

元始五年乙丑（五）　　五十八歲

王莽奏制禮作樂。

見《漢書·王莽傳》元始五年。

楊雄作《訓纂篇》。

《漢書·藝文志》"小學"類小序："《史籀篇》者，周時史官教學童書也，與孔氏壁中古文異體。《倉頡》七章者，秦丞相李斯作也；《爰歷》六章者，車府令趙高所作也；《博學》七章者，太史令胡母敬所作也。文字多取《史籀篇》，而篆體復頗異，所謂秦篆者也。是時始造隸書矣，起於官獄多事，苟趨省易，施之於徒隸也。漢興，閭里書師合《倉頡》《爰歷》《博學》三篇，斷六十字以爲一章，凡五十五章，並爲《倉頡篇》。武帝時，司馬相如作《凡將篇》，無復字；元帝時，黃門令史游作《急就篇》；成帝時，將作大匠李長作《元尚篇》，皆《倉頡》中正字也，《凡將》則頗有出入矣。至元始中，徵天下通小學者以百數，各令記字於庭中，楊雄取其有用者以作《訓纂篇》，順續《倉頡》，又易《倉頡》中重復之字，凡八十九章。……"

按：楊雄作《訓纂篇》，補續《倉頡》，實大有功於文字之學，故漢籍多紀其事。如《漢書·平帝紀》元始五年亦云："徵天下通知逸經、古記、天文、曆算、鍾律、小學、《史篇》、方術《本草》及以《五經》《論語》《孝經》《爾雅》教授者，在所爲駕一封軺傳，遣詣京師，至者數千人。"又《王莽傳》云："徵天下通一藝教授十一人以上，及有逸《禮》、古《書》、《毛詩》《周官》《爾雅》、天文、圖讖、鍾律、月令、兵法、《史篇》文字，通知其意者，皆詣公車，網羅天下異能之士，至者前後千數，皆令記說廷中。"在此盛舉中，而能集文字學之大成者則爲楊雄。除《藝文志》紀其事，許慎《說文解字·敘》云："孝平皇帝時，徵禮（爰禮）等百餘人，令說文字未央廷中，以禮爲小學元士。黃門侍郎楊雄，采以作《訓纂篇》。凡《倉頡》已下十四篇，凡五千三百四十字，群書所載，畧存之矣。"攷西漢《倉頡》，六十字爲一章，凡五十五章，共三千三百字，而楊雄《訓纂》則爲五千三百四十字，較之《倉頡》多出二千四十字，其蒐羅放佚之功亦偉矣。

又按：未央宮廷中記字事，《平帝本紀》在元始五年。《王莽傳》亦載其事，惟敘於元始三年後，五年前，似四年事，較《平帝本紀》早一年。或其事始於四年，終於五年，故所書各異耳。楊雄采所記之文字以作《訓纂》，自當在事畢之際，故系於今年。

十二月丙午，平帝崩。

見《漢書·平帝本紀》。

孺子嬰居攝元年丙寅（六）　　五十九歲

大司空甄豐等校理文書，頗改定古文。

許慎《説文解字·敘》云："及亡新居攝，使大司空甄豐等校文書之部。自以爲應制作，頗改定古文。時有六書：一曰古文，孔子壁中書也；二曰奇字，即古文而異者也；三曰篆書，即小篆，秦始皇帝使下杜人程邈所作也（段玉裁以爲此十三字當在下文"左書即秦隷書"之下）；四曰左書，即秦隷書；五曰繆篆，所以摹印也；六曰鳥蟲書，所以書幡信也。"

按：王莽時改定之文字，今不可見，惟《説文解字》晶部云："曡，楊雄説以爲古理官決罪，三日得其宜，乃行之，从晶从宜。亡新以爲曡从三日太盛，而改之爲三田。"此蓋即甄豐等所改定者。然漢《孔龢碑》在王莽後，而曡字仍从三日，則當時雖已改定，而所行並不廣也。

張竦爲劉嘉作奏，稱莽功德，封淑德侯。

《漢書·王莽傳》：居攝元年，安衆侯劉崇與相張紹謀反莽，事敗。"紹者，張竦之从兄也。竦與崇族父劉嘉詣闕自歸，莽赦弗罪。竦因爲嘉作奏（奏文從畧）。於是莽大説。……後又封竦爲淑德侯。"

居攝二年丁卯（七）　　六十歲

桓譚爲莽頒誥，封明告里附城。

《漢書·翟方進傳》云："……莽於是依《周書》作《大誥》曰（《大誥》文從畧）乃遣大夫桓譚等班行諭告當反位孺子之意。還，封譚爲明告里附城。"

按：《王莽傳》敘此事於居攝二年："大夫譚"作"諫大夫桓譚"。

初始元年戊辰（八）　　六十一歲

王莽始建國元年己巳（九）　　六十二歲

王莽仿行井田，禁買賣田宅奴婢。

見《王莽傳》始建國元年四月。

楊雄《法言》成於是年。

按：《法言》之成書年代，不見典籍。但據《法言》內容觀之，當係絕筆於今年。如《法言》之末篇爲《孝至》，而《孝至》之結語有云："漢興二百一十載而中天，其庶矣乎！辟雍以本之，校學以教之，禮樂以容之，輿服以表之，復其井刑，勉（免）人役，唐矣夫。"致莽之定輿服，興學校，在元始三年；立辟雍，制禮樂，在元始四年至五年；其云"復井刑，免人役"，則即指今年四月仿行井田、禁買賣田宅奴婢而言。是《法言》之絶筆，當在今年四月以後，明年投閣以前也。自漢高帝元年至今，凡二百一十五年，而此云"二百一十載"者，蓋舉成數言之耳。

桓譚爲掌樂大夫，與楊雄辯析疑異。

《後漢書·桓譚傳》云："父成帝時爲太樂令，譚以父任爲郎，因好音律，善鼓琴。博學多通，徧習《五經》，皆訓詁大義，不爲章句。能文章，尤好古學。數从劉歆、楊雄辯析疑異。性嗜倡樂，簡易不修威儀，而憙非毀俗儒，由是多見排抵，哀平間位不過郎。……當王莽居攝篡弑之際，天下之士，莫不競褒稱德美，作符命以求容媚。譚獨自守，默然無言。莽時爲掌樂大夫。"

按：譚爲莽掌樂大夫，具體時間不可攷。固附錄於此。至於譚與子雲析疑辯難，除子雲來京之初，辯蓋天、渾天之是非外，亦曾討論音樂之事。如《太平御覽》五百六十五卷引桓譚《新論》云："楊子雲大才，而不曉音。余頗離雅操而更爲新弄，子雲曰：'事淺易善，深者難識，卿不好雅頌而悅鄭聲，宜也。'"《傳·贊》亦謂桓譚稱子雲爲"絕倫"。

始建國二年庚午（公元十）　六十三歲

楊雄校書天禄閣。甄尋等偽造符命，事發被累，投閣幾死，因以病免。

《漢書·楊雄傳·贊》云："王莽時，劉歆、甄豐皆爲上公，莽既以符命自立，即位之後欲絕其原以神前事，而豐子尋，歆子棻復獻之。莽誅豐父子，投棻四裔，辭所連及，便收不請。時雄校書天禄閣上，治獄使者來，欲收雄，雄恐不能自免，迺从閣上自投下，幾死。莽聞之曰：'雄素不與事，何故在此？'間請問其故，迺劉棻嘗从雄學作奇字，雄不知情。有詔勿問。然京師爲之語曰：'惟寂寞，自投閣；爰清靜，作符命。'雄從病免。"

按：《王莽傳》收捕甄尋、劉棻事，在始建國二年，故雄之投閣，當在是時。

始建國三年辛未（十一）　　六十四歲

龔勝卒，年七十九歲。

龔舍卒於居攝元年，六十八歲；龔勝卒於今年，七十九歲。俱見《漢書·兩龔傳》。

按：據《漢書·兩龔傳》，平帝時王莽秉政，龔舍、龔勝即退居不仕。莽篡後，又屢徵不應。故《法言·問明》有云："楚兩龔之絜，其清矣乎。"此子雲譽龔舍、龔勝不仕莽朝也。

始建國四年壬申（十二）　　六十五歲

楊雄爲中散大夫，奏《劇秦美新》。

雄奏《劇秦美新》事，不見於《漢書》。文載《文選》卷四十八及《藝文類聚》卷十。

按：《劇秦美新》究上於何時，頗難確定。以理推之，（一）據本文末段，自"被風濡化"以下，乃勸莽仿行巡狩封禪之事。攷《王莽傳》始建國五年，下詔擬於二月建寅之節東巡狩，以元后之喪而中止。天鳳元年又擬於二月行巡狩禮，群臣以居喪勸阻，遂預定於天鳳七年行之。子雲等勸莽巡狩，必在莽無此舉動之前，而非銳意進行之時。故書當上於今年，而巡狩之詔下於明年春，或似近理也。（二）子雲文中自"式軩軒旂旗"以下數句，乃歷敘莽自居攝以來之政治措施。其最晚者，爲"復五爵、度三壤"一事。據《王莽傳》，此事即在今年二月，詔所謂"州從禹貢爲九，爵從周氏有五"是也。此又可證子雲此書乃上於今年二月以後也。（三）《楊雄傳·贊》謂既投閣之後，"雄以病免，復召爲大夫"，其病免在始建國二年，但復召爲大夫，不知在何時。據雄此文首句自稱"諸吏中散大夫臣雄"，又云："數蒙渥恩，拔擢倫比，與群賢並。"則子雲之上此書，或即在其"復召爲大夫"之時。《漢書·元后傳》已稱"莽詔大夫楊雄作誄"，其時爲始建國五年三月，則其爲大夫必在此時以前矣。

始建國五年癸酉（十三）　　六十六歲

楊雄作《元后誄》。

《漢書·元后傳》云："太后年八十四，建國五年二月癸丑崩。三月乙酉，合葬渭陵。莽詔大夫楊雄作誄曰（文從略）。"

天鳳元年甲戌（十四）　　六十七歲

楊雄家居，授《太玄》《法言》於侯芭。

《漢書·楊雄傳·贊》云："雄以病免，復召爲大夫。家素貧，嗜酒，人希至其門。時有好事者載酒肴，從游學。而鉅鹿侯芭常從雄居，受其《太玄》《法言》焉。劉歆亦嘗觀之，謂雄曰：'空自苦，今學者有禄利，然尚不能明《易》，又如《玄》何？吾恐後人用覆醬瓿也。'雄笑而不應。"

按：此文足概括雄爲大夫後之晚年生活，故爲之附記於此。

天鳳二年乙亥（十五）　　六十八歲

天鳳三年丙子（十六）　　六十九歲

天鳳四年丁丑（十七）　　七十歲

楊雄撰《方言》未就，劉歆求觀，覆書絕之。

劉歆《與楊雄書》有云："……屬聞子雲獨採集先代絕言、異國殊語以爲十五卷，其所解略多矣，而不知其目。非子雲澹雅之才，沈鬱之思，不能經年銳精以成此書，良爲勤矣。歆雖不遘過庭，亦克識先君雅訓。三代之書，蘊藏於家，直不計耳。今聞此，甚爲子雲嘉之已。今聖朝留心典誥，發精於殊語，欲以驗攷四方之事，不勞戎馬高車之使，坐知傜俗，適子雲攘意之秋也。……蓋蕭何造律，張蒼推曆，皆成之於帷幕，貢之於王門，功列於漢室，名流乎無窮。誠以隆秋之時收藏不殆（怠），饑春之歲散之不疑，故至於此也。今謹使密人奉手書，願頗與其最目，使得入錄，令聖朝留明明之典。"

楊雄《答劉歆書》有云："……天下上計孝廉及內郡衛卒會者，雄常把三寸弱翰，齎油素四尺，以問其異語，歸即以鉛摘次之於槧，二十七歲於今矣。而語言或交錯相反，方復論思，詳悉集之，燕其疑。……扶聖朝遠照之明，使君求此，如君之意，誠雄散之之會也。死之日，則今之榮也。不敢有貳，不敢有愛。少而不以行立於鄉里，長而不以功顯於縣官，著訓於帝籍，但言詞博覽翰墨爲事。誠欲崇而就之，不可以遺，不可以怠。即君必欲脅之以威，陵之以武，欲令人之於此，此又未定，未可以見。今君又終之，則縊死以從命也。而可且寬假延期，必不敢有愛。雄之所爲，得使者輔貢於明朝，則雄無恨，何敢有匿，唯執事圖之。……"

按：楊雄之撰集《方言》，始於成帝元延三年，是年四十四歲。以《答劉歆書》"二十七歲於今矣"一語推之，則劉之求《方言》及雄之絕之，當在今年。又據《書》中有云"語言或交錯相反，方復論思，詳悉集之"，又有"此又未定，未可以見"，"且寬假延期，必不敢有愛"等語，可證是時《方言》猶未撰定，故絕歆之求。今傳《方言》，末卷多畧舉訓詁而已，其終未完稿可知也。劉《畧》班《志》皆未著錄《方言》，蓋以此。

楊雄問天文於渾天老工。

《北堂書鈔》卷一百三十、《太平御覽》卷二，皆引桓譚《新論》云："楊子雲好天文，問之於黃門作渾天老工曰：'我少能作其事，但隨尺寸法度，殊不曉達其意。然稍稍益愈，到今七十，乃甫適知己，又老且死矣。今我兒子受學作之，亦當復年如我，乃曉知己，又且復死焉。'其言可悲可笑也。"

按：以"到今七十"之語推之，知其事在今年。

楊雄與晚輩班彪往還。

《漢書·敘傳》云："彪字叔皮，幼與從兄嗣共遊學。家有賜書，內足於財，好古之士自遠方至，父黨楊子雲以下，莫不造門。"

按：《後漢書·班彪傳》云："建武三十年，年五十二卒。"又《漢書·敘傳》謂彪"年二十遭王莽敗"。據是推之，則班彪今年十五歲，而子雲之"造門"與遊，當在晚年，故附錄於此。

天鳳五年戊寅（十八）　七十一歲

楊雄卒於是年四月初五日癸丑晡時。

《漢書·楊雄傳·贊》云："年七十一，天鳳五年卒，侯芭爲起墳，喪之三年。時大司空王邑、納言嚴尤聞雄死，謂桓譚曰：'子嘗稱楊雄書，豈能傳於後世乎？'譚曰：'必傳。顧君與譚不及見也。'"

按：楊雄卒年，史有明文；至於月、日、時，則罕及之者。今據藝海樓鈔本《大唐類要》卷九十四引《楊子家錄》云："天鳳五年四月癸丑晡時卒。葬安陵坡上，子苞負土作墳，曰玄塚者也。"以天鳳五年四月朔己酉推之，則癸丑爲四月初五也。至於"子苞"則當爲"侯芭"之誤文。或疑《大唐類要》所載《楊子家錄》述及子雲生卒之年、月、日、時，過詳，乃偽書，不似漢代典籍。然一九七五年湖北雲夢睡虎地出土之秦簡"大事記"，實即主人公名"喜"者之《家牒》《家錄》。其中記"喜"之生年、月、日、時，與《楊子家錄》同體例。則此種體例，不僅漢代有之，秦代早已有之。追記於此以存證。

又按：《楊子家錄》實即古籍所引之《楊子家牒》，異名而同實。其中所述子雲死葬情況，有可補苴正史之不足。如《藝文類聚》卷四十引《楊雄家牒》云："子雲以天鳳五年卒，葬安陵阪上。所厚沛郡桓君山、平陵如子禮，弟子鉅鹿侯芭，共爲治喪。諸公遣世子朝臣郎吏行事者會送。桓君山爲斂賻，起祠塋。侯芭負土作墳，號曰玄塚。"與雄傳所記，可互相補充。又《文選·劉先生夫人墓志》李善註引《七畧》亦云："楊雄卒，弟子侯芭負土作墳，號曰玄塚。"

【附記】

右《楊雄年譜》二卷，初稿寫於一九三六年春，連載於一九三七年《論學》雜誌。是年又補苴修改，寫成定稿三卷，末卷爲《楊雄著述攷》等，較之初稿，畧強人意。時余正任教於蘇州章氏國學講習會，暑假北歸，路過上海，囑友人以此稿交商務印書館出版。不意蘆溝橋抗戰突起，上海旋淪陷，拙稿亦同歸於盡。事過境遷，今已五十餘年矣。偶檢存書，得《論學》殘本，而拙文幸存。當年曾自以爲對子雲生平事蹟之探索，頗有新發現。然自今視之，其時殆以子雲爲祖國語言文字學家不祧之大宗，故對西漢之小學傳授，多所敍錄，其餘則重視不足。詳畧之間，未必得當。但此乃個人治學之陳跡，過而存之，亦有其歷史意義。故此次整理時，除個別文句外，仍舊貫，不修補。蓋亦留真之意也。

一九八七年一月二十四日，山左湯炳正錄畢附記

《成均圖》與太炎先生對音學理論的建樹

——爲紀念太炎先生逝世五十周年而作

先師太炎先生，是中國近代史上的革命元老，學術泰斗。先生的學術成就，博大精深。他在史學、哲學、文學及語言文字學等方面所留下的豐富的學術遺產，啓迪後學，至今不衰。他的學術思想，上承千載傳統，下開一代新風，在中國學術史上寫下了極其光輝的篇章。

近幾年來，在黨的雙百方針指引下，學術界研究太炎先生的政治、學術思想之風大開；而國際學術界，也在這方面取得了顯著的成就。但總的看來，評價先生的政治業績者居多，而評價先生的學術成就者次之；尤其在評價學術成就的論著中，深入發掘先生對音學的貢獻者，更不多見。甚至前輩學者註釋先生的《國故論衡》時，對上卷（小學部分）竟不能置一詞[1]；其中的音學代表作《成均圖》，也往往被視爲"天書"。這固然由於中國聲韻學本身之艱深複雜，而先生在音理上的獨創見解及其深邃的命題，也確實會使望者生畏，行者卻步。

在紀念先生逝世五十周年之際，爲了發揚前修的學術思想，光大先哲的學術業績，僅就重讀《成均圖》時的一些體會，不揣譾陋，畧加闡述。如能談言微中，先生或當含笑於九泉耶！

---

[1] 二〇〇八年中華書局纔出版了龐俊、郭誠永"疏證"的《國故論衡》足本。

一、先生的音學觀點及其變化

《成均圖》收入先生的《國故論衡》上卷。《國故論衡》是先生學術思想的代表作。它開始印行於日本，時爲"庚戌年五月朔日"，即一九一〇年（清宣統二年）。時先生四十二歲，正講學於日本。余藏有此書的日本初印本。以此本與後來浙江圖書館刻本相比，浙刻上卷刪去《古今音損益説》一篇；並加入《音理論》《二十三部音準》《一字重音説》三篇。此殆先生所手訂。但浙刻本《成均圖》，標題橫排於圖之上端，以致與前篇《小學畧説》分界不清，易致混淆。而日本初刻本，篇題《成均圖》則豎排於篇首，其全式爲：

成均圖　　國故論衡上　　章氏學

其他各篇標題皆如此。此頗足糾浙刻《成均圖》篇題橫排之弊。

先生《成均圖》中的觀點，後來亦有變化。如果用《成均圖》所敘條例跟先生後四年出版的手稿本《文始》所附《成均圖》條例相比，即有所改變。如：

（1）第五、六條之間，《文始》加入"凡二部同居爲近轉"一條。此殆指"談"與"盇"、"歌"與"泰"等部的情況而言。因此，第十條"凡近旁轉、次旁轉、正對轉、次對轉，爲正聲"，《文始》在"凡"字下又加入"近轉"一例，以與前"近轉"條相應。

（2）第九條，"凡陰聲陽聲雖非對轉而以比鄰相出入者爲交紐轉"。第十條，"凡隔軸聲者不得轉，然有間以軸聲隔五相轉者爲隔越轉"，而《文始》此二條皆刪去。因此，末條"凡交紐轉，隔越轉爲變聲"，《文始》亦相應改爲"凡雙聲相轉，不在五轉之例，爲變聲。"

上述的改變，有的是益臻精密，如加"近轉"一條，是也；有的是避免絫冗，如刪去"交紐轉""隔越轉"而以"雙聲"概之，是也。除此之外，先生的《成均圖》分古韻爲二十三部，而晚年又在《音學餘論》中主張合"冬""侵"爲一部（《太炎文録》續編）。亦即從分部來講，又有由二十三部改爲二十二部之異。

但是，探討先生的治學經過，正可據《成均圖》到《文始》等學術著作的觀點變化，以觀先生學術思想之發展，而不應以後說廢前說。況先生的《國故論衡》自有其學術特色，決不會因自我修訂，而失去學術光彩與歷史意義。這正如先生的《訄書》，雖曾幾經修改，自訂爲《檢論》，但《訄書》的學術價值，並未因此而被否定；反之，它正是研究先生壯年學術思想之珍貴資料而爲學術界所推重。我們對待先生的音學名作《成均圖》，亦應如是。因爲《成均圖》中某些觀點，確實至今仍給我們以無限啓迪。

凡評定先生的古音學者，多稱道其劃分"隊"部的功績，其實對古韻的分部，時至晚清，已臻細密。再向前發展，很難有更大的突破。因此，先生之功績，蓋不在於對韻部的劃分，而在於求韻部之"通轉"；不在於得其"體"，而在於窮其"用"。先生在擁有大量文獻資料之基礎上，不僅證明了他的二十三部的劃分根據，而更重要的是以大量的文獻資料，勾通了二十三部之間的通轉關係。

我們知道，任何事物都不可能是孤立存在的，古代韻部與韻部之間的關係，也同樣如此；任何事物都不會是一成不變的，古代每個韻部本身的情況，也同樣如此。太炎先生上承清儒傳統，在古韻學上大大地拓寬了古韻的通轉之路，並進而揭示其在音理上的通轉規律，建立了自己的古韻通轉體系。這就是《成均圖》之所由作，也就是先生在古音學史上最突出的貢獻。正由於他在古韻的通轉上建立了自己的體系，因而在運用上纔能得心應手，六經皆註腳，萬象供驅遣，寫下了像《國故論衡》（上卷）《文始》《小學答問》《新方言》等一系列的輝煌論著。從橫向來講，是形、音、義融爲一體；從縱向來講，又提出了語言文字學史上孳乳、引申、假借等一整套的演化規律。這充分體現了"疑於義者以聲求之，疑於聲者以義正之"（戴震語）的辯證觀點，從而使"小學"真正擺脫了經學的附庸地位，而成爲一門獨立學科。因此，先生有關"小學"的論述，確實是中國語言文字學史上的一座里程碑。

當然，對先生《成均圖》的通轉關係，前人及時賢，亦多有微言，以爲循是以往，則二十三部"無所不通，無所不轉"，或竟"混爲一部"矣。但先生在《文始·畧例辛》有云："夫經聲者方以智，轉聲者圓而神。圓出於方，方數爲典，非有二十三部，雖欲明其轉變，亦何由也。"這裏所謂"經聲"者,即指分部而言,所謂"轉聲"者,即指通轉而言。可見,先生的通轉説,乃在嚴格分部的基礎上建立起來的;他的靈話運用,乃是在精密的音學理論指導下進行的。分部乃其"常",通轉乃其"變","常""變"之間,在先秦韻文中,自有其科學比例,不容混淆。也有人説:"當以雙聲相轉概之已足,不必多立條例。"其實,這也是似是而非之説。因爲先生在二十三部通轉中所提出的論據,没有一條不是具有"雙聲"關係的。但同樣是"雙聲"關係,爲什麽又各有其不同的通轉之路呢?雖然,探索這種通轉規律在音理上的根據,還需要學術界的不斷努力,但如果祇承認聲紐有遠近之分,而否定韻部亦有其親疏之别,此實不精之論。當然,先生對此,亦或有時代上的局限,理論上的缺點,但其精闢之處,至今仍對學術界有極其深刻的啓迪性,這是不容否認的事實。

先生《成均圖》中的精闢見解是多方面的。但人所共知者,這裏就不再覼述。現僅舉二例,闡幽發微,以抒所見:第一,關於音學理論上的科學論斷問題;第二,關於對音學理論的探索精神問題。因爲這當中,還有不少被人們忽視之處,畧述於下,以就正於有道。

二、關於陰陽對轉的音理關係

陰陽對轉的音理關係,本來是學術界所熟悉的老問題。但先生的精論,卻未必盡人皆知。

關於陰、陽、入三聲的相互關係,《廣韻》系統是以入聲配陽聲的;清代顧炎武以《詩經》用韻爲據,又將入聲並入陰聲。迨戴東原氏,始定陰、陽二聲可以對轉,而以入聲爲陰陽對轉之樞紐;至孔廣森氏,雖亦主陰陽對轉,而又以入聲附陰聲,除"合類"外,不獨立成部。

降及當代,陰陽對轉的理論,多爲古韻學家所接受。但其間又分爲兩個支派:偏重攷古者,多從孔氏之説,以《詩經》通用爲據,將入聲歸諸陰聲,如太炎先生是也;偏重審音者,則多從戴氏之説,以音理上陰入二聲有别,故陰入分列,如黄季剛先生是也。

章黄皆兼長攷古與審音,但以各有偏重,故所列韻表,在同一理論基礎上而形成了兩個不同的分支。這正如清儒戴孔爲師弟，而所列韻表又各有體系。

但是，無論是將入聲並入陰聲，還是以入聲兼承陰陽，都存在一個通轉問題。即前者有陰聲與陽聲對轉問題；後者則陰陽對轉之外，又有陰入二聲通叶問題。這一切，他們無疑都是有根據的。我這裏所說根據，主要是指的在典籍上或方音上的事實根據。因爲古韻學家們一般都掌握了一定的事實，並非妄下結論。但是，一個科學家，在掌握了事實之後，必須進一步根據事實來探索事物的本質和規律。

因此，對上述問題，從語音原理上探索其轉變規律，竟成了半個世紀以來，古韻學家聚訟紛紜的重大課題；甚至發展成爲國際性的學術論爭。對此，我們不能不予以足夠的重視。

我近年來反覆重讀太炎先生的《成均圖》之後，覺得這個問題，早在二十世紀初期，太炎先生已經注意到了，而且提出了至今仍能獨樹一幟的精闢見解。

我們知道，對古音中陰聲跟入聲陽聲的通轉關係，學術界意見並不一致。如中國傳統的古音學家，一般認爲陰聲乃元音收尾的韻；陽聲則爲元音之後附有 n、ŋ、m 等輔音韻尾；入聲則爲元音之後附有 t、k、p 等輔音韻尾。亦即陰聲跟陽入二聲的區別，是輔音韻尾的有無問題；而陽聲跟入聲的區別，則爲輔音韻尾的不同問題。總之，陰聲乃元音收尾的韻，這一點是一致的意見。

但是，西方學者，則是另外一種結論，例如：

第一，西方學者西門，把所有中國古韻的陰聲，全部擬爲"閉口音節"，即都有"韻尾輔音"。

第二，西方學者高本漢，則認爲除歌部以外，衹有魚部及侯部的一部分字沒有"韻尾輔音"，其餘陰聲，全有"韻尾輔音"。

當然中國學術界也有個別學者，同意西方的意見，認爲陰聲也有"韻尾輔音"。

從上述情況看，似乎中國先秦時代幾乎沒有元音收尾的字，衹有"閉口音節"的語音。雖然上述各家所擬的"韻尾輔音"並不完全一致，但總的結論是一致的。

　　我認爲，提出上述主張的同志，有一個根本觀念，即把輔音跟元音之間的界限，看得太嚴太死，看作是一成不變的東西。故認爲：陰聲如果沒有"輔音韻尾"，就不可能跟帶有"輔音韻尾"的入聲乃至陽聲相通轉。古代的語言資料中既然陰、入有通叶，或陰、陽有對轉，則陽入二聲既有"輔音韻尾"，故陰聲必然也有"輔音韻尾"。因此，在肯定陰聲不可能沒有"韻音輔尾"的原則指導之下，纔提出了上述種種假設。

　　當然，如果認爲陰、陽對轉，或陰、入通叶，祇不過是陽聲的 n、ŋ、m 或入聲的 t、k、p 等韻尾輔音的有無或不同的問題，與元音無涉，那確實把問題看得簡單化了；但是，如果認爲陰聲與入聲乃至陽聲的通轉，陰聲必須有"韻尾輔音"作爲不可缺少的條件，則又未免把問題看得絕對化了。

　　我們認爲，輔音與元音之間，是有嚴格界限的，性質不同，不容混淆，這是首先應該肯定的。但是，我們也應該看到，從元音來講，凡是高元音超過一定限度時，就會打破元音的界限而向輔音轉化；反之，有些唇舌輔音，在一定條件下，亦會由輔音轉化爲元音。這無論是從大量的語言資料來看，還是從語音原理來講，都是不可否認的事實。因爲，一切事物的轉化，在量變到達一定程度時，必然要引起質變，元音與輔音之間的互相轉化，也是同樣的道理。因此，在陰聲跟入聲的關係上，認爲陰聲必須有"輔音韻尾"，方能跟具有"輔音韻尾"的入聲互相轉化或互相通叶，這是不符合事實的設想。正因爲如此，在古韻學上的陰陽對轉問題，太炎先生在二十世紀初的《成均圖》裏所提出的一段話，雖然談的陰陽對轉，但對解釋陰入通叶問題，同樣給我們以極大的啟發。他説：

　　　　音之正者：呼侯、幽、之、宵諸韻，聲固近撮唇；呼歌、泰、脂、隊、至、支諸韻，聲固近上舌矣。循是而施鼻音，既有常典，故範圍不可過。摩、那二音，曷能更互以施焉。

　　先生這段話的來因，是由於有人提問："凡陽聲之收半摩、半那者，從陰聲而加之鼻音，幽、侯、之、宵，寧不可加以半那？歌、泰、脂、隊、至、支，寧不可加以半摩耶?"故先生纔作出如上的回答。先生這段話裏的所謂"撮脣",係指"撮脣鼻音",即問話當中的"半摩",亦即今天所習稱之陽聲收"韻尾輔音"m者;這段話裏的所謂"上舌",係指"上舌鼻音",即問話中的"半那",亦即今天所習稱之陽聲收"韻尾輔音"n者。皆針對問話的論點而作答。

從先生上述這段話裏可以看出,先生認爲:陰陽二聲的對轉,既不是單純的m、n等"韻尾輔音"的增加或減省的問題,更不允許把m、n等"韻尾輔音"看成是可以隨意調換的因素;而是由於陰聲的"元音韻尾"跟陽聲的"輔音韻尾"互相近似、互相對應,因而纔能互相轉化的必然關係。即轉化的根據,乃在於侯、幽、之、宵諸陰聲的"元音韻尾",跟侵、談諸陽聲的"輔音韻尾"之間的性質"固近",故得相轉;而歌、泰、脂、隊、至、支諸陰聲的"元音韻尾",跟寒、諄、真諸陽聲的"輔音韻尾"之間的性質"固近",故得相轉。因此,我們在這裏同樣可以用先生這一陰陽對轉的原則來解釋陰入通叶的道理。即陰入二聲之間的通叶,是由於某陰聲的"元音韻尾",本來就跟某入聲的"輔音韻尾"的性質相近;而並不是由於陰聲也有"輔音韻尾"所造成的。認爲中國古代所有的陰聲皆有"輔音韻尾",皆爲"閉口音節",這是不必要的。

第一,先談"侯、幽、之、宵諸韻,聲固近撮脣"問題。

這裏說的侯、幽、之、宵等陰聲"固近撮脣",蓋以爲對先秦古韻的擬音,這些陰聲韻部都跟幽、宵等收閉口母音u者屬於一個類型。由於u爲圓脣極閉的元音,故與陽聲談、侵等部收雙脣鼻音m的韻尾輔音"固近",因而形成了他們之間的陰陽對轉關係。

但是,上述諸部的對轉問題,從古代遺留下來的語言資料看,是相當複雜的。例如侯、幽、宵等部,他們有時跟收m韻尾的侵、談等部發生對轉關係;有時也跟收ŋ韻尾的東、冬等部發生對轉關係。故戴震以侯、東爲對轉,以宵、陽爲對轉;而孔廣森一面以幽部與冬部對轉,但一面又以宵部與侵部對轉。迨至嚴可均,始徹底改變戴說,而以幽部對轉侵部,以宵部對轉談部。亦即由陰聲收u與陽聲收ŋ之間的對轉,一變而爲由陰聲收u與陽聲收m之間的對轉。其實,他們提出的不同的對轉關係,都可以從古代典籍中找到證據,故各持己見以建立自己的體系。而太炎先生的《成均圖》,則既以宵部對轉談(盍),而又以幽部兼對侵(緝)、冬等。也就是說,把上述兩派綜合而用之,這也是以事實爲依據,並非自亂其例。如果從音理上講,收 u 的陰聲各部,得以兼轉收 ŋ 收 m 的陽聲各部,也自有其理論根據。因爲 u 元音,除圓脣、極閉的特徵之外,其另一特徵,即他又爲後舌元音。由於圓舌、極閉,故得與收雙脣鼻音 m 之侵、談等部相對轉,又由於後舌元音,後舌隆起達到了極度,故得與收舌根鼻音 ŋ 之東、冬、蒸等部相對轉。當然,先生是認爲東、冬、蒸等部也皆收 m,故得與 u 系韻部對轉,這自然是符合音理的設想。但從上述的情況看,則先生以收 u 諸部兼承東、冬等部,即使東、冬、蒸等部本皆收 ŋ,在音理上也是講得通的。

第二,再談"歌、泰、脂、隊、至、支諸韻,固近上舌"的問題:

太炎先生又說,歌、泰、脂、隊、至、支等陰聲,"固近上舌"者,蓋以爲對先秦古韻的擬音,這些陰聲韻部都跟泰、脂等部收前舌元音 i 者屬於一個類型。由於 i 爲極前舌的高元音,故得與陽聲寒、諄等部收舌尖鼻音 n 的韻尾輔音"固近",因而形成了他們之間的陰陽對轉關係。

我們知道,先生是主張陰、入二聲不分的。因此,這裏所謂的泰、隊、至三部,都是作爲陰聲來對待的。故先生的擬音,泰、隊等部與脂、支等部一樣,皆屬於收 i 韻尾的陰聲韻部,這些具有元音韻尾 i 的陰聲,得與具有輔音韻尾 n 的寒、諄等部相對轉,是因爲 i、n 之間,雖有元音、輔音之別,但無論是舌體的部位或口腔的開閉,在音理上是最相近的。先生所謂泰、隊等部"固近上舌",即指此而言。當然,即使將泰、隊等部劃爲入聲,則這些收輔音韻尾 t 系的入聲,跟收元音韻尾 i 系的陰聲,仍然是發音部位最近,通轉關係最便的陰入體系。

而這裏必須進一步指出的是,清儒言對轉者,如戴震、孔廣森、嚴可均以來,雖分部或有不同,但對歌、脂、支三部跟寒、諄、青的對轉關係,基本上是一致的;而且在古韻的擬音研究中,一般都把青部劃歸 ŋ 韻尾的陽聲體系中。但是,這裏有個矛盾,即陰聲支部,古人多跟脂、歌等部旁轉;陽聲青部,亦多跟真、諄等部旁轉。如果將青部劃歸 ŋ 系中去,就會打亂這個被大量歷史事實所證明了的旁轉體系。因此,太炎先生在《成均圖》裏把青部劃歸 n 韻尾的體系之中，這雖與眾不同，卻合乎歷史事實；而且跟先生的"呼歌、泰、脂、隊、至、支諸韻，聲固近上舌"的原則也是一致的。因爲青部如果不是收"上舌鼻音" n，則跟收 i 韻尾的支部，就很難構成已被大量歷史事實所證明了的陰陽對轉關係。

從上述情況看，我們認爲太炎先生的《成均圖》，雖然偏重"攷古"，陰、入不分，對"審音"也帶來某些影響，但在陰、陽對轉的理論分析中，確實包含有極其精闢的創見。尤其在處理元音韻尾與輔音韻尾之間的關係上，是符合辯證觀點的。這在七十多年前的當時，確有開闢之功，而對七十多年後的今天，仍具有巨大的啟發，爲解決陰聲有無"輔音韻尾"問題，提供了合乎實際的理論根據。

當然，當前在世界範圍內的中國古音學界，主要爭論是在於陰聲與入聲的關係問題；即古人陰聲與入聲相通叶，是否陰聲一定要跟入聲一樣，也必須有"輔音韻尾"？關於解決這個問題，我認爲太炎先生所建立的陰陽對轉的理論學說，同樣是有意義的。即凡入聲的 p、k、t 輔音韻尾，跟陽聲的輔音韻尾 m、ŋ、n 發音部位完全一致，故亦得與陰聲的 u、i 等元音韻尾互相通轉。沒有必要在陰聲韻尾上附加輔音。而且，即使像一般擬音那樣，把歌、魚二部都擬成低元音（開口），但從某些原因看，歌部應當是前舌元音 a，魚部應當是後舌元音 ɑ，而絕不是相反。因而從廣義上說，也可以認爲歌部跟曷部"固近"，魚部跟鐸部"固近"。這就是我的一點體會。

三、對於"變聲"通轉的探索精神

任何一個勇於探索真理的科學家，在大量的事實面前，總要追尋其所以然的道理；在紛繁的事物當中，總要探索其必然的規律。而且在不斷地追尋探索的過程中，既允許修正自己原來的結論，提出新的結論；也可以在難於判斷的情況下，兩個結論暫時並存，以待將來論定；並且在必要時，也可以祇把問題提出來，以供後人探索。在太炎先生的著述中，就明顯地體現出這種實事求是的科學精神。

以先生的《成均圖》而論，它就是從大量的、紛繁的語言資料中，經過反復探索而提出的古韻轉變規律。

但是，其中如"近旁轉""次旁轉"，"正對轉""次對轉"等轉變規律，在學術界是得到普遍承認的；而此外所謂"交紐轉""隔越轉"兩條規律，則往往不爲人們所理解。即先生自己，亦以爲此乃超越常規，故不在"四轉"之例，而稱之謂"變聲"。甚至先生後來的《文始·敘例》中，又放棄這兩條規律，改爲"雙聲相轉"一條以概之。但先生也並沒有因此而對《成均圖》中的原來條例加以刪正。看來，先生既有改變前論的態度，也有二者並存以待將來論定的意味。當然，這也許是先生對《成均圖》是從音理上揭其精蘊，而對《文始》則是從運用上存其概畧。

不過，從古代所遺留下來的大量語言資料來看，我們的語言學界，還不能說已經都得到了順理成章的解釋；有不少問題，仍待我們去不斷地探索研討。這是客觀事實。在今天是如此，在太炎先生當年，更是如此。因而問題必須探討，結論不妨並存，這纔是科學態度。

我們準備首先談《成均圖》中的"交紐轉"問題。

對此，先生在古代的語言資料中，曾舉出下列的大量事實——

（1）《大雅》以虐（宵部）、謔（宵部）、蹻（宵部）、熇（宵部）、謼（霄部）、熇（宵部）、藥（宵部）與灌（寒部）爲韻；

（2）《說文》訓芼（宵部）爲草覆蔓（寒部）；

（3）《廣雅》訓蹻（宵部）曰健（寒部）；

（4）幹（寒部）之與槀（宵部），橐（寒部）之與豪（宵部），翰（寒部）之爲高（宵部），乾（寒部）之爲槀（宵部），瑑（寒部）之與兆（宵部），彖（寒部）之與逃（宵部），讙（寒部）之與囂（宵部），灌（寒部）之與澆（宵部），驩（寒部）之與號（宵部），東選（寒部）之與撟捎（宵部），偃蹇（寒部）之與夭撟（宵部）；

（以上爲寒部與宵部相轉）

（5）冄聲（談部）之字爲那（歌部）；

（6）勇敢（談部）之謂勇果（歌部）；

（7）盈科（歌部）借爲盈坎（談部）；

（8）"坎律，銓也"，坎（寒部），又借爲科（歌部）。

（以上爲歌部與談部相轉）

諸如以上這些語言現象，羅列起來，還有不少；而且都不能用"旁轉"或"對轉"規律來解釋。但對這些客觀事實，又應當如何認識呢？如果面對事實，置而不論，似非勇於探索的科學家所應有的態度。而太炎先生《成均圖》中的"交紐轉"，則正是從上述大量的客觀事實中概括出來的。

談到"交紐轉"，就使我們不得不追敘一下清儒以來聲韻學家的古韻表。先生對前人的古韻表，除在分部上有突破以外，轉變條例亦多所更定。而且諸家韻表，皆各部平行並列，或在平列的基礎上，陰陽二聲，上下對列。而先生的《成均圖》，卻以圓規的形式出現。我認爲，這不僅是形式不同而已，其中確實體現了先生的探索精神。

以上文所舉宵寒二部相轉、歌談二部相轉的事實而言，戴震是講陰陽對轉的，但不僅宵部與寒部相距甚遠，不能對轉；而且歌在一部，談在二十四部，一居表之首，一處表之末，他們又怎能對轉呢？孔廣森的陰陽對轉表，雖然有所調整，但仍無法克服上述的缺陷。如歌部居陰聲的首位而談部又居陽聲之尾；寒部居陽聲之首位而宵部又居陰聲的第七，他們之間又怎能對轉呢？迨太炎先生的《成均圖》出，竟以圓規型的圖表，排除了戴、孔諸家之蔽，而提出了"交紐轉"的條例。即宵部之與寒部，歌部之與談部，雖陰陽分界，各處兩極之端，而圓規圖表，卻比鄰相處，故得相轉。即先生所說：

> 此以近在肘腋，而漫陰聲陽聲之界，是故謂之變聲也。

當然，先生這個解釋，祇是從表格上的關係，作了說明，並沒有從音理上加以發掘。因爲歌部之與談部，宵部之與寒部，一般說來，元音的前舌、後舌之勢大異。故雖係陰陽，而對轉不易。但卜述的大量事實又如何解釋呢？這確實是難題。而先生對這種極其特異的現象，並沒有避而不談，乃是揭示出來，畧抒己見，以待後學的繼續研討。這也正是一個具有探索精神的科學家的求是精神。

其次，我們再談《成均圖》中的"隔越轉"。

這裏首先把先生所提出的大量古代語言資料，畧選幾條，臚列如下——

(1)"彫（幽部）弓"之爲"弨（脂部）弓"；
(2)"琱（幽部）琢"之爲"追（脂部）琢"；
(3)"遲（脂部）任"之爲"周（幽部）任"；
(4)"疇（幽部）昔"之爲"誰（脂部）昔"；
(以上爲幽部與脂部相轉)
(5)"朱（侯部）儒"之爲"棳（泰部）儒"；
(6)"黿（侯部）蚕"之爲"蛻（泰部）蚕"；
(7)"乘橃（泰部）"之爲"乘泭（侯部）"；
(8)"誦説（泰部）"之爲"誦數（侯部）"。
(以上爲侯部與泰部相轉)
(9)古文"閔（之部）"爲"闖"（至部）；
(10)"肊（至部）"亦爲"臆"（之部）；
(11)"宓（至部）羲"爲"伏（之部）羲"；
(12)"不晲（之部）"爲"不㸔（至部）"；
(以上爲之部與至部相轉)
(13)"螵（宵部）蛸"之爲"蟲（支部）蛸"；
(14)"左髟（宵部）"之爲"左髀（支部）"；
(15)"戎狄（支部）"之爲"戎翟（宵部）"；
(16)今敫聲（宵部）、勺聲（宵部）、樂聲（宵部）、翟聲（宵部）之字迻入錫韻（支部）。
(以上爲宵部與支部相轉)

從以上事實可以看出，如果説所謂的"交紐轉"，主要是爲了解決"對轉"中的特例；那麼，先生這裏所謂的"隔越轉"，主要是爲了解決"旁轉"中的特例。但先生對問題的提出，卻是從"陰陽對轉"中陰聲的元音韻尾與陽聲的輔音韻尾互相制約這一根本原理説起的。他認爲收 u 型的陰聲韻部，決不能轉爲收 n 的陽聲韻部；同樣，收 i 型的陰聲韻部，也決不能轉爲收 m 的陽聲韻部。他們如果勉强要轉，"然其勢不能上遂而復下墮，故陰聲有隔越相轉之條。"這正是先生在上述的大量事實面前，所作出的音理探索。雖然，這句話常使人有理解上的困惑，但卻具有極其精微的音理依據，體現了先生探索事物規律的科學精神。

什麼是"其勢不能上遂而復下墮"呢？

我們知道，凡是收 u 型的陰聲諸部，在音理上是很難隔軸而跟收 i 型的陰聲諸部旁轉的。這是因爲 u 與 i 雖皆爲閉口元音，然舌的部位，u 在極後而 i 在極前，相距實太懸殊。那麼，上列大量的語言資料，又該如何解釋呢？這裏先生所提出的"隔越轉"，即對此問題所進行的深入探索。先生認爲這是由特殊原因所造成的：即凡收 u 諸陰聲，因音理扞隔，本不能跟收 n 諸陽聲相對轉的；如果勉強對轉，則從 u 到 n 的過程中，必然是"其勢不能上遂而復下墮"，亦即無法"上遂"而達到 n，祇能半途"下墮"而落到 i。因爲 i 與 n 的差別甚微，確實是屬於舌體進退、升降之間的程度問題。由於這個轉變，從 u 到 i 而止，從而形成了上述諸部隔越相轉的奇異現象。這正是先生在解釋古代所遺留下的大量奇異的語言資料時，所下的探賾索隱的功夫，作出的精微細密的結論。

當然，由於事實不足，有跟"隔越轉"相似的某些情況，先生也並沒有另立條例。如《文始·畧例癸》云："至轉爲弔，輖變爲聱，至宵亂流，幽泰交捽，此與韻理無可言者，明古語亦有一二譌音，顧其數甚少爾。"可見，先生在這個問題上，首先是從大量的事實出發，而不是從主觀的想象出發，這種態度本身，就是科學精神。

我們並不是說，先生所提出的"隔越轉"，已經合理地解釋了上述大量的語言現象，或者說已是聲韻學上的定論。所以上述大量的古代語言轉變現象，仍然可以別尋途徑，另找結論。因爲任何科學體系的建立，都不會是一次完成的，而是不斷發展的。先生經常強調：聲韻學的研究，是"前修未密，後出轉精"。這不僅適用於當時，也適用於現在，並適用於將來。而我們之所以對上述問題作了許多分析，不過旨在說明，處在先生的時代，在科學的語音原理還沒有爲人們所普遍理解的情況下，先生不但沒有迴避這些極其複雜的語言現象，而是絞盡腦汁，以尋求其合乎語言原理的解決途徑。這種勇於探索的精神，正是一位偉大科學家之所以能在科學上作出卓越貢獻的最高貴的品質。

四、結語

我總覺得，一個偉大的科學家，如果説他所取得的新的科學結論，其價值是促使後學在此基礎上繼續前進；那麽，他所表現的那種勇於探索的科學精神，其作用則是鼓舞後學永不停息地向科學高峰攀登。作爲前輩科學家所留下的遺產，這兩者都是極其珍貴的。但是，科學的結論，往往因時代的進化，有所繼承，也有所淘汰；而作爲科學家的探索精神，則在任何時代都會給人以巨大力量而推動着人類不斷地前進。我認爲對太炎先生在古音研究上的巨大貢獻，也應當作如是觀。

記得一九三五年初秋的一天，太炎先生第一次召見我時，是在客廳中間一張小圓桌邊對面而坐。先生跟我談的第一個問題，就是他晚年主張冬、侵二部當合併爲一部。先生怕我聽不懂他的浙語，呼人取紙筆，邊寫邊講，將近一個小時，興猶未盡。他除列舉《詩》《易》爲例，並謂：从冬得聲之"疼"，今讀 dén，猶與侵部近（此例，先生在《音學餘論》中未提出）。我當時纔二十五歲，淺識寡聞，對音學所知尤少，而先生不以我爲譾陋，循循善誘，平易近人，聲音笑貌，至今宛然在目！此後，我又常常以一得之見，求教於先生，而先生亦不以我爲狂妄，畧有可取，多蒙贊許，其獎掖後進之至情，迄今思之，猶令人肅然起敬！

又記得先生在講《小學畧説》時，曾強調説：

> 古人用韻，並非各部絕不相通，於相通處可悟其銜接。吾人若細以口齒辨之，識其銜接之故，則可悟陰陽對轉之理，奔侈旁通之法矣。

先生又説：

> 前之顧氏，後之段氏，皆長於韻學，短於音理。江氏頗知音理，戴氏最深，孔氏繼之。……居今日而欲明音韻之學，已入門者，宜求音理；未入門者，先講韻學。韻學之道，一从《詩經》入手，一从《廣韻》入

手，多識古韻，自能明其分合之故；至於求音理，則非下痛切功夫不可。

上述這兩段話，不啻先生自述其治音學之歷程，總結其治音學之經驗。從我學習《成均圖》的體會看，確實體現了先生既長於"韻學"，又精於"音理"的巨大成就。而先生卻又毫無保留地以此諄諄教導後學，使我一生受用不盡。

但是，先生離開我們已半個世紀了，對繼承先生遺產，發展祖國文化，我究竟做出了什麼貢獻呢？在紀念先生之際，捫心自問，慚愧無地！

至於對先生一生的評價，今天學術界的觀點並不一致。但我覺得，任何一個偉大的科學家，都不是、也不可能是真理的結束者、終極者；而主要在於他能承前啟後，開風氣之先，把對真理的探索推向當時歷史條件下的最高水平，為科學的不斷前進，作出應有的貢獻。而太炎先生，正是處在中國新舊學術交替時期的這樣一位偉大學者，一代宗師。

社會在不斷地發展，學術在不斷地進步，但先生的業績，作為中國學術史上的一座巍峨的豐碑，是永垂不朽的。我們不但要紀念他，而且還要繼承他豐碩的學術成果，發揚他勇於探索的科學精神！

一九八六年四月二十一日脫稿

《語言之起源》補記[①]

　　我的舊作《語言之起源》近在臺灣貫雅文化事業有限公司出版之後，頗引起海內外學術界之關注。但該書所探討的語言起源問題，是屬於世界語言學界懸而未決的重大學術問題，故回想起來，頗感言有未盡之處，也有不少新的發現與想法。但書已付印，無法追補，祇得畧述數事如下，以申其義。

　　一八六六年，法國語言學會曾訂下了一條規則：不允許語言學界做語言起源的研究，以及不接受有關探討語言起源的論文。從此以後，一百多年之久，研究語言起源的學術活動，即陷於停頓狀態。直到一九七六年，美國紐約州的科學院纔主持召開了一次規模宏大的學術討論會，討論題目是"語言和語音的起源和演變"。參加這個會的有語言學家、心理學家、動物學家、攷古學家、地理學家等好幾千人。這個會，很受到學術界的重視，《紐約時報》曾作了詳細的報導。會後，還把會議的論文匯印成將近一千頁的論文集，內容涉及的問題，相當廣泛。據報導，其中有關於猿類的發音器官落後於人類的發音器官的問題；有關於猿類大腦小於人類大腦的問題；以及猿類擅長於運用手勢符號，而拙於運用聲音符號；人類大腦皮層的語言中樞分成三個區域，各有所司；等等。這樣一來，自然會得到下列的推論，即：人類以其特有的思維功能，特有的發音器官，從而發展到以聲音符號為其表意工具這一科學結論。但問題遠遠沒有解決，那就是說：當人類挾其以上的種種優勢而以聲音符號表達事物、闡述意念之際，事物意念與聲音符號之間是怎樣的關係呢？是怎樣來顯示其聲音符號的特殊效應呢？這無疑是今後要進一步探討的重大課題。如果說，人類在開始運用聲音符號之際，聲音符號與事物意念

[①] 載《四川師範大學學報》一九九二年第六期。

之間並無必然的思維關係，祇是一種偶然的結合，則聲音符號表達意義的效應從何而來？自然，聲音符號在悠久使用過程中，也會形成"條件反射"的習慣性；但某種聲音符號在第一次與某種事物相結合時，如果祇說成是毫無思維作用的"任意行爲"，恐怕未免把複雜問題簡單化了。我認爲這應當是今後研究語言起源問題的核心。

把人類語言的產生，簡單歸結爲"任意行爲"，這無疑是驚異於世界各民族語言的複雜性而產生的"聊以塞責"的結論。但作爲科學研究，這樣的難題總會逐漸突破的。至於如何突破，則全賴科學的進步與科學家的不懈奮鬥。或以個體事例爲契機而得到啟發，或從各種學科的綜合研究而得到突破，都不失爲圍攻這一科學堡壘的一方面軍，都應各盡其力，各顯所長。我在半個世紀以前，對此曾做了一番探索工作而寫下的《語言起源之商榷》，正是在這方面的一知半解。即認爲：當人類由"手勢語"進入"口頭語"（即聲音符號）的初步階段，其聲音符號總是跟客觀事物相聯繫的，即聲音符號是通過種種特徵來表達事物的形態或性質的。迨傳之既久，由於聲音符號之演變，或事物形態的異化，語言始跟事物相脫離，而變成了單純的習慣符號。諸多論據詳拙著，不贅述。

在西方，曾有位英國人 Jones，他研究了拉丁語、古希臘語、波斯語、梵文之後，發現這些語言有很多共同的地方，不僅表現在語言和句法方面，在詞彙上也有很多的同源詞。一九八六年，他就發表了一篇文章，並作了學術報告，揭示出他所研究的拉丁語、古希臘語、波斯語、古印度語之間很多"有系統的共同點"。因此，他提出一種猜想：這些距離上相隔很遠的語言，可能出於同一個"祖先語"。經過幾千年時間的變化，這個"祖先語"纔變成了種種不同的語言。Jones 的這種研究和論斷，曾得到世界一般語言學界所承認。但是，現在看來，Jones 的研究雖是有意義的，而結論則似有進一步攷慮的必要。例如，他以爲世界諸多語言，都是出於"同一個祖先語"這一論斷之外，是否還應當攷慮到另外一個論斷，即世界諸多語言之間，在幾千年的漫長歷史時期，由於人類的流徙遷移和交往，還有個互相影響和融合的問題。而且除此之外，是否還會有個答案，那就是：全世界人類，既然在生物發展軌道上循着一個共同的規律向前推進；而且在大腦、發音器官等的結構上也進入了一個基本相等的水平線上；加之在對某些特徵相似的事物的感受上也具有"人同此心，心同此理"的直覺反應，因而，對某些事物，不自覺地發出"不謀而合"的聲音符號。這不也是完全可能的嗎？當然，由於客觀事物的差異性和民族心理素質的差異性而產生了感受的差異性，由感受的差異性而產生了聲音符號的千姿百態，這是理所當然的。但這種差異性，不僅不排斥語音與事物之間的相互關係，祇能說明其間之關係的緊密性與複雜性。因此，Jones 的研究給我們的啟發，並不是什麼世界不同的語言有一個共同的"祖先語"，而是說明了人類的聲音符號，其初期都是根據某種事物的特徵而來的；因而在人類語言的差異性之外還有某種共同性，存在着"很多有系統的共同點"。這就是我在所謂"祖先語"的結論之外的另一個結論。

我主張人類是由"手勢語"發展成"口頭語"的。"口頭語"的特點，是通過口腔脣舌的不同形態，再輔以聲帶的音響作用而形成的；聽者則通過對不同音響的感受而領會其口腔脣舌的動態所表達的意象。它跟手勢語的不同是：(1) 從器官講，由手而移到口腔脣舌；(2) 從媒介講，由形態而轉向音響；(3) 從接受者講，由視覺而變成聽覺；(4) "口頭語"之優於"手勢語"，乃在於人類雖在雙手勞動操作之際或相逢於昏夜之間，都可用聲音符號互相通情達意，而"手勢語"則無法做到，故"口頭語"的效用，實遠勝於"手勢語"。據說，印度曾有人創造一種用面部動態表達思想的語言，運用熟練，經核查，表義準確無誤。但這祇能視爲手勢語與口頭語之間的中間形式。但有一點，即它並未體現出由訴諸視覺轉到訴諸聽覺這一本質的轉化。它雖已騰出了兩手，可以便於操作，但仍未能表意於天色昏暗之際。其不可能取代"口頭語"這一聲音符號，是顯然的。看來"口頭語"對勞動生產力的解放，是具有巨大作用的。但"口頭語"於昏暗之際所特有表義作用，仍未被人們所注意。半個世紀前，我的《原"名"》一文，就是爲此而作。據近年《世界科技譯報》刊載，西方的語言學家，最近提出一個新觀點：即原始人類居穴洞，由於光度不夠，手勢語困難，纔產生了黑暗中也能達意的口頭語。我認爲，這個思路跟我的觀點有些相似。但可惜，他們祇有結論，未見實證，而且以穴洞與人類整個活動空間相比，其客觀條件未免過狹，從而減低了人類歷史的必然性。

我從"手勢語"轉化爲"口頭語"的演化痕跡着眼，曾寫出《古語"偏舉"釋例》一文，把"偏舉"現象作爲手、口並用時期所留下的語言遺痕。其中有"表動""表數""表色""肯定與否定"諸例。如對"肯定與否定"一例，我認爲古人的"否定詞"，口頭上往往祇用一個"肯定詞"，其否定之意則用手勢姿態代之。此一例，問題比較複雜，我雖舉了不少詞例作證，但結論是否可靠，始終於心不安。頃讀一九九一年新版林惠祥的《文化人類學》四三八頁載：有些古老民族，至今尚保留有"擬勢語"，對"疑問句，是先作肯定語，然後用疑問的態度表示他"。此説與我所研究的結論完全相合，爲之欣然者久之。足見科學的結論，總是會與客觀事實相符合的。附記於此，以供參攷。

談到語言與文字的關係，我在拙著中曾提出許多古漢字有一字歧讀的特例，證明語言與文字並不是一開始就結合在一起的；文字作爲語言的符號，是以後纔出現的情況。我舉了很多例證。不料這種奇異現象，最近在中國少數民族文字中也有發現。例如湘西苗文方塊字，多借用漢字而另標苗族歧讀於其旁。如苗語呼"月"爲 lha，故借用漢字"月"而加"那"旁以註其音，寫作"腵"；苗語呼"鼻"爲 Miau，故借用漢字"鼻"而另加"卯"旁以註其音，寫作"䏿"；苗語呼"足"爲 le，故借用漢字"足"另加"閙"旁以註其音，寫作"蹪"。（這中間也跟漢語一樣，有 l、n 二音之轉）這跟日本對漢字的"訓讀"是同一道理。其次，《説文·有部》云："䬫，有文章也。从有，戒聲。"許氏以爲形聲字，古今説者亦多歧。其實，此字"有"與"戒"皆爲聲符，許氏誤以"有"爲義符，故誤解爲"有文章也"，殊牽強。古人从"有"聲字，其義多爲文章之貌，如《論語》"鬱鬱乎文哉"；古人亦借用"戒"爲文章之貌（本義爲水流貌），如荀或字文若，即其例。故"䬫"字之"有""戒"皆係音符，同在先秦古韻之部。此種中國古代文字的奇異結構，在湘西苗文中亦有其例。如發抖的"抖"（to），苗文作"䇑"，其中"豆"與"斗"，皆音符，並非義符。此與"䬫"字同例。再其次，苗文中還有兩個聲符並不同音，乃系歧音歧讀。如苗語呼火熄爲 Pio，但其字作"烥"。其中"夕"乃漢語"熄"字標音；"發"乃苗語 Pio 的標音。這與我在拙著中所舉"諧聲字歧符例"相似而畧異。可見，歧讀問題，不僅存於我所列舉的漢古文字之中，也存在於很多中國少數民族文字發展的過程之中，並非什麼奇談怪論。

　　凡科學研究的難題，往往歷經幾個世紀而得不到答案。因此，在探索的過程中，人們必然會越出常軌，各尋蹊徑；也必需越出常軌，提出設想。故某些設想有時會遭到非議，也是學術界常有之事。如羅巴切夫斯基的非歐幾何，曾被責爲是"異想天開"；伽羅華的群論，曾被視爲"胡説八道"。然這一切，最後都無法撲滅真理的光輝。當然，我的《語言之起源》中的某些"離經叛道"的結論，也許是錯誤的，或者論點並不完善，但我企盼着科學真理的終於出現。

一九九二年七月十五日

附録一

憶太炎先生[①]

遺憾得很，一九三六年太炎先生逝世之際，國內外學術界的輓詩、輓聯很多，而我當時正在蘇州從先生受業，哲人云亡，竟沒有寫下詩、聯以寄哀，同門[②]師友多怪之。其實，我並無他意，祇覺得，先生的學術造詣與革命的一生，決不是幾句輓詩，或一副輓聯所能概括；而先生對我的諄諄教導與扶掖獎許之厚誼，更決非語言所能表達。故與其言而無當，倒不如緘口"心喪"，更爲得體。

記得當時《大公報》的張季鸞先生來蘇州參加追悼會，曾約我寫過一篇記敘先生日常生活的散文，在該報發表。但語焉不詳，義涉粗淺，內容早已忘卻。魯迅先生的《關於太炎先生二三事》和《因太炎先生而想起的二三事》也都寫於這時。時隔半個多世紀之後的今天，我又以耄耋之年，寫此回憶文章，也許遺忘之事未免過多，但閱歷之言，或反中肯。當然，跟魯迅先生一樣，這其間，既有關於太炎先生之事，也有因太炎先生而想起的事。不過魯迅先生是把太炎先生看做是"有學問的革命家"，而我則是把太炎先生看做是"有革命業績的學問家"，所不同者，如此而已。

---

① 載《中國文化》第八期（一九九三年六月）；收《劍南憶舊》，山西人民出版社二〇〇〇年版。

② 一九八八年落成的章太炎紀念館裏，懸掛着二十位章門弟子的照片及其簡要介紹：黃侃、錢玄同、朱希祖、汪東、許壽裳、沈兼士、魯迅、周作人、劉文典、吳承仕、顧頡剛、傅斯年、姜亮夫、諸祖耿、王仲犖、徐復、曹聚仁、潘重規、湯炳正、姚奠中。

一

我之得知太炎先生，是十四五歲在家鄉讀書之時。那時我喜書法，一次從上海商務印書館郵購影印古拓《華山碑》一册，後有太炎先生跋語。記得跋語的大意是説：世人多以此碑出自蔡中郎手筆。但蔡耳濡目染，未及古學，而此碑"中宗"作"仲宗"，則書此碑者"其學必在中郎上也"。讀跋語，深佩先生言簡意賅，論斷精闢。後來遊學北京，見執教於各大學之著名教授，多出先生門下，始知先生在學術界的崇高地位。出於欽慕之情，曾到宣武門内油坊胡同拜謁過先生高足吴承仕先生，探問太炎先生近況。九一八事變之次年，太炎先生由上海到北京，敦促張學良等出兵抗日。後來我纔知道，太炎先生當時下榻於西單"花園飯店"，就在我所寄住的"公寓"隔壁。而當時卻失之交臂，未得面謁，遺憾莫名。這時我曾奮讀《章氏叢書》，對先生所知益深廣。但有不少内容，我那時是看不懂的。

我受業於章先生之門，是一九三五年大學畢業之後。那時先生正創辦"章氏國學講習會"於蘇州。

先生是一九三四年秋，從上海移居蘇州；一九三五年秋，創辦"章氏國學講習會"。對此，後來傳言多失真。事實是：這以前，南京欲邀先生任"國史館"館長，先生以疾婉辭。因而，一九三五年三月間，南京派先生好友丁維汾偕同先生高足黄季剛君到蘇州問病，並致療養費萬元。先生力辭不受。門人或勸先生移此款以辦學會，先生亦允諾，以爲如此則"庶幾人己兩適"。這就是創辦"章氏國學講習會"的緣起。

我當時是在《大公報》上看到招生廣告的。不過報攷的條件之一，是必有兩位學術界名人介紹。我當時既是大學的畢業生，又是社會的失業者，僻處鄉里，何來兩位名人作介。但仍硬着頭皮，不遠數千里，束裝前往。攷題是《自述治學之經過》，交卷後，謬蒙先生賞識，録取研究班前列。當時，全國各地來此就讀者百餘人，限於條件，學會祇供住宿，不辦伙食。一次我們在小食店就餐，發現炒菠菜中有蚯蚓，乃紛紛自組伙食團。如四川同學李源澄等，在外面成立了專吃辣味的伙食團；我跟一些北方人，也成立了專吃麵食的伙食團。我們輪流掌廚。記得有人用面皮卷菠菜蒸成"菜蟒",深受大家歡迎。不過對北方沒有吃過的笋子,也很喜歡。蘇州的春笋大如象牙,價廉又鮮嫩可口。

蘇州不愧爲江南名城,不僅有山水林園之勝,亦係文化界名流薈萃之區。靈岩山、天平山、虎丘山、拙政園、滄浪亭,固係名勝古跡,就連我們每天飯後散步的公園,亦係白樂天留蹤之地。當時文化名人寓居於此者,除章先生外,還有以宗宋詩而名世的陳石遺,曾寫過《孽海花》的金松岑,以畫虎聞名的張善孖等。蘇州書店很多,記得我們常到的書店,則是"國學小書堆"。招牌出太炎先生手筆,"堆"字寫成古體"自"字,不懂文字學者,往往因此而卻步。太炎先生一九三四年以前,就曾幾次來蘇州講學,後又移居於此。今天著名學者潘景鄭、朱季海諸君,都是先生這時得之蘇州的門下之彥。故當時"章氏國學講習會"之創建於蘇州,並非偶然。當然,在這之前,蘇州各派學人曾辦有"國學會",太炎先生亦預其事;繼因宗旨不合,宣佈退出。故自辦學會而冠以"章氏",亦與此有關。

一九三五年九月十六日,太炎先生開始講課,講過"小學畧說""經學畧說""史學畧說""諸子畧說""文學畧說";專書講過《尚書》《說文》等。我們聽講的學生,每聽完一次講,就三五成群,互對筆記,習以爲常。因先生浙語方音極濃,我開始聽講,很感吃力,後來纔習慣。

先生有時招集諸生在他的客廳中座談;個別學生有求問者,亦可隨時單獨拜謁,談論學術。我是單獨拜謁最頻繁的一個。世傳先生與他人論學,鋒芒逼人,毫不寬假;但與吾輩後學相對,則是另外一副面貌。我們完全可以縱意暢談,無拘束感。

記得我第一次晉謁先生,是由師母引路,學舍距先生讀書樓祇一牆相隔,中有小門通行。入小門,爲一不大的幽靜庭院,花木扶疏;小樓二層,建構曲折多姿。小樓的過道壁上高掛一張巨大的鱷魚皮;客廳陳設簡樸,祇懸有何紹基對聯一副;而給我印象最深的是,在室壁的高處掛有鄒容像一幅,前設橫板如長几狀,几上有香爐。據說每月初一、十五,先生必沐手供香一次。故當時香灰已滿出爐外。先生對共患難的戰友,其感情之真摯有如此者。

先生治學,門戶極嚴,但交遊殊廣泛。他對學生學術以外的活動,亦頗寬鬆，不甚約束。我當時課餘之暇，也曾訪問過陳石遺、金松岑諸名流。記得四川同學李源澄曾約我訪過畫虎名家張善孖。見他家竟馴養一隻大虎，供揣摩臨摹之用。虎在主客間游玩自如。客見多驚愕，而主家老小與之相處無間。據說張君外出，多將虎載於後車相隨，如侍從之扈駕。其次，最使我難忘的是同門潘承弼君（景鄭）帶領我們參觀他家滂喜齋藏書樓。景鄭君係清代大藏書家潘祖蔭的裔孫，潘氏藏書，此時尚守護較嚴。著名宋元佳刻，多在其中。景鄭君在版本校勘學上的成就，即得力於此。"大盂鼎"以銘文字數多而見稱於世，這時仍藏於潘氏樓上。鼎上掩護以紙張，揭視之，銅綠斑駁，古色襲人，觀摩不忍離去。當時北京故宮藏有"毛公鼎"，我曾見過，也是以銘文多而著名的周鼎。故人們多戲稱："南盂北毛，鼎鼎大名。"

二

先生扶掖後學，寄望殷切。但在學術問題上對後學的要求，有時表現得極其嚴峻；而有時又給人以寬鬆民主之感。如對蘇州原"國學會"的刊物《國學商兌》所發表的某些文章，曾斥之為"憑虛不根之論"，"誤入歧途"，"塗污楮墨甚矣"。此言雖似過厲，然其對後學要求之嚴，寄望之殷，意溢言表。所謂"寬鬆民主之感"，從下列事實可以看出。記得我在入學試題"自述治學之經過"中，對汪榮寶《法言義疏》之一段補正文字，寫時曾有躊躇。因為汪榮寶是當代著名學者，乃太炎先生高足汪東之兄；所著書成，又經胡玉縉、黃季剛等名流為之作序；汪卒後，先生又曾為其作《墓志銘》。我以一介末學，對前修何敢妄加品第。幾經玫慮，終於冒昧直言。不料太炎先生閱後，竟不以我為淺陋，全文刊之《制言》，倍加獎譽。其中，先生有一條不同的意見，亦未執筆塗改，祇是發表時附系於原條之後。後來我寫《古等呼說》時，因強調古有洪音無細音，文中曾認為黃季剛君古韻二十八部中"冬""青"等部有細無洪，"值得玫慮"。但在持此稿請教先生時，確實又有些膽怯，自恐失禮。不料，先生不僅當面肯定此文，並執筆加以密圈密點；而關於我對黃君之異議，並未見責。又如先生講授《說文》，我對先生以數學概念釋"四"字，甚感新穎；但我又據同音假借之理寫了一篇《釋四》，先生閱後，並不以爲迕。可惜此文在《制言》上發表時，先生已去世矣。

由此可見，先生當時雖名震中外，在學術界領袖群倫，但他並無"定於一尊"之想。其時黃季剛君去世，先生爲撰《墓志銘》，謂黃君"尤精治古韻，始從余問，後自爲家法"。這主要是指在古韻分部問題上，先生的二十三部，主張陰入不分；黃君的二十八部，則承戴震一派，以入聲別列，分承陰陽。是先生並不反對學生獨立發展，自成一家。先生晚年嘗說："大國手門下，祇能出二國手；而二國手門下，卻能出大國手。"我初聞先生此言，不甚理解。一次，在晉謁時，向先生請教。先生說："大國手的門生，往往恪遵師意，不敢獨立思攷，學術怎會發展；二國手的門生，在老師的基礎上，不斷前進，故往往青出於藍，後來居上。所以一代大師顧炎武的門下，高者也不過潘次耕之輩；而江永的門下，竟能出現一代大師戴震。"先生的這些精闢見解，不僅是我輩爲人師者的座右銘，而且是中國教育思想史上放射異彩的光輝論斷。

與先生接觸，往往於無意中會聽到一些精湛的議論。如有一次談到"博學"問題，先生說："博學要有自己的心得，有自己的創見；否則就是讀盡了天下書，也祇是書笥，裝了些別人的東西，而不是自己獨有的東西。"關於向前人學習的問題，先生嘗說："學問是無止境的，後人應比前人更進一步；學習外國的東西，也要獨立思攷，有新發現；追隨鈔襲，是沒有出路的。"又嘗說："任何學問，都要展開爭辯。祇有爭辯，纔有利於學術的發展。因爲，在爭辯當中，對雙方都會有啟發，有促進。"凡晉謁先生時，祇要有所問，他都會滔滔不絕地講。有時往往由此及彼，離題很遠；而正是這時，你會發現先生的思想在閃爍着耀眼的光芒。先生嗜香煙，在談話中，總是一支接一支地吸。有一次，他發現煙已吸完，大聲喚："老李，取煙來！"好像香煙竟成了先生開動思想的燃料。

先生從不給學生命題寫論文，常由學生自己立題，如無把握，再請教先生。祇要方向對，先生總是抱鼓勵態度。我當時正擬撰寫《經典釋文反切攷》，記得我的提綱有兩個觀點，第一，陸書每條第一個反切，乃當時通行讀音；以下音切，乃泛採不同時代不同經師的音讀。故以第一個音切爲據，纔能探索出成書時的音讀體系。第二，史籍雖歸陸氏於唐代，但陸氏此書實成於陳代。故準確言之，它的第一音切，乃代表六朝末期音讀，不是代表有唐一代的音讀。先生對此二點，頗爲首肯。書成後，先生爲之序，有云："此書可與綬齋的《經典釋文敘錄疏證》相輔而行。"我以讕陋，何克當此！但先生扶掖之情，實給後學以極大鞭策。惜此稿毀於戰火，先生遺教，未得流傳，爲之慨然！我的《齊東古語》是私擬先生的《新方言》而作，因榜樣俱在，故事前並未請教先生。一次，先生外出應酬，把那期《制言》清樣最後審閱之責委我。其中有一頁空白，印刷廠要短稿補入，我不及徵求先生同意，將《齊東古語》選用了幾條。先生後來讀到，譽以"尚精"，促其"問世"。《論語》有云："不憤不啓，不悱不發。"這或者也是先生施教的原則之一。因爲先生嘗説："治學如無主動性，就決不會有創造性。"

先生常教我多寫心得劄記，認爲這是"初學最好的學習方法"。"日積月累，大問題可以發展成長篇論文，小問題多了也可成爲劄記專集。"近來我們讀到先生全集中的《膏蘭室劄記》，實即先生在杭州"詁經精舍"跟曲園先生授業時的讀書劄記。足見寫劄記乃先生的功力所在，故亦以之諄諄教導後學。至於從事著述的早晚問題，先生的看法是辯證的。他嘗對我説："有了心得，爲何不能早寫？如無心得，則祇有勤讀書，待有了創見再説。"寫到這裏，不禁想起一段往事。即黃季剛君五十壽辰時，先生寄聯爲壽云："韋編三絕今知命，黃絹初裁好著書。"蓋黃君曾言"不到五十不著書"；此乃勸黃君五十之年當及時著書之意。未幾，黃君竟去世。學術界遂盛傳先生壽聯，實"絕書"、"絕命"之讖語。一天，先生正在白稿紙上寫輓黃君聯語，我適站在先生身旁。記得上聯第一句是"辛勤績學解傳薪"，但現在各書記載，"績學"作"獨學"，恐傳寫之誤。先生當時邊寫邊説："新莽信讖，吾輩不當如此之妄。"又説："輕著書，固然不對；不著書，也未必是。"寫罷，神色愴然。聯語中以顔淵比黃君；對黃君早世，未能以書傳世，其情懷之悲慟，可以想見。

三

先生治學嚴謹，這是大家所熟知的。但有時失之過激，往往爲人們所不理解。這中間包括繼承漢學家法，堅守經古文學營壘；以及對金文的運用抱慎審態度和對甲骨文的出土抱懷疑態度，等等。所有這些，與其說是"保守"，毋寧說是由於"嚴謹"而失之偏激。而且先生這種偏激之情，又往往跟他的政治思想傾向聯繫在一起。在先生跟我的言談當中，時時流露出這種情緒。例如，對康有爲的經今文學家觀點的敵視，往往跟憎惡康的維新保皇相糾纏。推廣之，乃至康尊北碑，先生則倡法帖；康喜用羊毫，先生則偏愛狼毫。先生對晚清書法家少當意者，而書齋卻懸有何紹基對聯，其思想傾向可以想見。至於先生對於金文，在著述中，也時有引用，但態度極其慎審。這是因爲其時古董商謀利，贗品充斥，稍不慎，則嚴肅的學術問題，竟爲商賈之徒所戲弄。連故宮所藏彝器，歷代視爲國寶者，今天經科學驗定的結果，即多贗品，更何況市井流傳無根之物。故先生每見治金文而泛濫無制者，即攻之。一次，先生對我說："吳大澂在甲午戰爭中的狼狽相，簡直好笑！吳用金文證明《尚書》的'寧王'即'文王'，簡直是無稽之談。"其次，甲骨出土較晚，先生對此頗抱懷疑態度。因爲當時搜藏甲骨最力者爲×××，故先生在談論中曾說："民族氣節可以不講，國土可以出賣。出自這類人物之手的東西，教我怎信得過？"先生這種態度，往往遺學術界以話柄。但從中不難看出前輩治學之嚴謹；署其形跡，取其精神，對我們來講，不也頗受教益嗎？

先生對學術問題的嚴謹態度，不僅表現在對待別人，更表現在對待自己。"章氏國學講習會"期間，凡先生講課，學生皆有筆錄，課後即互相對校；先生講課，旁徵博引，學生下來必查讀原書，態度皆極認真。當時，應全國學術界的要求，每一門課講畢，即將聽講記錄集印成冊。先生以精力不給，付印前皆未親自審校。因此，在聽講記錄出版時，他堅決反對署上自己的名字。對此，後學祇得遵命照辦。雖內心未免感到遺憾，而先生對學術問題的嚴謹態度，卻使我深受教育。當時，曾發動同學爲先生清鈔早年未刊雜稿。先生這類稿子不少，這對將來研究先生學術思想發展，是極其珍貴的資料。但是，某次我在晉謁問學時，談及此事，先生說："凡是未經我手訂並收入《叢書》者，無整理刊印之必要。你們的一片好心，往往會給後學帶來一些多餘的糾葛。"其對自己的學術著作要求之嚴，不難想見。這種高度的學術責任感，給我留下了極其深刻的印象。

除治學嚴謹而外，這裏需要特別強調的是先生治學的勤奮。

先生有超凡的天賦。但一生奔走革命，顛沛流離，被通緝，入監獄，幾無寧靜之日；而學術上的成就卻又如此之大、之深、之精，這不能不歸之他治學的勤奮。《論語》所説"發憤忘食，樂以忘憂，不知老之將至"，先生勤奮治學的精神，庶幾近之。這裏畧舉師母所談的五件小事：

先生在日本主辦《民報》時，又爲中國留日學生講學，並著書立説，日不暇接。當時由《民報》社到住宿地，有一段路程。而先生心有所專，對這段天天必走的路，竟多次把鄰舍誤爲宿舍，入門後經主人問話，纔恍然大悟。

先生好"深湛之思"，生活小事在他腦海中是不佔位置的。平時吃飯，如果桌上有幾樣菜，先生則祇食放在眼前的菜，其餘則視而不見。家人知其習，暗中不斷掉換菜的位置，他也竟不知覺。

一次先生宴請親朋，正在賓客滿堂即將開宴之際，而先生忽失所在。經到處尋找，也不見人。後來有人到廁所，竟發現先生在廁內獨立凝思，把宴客一事，忘得一乾二淨。

先生夜間很晚纔就寢。但往往在睡眠當中，突然翻身猛起，披衣就書架上查看書籍。如有所得，即伏案揮筆；有時寫到天亮，還不察覺。

先生爲蘇報案，被關上海西牢。先生深研佛學，主要在這時，因爲其他書籍這裏是不准看的。當時守卒爲先生送換佛書不及時，往往遭先生斥駡。但先生並非以佛學遣憂，而是爲了精研佛法哲理，也加強了先生的忘我獻身精神。

從上述這些小事來看，先生的天賦超群，這是肯定的；但如果沒有勤奮自勵的精神，也許不會在學術上取得如此巨大的成就。而且先生的勤奮，不僅表現在把卷讀書之際，乃是隨時隨地都在進行着積極的學術思維。這是因爲一個人的靈機妙悟之來，往往不在伏案執筆之時，而在日常生活之中；甚至有時出現在半睡半醒的夢寐狀態之際。在先生勤奮事例的啟發下，我生平治學，除了勤寫資料卡片之外，對觀點卡片抓得更緊。因爲對某一學術問題，在無意中受到觸發而閃現出的新觀點，乃是一種"思想的火花"，往往稍縱即逝。

先生的勤奮鑽研，並沒有因爲年老而稍懈。如果祇就經學而言，先生早年對經學的貢獻，主要在《左傳》；而晚年對經學的貢獻，則主要在《尚書》。晚年除寫有《太史公古文尚書説》《古文尚書拾遺》等論著外，在給我們講授《尚書》時，沒有教學筆記，展卷發揮，新義迭出，零金碎玉，俯拾即是。有時妙語解頤，有時奇論驚人。往往因一字之突破，頓改古史面貌。先生晚年的鑽研精神，也實在感人。當時，我除記録先生對《尚書》的課堂講授，又將課外問難所得，筆之書眉。一九八八年整理先生遺著時，先生嫡孫章念馳同志曾寄來復印本木版《尚書》，書眉鈔滿了先生的新解。念馳疑即出自我的手筆，來函詢問。雖事隔五十多年，卻引起我的許多回憶。

四

使我永遠不會忘記的是：一九三五年冬一二·九學生愛國運動之後的一天，我們同學都以興奮的心情，談論着太炎先生對時局的表態。因爲這一天的上海《申報》記載先生電北京宋哲元，反對當局反共容日、鎮壓學生愛國運動。（電文有云："學生請願，事出公誠，縱有加入共黨者，但問今日之主張何如，何論其平素……"）而且，就在這天，上海赴京請願的學生路過蘇州，雨雪紛紛，饑寒交迫，先生爲此發表公開講話，支持學生的愛國行動，派師母爲代表，到車站慰勞，並囑縣長送致食品。我爲此事，第二天晉謁先生，適逢先生送客出，遂即邀我入室，似乎餘怒未息。未及我發問，先生説："在強敵壓境、民族危亡之際，無論什麽政黨，祇要主戰，我就擁護；主降，我就反對。我們中華民族的歷史經驗夠豐富的了。"的確，先生自從九一八事變以來，即爲民族存亡而奔走呼籲。在民族危機日益嚴重的關鍵時刻，先生已完全接受了中國共產黨團結抗戰的主張，從而把自己生平的民族思想、愛國主義發展到光輝的頂點。我真沒有想到，就是這位坐在我面前，天天帶着病痛爲我們不倦地講授國學的老人，竟是這樣一位讀書與救國統一於一身的一代大師。

先生的民族思想與愛國主義，早年乃導源於《春秋》的"尊夏攘夷"；中年則發展而爲革命反清；晚年則又弘揚而爲對日寇進行全民抗戰。隨着時代的發展，先生的愛國熱忱也在不斷地深化。早年的太炎先生，曾從清儒樸學的繼承者，走向了舊民主主義革命，這固然是一次可貴的突進；而晚年的太炎先生，又從舊民主主義革命的立場，走向新民主主義革命的抗日救國，更是一次艱難的，但也是必然的一步。

世之論先生者，多認爲"五四"以後，太炎先生已由舊民主主義革命的先鋒變成了時代的落伍者。不錯，當舊民主主義革命已發展到新民主主義革命階段時，先生確實沒有跟上時代，走了一段彎路。其實，每個時代都有每個時代的俊傑。舊民主主義的革命俊傑，發展成新民主主義的革命戰士者，自然應當肯定；但人類歷史上的任何偉大人物，都是有時代性的。況且，太炎先生走了一段彎路之後，在他的晚年，終於滙入了抗日民族統一戰線的偉大時代潮流之中，走向新民主主義革命。我做出上述的評價，是否出於"尊師"的偏見，有待讀者評定。

太炎先生的門人弟子，跟先生的經歷一樣，大都能隨着時代的發展而成爲學術界的名流。以"五四闖將"聞名的魯迅，後來成長爲無產階級戰士；以治"三禮名物"擅長的吳承仕，三十年代初，已接受了馬列主義思想；黃季剛是先生最得意的高足，再傳而至范文瀾，四十年代即在延安出版了中國第一部以唯物史觀撰寫的《中國通史》，震撼了學術界。其開闢之功，不難想像。總的看來，章氏門下的弟子很難在學術上能得先生之全體，經學、小學、史學、文學、哲學，最多祇得其一端而已。不過，上承先生治學的優良傳統，都能在不同的學術領域裏，做出自己應有的貢獻，故世有"章黃學派"之稱。現在有人稱我是嫡系的"章黃學派"，也有人責我偏離了"章黃學派"。其實，這二者之間並不矛盾。前者，雖愧不敢當，但我確實沾溉了太炎先生的學術遺澤；後者，也是事實，但這說明了隨着時代的發展，我又在探索着自己前進的道路。這現象也許是學術發展的規律吧。前幾天，我的學生李誠同志從圖書館借下一本復印本的一九三六年六月十七日的天津《大公報》，內有一條關於"國葬章太炎"的新聞，其中有云：會上"章夫人介紹章高足湯炳正君（魯籍）報告章近年講學經過。章夫人並謂：章生前對湯極賞識，以爲乃承繼絕學惟一有望之人云。……"我讀了這段話後，不禁汗流浹背。對先師的"絕學"，我究竟繼承了多少呢？有負先師的厚望，更有負於先師的"賞識"！愧疚之情，久久不能自抑！

五

先生是一九三六年六月十四日上午八時，以鼻癌與膽囊炎不治而逝世的，享年六十九歲。其實，先生早年曾患黃疸病，是這次膽囊炎的先導；鼻癌則早在前年已見其端。"章氏國學講習會"成立後，先生是帶病講課，故講課時不斷以手帕揩鼻。迨至逝世前數日，病已亟，不能進食，猶堅持講課。師母影觀老人勸止之，先生曰："飯可不食，書仍要講。"逝世的頭天晚上，聽說先生病篤，我到先生寢室探望。他坐在逍遙椅上，氣喘急促，想跟我講話，已講不出來。十四日清晨，先生去世時，除先生家人之外，我與同門李恭（行之）也在旁。先生目已瞑，而唇微開，像有什麼話還未説完。先生生平，爲革命奔走呼籲，爲講學舌弊唇焦，已完成了一個大賢大哲對人類社會的歷史使命，還有什麼話要説的呢？這時，家人忙亂悲痛，我代爲整理床頭雜亂衣物，李恭則跪在床前，口念"阿彌陀佛"，並以手托先生下頷，使唇脗漸合。這樣，一代巨人就跟他所熱愛的偉大祖國、他所爲之嘔心瀝血的優秀傳統文化，以及他所精心培育的莘莘學子們永別了！

在追悼大會上，我被推爲學生代表發言。主要是談繼承先生遺志，要把"章氏國學講習會"繼續辦下去，以發揚章氏學派的優良傳統。事後，此事得到實現，其被聘任教者，有諸祖耿講《毛詩》，姚奠中講《中國文學史》，沈延國講《諸子通論》，潘重規講《經學史》，龍榆生講《詩詞》，馬宗霍講《莊子》，黃耀先講《史通》，而我則濫竽《聲韻學》《文字學》兩門課程。越明年，抗日戰爭爆發，學會遷上海租界，並改名"太炎文學院"。而我因寇亂阻滯山東故鄉，雖接到了學院的聘書，未能前往。不久，太平洋戰事起，租界被佔，"太炎文學院"亦被迫停辦。但是，我相信先生的學術事業和他自己所建樹的獨具特色的優良學風，決不會從此中斷，他在中國學術史上的功績是不朽的。

師母影觀老人（湯國梨），於先生逝世後，既爲續辦學會而操勞；又爲遵遺囑葬先生於民族志士張蒼水墓旁而奔走。師母曾有詩云："天與斯人埋骨地，故鄉猶有好湖山。"即指此事而言。先生逝世時，南京方面決定舉行"國葬"，因抗日戰爭起未果，祇得暫厝於書樓後院，直到一九五五年，先生伴葬張墓的宿願終於得償。對整理先生的遺著，更是師母寢食不忘的大事。"文化大革命"之後，師母給我來信曾説："我家藏書，所遺無幾；外子遺著，擬刊《叢書》三編，僅編一目録耳。梨不學無術，焉能負擔，是有待於門下諸子矣。"後來，又有信云："外子遺著事……原稿在離亂中不免有所損失；部分爲孫××女兒孫××買通傭人老李偷取到香港。因她隨其夫早已遷居香港，傳聞爲她以高價出售了。"對此事，我一直掛在心上。一九八一年我在武漢逢到香港中文大學饒宗頤教授，他對我説："香港盛傳，有一批太炎先生遺稿出售，據説其中還有《檢論續編》。索價很高。"我以爲《檢論》而有"續編"，前此未有所聞，或係書賈借此抬高價格；至於這批手稿，是否就是孫某盜至香港的部分，更未可知。現《章太炎全集》已陸續出版，我雖老矣也參加了部分整理工作，以盡後學之責；而對流入香港的這部分遺稿的追蹤訪求，應爲學術界分内之事。否則既談不上"全集"，更有愧先生於九泉。

師母是當代著名詩人，夏承燾先生《章夫人詞集題辭》有云："夫人詞婉約深厚，諷世移人，短章小令，胥有不盡之意，無不達之情。幾更喪亂，不以憂患紛其用志，取境且屢變而益上。其視太炎之治樸學，擇術雖殊，精詣蓋無二也。"師母的詩詞，其爲世所推崇者如此。"文化大革命"末期，我首先去信探問師母近況，並寄小令，中有句云："三十年來舊夢，八千里外姑蘇。"蓋對先生在蘇州講學的盛況，時縈於懷。師母來信，亦對同門諸子多失聯繫而頗爲悵悵。故附詩云：

月似佳人宜悵望，雨如良友喜經過。
今宵無雨兼無月，如此相思可奈何。

一九七三年，師母九十一歲壽誕，我寄去竹織綿屏爲壽。她覆書有云："梨瘵頓床褥几三越月，日以錦屏置於座右，相與對晤。"足見老人晚年寂寞，懷舊之情深矣。此外並報以七絶四首，採其中兩首如下：

漫説崎嶇蜀道難，魚書時得報平安。

　　　　錦屛好句殷勤寄，無那瓊瑤欲報難。

　　　　誰與蕭齋共歲寒，海萍雲鳥思無端。
　　　　哲人老去閒身在，得共湘靈結古歡。

師母去世於一九八〇年七月，享年九十八歲。我當時曾寄輓詩四首云：

　　　　山頹梁壞哲人亡，四十年來歎逝光。
　　　　豈料今朝重回首，愁雲又鎖鄭公鄉。

（漢末鄭康成爲一代儒宗，隱居講學於北海高密，時人尊稱所居爲"鄭公鄉"。章先生晚年寄寓蘇州，設帳於錦帆路。余與同門常以"鄭公鄉"譽之。）

　　　　兩地家書寄所思，燕都縲紲鬢添絲。
　　　　堂前小立見風骨，猶說先生革命時。

（師母當年，每遇諸生於堂前竹畔，輒喜小立敍談。內容多爲先生被袁世凱幽禁北京時鬥爭的軼事。）

　　　　千秋樸學賴薪傳，風雨姑蘇憶昔年。
　　　　愧我後生頻問字，殷勤引向小樓前。

（余每詣先生讀書樓問業，師母見之，必殷勤爲之先導，待與先生相見，始去。關懷後學，盛情可感。）

　　　　龍蟠鳳翥撫華箋，一代詩風留兩間。
　　　　惆悵江干千頃竹，更無詞客作魚竿。

（師母以詩詞名於世，尤工小令。一次曾寫新詞一闋示余。記憶中有"階前新竹子，好作釣魚竿"之句。撫今追昔，不勝感慨系之。）

這些舊作是追悼師母，亦係記錄先生講學的往事，故錄之以備忘。

六

一個偉大的學者，他畢生爲之奮鬥的學術成就，不一定能由他的兒輩繼承下來，這在古今中外的學術史上，是不少見的，究竟是什麼原因，留待歷史學家去研究吧。太炎先生共有二子。長子導，畢業於上海大夏大學，攻讀土木工程，後任工程師；次子奇，我們相見時，正讀中學，面黃瘦，體弱，而倜儻有才情。嘗戲嬉於同學之間，並能揮筆寫對聯，字跡疏朗無俗氣。我當時曾暗想，繼承先生絕學者，豈此人乎？但幾經離亂，得師母來函，謂小兒奇，早年已去美國學電子。但直至師母逝世，消息全斷。

而出乎意料之外，先生的嫡孫章念馳，"文化大革命"後，爲先生修陵墓，爲先生召開逝世五十周年學術會議，爲建築"太炎先生紀念館"，爲先生遺著之出版，等等，奔波勞累，做了許多事，而且做得很好。他曾對我說："我最大的理想，是成立一所太炎研究院。"此事如能實現，先生亦當含笑於九泉矣。

一九八六年六月，我到杭州參加"章太炎先生逝世五十周年學術討論會"時，曾拜謁了南屏山下的先生陵墓，行三鞠躬禮。墓碑"章太炎之墓"五字，係先生被袁世凱幽禁北京時所手書。當時先生自分必死，故留下這幅手跡。書體在篆隸之間，即結構爲篆體，而以隸書筆法出之。跟近幾年出土的西漢帛書酷相似。非先生之沉酣於秦漢碑碣，心領神會，絕難至此；而先生跟奸邪鬥爭之浩然正氣，亦流露於毫素之間而千古不朽矣。

事情很湊巧，正是我這篇回憶錄將要收筆之際，忽然接到山西大學姚奠中教授的來信。姚係蘇州"章氏國學講習會"的同門，近隨山西調查團從滬杭一帶歸來。他在杭曾拜謁先生墓，並參觀了紀念館。館的建構極壯觀，但正堂及兩廂，皆缺楹聯。該館長張振常君約姚與我各撰寫楹聯一副寄去。我沉吟再三，寫了如下聯語：

> 遺志托南屏，謀國豈遜張閣學
> 高名仰北海，傳經難忘鄭公鄉

　　上聯用張蒼水事，寫先生遺囑葬南屏山張氏墓側；下聯用鄭康成事，寫先生設帳蘇州培養後學。回憶先生逝世時，我並未撰輓聯，雖事出有因，終屬遺憾；不料半個多世紀之後，我以八旬之年，竟有幸爲先生的紀念館撰寫楹聯。人事之變化倚伏，往往有難於逆料者，殆此類歟！

　　說到先生的杭州紀念館，自然會想起先生的蘇州故居。"文化大革命"後師母來信說：先生錦帆路的故居小樓，早被某機關佔住，並把師母一家趕到當年"章氏國學講習會"的教室中寄居。最近又聽說，清代大儒俞樾先生寓居蘇州時的"曲園"，現已修復。我想，太炎先生的故居"章樓"，政府似也應該及時收復修補，以供後人瞻仰。俞樾先生是太炎先生在杭州"詁經精舍"讀書的老師。這樣，則"曲園""章樓"，交相輝映，兩代學人，遺教永存。他們不僅爲杭州的湖山生色，更會爲蘇州的園林增光。

一九九〇年八月三日完稿

治學曝言[1]

　　由於人們所研究的學科不同，所用的方法和所取得的經驗體會，也往往因之而異。當然，有些原則性的問題也可能是"放之四海而皆準"的，即使是自然科學和社會科學之間，仍然有其相通之處。但是，由於人們的治學經歷或性格愛好各異，還是會帶有個人的不同特色和個人獨有的甘苦。這一點，也許對人們仍有參攷意義。這就是我不揣淺陋，準備嘮叨幾句的原因。

　　我是喜歡搞點中國古代文學和中國古代語言文字學的；而且囿於見聞，所知有限。因此，講起話來，可能帶有極大的片面性。但"田夫獻曝"，取其動機可耳。

一

　　語言文字之學，固然跟文史一樣，已是一門獨立的學科；但它又是一切文史遺產共同的記載工具。我對文字、聲韻、訓詁，不過是一知半解，但即使如此，它已使我在治學過程中嘗到了一些甜頭。我的粗淺體會是：即使把語言文字作為一種獨立學科，而它的本身就蘊藏着祖國幾千年來無限豐富的文化積澱。從語言文字本身的結構中，往往可以發掘出許多有關文史的寶貴資料。在這一點上，前人已有所接觸，但還有待於開拓。至於把語言文字作為記載文史的工具來看，則不通過對它的深刻理解，也就無法讀通幾千年來的文史典籍；不僅如此，作為文史研究者來說，往往會因語言文字上的新理解，帶來文史理論上的新突破。尤其對古代文學作品的研討，更是如此。因

---

[1] 載《文史知識》一九八九年第十一期。

爲"文學是語言藝術",而中國的文學遺產,則是根據中國語言文字獨有的特徵而創造出來的。如果不掌握中國語言文字獨有的歷史特徵,就無法深入探索和評價中國文學遺產的諸多藝術現象,也無法做出深層次的剖析和得出創造性的結論。

也許有人認爲,研究先秦兩漢的典籍,語言文字之學自然是不可缺少的;而讀唐宋以下的書,似乎無此必要。但事實並非如此。語言文字作爲人類的交際工具,由於時地不同,從來也沒有停止過發展變化。我們今天讀唐詩、宋詞、元曲與明清小說,又何嘗沒有語言文字上的障礙。先秦兩漢的典籍,固然有其獨特的時代色彩,而詩、詞、曲等,也同樣有其獨特的時代色彩,而爲今人所不易理解。因而,作爲語言文字這門學科,早已隨着時代的不同而開拓出新的領域。如張相、蔣禮鴻、郭在貽諸同志的著述,對人們研究唐宋以下的作品,就提供了不少方便,解決了不少疑難,對治學大有裨益。

道理很簡單,從古代遺留下的大批文史遺產來講,語言文字是"運載工具",因而就我們研究古代文史遺產者來講,則語言文字就成了不得不首先選擇的"突破口"。當然,除專業的語言文字學家外,我在這裏稱它爲"突破口",顯然認爲它還不是"目的地"。但在這個問題上,我們學術史上是有不少歷史教訓的。如漢學家長於文字訓詁,而短於微言大義,故常常陷於煩瑣;宋學家則長於微言大義,而短於文字訓詁,故又常常陷於空疏。宋儒以理學家的程、朱爲代表,鄙文字訓詁爲枝葉,尊經典義理爲精髓。結果,往往在文字訓釋上鬧出不少笑話;而所謂義理,也就成了無源之水,離題萬里。這不能不說是歷史性的教訓。

莊子有句名言:"筌者所以在魚,得魚而忘筌。"如果把語言文字比做"筌",把微言大義比做"魚",我認爲作爲治學過程,"得魚而忘筌",未嘗不可;但是,不首先通過"筌",則兩手空空,又怎能得"魚"呢?當然,治學各有所專,治語言文字者,不必專攻文史;治文史者,不一定專攻語言文字。但從不同學科應當互相滲透、相輔相成的角度看問題,則那種過於向"兩極分化"的現象,對學術發展是沒有好處的。而且,這種流弊,也許早已被人們所發覺,並引起了人們的注意。

二

真理是在不斷地發展,同樣,任何學科也是在不斷地完善和進步。我們研究文史這一行的,也毫不例外。因此,搞文史研究,在繼承前人給我們留下的成績之外,求"新",這是大勢所趨,誰也阻止不了。如果老是在前人的圈子裏"原地踏步",則這門學問就會得不到發展,以至陷於枯竭。

我在這裏所謂的求"新",不外,第一,在原有的問題之外,提出了新的問題;第二,在原有的結論之外,得出了新的結論。亦即在學術上有所發現,有所發明,有所創造。從近十年來的學術潮流來看,在求"新"方面,確實取得了巨大的成績。這是學術界思想大解放的標志,是政治上的改革開放在學術領域的強烈反映,我們必須予以充分肯定。

但是,我要指出的是:學術上的求"新",並不是目的;求"新"的目的,在於求"真"。所謂"真",首先是指符合或接近歷史的本來面貌。如果不以求"真"爲目的,則不管結論如何新奇,也祇是空中樓閣,對學術的發展並無好處。在中國學術史上,不乏里程碑式的論著,如章太炎、王國維、陳寅恪等學術大師的某些觀點,固然是以"新"見稱,但更重要是在於它的"真"。而學術史上那些祇"新"不"真"的學說,是經不起歷史攷驗的。如康有爲的《新學僞經攷》,在推動他的"維新"運動方面,也許起了一定作用。但"新"則"新"矣,並不符合歷史事實,故盛行了一時之後,終於消歇。又如何天行的《楚辭作於漢代攷》,"新"則"新"矣,卻並不"真",其不爲人們所接受也是很自然的。因爲這些論著新奇有餘,而嚴肅不足。

其次,所謂求"真",又是指的對真理有所豐富,有所發展。而所謂真理,我認爲就是指的事物發展的客觀規律。事物不分大小,都有它的發展規律,而學術研究的目的,也就在於求得事物的發展規律,以推動社會的不斷前進。由於前人的某些結論,往往不一定是真理之所在,也決不會是真理的終結。因此,在學術研究上就會出現與舊説不同的新觀點。我認爲,祇要是以求"真"爲目的,而不是用求"新"以自炫,則這些新觀點的出現,縱然會有些驚世駭俗,而被人們所不能接受,乃至斥之爲"標新立異"、"奇談怪論"等等，那也無妨。古今中外，有不少科學界的先驅者，他們所做出的新結論，不是往往被舊勢力所打擊或扼殺嗎？但我們相信，祇要是以求"真"爲目的，而所得到的"新"結論，又跟事物的客觀規律相符合，則他們的學説，最後總會勝利的。

還應當注意的是："新"不過是"真"的形式，而且不是惟一的形式。因爲求"新"的目的既然在於求"真"，則那些符合歷史真實和事物規律的結論，即使是舊了一點，仍然有它頑強的生命力。因而，新的論點未必皆"真"，而"真"的結論又往往以舊的形式出現，是舊傳統中的精華。對此，我們應當辯證地對待。

我曾經對學生説過："我在學術上並沒有什麼成就，祇不過對探索歷史的本來面貌，做了一點微不足道的工作。"又曾説過："一個人做學問，要能在人類真理的長河中添上一滴水，或者是半滴水也可以。"現在回想起來，這些話似乎很謙虛，實際上未免有點自大。因爲求"新"並不難，至於求"真"，則談何容易。在這方面，我祇有不斷地努力，虛心向前輩和同行們學習。

三

人們常常把"精通"作爲治學的要求，而在這裏，我準備把它縮小到寫論文或寫專著的範圍之内來談談；其次，"精通"本來是一個完整的概念，而我在這裏，又準備把它們分割開來講講。即在著書立説之時，我認爲既要求其"通"，更要求其"精"。我的意思，所謂"通"，即通常所謂"持之有故，言之成理"。而所謂"精"，則是指的闡述、剖析縝密精確。也就是説，文章的最佳境界，應當在"高度""廣度""深度"之外，還要加上個"精度"。正如 架複雜的機器一樣，如果整體結構的精密度不夠，就會影響正常運轉，失掉應有的效力。

所謂"精"，當然首先要求在論點上做到縝密精確，無懈可擊；其次是要求在表達手段上做到縝密精確，天衣無縫。而人們往往重視論點的"精"，而忽視手段的"精"。殊不知手段的粗疏，往往會對論點的確立帶來不良的後果。

在材料的搜集方面，有的學者要求"竭澤而漁"，這無疑是極端正確的；因爲沒有豐富的資料，就很難得出正確的結論。但對資料的搜集要"齊"，而對資料的運用則要"精"。即必須下一番去僞存真、去粗存精的工夫。因而，把僞書當真書用，把誤句當正句用，以及不限時地拈來就用等等，自然談不上"精"；即使對待正確的材料，若不肯在剪裁、提煉和融會貫通上下點苦工夫，同樣達不到"精"的目的。當然，在提出一個前所未有的新論點時，爲了加強說服力，材料不妨多擺幾條，但也決不能兼收並蓄，搞成了"獺祭魚"。

在這個過程中，如果發現跟自己已得的結論互相矛盾的資料，哪怕是一條，或一句一字，也決不能輕易放過。必須緊緊抓住，深入鑽研，直到徹底解決爲止；如果解決不了，祇有放棄論點，尊重資料。但我個人的體會，往往正是在解決這種矛盾時，使自己的論點不斷深化，並取得意想不到的新收穫，增加了文章的精度。

在進行論證時，對論點的闡發，自然要由遠及近，由淺入深，步步設營，環環扣緊，充分發揮邏輯論證的威力。在材料充足的情況下，要儘量讓材料本身講話；而一般則是在材料之外，也要有作者的推理。但材料與推理之間的比重，要恰到好處。如果材料的比重太小，而推理的跨度又太大，那無疑會影響文章的精度。

有的同志認爲我善於運用地下出土的新資料，故能得出前所未有的新結論。其實，這一點我做得並不理想。但我對此卻有一點粗淺的體會：即新資料固然會給人們以新的啓發，從而得出新的結論；而如果沒有舊典籍的互相印證，則新資料就會"孤掌難鳴"，難於發生作用。而且對前人所習見的舊典籍，由於我們採取的角度不同，或對字句的解釋有異，同樣可以取得論點上的新突破。不過這一切，如果不從"精"字上下工夫，祇是浮光掠影，則不管材料的新舊，都是無濟於事的。

最後，我還有一點個人甘苦，提供同志們參攷：那就是專著也好，論文也好，寫成之後，自己必須細心修改。一揮而就，"文不加點"，是不妥當的。不過在自我修改的過程中，要做到精益求精，是不容易的；而嚴格的自我審閱，是首先要做到的。對此，最好先把稿子放一段時間，把腦筋冷一冷，再用第三者的眼光，跟自己作品保持一定的距離，較客觀地進行閱讀，這樣可能更易於發現問題。亦即在寫稿時，要能鑽進去；在閱稿時，要能跳出來。在寫稿時，要"深信不疑"，在閱稿時，要"吹毛求疵"。甚至要把自己放到論敵的位置上，從雞蛋裏挑骨頭，越"苛刻"越好。如果帶着"自我欣賞"的情調審閱修改，那效果肯定是不會好的。

一九八九年四月清明節

《古韻學管見》前言

抗戰初起，養疴故里，尋省舊業，荒蕪良多，而流覽所及，亦復時有所獲。間嘗就音理以探語源，欲撰一專編，以達其旨。顧於前人所定諸古韻表，每苦於無所適從。蓋古韻之學，雖經有清學者，錙銖較量，已造其極，然各有所得，亦各有所偏；分合之間，意見歧出[①]；其言對轉旁轉者，尤多牽強附會之弊；且長於攷證，短於析理，亦爲諸家之通病。邇者春光旖旎（波按：一九四〇年），病體稍蘇，乃盡數日之力，草成此篇，敝帚自珍，冀便於用。篇內立說，署明所本，不詳各家之源流，防氾濫也。評騭諸家，摘其大端，而署其小節，慮破碎也。取證則以《詩》爲據，勘及他籍，懼時代漫衍也。分部署有增加，得之章師口授，隨文標舉，示尊師也。對轉盡本昔賢，而旁轉則多更前轍，補舊說之未密也。音讀一節，所定多與前人不同，幾經籌度，方施標註，說理取證，稍加詳悉，務矜慎也。總論一節，統釋全表通轉之理，多出臆說，無所依傍，孤詣自喜，亦紕繆是懼，然一得之愚，或亦有當於高

[①] 作者在"前言"的末頁用朱筆寫下這段話："清代以來，分部愈來愈細，亦愈精，此其得也。但如以'攷古'而論，諸韻之間絕對無瓜葛者極少；以'審音'言之，則部與部間分合之微，古人亦絕不能如此之精。這其中，如泰、隊、至等之劃分，尤爲古人所無能爲力之處。祇要知其由入轉去之理，劃歸入聲，以承寒、諄、真，理其大系，以糾古人局限，斯亦可參。若必精之又精，細之又細，分別毫釐，以多爲貴，可不必矣。——如以'攷古'爲準，則由於先秦古籍多通韻，可合併之部實多；以'審音'爲準，則唐宋韻書分韻入微，可分之部更多。故先秦古韻部，以得其大齊爲宜。因此，泰、曷、術、質諸部，古人愈演愈繁，今悉納諸入聲，配以陰陽，分部之可並者，寧並不分。"

明皦。其目如次①：

韻表第一

分部第二

對轉第三

旁轉第四

標目第五

音讀第六

總論第七

此冊所言，乃六十多年前試以當代音理探討古韻的初見，極不成熟，乃至有誤。但毀之又有所惜。以之作爲學術陳跡，亦有助於追憶往事也。

一九九七年七月　湯炳正記

---

① 波按：一九六九年四月四日作者在扉页寫了一則"交代性"文字："這裏的第一行字，原來是本書的書名《古韻學管見》，下面是作者的名字'湯炳正'。第二行字是'韻表第一'四個字。在我離開淪陷區後，妻慕惠貞爲保存此書，又怕被敵人搜查時發現，乃剪去此處的書名和人名，並把書藏在煙囪旁邊的牆縫裏。五十年代初期纔把此書帶來四川。"

《文字之初不本音説》跋[①]

　　本文爲拙著《語源研究》一書内《語音與文字》章中之一節，今夏友人索刊近作，寫以應之。而人事蒼黄，未暇修改，詞言支曼，殊不自愜於心也。中央研究院張君苑峯[②]，以治小學名，聞余有此作，函索印本，並云："雲南麽些人之象形文字，純以表意爲主，無固定讀法，或與卓見相近。"前寫此文，所據者紙上殘餘之遺蹟耳，恐蹈無徵不信之譏，今得君言，可爲余説張目，錫我百朋，未足喻其快慰也。惜稿已付印，不能將君説引入，以爲佐證，謹識於此，以彰友好論學之盛意云。

三十四年（一九四五年）十一月六日，
作者追識於南充西山之喜晴軒

---

　　① 姚奠中先生《課餘隨笔（1945—1948）》之"九十"云："友人湯炳正景麟，由南充寄所著《語源研究》第六篇來，中多前人未發之論。如：以文字不本於語音論，直盡反清乾、嘉以來諸儒之説，其見至爲卓特。容當細讀之。"（《姚奠中講習文集》第571頁，北京：研究出版社，2006年版）。

　　② 波按：即古文字學家張政烺先生。張先生系作者同鄉好友，早在北京大學讀書時就享有"小王國維"的美譽。

《國故論衡》講疏

一、引言

（一）我們的小學課，即文字、聲韻、訓詁。講《國故論衡》，可能有人說我們是"章黃學派"。不要緊，現在學術上允許有不同的學派存在。不入流，不成派，未必就是好事。——但成了流派，有了自己的學術特點，這也並不容易。

（二）既然稱爲"學派"，總有這一學派的特點，而"章黃學派"在學術上，確有其巨大的貢獻及其鮮明的特點。

（三）但現在語言、文字這門科學中，吹捧"章黃學派"的也好；罵"章黃學派"的也好，他們對"章黃學派"的具體觀點、論點、主張以及治學方法等方面，是否真正搞懂了，我很懷疑。

不懂而攻擊，謂之排斥異己；不懂而吹捧，謂之盲從。

確實，要真正讀懂，並不容易。我跟章先生讀書時，自以爲讀懂了。但二三十年以後，回頭再讀時，纔懂了。方知道其中對某些問題，見地確實是高、精、深。

（四）現在我講《成均圖》，以下，屬於聲韻學部分的論文。而正是這一部分，大家認爲很不好懂的。

現在講的祇限於本義：

①字句的解釋；

②論點的分析；

③治學方法的體會。

古人有兩句詩："鴛鴦繡了從教看，莫把金針度與人。"這是舊社會的惡習。但在這樣的情況下，我向來主張把某些有名的學術論文拆散來研究、分析。即把已經綉成的鴛鴦，一針一線地拆開來看。這樣就會看出很多竅門、方法。

據説史學家陳垣先生，最喜歡高價收買古代學者的手稿；尤其是改得很亂的初稿。據他自己説，從中得到不少的啓發。

這就不僅是拆開衣服去找他穿針引線的方法；而且想從改針換線、慘淡經營的痕跡中尋找治學的甘苦，繼承優良學風。

（五）講述本文之外，不多作發揮，把本文弄通了事。即把"章黄學派"中的章先生的主張搞得一清二楚就行了。

我不懂的，或講不通的，即存疑。對老師的東西看不懂，也是正常情況，决不能不懂裝懂。科學是允許繼續探索的和發展的；但這不是本課的目的。

（六）因爲學術是不斷發展的，要把章先生以後直到今天的進展都講了，那是聲韻學史的事，不是本門課的事。

而且，如果從發展講，章先生在日本的刻本即有與今本《国故論衡》不同之處。在《文始》中的提法，已多與《論衡》不同。

冬侵分部問題，早年主分，晚年主合。——我第一次與先生見面，先生即談冬侵合併的主張。

至於黄季剛是章先生的學生，即"章黄學派"的黄。他繼承了章先生的學説，也發展了章先生的學説。

如果説，中國聲韻學有攷古、審音兩種不同傾向的話，章黄皆兼二者之長。但從古韻分部看，則章先生偏重於"攷古"，故與段氏一樣，陰入不分。祇有緝、盇、泰、隊，詩韻分用，章先生故據事實分部，餘不分（段氏分之脂支，而不能分讀其音，章先生能）；黄氏則偏重於"審音"，故與戴震一樣，陰入分列。魚、之、宵、侯，詩陰入不分用，黄氏則據音理各分爲二部，即入聲全分出。這就是説，章黄並不全同。黄氏另有特點。當然，治學精神是一致的。

其餘問題尚多，故講課重點，不是評定得失。祇講章先生聲韻學的個人特點，主張。把它講清楚。

（七）從實用來講，現在有人寫文章，在韻部上仍用段氏十七部來解釋；那麽，用章先生的二十三部來解釋，較之段氏則更周密得多、科學得多。因此，此課，就不光是知道中國聲韻學史上章先生的論點與地位而已，其實用意義是很大的。

（八）小學包括文字（説文）、聲韻（古韻）、訓詁（爾雅），即形、音、義。但章先生的觀點，是三者統一，緊密結合，而以聲韻爲其總綱。

在章先生看來，文字的形體，如人的肉體；文字的意義，如人的精神；而文字的聲音，如人的神經，他總括形、義，貫通百體，起着支配全身的作用。

當然，在認字的過程中，首先是通過形體，得其意義。但是文字的形體有變化、意義有引申；而形體與意義之間，則在運用中又有假借。——而所有這些，如無聲音以統率之，則如斷了線的風箏，使你百思不得其解。天祝髮＝殊發＝斷髮→故（使爲之也），僅"天"字例。——現形、音、義，三個學會，可笑。凡學科分得越細，越違反辯證法（牙科也分內外，治射頭之例；矯形之例，可笑！）

（九）故先生《理惑論》云："夫治小學者，在乎比次聲音，推跡故訓，以得語言之本，不在信好異文，廣征形體。"——"得魚忘筌""學而時習之"之妙，在通轉假借訓詁等方面，非如此者不可。否則就讀不通古書。懂聲韻，則音義孳衍，旁通無間。

先生對段氏《説文》，比較推崇，而對王筠《説文釋例》等，則不屑一顧，認爲不足道。就是由於段能以韻均統六書，而王筠專講形體。

（十）如果説，一切事物，都有"體"和"用"兩個方面，則講《説文》是講的"體"，即求其本字本義；而講《爾雅》是講的"用"，即每個字在先秦古籍中是怎樣用的。

而聲韻學，則是"體"和"用"之間的一道橋樑。沒有聲韻學，就失掉"體""用"之關係。以聲韻統帥形、義，是"章黃學派"的特點；也是漢代經學家直到乾嘉學派的繼承和發展——漢儒乾嘉學者，已在事實上提出不少"同聲假借""一聲之轉""聲近義通"等等現象的實例，而章先生卻企圖在這個基礎上探索出一條這些聲音相"轉"的規律，從音理上找出根據。這是聲韻學上的一個很大的發展。——這個治學方法，是很重要的。

我們講章先生的"成均圖"，首先應當從這個意義上來認識它。

二、《成均圖》

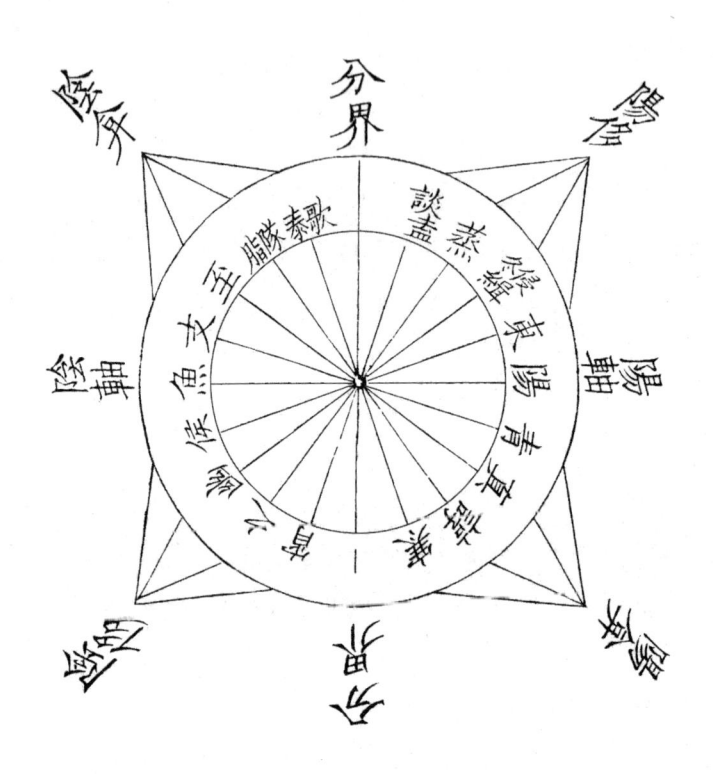

①名稱問題：《周禮·春官宗伯》"大司樂掌成均之法"，註引鄭司農："均，調也。樂師主調其音；大司樂主受此成事已調之樂。"——事實上"成均之法"的"成均"已形成一個詞語，不必分開講。亦即指樂譜、音律之類。"均"有調和平均之義；亦有周迴運轉之義。因均古與鈞通，多作爲"陶均""陶鈞"用。

章先生的這個古韻譜，實際上含有上述三個意義：（1）與意在調和聲音的古樂譜一樣，故曰"成均圖"（即"古韻譜"）；（2）對古韻部的劃分排比，有調和平均之義；（3）此韻圖，乃圓圖，故亦有周迴運轉之義。

《説文》無"韻"字、亦無"韵"字（新附始有"韻"字），事實上古人即以"均"字當之。故段氏"六書音均表"作"均"。而章先生的"成均圖",也可理解爲"成韻圖"。(《文選·嘯賦》"音均不恒",李善註:"均,古韻字。")

②成均圖的主要特點:這個"成均圖",較之前人的古韻表的最大特點,在於是圖形的,有周迴運轉之妙。

當然,其他方面跟古人不同之處很多,這裏不談。僅僅談其圖之周迴運轉的圓圖的意義。

我們知道,《廣韻》二百六韻,是以入聲配陽聲的,故宋代鄭庠《古音辨》分古韻爲六部,而仍《廣韻》之舊,把入聲納入陽聲三部。——這在廣韻以後的音理來講,是講得通的。

但到了清代顧炎武《音學五書》又分古韻爲十部。而最大的突破,是根據《詩經》陰入同用,把入聲納入陰聲的四部當中。直到段玉裁,仍是以入配陰。

而到了戴震《聲韻攷》,又總合上述兩派而提出"異平同入"之説,即入聲既承陰聲又承陽聲。入爲陰陽對轉的樞紐。這又是個大突破,後來的孔廣森等皆從之。

從上述情況看,表的排列,已具旁轉對轉的規模。但他們都是平列直排圖表,有的問題就無法解決。如先生上列平面直排表:

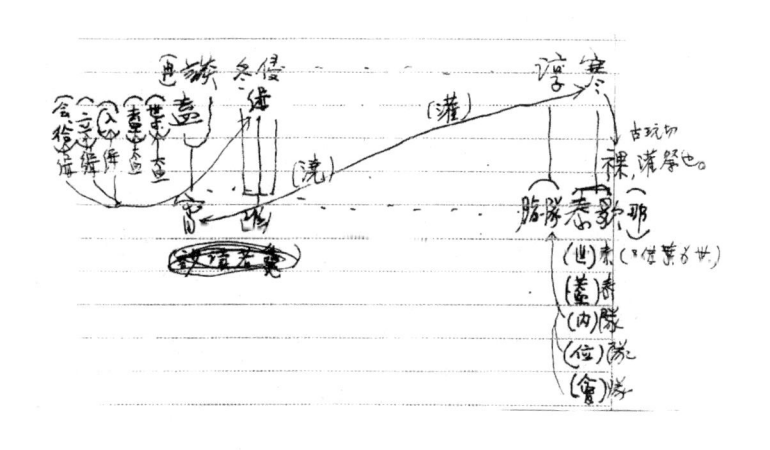

(署"'成均圖'中的名詞解釋")

《二毋室論學雜著選》序[1]

　　我與張公汝舟相識，是一九四六年在貴州大學任教時開始的。抗戰時期，西南後方，人文薈萃。時戰事剛剛結束，貴陽學術空氣仍甚活躍。工作之暇，我嘗與張公析疑論難，以學術相砥礪。當時通貨惡性膨脹，生活極度艱苦，而貴大地處黔中名勝花溪之畔，麟山聳翠，灞橋飛瀑，治學其間，亦頗有"以文會友"之樂！

　　公之爲人，平易純樸，恭謹謙遜，朋友知交，肝膽相照。在學術問題上，對青年後學，循循善誘，而對權威人士，則往往分寸必爭，鋒芒畢露。公雖奉佛茹素，而治學勤奮，無絲毫出世想，爲人處事，亦有強烈的是非感。以此，頗受朋輩與後學所尊崇。

　　公所寫學術論文，舊日曾讀過一些。這次"張汝舟教授遺著整理小組"寄來《汝舟小攷據》等，索序於余。諷籀之餘，對公之學術成就有更爲全面的瞭解。總的說來，公對經學、史學、文學、哲學、文字、聲韻、訓詁學等，皆有獨到之見。在學術領域中，確實提出了不少帶有啓迪性的新論點，不甘做"人云亦云"的應聲蟲。公早年曾受業於蘄春黃先生之門，並嘗以"不失黃門家法"自勉。但公雖繼承乾嘉樸學傳統，而不爲樸學所囿；亦或利用西方科學論據，而不爲西學所迷。所撰論文，多提綱挈領，舉其大體，開門見山，單刀直入。公常常強調"寫攷據文也要講藝術"，這大概就是公在學術論文上所以具有獨特的藝術風格吧！

　　命筆之際，往事歷歷在目。聊綴數語，以抒積愫，並代序言。

一九八三年三月寫於四川師院中國古代文學研究所

---

[1] 波按：本篇與後面的《切韻攷外篇刊誤序》，爲作者應當代天文曆術大家張聞玉教授所請而作。

《切韻攷外篇刊誤》序

清代古音學家，有"攷古"與"審音"兩派。江永、戴震諸公對古音學貢獻甚大，不特長於攷古，而尤以審音見稱。然世謂江、戴審音，多以宋元等韻爲據。而宋元等韻之學，"自爲法以范古人之書"，已欠精密。況據此以上推先秦古音，更難吻合無間。此殆亦當時審音者之一蔽也。

陳蘭甫氏《切韻攷外篇》等，欲專以"攷古"之法，訂正等韻之學。據《廣韻》切語上下字以重釐等韻圖譜。陳氏攷析三十六母字爲四十類，二百六十韻爲三百一十一類。此説，曾被譽爲中國聲韻學史上之一大創獲。

然陳書猶存不少缺點，前人多已指出。而張汝舟君之《切韻攷外篇刊誤》，尤爲切中要害之作。陳氏蓋欲據宋代《廣韻》切語，以覆隋唐音讀之舊，其齟齬自所難免。張君則以唐寫本《切韻》《唐韻》殘卷及《經典釋文》《玉篇》等書爲本，較度錙銖，審析毫釐，補其缺，糾其謬，明其等呼，究其流變。既一反陳氏"過信《廣韻》"之非，亦往往發現《切韻》《唐韻》之"疏"。對陳氏書，針砭入裏，切中肯綮，可謂"目無全牛"矣！張君因列陳書之誤，而又有歎於"攷古之難"，誠甘苦之言也。

三十年代中期，余曾有《廣韻訂補》之作。據《廣韻》自身之體例，以糾正編纂傳寫之失誤。此與張君據《切韻》《唐韻》之遺編，以探求隋唐切音之舊者，目的雖不相同，而用心頗相似也。《訂補》定稿約十四萬，未及付梓而抗戰事起，寫本燼於兵燹。所存者，僅當時章氏國學會《制言》雜誌所刊《敘例》數千言耳。今張君《刊誤》得付梓問世，而余之《訂補》竟片紙無存，所謂有幸有不幸耶？因序張君書，不禁感慨系之！

一九八三年夏寫於四川師院中國古代文學研究所

《淵研樓語言文字論集》① 簡介

一、編選概況

本集主要選收本人從三十年代到八十年代有關文字、聲韻、訓詁方面的學術論文二十篇（約二十萬字）。其中有早年發表於章太炎先生主編的《制言》者；也有近年發表於香港中文大學中國文化研究所主辦的《中國語文研究》者；也有未經發表的舊稿。凡入選的論文，皆以具有獨創性者爲准，排除人云亦云的陳言舊義。近幾年來，發現不少專家學者在科研教學中常常引用拙文的結論，或印發拙文目錄，作爲學習文件②。可見，這些論文，雖多係舊作，但在學術領域中仍有其生命力。這是引起這次結集的動機。

二、論文目錄

1. 語言起源問題之商榷
2. 《說文》歧讀攷源
3. 古等呼說
4. 釋"四"
5. 試論"寅"字的本義與十二支的來源

---

① 波按：即《語言之起源》原名。此書先後擬用的書名還有《文字音義學》《語義學研究》《語源及其他》《語源與文始之研究》，出版時定爲今名。文章當寫於一九八七年春。

② 波按：指《汉语大词典》《汉语大字典》編輯部曾將作者這方面的論文印發給編纂者參攷。

6.《廣韻訂補》敍例

7. 駁林語堂《古音中已遺失的聲母》

8. 論古聲紐的歸併問題

9. 古韻學管見（波按：又題《古韻管蠡》）

10. 原"名"（波按：原題《相対成义与相反成义的形态变化》）

11. 古語"偏舉"釋例

12. 齊東古語殘稿

13.《成均圖》箋疏

14. 太炎先生對音學理論的建樹

15. 語言文字學家楊雄年譜

16.《楊子法言》汪註補正

17.《楊子法言》版本紀要

18. 章太炎先生之日常生活

19. 伍非百先生傳（波按：先祖父在此處打了個問號，收不收，似還在猶豫中）

三、論文（舉例）提要

1. 語言起源問題之商榷

研究人類語言的起源，是世界語言學界的難題，本文根據大量事實，於前人種種結論之外，提出了"容態語"與"聲感語"等新論點，把摩爾根氏"手勢語"的學說向前推進了一步，並指出了前人"摹聲説""感嘆説""習慣説"等的錯誤。

2.《説文》歧讀致源

關於語言與文字的關係，中外學術界的共同結論，以爲文字一開始就是語言的符號，文字是在語言的基礎上產生的。而本文則以大量文字的"歧讀"事實，證明了文字的出現，並非一開始就是語言的符號，而跟語言一樣，是直接反映現實的，是在現實的基礎上產生的。作爲語言符號的文字，乃文字發展到一定階段以後的現象。

3. 古等呼説

清代學者，提出了"古紐"説，深研了"古韻"學，而對於先秦的"等呼"問題，則未談及。本文首先指出古有"開""合"無"齊""撮"。對古音學作了新的探索。

4. 釋"四"

許慎《説文》，以陰陽五行之説，解釋數目字，曾見譏於後來的學術界。本文則指出，表數目的文字，除一、二、三等爲積畫而成，數目再多了就不便積畫，故"四"以上的數字多爲假借字，即借字以表聲。"四"字的本義即爲"鼻"，象形。雖釋一"四"字，而破除了古人對數目字望文生義之誤解。

5. 試論"寅"字的本義與十二支的來源

十二支字的解釋，歷來眾說紛紜。本文則以正月爲寅月的"寅"字爲例，從形、音、義各方面加以探討，知道"寅"之古義本爲表示"虎文"，它是從古人以十二物名表十二月而來，從而揭開了十二支字來源之謎。此文運用了大量民俗學的資料，從新的角度探討問題。否認了郭沫若氏十二支來自巴比倫的論點。

6. 《廣韻訂補》敘例

《廣韻》一書，爲探討古韻的階梯和研究今韻的管鑰，但傳本脫誤繁多，頗影響其科學價值。作者曾撰有《廣韻訂補》十四萬言，作了全面的校正。惜原稿已佚，祇剩下發表過的《敘例》七千餘言。雖非完璧，而發凡起例，足供學術界參攷。

7. 駁林語堂《古音中已遺失的聲母》

關於古聲紐的分析問題，清陳澧氏作出很大貢獻。林語堂在陳氏的基礎上，提出"禪紐"二等變成"喻紐"三等之説。本文則以大量事實爲根據指出林氏結論的錯誤，提出"禪紐"二等乃轉入"審紐"二等的新結論。

8. 論古聲紐的歸併問題

中國的古音學家，曾攷定"古有舌頭無舌上""古有重脣無輕脣""娘日二紐古歸泥紐"，這些已成爲古音學界之定論。但本文則根據"疑於聲者以義正之"的原則，提出了合乎古代語言實際的新結論。認爲"古有舌頭，亦有舌上；而舌頭多轉舌上""古有重脣，亦有輕脣；而重脣多轉輕脣""古有泥紐，亦有日紐；而娘紐古歸泥、日二紐"。這是一個嶄新的結論。

9. 語言文字學家楊雄年譜

本文是以楊雄爲中國歷史上的語言文字學家來進行研究的。其中有許多前人沒有運用過的新資料，也有許多前人沒有得到解決的新結論。如楊雄由蜀到長安的年代，關係到雄一生學術思想轉變的大事，由於作者證明了《漢書·楊雄傳》的"王音"乃"王商"之誤，不僅解決了楊雄由蜀到京的年代問題，還解決了許多前人糾纏不清的有關問題。

10. 太炎先生對音學理論的建樹

本文在全面評價章先生古韻學的基礎上，通過《成均圖》，高度評價先生科學結論的啓迪性與治學態度的典範性。

《屈學問答》選[1]

（三五）

問：先生釋《抽思》的"北姑"爲"北岵"，認爲乃山無草木之通稱。但古書或謂"岵"乃山有草木之稱。究以何者爲准？

答：《詩·陟岵》毛傳"山無草木曰岵"，此與《山海經》多處所存古義相合。自《説文》《爾雅》傳本誤"無"爲"有"，遂失其本義。按岵從"古"得聲，蓋與"枯"義相承，故爲山無草本之稱。段玉裁註《説文》，郝懿行註《爾雅》，對此皆遊移其詞。此殆皆未能繼承戴東原氏"疑於義者以聲求之"的訓詁原則，故有此失。

（四四）

問：先生長於韻律之學，故對《天問》的脫簡、錯簡，多所糾正。但《天問》的文字衍誤，是否也可根據韻律得到校正？

答：當然，跟韻律有關的錯字誤句，也是適用的。舉例言之，如《天問》有下列一節詩：

> 比干何逆，而抑沉之？
> 雷開何順，而賜封之？

---

[1] 收《淵研樓屈學存稿》，中國社會科學出版社、華齡出版社二〇〇四年版。

按洪氏《補註》引一本作"雷開何順，而賜封金"。古今校讀此句者，從彼從此，莫衷一是。但如果以《天問》全篇用韻的規律爲依據，則二者是非立見。《天問》的韻律，凡每節二、四句末皆用"之"字者，則"之"字不入韻，韻腳在"之"的上一字。凡每節二、四句末，一用"之"字，一用他字者，則"之"字入韻，與他字相叶。其第一例如：

遂古之初，誰傳道之？
上下未形，何由攷之？

此節用兩"之"字，故"之"字不入韻，其韻腳皆在"之"的上一字，即"道"與"攷"相叶。此例全篇凡十三見，無一例外。

其第二例，如：

會鼂爭盟，何踐吾期？
蒼鳥群飛，誰使萃之？

此節第二句末用"期"，第四句末用"之"，則"之"字入韻，與"期"字叶。此例全篇凡四見，無一例外。

從上述兩個韻例來看，"比干何逆，而抑沉之？雷開何順，而賜封之"，這是屬於第一韻例，即以"之"的上一字"沉""封"叶韻。"封"在古韻東部，楚的東部已與冬部相通（如《離騷》首節以"庸"叶"降"），古韻冬、侵二部多混用，故又得與侵部的"沉"相叶。前人不察，以爲"封""沉"二字不同部，不得相叶，乃於下句改"之"爲"金"，以求與上句"沉"字相叶。而不知《天問》全篇無此韻例，徒增糾葛。

此外，《天問》誤文與韻律有關者，還有下例：

閔妃匹合，厥身是繼，
胡維嗜不同味，而快鼂飽？

按上句"繼"字，在古韻脂部，下句"飽"字，在古韻幽部，二字韻部相遠，前人多疑之，歧説亦多。今謂"曡飽"當爲"朝飢"。"曡"屈賦多作"朝"字用，"飽"乃"飢"之誤。蓋淺人因王逸註有"苟欲飽快一朝之情乎"，遂據以改"飢"爲"飽"耳。其實"朝飢"乃古成語。《詩經·汝墳》有云："未見君子，惄如調飢。"此處"調"乃"朝"之借字。故鄭《箋》云："未見君子之時，如朝飢之思食。"則以"朝飢"喻情欲，自古有之。《天問》蓋承上文，謂禹與塗山之女通於台桑，爲什麽禹之所好，與衆不同，而快飽此朝飢乎？是"朝飢"本與上句"是繼"叶韻。"飢"在古韻脂部，"繼"在古韻質部，二部互相通叶，古之常例。

可見，校讀古代韻文，以韻律爲準繩，可以解決很多問題，在於運用之妙耳。

（五一）

問：《楚辭》與《詩經》，南北用韻，基本相同，其故何在，學術界已難言之。先生以音系相同，而音值或異之説解之，極有説服力。敢問楚國領域之内的方音，是否仍有音系之異？

答：音系與音值有别，故《楚辭》的音系雖與《詩經》的音系基本一致，却不足以説明南楚語言的實際音值與中原也必一致。這一觀點，至今我仍如此主張。但這並不是説，南楚的廣闊地域之内，音系完全相同而没有方音差異。蓋楚國的範圍，幾包括長江流域半個中國。其間，既有較爲通行的音系如屈賦者，也有地方性的特殊音系，這就會形成楚國内部的音系與中原音系的歧異。舉例言之，如清代古韻學家段玉裁創先秦之、脂、支三部分用之説，世多服其精闢。但如視三部之通用爲漢以後事，並以之判斷作品之時代，即會陷於謬誤。據長沙子彈庫出土戰國楚帛書，之、脂、支三部，混用無别。如甲篇十二行，以"智""祭""事"爲韻，乃支、脂、之三部通用。乙篇三、四行，以"晦""歲""寺"爲韻，則又之、脂兩部通用。又古韻學家對青、陽二部之分，皆無異詞。但帛書乙篇第五、六、七行，以"生""榜""精""鄭""靈""行"爲韻，則青、陽二部亦通用無别。總之，以

《詩》《騷》爲准，其韻系大同小異。至於以出土之楚簡帛遺文而言，則歧異特顯。此亦有待學術界之進一步研討也。余正擬撰《楚辭韻讀》一書，以明其義，以立其例，當別行。

（六六）

問："讀書不求甚解"，却又輕出新説，多發議論，此風近來似漸盛。先生的看法如何？

答：我深以爲憂。例如"識字"是"讀書"的基本條件，古人所謂"讀書宜識字"，即指此而言。但讀書既不識字又斷不了句，反而妄發議論者，所在多見。例如，前人已多懷疑楚之"昭睢"即"屈原"。此説是否可靠？後人當然可以繼續研究。但這裏有個先決條件，即必須先弄清楚"昭睢"的"睢"，究讀何音？纔有可能從聲音上找出"屈原"與"昭睢"的關係。因此，"昭睢"的"睢"，究竟是"从目，隹聲"的"睢"，還是"从隹，且聲"的"雎"，必先確定下來。因爲前者从"隹"聲，在古韻脂部，即"恣睢"之義；後者从"且"聲，在古韻魚部，即"關雎"之鳥。文字的結構、音讀、意義，劃然有別。這在《説文》中是説得極明確的。而有的人一方面確定"睢"是《説文》"睢，仰目也"的"从目隹聲"的"睢"，一方面又誤讀爲"从隹且聲"的"雎"，因而得出"睢山"與"楚山"聲音相通的結論。這不是科學的態度。中國的形聲字，在讀書時要力戒"望气而知"。這是要吃虧的。又例如屈原《懷沙》的"浩浩沅湘，分流汩兮"的"汩"字，"从水，曰聲"，在古韻月部，義爲水流激疾貌，故與下句的"忽"字叶韻。至於汨羅江的"汨"字，則"从水，日聲"，在古韻質部，義爲水之名稱。二字劃然有別，不能混淆。但有人竟將"分流汩兮"的"汩"，誤讀爲汨羅的"汨"，用以作爲屈子死於汨羅之證，並自以爲獨創的發現。這也是不科學的。以前，北京的學術界，對胡適曾以爲《詩經》的"爲絺爲綌"，古當讀如"爲希爲谷"（山谷的谷），聞者傳以爲笑柄。因胡不知"綌"字的聲符是訓爲上腭的"𧯄"，而不是訓爲山谷的"谷"。"字讀半邊"，這話對形聲字來講，原則是對的。但究竟當讀哪一邊？以及要讀的那一邊究竟是什麽字？首先要搞清楚。否則，科學研究就會失掉科學性。《說文》裏對形聲字的解釋，是否可以懷疑或推翻？當然可以。但有三個條件：（一）原來的定義不合理；（二）有堅實的反證；（三）要反復探討。如缺乏上述三條件，糊裏糊塗，望文生義，是不行的。

（六七）

問：先生釋《漁父》中的"溫蠖"爲"混污"，破譯了千古之謎，可稱快事。古書不同傳本的差異之大，可謂出人意料。敢問形成這種現象的原因何在？

答：古書傳本，往往由於地域不同或師承各別，乃至寫手的水平與習慣等等，皆可形成版本之異與文字之差。但如能從文字的形體與音讀求之，往往可得其本來面貌。尤其從音讀之流變通假求之，更爲破譯古書之必由之路。傳世的《易》《詩》《老子》等書，近年由於漢代簡帛寫本之出土，其中與今本文字之差異，往往奇突出人意料。有些字句，千古已成定説，而簡帛出土，始知其爲以訛傳訛之謬論。近年阜陽出土漢簡《詩經》，文字之異，多出齊、魯、毛、韓四家之外。但如以音義孳乳通假之理求之，仍可得其觓理。如其中"兮"字，全書皆作"旖"，而《楚辭·涉江》殘簡，"兮"亦寫作"旖"。則其寫本，或與《詩》同承一師，或同出一手。以此推之，阜陽出土《詩·女曰雞鳴》之"琴瑟在御"，作"蓥瑟在蘇"。"琴"從"今"得聲，故亦可從"金"得聲，易於理解。而"御"寫作"蘇"，則須分析。蓋"御"、"蘇"二字古韻皆在魚部。"御"從"卸"得聲，與"蘇"同在心紐。則阜陽漢簡之以"蘇"代"御"，自因同音之故，相代已成爲習俗。因而，今本《離騷》"蘇糞壤以充幃兮，謂申椒其不芳"，千百年來的註家，對"蘇"字文義，歷來訓釋不恰切。其實"蘇"當爲"御"之異文，猶阜陽漢簡借"蘇"爲"御"耳。《詩·六月·傳》及《廣雅·釋詁》等，皆謂"御，進也"。《詩·吉日·疏》又云："御者，給與充用之辭。"故《離騷》此句，蓋謂讒佞之臣嫉賢妒能而進小人於朝，猶進糞壤以充幃囊，反説申椒並不芳香。王逸《楚辭》，傳自劉安，劉都壽春，與阜陽爲鄰。其時，寫

《詩》者以"蘇"代"御",則寫《騷》者亦或以"蘇"代"御",蓋已成習俗。但亦有代之未盡者,如《涉江》云"腥臊並御,芳不得薄兮","御"即"進"也,意謂腥臊之物並進,而芳香之物不得逼近。《涉江》之"御腥臊"亦猶《離騷》之"蘇糞壤"。特"御"字未改,故易解耳。由此可知,《桔頌》之"蘇世獨立,橫而不流","蘇"或亦"御"之同音借字。"御世"之"御",蓋猶《莊子》"御風而行"、"御六气之辯"之"御",與"乘"同義。泛言之,"御世"即"處世耳"。王逸此訓"蘇,寤也",雖"蘇"、"寤"二字亦有同音假借關係,但"寤世獨立"終覺不辭。可見出土之漢簡帛書,對整理古籍有極重要的參稽價值。善於運用,所獲必多。

跋太炎先生《遺囑》[①]

——爲紀念太炎先生逝世六十周年而作

一九三六年太炎先生逝世時，我正在蘇州就學於"章氏國學講習會"。其時，祇聞先生留有《遺囑》，而未見公佈。繆篆先生《弔余杭先生文》中，也曾謂先生"曾草遺囑，其言曰：設有異族入主中夏，世世子孫勿食其官祿。遺囑祇此二語，而語不及私。"（見一九三六年九月《制言》二十四期）所知者僅此而已。至於《遺囑》當時爲何未正式公佈，則未得其詳。

時隔六十年的今天，我始於一九九四年八月上海遠東出版社出版的王元化先生主編的《學術集林》第一卷中，得見《遺囑》的全文發表；於手跡而外，並附有釋文及先生嫡孫章念馳師侄的詳細註釋。這份有關研究太炎先生一生行誼的重要文獻，沉埋了如此之久，終得公之於世，實學術界之一盛事。念馳師侄之謹於守藏與勇於奉獻，以及王元化先生之顯微闡幽，崇揚先賢，其功俱不可沒。

從繆篆先生之言推之，當時《遺囑》的內容，個別人亦畧有所知。特語焉不詳，且有失本意。如謂"遺囑祇此二語，而語不及私"，即與《遺囑》全文不符。今觀《遺囑》手跡，其中涉及財產部分，從"余所有現款……導奇兩男共之"一大段，曾被用筆勾銷，細審筆墨，粗重濃郁，與手跡全文迥不相侔，似非出於先生手筆。西俗遺囑，重在財產處理；中土遺囑，重在垂教子孫。而先生兼取東西之長，亦意中事。然覽者或囿於東俗，而以"語不及私"爲高，故勾勒之筆，當係他人所爲；而且《遺囑》之久秘未宣，亦或

[①] 載《中國文化研究》一九九六年春之卷。

與此有關。妄作臆測，以俟知者。

然而，先生《遺囑》，仍以垂教爲主。如全文首先叮嚀者爲：立身爲貴，學問次之；富貴不驕矜，貧困不屈節；出洋游學勿傲誕，入官從政務清慎；等等。皆語重心長，以端正品行爲誡。此乃祖國數千年傳統文明之精華，一旦被先生攝入筆端，寄語兒孫，竟似家常話，如日常事，娓娓而談，深感人心！此與先生晚年常常以《儒行》教門弟子，其憂慮世風之日下，人情之澆薄者，出於同一心境。

《遺囑》的重點，自然是先生的民族氣節、愛國精神。如謂"若異族入主，務須潔身"，着墨不多，語重千鈞。蓋自九一八日寇入侵，國勢危急，先生目睹時艱，已全身心地投入禦寇救亡的行列之中。通電呼吁，集會商討，南北奔走於主事者之間，以謀起兵抗敵。他以爲"戰敗而失之，與拱手而授之，有人格與無人格既異，則國家之根本興亡亦異也。"（《致馬宗霍書》）其救亡圖存之志，固甚堅定。然當寇患日亟之際，不禁也發出"吳其爲沼乎"的悲觀歎息。故《遺囑》纔有"若異族入主，務須潔身"之語。繆篆先生所述"設有異族入主中夏，世世子孫勿食其官祿"，即係此語演繹。但"潔身"所概者深且廣，而"勿食其官祿"則所及者淺且近耳。《遺囑》下文又囑，死後設祭時，必置勳章於祭器之上，並謂"縱使國失主權，不可遺棄"。示己雖在九泉之下，猶以革命元勳之重，堅守民族大節。此言此志，讀之令人淚下。但原《遺囑》釋文，竟脫落"縱使國失主權"一語，致失此句之愛國至情與民族大義。今後重版，必須補上，萬勿疏忽。當然，從《遺囑》的上述語氣看，先生這時對抗日前途，似已失去信心，故對亡國之後子孫如何自處，三致意焉。而先生沒有意識到，在中國共產黨參與下的抗戰，跟歷史上任何外敵入侵的結局並不一樣，實足以一洗百年國恥而重振國威也。

最後，《遺囑》釋文，偶有誤釋之字。如釋文謂先生囑對自己所著書，"宜茠藏之勿失"，此"茠"字當係"葆"字之誤釋。細審手跡，字本作"葆"，其下半，實"保"字之古體，从呆不从木，並非"休"字。"葆"字古籍多借作保藏之"保"。如《莊子·田子方》"虛緣而葆真"，《釋文》云："葆本作保。"例不勝舉。至於"茠"字，則古籍罕見。《廣韻·豪》

收"莑"字,讀"呼毛切",列爲"薅"之異體字。《説文》:"薅,拔田草也。"與保藏之義無關。先生以"葆藏"連文,則當釋爲"葆藏"無疑。先生《遺囑》乃研究中國近代史的重要文獻,傳世之本,宜慎重處理,不失毫釐。

一九九五年十月十八日

《楚簡帛研究》序

自漢以來，商周鼎彝時時出土，迨至宋明，尤爲學界所重視。輓近，則殷墟甲文之發現，敦煌古卷之重見天日，使殷商古史、隋唐文獻之研討，面貌爲之一新，蔚然成爲當代顯學。但自長沙子彈庫楚帛書出土之後，五十年來，楚簡帛竟源源不斷地被發掘出來，大有繼殷墟甲文、敦煌古卷鼎足而三之勢。故因此而引起的對古代南楚文化之研討，已在學術界揭開新的序幕。前人曾謂西北地勢高燥，故簡帛時有倖存；今則楚地低濕，而地下遺文竟未泯滅，堪稱攷古之奇跡，抑亦稽古之快事。劉信芳同志長期任職於湖北博物館，得天獨厚，並全身心投入楚簡帛研究，探賾索隱，成就斐然。今且將有《楚簡帛研究》問世，並索序於我，對此，深感快慰！

信芳同志的成就，並非偶然。回憶他在我校攻讀研究生時，從我問學，舉一反三，穎悟過人。尤其對文字、聲韻、訓詁之學，領會特深，運用得手，頗多獨到之見。如《楚世家》曾謂楚熊渠封其長子康爲"句亶王"，信芳認爲"句亶"既與"鄂""越章"並列爲地名，則其語音遞變，當即"高唐"，乃楚先祀神之地；又變爲"瞿塘"，乃楚人武力所及之處，皆楚文化西漸之遺跡。諸如此類，堪稱妙解。後來信芳就業於武漢，臨行依依，含淚而別，江漢滔滔，音信不絕。他曾謂："如學術無成，決不敢以我與先生的師生關係公諸於世，深恐有玷先生盛名也。"此言我不敢當，但其勤奮自勵之決心，於此可見。

今觀《楚簡帛研究》書稿，勝義如雲，在楚簡帛研究中，實系力作。其間如對楚之物曆月名、楚之官職設置、楚之訴訟程式、楚之司法術語、楚之人名姓氏、楚之車馬器物、以及楚人筮占與祭禱，等等，凡楚國文化遺跡，皆通過細節攷證，勾劃出某一側面，豐富了楚史研究的內容。其中如物曆月名之探討，無疑是楚帛研究中的一座里程碑。當然，由於學界對楚簡帛研究剛剛起步，以及南楚文化的諸多特殊因素、文字形態的變幻奇異、簡帛出土的殘缺漫漶等原因，帶來研究上的種種困難，對某些問題的探索，還不可能畢其功於一役，而有待於學界的不斷努力。但通觀信芳同志所提出的論點，往往給人以極大的啟發。如在《楚簡帛解詁》一章中，對甲篇的"共攻夸步十日四寺（時）"這句話，他有下述一段簡括的解釋：

> 共攻，典籍作共工。……夸步讀"跨步"，謂推步曆法也。《山海經·大荒北經》所記夸父"追日景（影）"之神話，應源自"夸步"；"追日影"者，以晷儀跟蹤觀測日影也。

他的這一理解，雖還沒有展開全面論證，但對探討這一神話的產生與演化，無疑是很有意義的。不料神話"夸父追日"的歷史影子，已消失於中原，竟殘留於南楚，堪稱神話研究中的創獲。

我對出土文物的研究，嘗以下述二點自勵：精辨字形，必以音韻爲經緯；建立新說，與典籍相呼應。從上述事例看，信芳對此，當有同感，今後願共勉之。

我年來精力衰退，對信芳書稿，未能潛心細讀，但畧事披覽，啟迪良多。故直書所感如上，以代序文。

湯炳正

一九九五年十一月六日

《儒道詩學與闡釋學》序

　　世之言清代學術史者，莫不以三百年的樸學成就爲其主流。其時，漢學以盟主的地位，斥宋學爲淺薄；攷據以宗師的面目，視義理爲空疏。故乾嘉以降，樸學業績，超軼百代，這是客觀事實。但平心而論，這一畸形發展，如一往不返，走向極端，終非學術之坦途。回顧有清初葉，雖皖派樸學大師如江、戴諸公，亦漢宋兼採，未嘗偏廢。迨高郵王氏而下，始醇然漢學，言不及宋；攷據而外，拒談義理。及其末流，惟瑣屑是務，棄微言大義於不顧。樸學之盛，已造其極；而樸學之弊，亦於斯爲甚。

　　先師太炎先生，生於清之季世，高瞻遠矚，規度利弊，一面承襲有清一代之樸學大業，一面又力挽狂瀾，使義理之學在新的時代以新的面貌出現於中國學術史上，並寫下了極其輝煌的篇章。

　　太炎先生之學，乃以攷據務其實，以義理擷其虛，虛實相濟，打破了義理與攷據之間人爲的畛域。因而，先生的攷據，適爲義理之津梁，先生的義理，實成攷據之神髓，各矯其弊，相得益彰。但如果說宋學的義理，多爲內心體驗、直觀自得之學，並濡染封建禮教至不能自拔，而先生的義理之學，則是高踞時代上游，深尋古今學派之分合，剖析諸家學說之隆替，比勘異同，評騭得失，循名責實，力透紙背。舉凡對周秦諸子、宋明理學之探討，莫不寓攷據於義理之中，融會貫通，獨抒卓見。迄今，讀先生之《訄書》《國故論衡》《齊物論釋》諸書，猶令人爲之心折。世多稱先生爲"樸學大師"，此乃得其偏而失其全，非知人論世之言。

　　我始從太炎先生治小學，於析文辨字、斟酌錙銖之外，尤喜先生對語言文字發展規律所作的泝源窮流之論，然魯鈍之資，徒嗟望塵。晚治屈賦，又仰慕先生的諸子之學，所撰《論〈史記〉屈、賈合傳》諸論，試圖熔資料攷證與義理探索於一爐，又苦於不得其仿佛。楊生迺喬，其先從余學，余嘗以得諸先師者，用以勖勉後學。今觀其博士、博士後諸論著，不僅從儒道的人生哲學引向儒道的文藝思想，把研究的領域作了開拓性的橫向伸延，而且從儒道文藝思想的矛盾引向儒道文藝思想的互補，把研究的深度作了創造性的縱向突入，左右逢源，新見迭出，在在顯示了作者資料功底的扎實，理論功底的深厚，而才華又足以馭之。這確實是繼承前修治學風範、建立個人學術體系的一部力作。"文章千古事，得失寸心知"，感後學奮進之志，增我生快慰之情，因援筆而爲之序。

一九九六年四月六日

附錄二

湯炳正先生的學術歷程[①]

——景麟公百年紀念

湯序波

今年是先祖父湯炳正先生（一九一〇.一.十三——一九九八.四.四）誕生一百周年，追思其學術生涯，感觸良多，似有千語萬言涌上心頭，但本文祇準備集中談談他的爲學經歷及治學成就。當然，作爲一名學者，先祖父最令我這個孫兒欽佩的還是他那種造次必於是，生死以之的精神。我想，或許正是這種精神，纔使他在二十世紀的中國學術史上留下自己獨特而鮮明的印記。因此，對我這個愛翻點"閒書"的人來說，有這樣一位祖父是當引以爲自豪的。

一、學術經歷

先祖父，字景麟，山東省榮成縣石島鎮張家村人。六歲入當地明德小學，兩年後曾祖父又讓他到村塾就讀，以舊學的標準來培養他。按先祖父的説法是，"一口氣讀了十年的《四書》《五經》"。塾師張卞堂老先生係前清拔貢，秀出班行，在當地頗有點名望。老先生對學生要求極嚴，不論是誰家子弟，一點情面都不講。因此先祖父時常讀書至深夜。由於怕打瞌睡影響背書，他總是高高地坐在被蓋卷上誦讀，稍有睡意便會倒滾下來。也就是這時，他開

[①] 載《中國文化》第三十一期（二〇一〇年春季號）。

始浏覽家中的藏書，並向京滬一帶的書局郵購圖書。幾年間，先後購置了《十三經註疏》《皇清經解》《二十四史》《百子全書》《漢魏六朝百三名家集》《古文辭類纂》《華山碑》，等等。其中《華山碑》有章太炎先生的一篇跋語，這是先祖父生平第一次接觸章先生的文字。先祖父讀後，即仰佩其學識精闢深邃，而心向神往！

榮成古屬青州，歷史遺跡鱗比，人文薈萃。這些對先祖父有志於學皆產生了不小的影響。據先祖父說，在二十歲以前，他僅僅是爲讀書而讀書，對讀書能進入什麼境界，達到什麼目的，似乎從未認真思攷過。而這以後，他逐漸從塾師與父兄口中對學術之事畧有瞭解。如對聊城的藏書家楊以增、曲阜的經學家孔廣森、棲霞的小學家郝懿行、濰縣的金石家陳介祺、安丘的文字學家王筠諸鄉前賢，尤欽慕景仰，這些人的名山事業曾給他以極大的誘惑。但是，真正使他傾心於學術的最直接、最關鍵的一個引路人，當是鄰村姜家疃的姜忠奎（叔明）。姜先生（一八九七——一九四五）雖僅比他大一紀，但因出道甚早，彼時已是大學教授，因此先祖父一直視其爲前輩。一九四九年後，先祖父在自傳性交代材料裏屢屢言及此人。如"我受鄰村姜忠奎影響很大"，"姜忠奎在我們家鄉名氣很大。我在私塾讀書時，就把他看成我的前輩，同時把他的成就作爲自己追求的理想目標"，等等。一九三〇年寒假，姜先生回鄉探親，專誠來張家村拜謁蒙師張老先生。這樣，沒有見過世面的先祖父纔得以見到了這位在鄉里如雷貫耳的"前輩"，並從他那裏瞭解到學術方面的諸多信息。先祖父晚歲曾滿懷感激之情說："人生除了'讀書''背書'之外，還可以'著書'，這個觀念是姜君帶給我的"；"如果說這以前我讀書的目的，不過是求知好奇；那麼這以後竟在鄉鄰前輩的啟迪下，開始立下了從事學術研究之志。"回泝先祖父學術人生，有兩位先生起到至關重要的作用：一位即前面提及的姜忠奎先生，另一位則是章太炎先生。沒有前者，先祖父或難以邁進學術之門；而沒有後者，先祖父就不會有今天的成就。先祖父在北京時的學術生活，按他在交代材料中說："學術研究的對象是小學，研究的方法是瑣碎的攷證，鑽牛角尖，對學術思想問題不大涉及。"又說："我這時作學問的方法是瑣碎的攷證，這與胡適提倡的'整理國故'有一定的關係。"他何以要研究小學呢？當然我們不排除時勢之使然，因爲斯時學界之主流仍爲乾嘉學派（樸學），但宋學（理學）也佔有一定的勢力。我想他最終選擇作爲一名樸學家，或即導源於姜先生的引領。據《榮成市志》（齊魯書社一九九九年版）云："姜忠奎國學造詣頗深，在語言文字學方面堪稱專精，在古音學和闡釋漢字的構造原理方面都有獨到的見解。"我們僅從這段文字的表述看，便知姜先生也是一位正統的樸學家（新近臺灣臺中文聽閣圖書公司出版的"民國學術叢刊"第三種，还分兩冊影印了他一九三五年出的《六書述義》）。此外，鄰村大魚島的許維遹（號駿齋，一九〇二——一九五一）對先祖父也殊有影響。許先生一九三二年畢業於北京大學，後任教於清華大學，一九三三年出版了其代表作《呂氏春秋集釋》。先祖父在京研究揚子雲及其《法言》所用的即是清代樸學家通用的方法。而《揚子雲年譜》專設"小學之傳受"一章，正説明先祖父這時對小學已相當熟稔。

當然，先祖父終生最感念的人無疑還是章太炎先生。我們僅從稱呼上也可感受這一點，他從來都是尊稱章先生爲"太炎先生"的，包括一九四九年後在歷次政治運動中所寫的大量自傳性交代材料。的確，一個人對另一個人的態度，我們從其用語上就能體察出來。如先祖父曾説，汪梧鳳與戴震，"雖師事江永（慎修），但不僅從學術造詣上看，汪不及戴，相距天淵，而且從他們對江氏的親疏程度上看，似乎汪也不能與戴相比"。二人"提及江氏，在語言的感情色彩上也有差別的"。現在看來，先祖父受章先生的影響，不僅體現在學術上，也反映在思想觀念上。正如他自己説的"除了在小學方面受太炎先生的教益，更重要的是他的愛國主義思想和民族感情給我以巨大的影響。十九路軍在上海首先抗日時，太炎先生就曾發電報支持"。立雪章門前，按先祖父的説法，"我對時事是漠不關心的"。又説，九一八爆發時，我在北京，"那時的學生愛國運動，雖然蓬蓬勃勃地發展着，而我呢？始終沒有參加到他們的行列中去，一直是忙於跑北京圖書館，忙於收集材料寫什麼《中國語言文字學家揚子雲年譜》等等"。而入章門之後，先祖父就逐漸對時事有所關心。

曾祖父彼時的想法，或許祇是想將自己的這個兒子培養成一名村塾教師即可。因此當先祖父提出想去北京讀書時，便被他一口回絕。直到一九三一年曾祖父去世，五兄弟分了家，先祖父纔得以赴北京求學。他曾説："（自己）

到北京的動機，是因爲鄰村的姜忠奎、許維遹等，以研究中國古典文學著名，在北京大學、清華大學作教授，受鄉人的稱讚，我非常羨慕。"但先祖父當時的情形是祇讀了兩年初小、十年村塾，沒有中學文憑，故祇得先到宣武門外的北京弘達中學補習高中課程。據我所知，斯時榮成不少學子都在這所學校補習過功課。如張政烺即曾與先祖父一同在該校就讀。然先祖父卻未能攷上夢寐以求的北大，祇於一九三三年攷入私立民國大學新聞專修科。

先祖父在民國大學兩年，一門心思主要還是在舊學上。因爲一則在這方面興趣要大些，二則自認"比較易於成爲專家"。這期間，先祖父不大去學校上課，按他的說法是，"每天風雨無阻的必須到北京圖書館看書"，偶爾也跑到北大等高校旁聽。那時先祖父幾乎沒有任何社交活動，與同學、同鄉也鮮有往來，多是孤身一人拼命地讀書，收集做學問的史料。真是淡泊自甘、寂寞自守。他曾說："我一方面在新聞科聽課，一方面仍然鑽研小學，到其他大學聽所謂國學名教授的課程。星期天也從不與同學同鄉遊玩，而是一個人到北京圖書館看書，研究問題。"先祖父晚年曾仿林語堂的說法謂："北京圖書館，就等於我的大學；我的大學，就等於北京圖書館。"但學校的老師還是滿欣賞先祖父的，特別是王文彬教授，親自將其畢業論文《小型報的缺點及其改善方法》推薦到當時國內唯一的新聞理論期刊《報學季刊》上發表。後來，王先生出任重慶《大公報》總經理，又特意聘先祖父爲該報記者。

入學不久，先祖父索性從山東會館搬至與北大和北圖比鄰的沙灘，賃公寓而住。沙灘是彼時全國舊學的中心，他遷此的目的很明顯，即將自己學習重心完全放在傳統文化典籍上。他選擇的研究對象是楊雄。先祖父研究楊雄或許有宿習之緣。他的字景麟，是塾師據楊雄《劇秦美新》中的"炳炳麟麟，豈不懿哉"而賜的（近來有人撰文說先祖父字景麟，是"景仰其師章炳麟"，其實這祇是一種巧合）。先祖父攷定楊雄四十二歲離開故鄉成都，而先祖父在成都定居的時間恰好也是四十二年；子雲生於"雞鳴時"，而先祖父亦然。

據我所知，頗能見出先祖父樸學家攷證功夫的《楊子雲年譜》之撰成，實得益於北京圖書館。沒有北圖的豐富庋藏，恐就沒有他早期的學術成就。如先祖父攷證出楊雄生於西漢宣帝甘露元年（前五十三）"二月戊寅雞鳴時"一條，其中的月、日、時，便是他在該館善本室所藏的藝海樓鈔本《大唐類要》卷九十四引《揚子家錄》中查到的。這無疑是有關楊雄生平的一個重大發現。是譜一九三七年連載於李源澄編的《論學》雜誌上，伍非百先生對此曾有很高的評價。又，二〇〇七年四川大學出版社出版的《儒藏·史部·儒林年譜三》稱：是譜"前有《序論》，詳攷楊雄世系、生卒年及來京年、經學之派別、小學之傳受、學術思想諸重要問題，探析深入，徵引諸説，取捨公允。正文資料翔實，隨文攷辨，態度客觀。手此一編，子雲生平行跡大體備矣"。楊福泉的《揚雄年譜考訂》也稱，"湯氏《年譜》後來居上"，其"簡明扼要，頗具識見"。先祖父此譜雖僅有三萬餘字，然大輅椎輪，於楊雄研究實功不可沒。

我們知道，在民國學術界，章門弟子的崛起尤爲引人注目，以至後來有學者回憶："民國初年北京的文史界泰斗多出於太炎先生之門"；"許多老師開口便説'吾師太炎先生'"。一九三五年，先祖父大學畢業即南下蘇州，攷取"章氏國學講習會"研究班，成爲太炎先生入室弟子，從此掀開了其學術人生的絢麗篇章。按先祖父的説法，自己以前是學無師承，現在終於有了師承。在我的印象中，先祖父是一位極其看重師承的人（黃侃有"治學第一當恪守師承"[①] 之説）。他在病榻上曾對我説某某繼承了游國恩的家法，而某某好像沒有繼承到什麽（你從他們的文章裏就能看出這一點）。他這裏所講的師承，我們也可理解爲學術經歷或學術訓練。先祖父到蘇州纔徹底把自己的著述方向鎖定下來，並懷着一種殉道精神，終生以之。我們從學術淵源來看，先祖父與章先生治學也頗多暗合之趣，皆視乾嘉學術中的皖派爲正途。楊樹達先生就説過，太炎先生"實承皖派之流而益光大之"[②]。因此，能成爲章門弟子，應當是他作爲一位學者的最大的幸事。

章先生當年在招生廣告中强調：報攷者須有兩位學界名家作介紹，否則不予報攷。先祖父正好認識章門弟子金震（東雷）先生，便先給他去了一通信，表明自己想報攷"講習會"的願望。金先生此前係天津《大公報》"小公園"的主編，先祖父因在上面發表過《故宮行》《彩雲曲》等作品而與其

---

① 《黃先生語錄》，張暉編《量守廬學記續編》第二頁，三聯書店二〇〇六年版。
② 楊樹達《積微翁回憶錄》第一〇六頁，上海古籍出版社一九八六年版。

結識。因之，金先生熱情地爲先祖父寫了推薦書。當時各地學子，負笈蘇州者有五百餘人。其中，年齡最大的已過古稀，而最小者尚未及冠。文化程度更是參差不齊：有大學教授，也有剛畢業的中學生。僅寄宿學會者，就有一百餘人。爲遴選人才，章先生手訂通知：凡學員有著述者經甄審後録爲研究班學員，無著述者須參加攷試，擇優録取。攷題是"自述治學之經過"。這個題目既簡明扼要，又很能看出應攷者的治學水準。先祖父遂將自己在京研究《法言》的創獲，特別是對汪榮寶的《法言義疏》之疏正，提綱挈領地寫進試卷裏。結果，這份試卷大受章先生賞識，老先生並親自把其精華部分摘出以《〈法言〉汪註補正》爲題發表於自己主編的《制言》上。這是當時攷生中唯一入選該刊的試卷。通過攷試，章先生共録取七人。這就是後來外界盛傳的章門"七大研究生"之來源。我不知道是否因先祖父試卷中所顯露出的小學才華，使章先生看後格外歡喜。在首度召見研究班學員時，待學員進入客廳後，老先生朗聲問道："湯炳正來了沒有？"接著就將先祖父呼至跟前的桌子就坐，興趣盎然談起他在"冬""侵"分部上的前後不同點，並徵求這位新生的看法。因彼此的方言不同，章先生擔心對方聽不懂自己的餘杭方言，便呼傭人老李取筆墨紙張來，邊寫邊講。那天章先生興致極濃，竟這樣過了一個小時，而沒有再與其他學員交談，就宣佈結束會見。先祖父晚年曾深情回憶道："我當時纔二十五歲，淺識寡聞，對音學所知尤少，而先生不以我爲譾陋，循循善誘，平易近人，聲音笑貌，至今宛然在目！"在蘇州期間，先祖父先後在《制言》上發表五篇論文，是講習會學員中發表文章篇數最多的一位。姚奠中先生在《懷念同門摯友湯景麟先生》一文中寫到："本來所謂國學，是包涵文、史、哲各科而以小學爲基礎的。所以我們對清代樸學家有關《説文》《爾雅》和音韻諸書的著述，無不研讀，但個人研究，則各有偏重。景麟是同儕中的佼佼者。尤其在聲韻方面更爲突出。"章先生確實激賞先祖父，曾多次説："山東自古是中國南北交通樞紐之地，應當出這樣的人材。"學術界或向章先生詢此話的含義，始知老先生是以戴震門下高足孔廣森贊許這位入室弟子。先祖父則説："先師於古今名人，少所許可，每一提及，輒有'不過如此而已'等語，以示菲薄之意，唯後生輩苟有所長，必盡力贊勛，逢人便津津稱道之。"老先生雖愛譏評顯達，但對於有所長的後學，則和藹若朋友然，談笑自如。當時先祖父是出入章府請益最勤的一位弟子。據姚奠中先生追憶：章先生彌留之際，弟子中祇有先祖父與李恭二人獲准守候在病榻旁，其餘皆集中守在大院裏。一九三六年六月十四日侵晨，章先生駕鶴西行後，先祖父被推薦爲講習會唯一的弟子代表在追悼會上發言。爲什麼要安排他上臺講話呢？先祖父在一份交代材料中如是説，開會前諸祖耿找到我説，請你以學生身份去講幾句話，因爲"章先生活着時很賞識你，所以纔來找你去談"。六月十七日上海《大公報》在頭版以《湯炳正述章氏講學精神》爲題報導了此事；而章夫人湯國梨先生在會上專門介紹先祖父。六月十七日天津《大公報》在頭版《國葬章太炎》中云："章夫人介紹章高足湯炳正君（魯籍）報告章近年講學經過。章夫人並謂：章生前對湯極賞識，以爲乃承繼絕學惟一有望之人云。"我想章夫人這話或許是有所指的。因章先生棄世，外界已有人在問誰能繼承大師的學術衣缽。如張學良將軍致章夫人的唁電即云："天喪斯文，樸學誰續？"當時，來蘇參與弔唁活動的《大公報》總編輯張季鸞先生還約先祖父寫追悼文字。此文以《章太炎先生之日常生活》爲題，發表於同月十九日的上海《大公報》上。先祖父隨即被講習會禮聘爲小學教席。當時受聘者皆章門一時之彥。我們知道，章先生學術精髓之處即在小學。周作人先生曾説："我以爲章太炎先生對於中國的貢獻，還是以文字音韻學的成績爲最大，超過一切之上的。"[①] 王甯先生最近在《〈章太炎説文解字授課筆記〉前言》中也説："在論及近現代學術史的許多學科時，都免不了要提到他的名字。但是他的學術最基礎的根底，是國學中的'小學'。太炎先生的'小學'是乾嘉學術的直接繼承。"

在京期間，先祖父在學術研究上雖取得了不俗的成績，也結識了一些學界的名流大家，但他真正爲學界認可並確定其學術地位的，應該還是自到蘇州師事章先生始。其後，學界纔牢牢地記住了一個叫湯炳正的人。如一九八一年先祖父赴武漢參加全國訓詁學會成立大會，饒宗頤先生當時已是很有名氣的學者，他別人不問，徑直問哪位是湯炳正先生。合影時又主動上前與先祖父單獨留影紀念。此前他們並沒有任何交往，想來饒先生或許是通過《制

[①] 周作人《知堂回想録》第二一七頁，（香港）三育圖書有限公司一九八〇年版。

言》《大公報》等報刊知道了先祖父其人其學的。上世紀九十年代，嚴學宭先生出版的《廣韻導讀》一書，在"《廣韻》譌奪舉正"一章，附入了先祖父一九三六年發表在《制言》第二十一期上的《〈廣韻訂補〉敘例》一文（收入文章的還有周祖謨與葛信益二人）。日前我在《文匯讀書週報》上讀到《韻學經典研究名著》一文，該文談及現代《廣韻》研究時，亦說，先祖父等人撰文，"發覆訂補"，有功聲韻學甚巨。

二、學術成就

先祖父的學術成就集中於語言學與《楚辭》學兩個領域。其最重要著作分別是《語言之起源》與《屈賦新探》，二書在各自的領域皆具開創性的貢獻。下面，試分而述之。

（一）語言學研究

先祖父治語言學的特點是長於"辨音"與"釋義"兩端。其核心是"辨音"，指導思想是戴震《轉語二十章序》的"疑於義者以聲求之，疑於聲者以義正之"，尤其是後者。我們知道，小學的核心是聲韻學。顧炎武說："讀九經自攷文始，攷文自知音始。"[①] 段玉裁說："治經莫重於得義，得義莫切於得音。"[②] 先祖父精於"辨音"，不知道是否與他是齊人有關？我們老家古屬齊國，鄭玄曾在此設館授徒。齊人善音，自古而然。《漢書·藝文志》云："《倉頡》多古字，俗師失其讀。宣帝時徵齊人能正讀者，張敞從受之。"誠如力之先生所言："景麟公當年受餘杭先生之器重，主要是他在學術研究上所表現出的悟性之高。"我想先生這裏所談的"悟性"，或許是指先祖父在聲韻學上超卓常人的天賦。既然"悟性高"，那麼在章先生眼裏就是可造之材。章先生在一九三四年致弟子吳承仕的信函中曾感嘆："人材難得，過於隨珠。未知後起者又何如也？"所以對"可造"的後學他每多獎掖，期許甚高。先祖父

---

① 《答李子德書》，《亭林文集》卷四，《四部叢刊》本。
② 《廣雅疏證序》，王念孫《廣雅疏證》卷首，上海古籍出版社一九八三年版。

不負師尊之厚望，在蘇州兩年間，共寫了《廣韻訂補》《經典釋文反切攷》《説文部首疏義》《齊東古語》四部論著。其中《經典釋文反切攷》《説文部首疏義》已全部遺失；另兩部凡發表的一小部分，皆幸運地保存下來了。對《經典釋文反切攷》，先祖父曾回憶道："記得我的提綱有兩個觀點，第一，陸書每條第一個反切，乃當時通行讀音，以下音切，乃泛採不同時代、不同經師的音讀。故以第一個音切爲據，纔能探索出成書時代的音讀體系。第二，典籍雖歸陸氏於唐代，但陸氏此書實成於陳代，故准確言之，它的第一音切，乃代表六朝末期音讀，不是代表有唐的音讀。先生對此二點，頗爲首肯。"章先生以爲此稿，"可與覲齋的《經典釋文敘錄疏證》相輔而行"。

先祖父在蘇州從太炎先生遊，受到的是最爲嚴格的學術訓練。其學術體系由兩大元素構成：小學和經學。這也是乾嘉學派最引以爲豪的研究領域，可謂成果累累。但晚清以還，經學已"碎義逃難"，先祖父所走的是由經入集的路子，但小學卻一直是貫穿於他整個學術研究工作的一根紅線。他在這一領域做出了突出性貢獻，這裏就簡介他的兩個著名觀點，以見其凡。

首先談語源學説。此説創立於二十世紀中期，一九四九年發表的《語言起源之商榷》以及在此前完稿的《原"名"》《古語"偏舉"釋例》，是先祖父語源學説的代表性論文。與其後發表的《論古聲紐的歸併問題》《〈語言之起源〉補記》兩篇論文，合在一起構成他嶄新的語源學理論體系。關於這個論題，先祖父雖然不過寫下四萬來字，但就在此有限的篇幅內，卻把複雜難攷的語源規律揭示了出來。據他攷證：邃古之初，先民祇能以手勢或容止以達意。然而這種形態表意方式，往往因環境的距離，或光線的限制，對方即無從領受其意圖。於是不得不轉而利用語音作爲表意的工具，亦即借助於唇舌與聲帶所發出的聲音，以表達其對事物的印象。而其表達的方式，歸納起來不外兩種情形：一爲容態語、一爲聲感語。所謂容態語，"即指發音時由唇舌所進行的空間運動以展示事物之形態"；所謂聲感語，"即指發音時由唇舌所範成之不同聲響以象徵事物之形態"。先祖父發凡起例，揭示出語源的四大規律：一、同一語音，往往可表不同之意義，此因同一音素而兼具多種特徵；二、不同之語音，往往可表相同之意義，此因不同音素而具有共同特徵；三、同一事物，往往得不同之名稱，此因一物而有不同之特徵；四、不同之事物，往往得相同之名稱，此因異物而有相同之特徵。我們攷察世界各民族語言，雖然百態千姿，各呈異彩，然而其稱名指實亦不出上述幾種規律。

《語言起源之商榷》探討的對象是屬於語言學界世界性的難題。文章刊發迄今已逾一個甲子。關於他當年提出的容態語與聲感語，有論者認爲，乃"揭開人類語言起源之謎"。而朱炳祥教授在《論漢語的發生學道路》一文中對漢語的起源作了較爲全面的論述，他説："語言的發生學道路要解決兩個問題，一是語言起源於什麽？二是語言怎樣起源？""對於漢語，從'前語言'的物理聲音到人類的'語言'符號的'轉移'，依據古今一些研究者的看法，我們概括出三種路徑：第一條路徑爲摹聲的路徑，即抽象化的路徑；第二條路徑爲感嘆的路徑，即情感化的路徑；第三條路徑爲摹形的路徑，即'容態'和'聲感'的路徑。""湯炳正先生之'容態語'從其緣起動機上説，是直接訴諸於空間的，'聲感語'則是間接訴諸於空間，因而，我們將其稱爲摹形的路徑。"語言學界認爲，先祖父在語源研究上突出的貢獻就在於前人祇言某音多表某義，而他則進而探索某音之所以表某義的根本原因。亦即前人祇言其"當然"，而他則究其"所以然"，並把問題引向語源學的軌道上來。他雖自謙地説：自己的研究祇是"向前推進了一小步"，但這"一小步"邁向的是一個新的方向，一條新的道路。換言之，先祖父這一研究的價值，不僅僅體現在其成果本身，還在於其有着十分重要的方法論意義。

先祖父在語言學上另一個重要創獲，是對語言與文字關係的論述。關於這個問題，語言學界流行的觀點是：文字是在語言的基礎上產生的，並從屬於語言。這是亞里斯多德首先提出的觀點，兩千多年來一直成爲國際語言學界想當然的定論。但這是否就真的反映了初期語言與文字的實況呢？在先祖父看來，未必然——亞氏之説大有進一步研討的空間。先祖父曾説："一個科學家，在掌握了事實資料之後，必須進一步根據事實探索事物的本質和事物的規律。"他於一九四五年即着手這一研討，然因種種原因，至一九八七年始以《〈説文〉歧讀攷源——兼論初期文字與語言之關係》爲題發表其成果於香港中文大學《中國語文研究》第九期上。先祖父在文章中明確提出：語言與文字應皆爲直接表達社會現實與意識形態者，並非文字出現之初即爲語言之符號，根據語言而創造。即使人類先有語言，後有文字，然文字祇是在社會現實與意識形態之基礎上產生出來的，而不是在語言的基礎上產生出來的。語言者，乃以喉舌聲音表達事物與思想；而文字者，則以圖畫形象表達事物與思想。語言由聲音以達於耳，而文字則由形象以達於目。在文字產生之初期階段，語言與文字各效其用，各盡其能。因此，遠古先民，實依據客觀現實以造字，並非"依聲以造字"，亦即文字並非在"語言的基礎上派生出來的"。關於語言與文字最初發生關係，其情形如下："即古人之視象形文字，殆如吾人之視圖畫焉。祇能明瞭此圖畫中含有某種意義，而不能謂此圖畫即代表某一固定之語音。迨觀者必須以語言表明此圖畫之意義時，則同一圖畫，或因各人理解之不同而異其音讀；或同一人而前後對此圖畫印象不同，亦足以使其產生種種不同之音讀。蓋視其形近乎此者，即呼以此名；形近乎彼者，即呼以彼名；得此義者，即以此音讀之；得彼義者，即以彼音讀之。見仁見智，無有定常。因之，一字或得數義，一文或得數音，而造成所謂'歧讀'之事實。"按先祖父研究，《說文》現存"歧讀"字，共有五大類：一、義同歧讀；二、義近歧讀；三、義異歧讀；四、諧聲字歧讀；五、諧聲字歧符。"總之，遠古一字之有歧音與一字之有異形，皆為文字發展史中之必然現象。特語音與文字既相結合之後，則一字異形迄今猶存，而一字歧音則漸就消失。"古漢字有一字歧讀的特例，充分證明語言與文字並不是一開始就結合起來的。文字作為語言的符號，是以後纔出現的情況。先祖父說：這種奇異現象在中國少數民族文字中也多有發現。如雲南納西族的象形文字，雖同一字形，而彼族往往用與字義相近而聲音絕殊之不同語音讀之。例如字形為一人持皿飲水狀，則或以表"飲"之語音讀之，或以表"水"之語音讀之，或以表"渴"之語音讀之，並無固定之音。此乃人類語言與文字結合之必然現象，不足為奇。先祖父在一九四五年寫的《〈文字之初不本音說〉跋》（即《〈說文〉歧讀攷源》原名）中說："中央研究院張君苑峰（即張政烺），以治小學名，聞余有此作，函索印本，並云：'雲南麼些人之象形文字純以表意為主，無固定讀法，或與卓見相近。'"近有論者認為，"湯炳正對《說文》歧讀字研究作出了重要貢獻"。"《說文》存歧讀之例，經湯炳正先生詳加攷釋，在一定程度上可以用作古文字中歧讀字研究的範式。"

此文充分體現了先祖父一貫的學術個性。即一方面反映他在學術研究中不畏權威、勇於探索的精神；另一方面也反映他扎扎實實，唯真是求的治學理念。因爲他向來主張治學要從原始的客觀的材料出發，而反對從後來纔有的概念理論進行推導。例如從文字發展史來看，世界上任何文字，其開始都是表義的，而不是表音的。今天以希臘字母爲體系的歐洲拼音文字，其開始是希臘人借用鄰族腓尼基文字作爲字母的；而腓尼基文字則本來是表義的，並非表音的。兩千多年前亞里斯多德提出的"文字是記錄口語的符號"的觀點，顯然是在當時希臘文化的基礎上提出的，並非是一個完整正確的定義。

（二）《楚辭》研究

抗日戰爭爆發，先祖父開始了《楚辭》研究之旅。他曾說："章先生平生仰慕顧炎武之爲人爲學。而對顧氏的經世致用之學，尤恪守不移。這與乾嘉學派的學術風氣，迥然不同。我在抗日戰爭中，對先生的經世思想與民族意識，理解漸深。"先祖父的這項研究確實與時勢大有關係，按他的說法是抗戰時自己與屈原在情感上產生了共鳴。其第一篇論文《〈楚辭〉"些"字與苗民祝語之研究》（後以《〈招魂〉"些"字的來源》爲名收入《屈賦新探》一書）發表於一九四九年五月梁漱溟先生主編的一份學術刊物上。該文顯示出先祖父重視新資料的運用和長於以語言文字爲突破口的治學特色，並開了以民俗學研究《楚辭》的先河。他從苗族招魂辭的句尾，必收以"寫寫"二音，從而得出《招魂》的"些"字本爲"此此"的重要結論。正當先祖父要進入《楚辭》研究的豐收季節時，因我國高等院校結構大調整，不再設置小學課程（以西方語言學代之），學校安排他改行教中國現代文學史（直到一九七九年纔歸隊）。現在看來，先祖父改行是不成功的，沒有留下什麼業績，遠不及北京大學王瑤先生。王先生本是研究中古文學的，改行教現代文學史後，竟大獲成功，寫出《中國新文學史稿》等經典性著作。我們從師承上來看，王先生的導師是朱自清，朱先生雖講授古代文學，但他本人卻鍾情於現代文學創作；而先祖父的導師是章太炎，章先生一生謹守古文經家法。這就是他二人在學術淵源上的差異。而這個差異直接影響着他二人的研究志趣。力之先生也持此說，但論述得更具學理。而先祖父的古文經家的身份制約他的現代文學研究，使他"身在曹營心在漢"，一心眷顧他的小學和剛拉開大幕的

《楚辭》研究。所以當一九六二年党號召知識分子，"要在科學研究上拿出成品來"時，他即奮力撰寫了四篇論文。其中三篇是《楚辭》學的，一篇是小學的。"文革"甫寢，他已年近古稀，卻在三五年內完成三十萬字的《屈賦新探》的著述。此書由廿篇論文組成，涉及屈原生平事蹟、屈原思想與流派、《楚辭》成書過程、屈賦神話傳說、屈賦語言藝術諸領域。郭在貽先生說，"綜觀是書，在材料和方法的運用上以及所取得的成就上，都無愧爲楚辭研究中一座新的里程碑"，"在楚辭研究上開闢一個新紀元"[1]。趙逵夫先生則說："凡是讀過這本書的人，沒有不被書中的一系列創見所折服，沒有不被作者敏銳的眼光、淵博的知識和精彩的理論分析所感動，進而心悅誠服地就作者提出的問題取得的成就去自省和思索的。"

先祖父本行是傳統語言學，但卻以《楚辭》學的成就而蜚聲學術界。他治斯學的特點是能於小中見大，於現象中求規律，對屈賦中許多千秋難解之謎做出頗有革新意義的結論。當然他的成績之取得，有主客觀兩個方面的原因。主觀原因是他精小學、通經學。我們知道，小學在古代是治學的初階，"工欲善其事，必先利其器"。戴震曾說："宋儒譏訓詁之學，輕語言文字，是猶渡江河而棄舟楫，欲登高而無階梯也。"[2] 而客觀原因是上世紀七十年代以降，地不藏寶，先祖父恰逢攷古史上這個黃金時代的來臨。先祖父能充分吸收攷古新資料來研究《楚辭》，並取得了重大歷史性的突破，走在同時代學者的前列。當然我們援引攷古資料來進行研究，並非一蹴而就之事。因爲出土文物與現成的文字資料相比，運用起來是有難度的。這其中的關鍵問題，就在於你是否有豐厚的典籍知識與之相呼應。否則即使出土文物擺在你的眼前，也孤掌難鳴。關於先祖父善於運用地下出土資料來研究《楚辭》這一特徵，郭在貽先生說："自從近代羅（振玉）、王（國維）提出'二重證據法'後，學者類能以地下出土資料研治史學，而用之於文學研究並取得重大創獲者，則並不多覯"，"即現代學者，像湯先生這樣大規模地運用出土文獻研究楚辭

---

[1] 《郭在貽文集》第三卷，第五六五頁，中華書局二〇〇二年版。
[2] 段玉裁《戴東原先生年譜》，《戴震文集》第二一七頁，中華書局一九八〇年版。

者,實亦罕覯"①。另有論者認爲:"有些地下出土文物,人們並未注意到它同楚辭研究上某個問題有關,可著者慧眼明察,看出了兩者之間直接和間接的聯繫。"關於他研究《楚辭》的貢獻,學術界已多言之。如熊良智教授在《文學遺產》二○○九年第二期上發表的長篇論文《湯炳正先生〈楚辭〉研究的學術貢獻》,即一很有深度的力作。我這裏僅從他處理新舊資料的角度再談二三例。

關於《天問》的"昭后成遊"與"穆王巧梅"兩句詩,古今異説紛呈,難定於一是。先祖父借助於陝西扶風出土的西周窖藏時器《史牆盤》銘文,證明了"昭后成遊"之"成遊"實即"盛遊"。同時,他進一步攷察了"厥利惟何,逢彼白雉"的含義,指出它並非是指"越裳氏獻白雉"之事,而當指昭王十九年伐楚"天大曀,雉兔皆震"事,實暗指昭王之南征不返;進而證明"穆王巧梅"之"巧梅"實即"宇誨"之異形,亦係"訏謀"之同音借字;義爲龐大的謀畧與規劃。故"穆王巧梅",即指穆王周遊天下,征徐、伐楚等歷史事件而言。先祖父不僅揭示出了爲八駿遊天下的傳説所掩蓋的穆王繼昭王伐楚史實,進而爲攷察屈原在《天問》裏對昭、穆王伐楚所持的詰難和否定態度提供了堅實的依據。他指出這兩句詩表現出屈原"極其鮮明的民族立場和強烈的民族感情"。有知者認爲,這個結論"比簡單的愛國主義説要正確和深刻得多"②;"作者的這些結論同王國維證明了《天問》中的王亥是見之於甲骨文的商先公一樣,不僅解開了屈賦中的疑惑,也進一步證明了《天問》的史料價值,對於上古史的研究是有意義的"。

我們知道《離騷》之難解,不僅在於其文字與義藴,而且對段落之劃分,章節之確定,諸家亦紛擾不休,令人眼花繚亂。如其中卜筮祭禱之章節,古今註家就難得其本義。先祖父則據荆門包山出土的楚簡所記卜筮祭禱六個程序,撰寫了《從包山楚簡看〈離騷〉的藝術構思與意象表現》一文對此加以研討,得出《離騷》卜筮情節,亦有六個環節的結論。即:一、舉行卜筮的年月日;二、卜筮人及爲誰卜筮;三、所占何事;四、占卜筮的答案;五、

---

① 《郭在貽文集》第三卷,第五六五頁。
② 高爾泰《屈子何由澤畔來》,載《文藝研究》一九八六年第一期。

爲趨吉避凶而進行祈禱；六、卜筮人再占吉凶。從而破譯了《離騷》在釋讀方面千古懸而未決的難題。此文在一九九四年第二期的《文學遺產》雜誌上發表後，廣受好評。在國外，當年的日本《東方》雜誌在第三期就曾以《包山楚簡與湯炳正氏的離騷確解》爲題作過評介，認爲：由此，"《離騷》後半的藝術構思，不難迎刃而解"；湯文之說，"是今後不可動搖的結論，在楚辭學史上應當大書特書"。劉躍進先生在《新時期中國古典文學研究的回顧與展望》中也肯定了此文，認爲先祖父於此"訂正了歷代《楚辭》研究在卜筮方面存在的問題"。

關於屈原生平事蹟，我們知道司馬遷寫的《屈原列傳》是最主要，也是最權威的資料；但今天我們所見到的這篇《屈傳》確存在"文義不屬，前後矛盾"的地方。胡適在《讀楚辭》一文中認爲"《史記》本來不很可靠，而《屈原賈生列傳》尤其不可靠"①。他列出此傳七大可疑之處，其中五處涉及《屈傳》，並借口否定屈原其人的存在，認爲他不過是"傳說的"，"箭垛式的人物"。先祖父經過研究，認爲造成這個現象的原因，是今本《屈傳》竄入了兩段劉安《離騷傳》中的評語所致。第一段是從"離騷者"到"爭光可也"；第二段從"雖放流"到"豈足福哉"。學界認爲這個發現"揭千古之秘"，"是顛撲不破的定論"。先祖父說，司馬遷寫《屈傳》本來是把傳主的生平事蹟寫得一清二楚，但是後人讀《史記》爲了說明《離騷》的主旨，就硬把劉安《離騷傳》的話竄進去了。如果我們將後人竄入的這兩段文字抽出，便冰釋了五個方面的問題（也是胡適等人提出的那些疑問），即：一、關於屈原賦騷的年代問題；二、關於屈原在懷王時是被"疏"還是被"放"的問題；三、"令尹子蘭聞之大怒"，所怒爲何事？四、屈原與屈平兩種稱謂混用的問題；五、論點上的矛盾問題。此文先以《〈屈原列傳〉新探》之名發表於一九六二年的《文史》創刊號上，後又易名爲《〈屈原列傳〉理惑》收入《屈賦新探》一書。有論者認爲對《屈傳》的清理，"尤以建國前的錢穆和建國後的湯炳正所做的工作更加引人注目"，但錢穆"祇是做了一半"，"這另一半作爲文獻根據其可靠性如何呢？湯炳正《屈賦新探·〈屈原列傳〉理惑》

---

① 《讀楚辭》第一頁，蔣善國編《楚辭》，梁溪圖書館一九二四年版。

回答了這個問題。"金開誠先生説，對這個問題，"論證最爲充分的要算湯炳正先生的《〈屈原列傳〉新探》"。"湯文這麽一説，特別是把第二段的著作權還給了劉安，《史記·屈原列傳》的矛盾的確是解決了"。就我所見，學術界以此文爲標題的論文就有鄭文的《讀〈屈原列傳〉新探——兼論〈離騷〉的創作時間》（一九六二年）、宋蔭穀的《評〈屈原列傳〉新探》（一九七九年）、廖化津的《〈屈原列傳〉解惑——續説湯炳正先生〈屈原列傳〉理惑》（一九九二年）、董運庭的《關於屈原生平事蹟的總體廓清——再讀湯炳正先生〈屈原列傳〉理惑》（二〇〇五年）。除宋文反對外，餘者皆贊同或大部分贊同，尤其是董文説："四十多年過去了，湯先生在這個問題上所作的論斷，仍然是最有説服力的結論。"

古人云："不通群經，不足以治一經。"先祖父的學術成就自然不止以上兩端，我這裏不過撿其有代表性者略説而已。

編後記

　　本書係先祖父景麟公一九九〇年在臺灣貫雅文化事業有限公司出版的《語言之起源》的"增補本"。正編凡註明出處者以及兩組附錄皆爲今次新補；這個本子囊括了目前所能找到的先祖父有關"小學"的全部著述（《齊東古語摘錄》一文因篇幅過小，且先祖父晚年曾作過擴充、並撰有跋語者已不知去向，故茲未收）。在我已理董出版的景麟公書稿中，數這一部難度最大。青燈黃卷，一個字一個字地校勘，耗時三年有餘。即使如此，仍覺心中無底，深怕做得不好，一來對不住一輩子獻身學術的景麟公，二來怕有負讀書人。

　　景麟公生前，因出版環境的惡劣，加之所研究對象的深僻，此書原稿在內地找不到出版社，最後祗得輾轉寶島出版。這對他來說，當然是退而求其次的選擇。過去因兩岸文化交流的不對等，大陸學界很少能看到臺灣出版的書籍，最多是聞其書名而已。如四川大學前些年啟動《儒藏》編纂工程時，其《史部·儒林年譜》收先祖父所造《楊子雲年譜》一文，所用底本係一九三七年發表在無錫《論學》雜誌上的。其實，在編入《語言之起源》一書之前，先祖父已對該文作了精心補訂；未能用此定本於這部大書中，顯然是個遺憾。景麟公走後，爲了使學界中人能更好地了解這方面的研究成果，我曾復製了二十餘份分贈師友同好，不言而喻，是远远不能滿足需求的。有鑒於此，我於大前年着手理董此書，並把消息公諸網上。很快著名出版人賈勤先生留言："我是北京新世界出版社'木鐸學刊'的編輯，我們可以出版此書。"賈先生主持的"文庫"，對國學"傳火添薪"，其氣魄與膽識令世人敬佩。書稿入選"文庫"，我幸何如之。

景麟公覃思著述而重獨創，不管是多麼深奧的課題，總能以簡練之筆出之①。如關於語言起源的研究，他顛覆了中外語言學界的傳統説法，創立了自己嶄新的語源學説。完成這麽大的課題，所用的文字不過區區四萬言。何其精粹、何等才具，與那些動輒數十万字而未得要領者比，相去難以道里計。另外，對楊雄生平與其學術的研究，先祖父用力亦勤甚（一讀《〈法言〉版本紀要》即明）。他在這一領域的研究成果，至今仍因具獨特的價值而爲研究者所重。

景麟公學術能取得如此的成就，小學功夫至关重要。近讀張聞玉老師賜下的《中國人學問之路》，他寫到國內"一個很有名氣的教授"來其所在大學作學術報告，"我們中途就走了，不是他講得不好，祇是小學功夫差"。又説："傳統的學術以小學爲基本功，再去發展，基本功不好，祇能在底層徘徊，不能做學問。""研究中國學問，必須要讀得通文獻，讀懂文獻方能研究，要有這個本領，這個本事就是小學。"但在當下，説到小學，無論一般的讀書人，即使一些學者專家，恐怕也覺隔膜生疏。有人追問，爲什麼新中國没有出"國學大師"？當然這不是一兩句話能講清的事。不過，竊以爲一九四九年後，薄古而厚今，教育界"全盤蘇維埃化"，高校取締小學課程，截斷小學命脈，當是個致命傷。彼時有一種觀點因意識形態的需求，被無限地放大，繼而成爲主流與時尚：即漢字落後了，應實行拼音文字②。甚至還創辦《文字改革》雜誌作鼓吹。最高領袖也介入，説"文字必須改革，要走世界文字共同的拼音方向"（實際上他的想法是"要消滅漢字，改用拉丁字"）。有位著名語言學家道："簡化漢字祇是治標"、"要真正解決問題還是得搞拼音文字"。漢字都要被廢除了，"皮之不存，毛將焉附"，小學還能存在嗎？世間還需要小學家來"説文解字"嗎？景麟公這一代以小學教、研爲志業者，遭遇了這門學科自創立以來最爲尷尬的局面（過去小學家可名列儒林，是甚受尊敬且禮遇甚隆的一類學者），被迫紛紛轉行，失去了應有的話語權，祇好眼睜睜地

---

① 落馥香先生審讀全書後，在給我的信中稱景麟公爲文有"簡約之風"。
② 陳夢家因在報上發表《慎重一點改革漢字》，而被打成"右派"，罪狀是反對文字改革。他後來竟因此自縊而亡。

看着西方的語言學一統天下。這對繼承學統，無疑是釜底抽薪。這樣的氛圍，怎麼能產生得出大師？什麼是國學大師，按劉夢溪先生的說法，須具有這麼兩個條件：一是通經學；一是精小學。這確爲不刊之論。謝謙先生在《國學詞典》中也精闢地論證了小學與國學的關係（這是我讀到的一部很好的國學入門讀物）。早在一百多年前，章太炎先生在《論語言文字學》一文中就明確指出："今日欲知國學，則不得不先知語言文字。此語言文字之學，古稱小學。"其前的阮元在《擬國史儒林傳序》中已有一很形象的說法："聖人之道，譬若宮牆，文字訓詁，其門徑也。門徑苟誤，跬步皆歧，安能升堂入室乎？"今人以小學爲高深莫測、艱澀如天書，就是因爲我們曾經無情地拋棄小學傳統，失去認真、虔誠、敬畏、樸實的讀書之心。在古代，小學不過是啓蒙性的知識（按章學誠的說法是"童蒙所業"），读书必先识字，與待人接物、灑水掃地等一起學，沒有什麼深奧之感。如《漢書·藝文志》"小學"類小序云："古者八歲入小學，故《周官》保氏掌養國子，教之六書，謂象形、象事、象意、象聲、轉註、假借，造字之本也。""六書"即文字學，小學始脫胎於此。現代人感到不可思議：連學者專家都弄不甚明白的學問，在古代怎麼會入初級課程中呢？其實，不獨小學，其他學科亦然。如清初顧炎武在《日知錄》卷三十《天文》說："三代以上，人人皆知天文。'七月流火'①，農夫之辭也；'三星在天'，婦人之語也；'月離於畢'，戍卒之作也；'龍尾伏晨'，兒童之謠也。後世文人學士，有問之而茫然不知者矣。"單說小學，造成以上情形实乃古今語音之變遷、流轉以及字義的變化所致。以六經中的《尚書》爲例，此書所收的文字不過是當時的政治報告、告示、會議記錄之類的東西。按朱自清的說法，是"官話或普通話"。即所謂的"大白話"。否則，先民何以看得明白呢。但到了唐代，連"文起八代之衰"的韓愈都說它"佶屈聱牙"了。這就是"語音變遷"所造成的。小學因此應運而生，其創始者一般認爲即西漢末年的楊雄。

---

① 此語的意思是"天要涼了"。而前些年一位以"重倡國學，延續中國文脉"爲己任的大學校長在歡迎臺灣某党主席時，竟用典不當，將其義表述成"天真熱"。令人大跌眼鏡，一時傳爲笑柄。

最近二十年來，爲看懂景麟公的學術論著，我涉獵了些小學著作，感到這門學問並非原先想像的那樣枯燥，甚或還有點好玩。比如胡樸安《文字學常識》、張舜徽《〈說文解字〉導讀》、李孝定《汉字史话》、左民安《汉字例话》、李學勤《古文字學初階》、張大春《認得幾個字》、張聞玉《漢字解讀》、流沙河《文字偵探》，都寫得很風趣、有味。在他們的筆下，每個漢字都凝聚着一塊文化、一段歷史、一個故事。這正如劉毓慶先生在《國學概論》中說的，"沒有漢字就沒有中國文化，不懂漢字的玄妙，就不能理解中國文化，也就根本不可能走進中國文化的殿堂"。我們要想讀通古書，小學那是繞不過的。這一點是以前讀書人的共識。遠的不說，就說民國時期，如革命家陳獨秀，對小學中的文字學、聲韻學就有深入而透徹的研究。他給魏建功的信論古韻分部，見識即非同一般，好似乾嘉諸老之言。其《小學識字教本》，一九四九年被梁實秋攜之入台，易名《文字新詮》出版，風靡一時（巴蜀書社也曾出版了大陸版）。我讀他這方面的論著，祇覺得他是個純粹而出色的小學家，忘了他的世俗身份。再如錢穆先生，學歷不過中學，完全以自學成爲一代大史學家。他先在小學、中學執教，後由顧頡剛推薦到大學教書。在中學任教時，學校規定除"國文"正課外，還得"兼開一課"，並自編講義。錢先生第一學年開的就是小學。過去講國學者，必首講小學，否則就成笑話。他寫的講義《文字源流》，現已被發現。觀其所論，完全是個內行。其時"小學"整體水準之高，於斯可見一斑。如關於"國家"的"國"字，他說繁體裏面是個"或"字，"或"字从"戈"，就是兵，代表主權，中間有個"口"代表人口，就是社會，"口"底下還有一橫，代表土地，這個"國"字包括了主權、領土、社會。他由此得出："中國古人造字精妙，從中國文字學即可推出中國傳統文化之由，其深義有如此。"

小學並非荊棘榛莽之地。對這門學科素有"用"與"研"兩途。姚奠中老先生在懷念景麟公的文章中曾說："我對文字聲韻訓詁，不重在研而重在用。如對《詩經》，我根據聲韻學家從顧亭林到江有誥的研究成果，使古詩的聲韻美從朗讀中體會出來。"張舜徽老先生在回憶錄中談及小學時也說："於此興趣雖濃，然特視此爲讀書之工具，非欲終身肆力斯道，以專門名家自期也。"絕大多數人對小學都是立足於"用"，祇需掌握其基本知識即可。第一步可選讀幾部小學方面的權威讀本,書目不妨參攷臺灣二〇〇九年影印出版的"民國學術叢刊"。其"第三種"收小學方面的書,約二百六十種,共一百二十册。我們選讀其中五六種,即可知就裏。在此基礎上,再讀兩三種這方面的經典性論著,就可以入門。待有相當的基礎後,景麟公此書便不當放過。這裏説句題外話,日前,某名牌大學的博導在電話裏告訴我:一次他在同系一位年長博導家裏看到案頭上放着的《語言之起源》,已被翻成"油脂麻花"狀。而且這位漢語史學科的博導在給自己歷屆研究生所開的書目中,此書永遠是必讀的。學生買不着祇有向導師借。我知道此老早年的弟子現在多已是語言學領域的一流學者。先前我總以爲自己是世間讀景麟公著述最多的一個。台版所收的十三篇論文,每篇也讀了不下二十遍。現在纔知道有人對此書所下的工夫,還遠在我之上。

在本書的理董中,家父湯世洪、家母張世雲給我許多具體的指點,使本書終於以現在的面貌問世。我是個資質低拙之人,齠年視作文爲畏途,往往好不容易寫出一篇,卻滿紙錯字。記得有一次我磨蹭半天,也没寫出幾個字,鄰居一個大哥見狀,就替我作了一文。然等我抄好遞上,父親祇看了一兩段,就放下作文本,問我:"這篇作文是你寫的?"近將此事作笑話告訴内子,她説或許其中没有錯字,爸纔感到不像是出自你的"手筆"。他説不是我的"語調"。我現在近乎以硯田爲生,且悠游自在,實拜父母之賜。還要感謝大姑俊玉與世源叔叔以及表姐朱玲,本書係據他們提供的景麟公"自存本"作爲底本録入的。上面有作者少許訂正,我皆一一迻録。還有蔣南華先生、張聞玉先生、顧久先生,對本書提出了很好的整理意見,他們對景麟公的拳拳盛意,常常令我感動莫名。还要特别提到力之先生,這些年我所做的每部書稿,均得到先生切實的指導。前幾年我與友人爲一前輩校理手稿,先生在我們已校好的稿子裏,發現三百多個硬傷。那本書掛名我們整理,我實在是慚愧。此間,我所以還能做點事情,實因背後有一個"團隊"傾力支持,而力之先生就是團隊的靈魂人物。先生勞己逸人,對此書做了精細的對校、本校、他校、理校(因書中有些文章的寫作時間跨度過長,而作者所用的文獻版本又不盡相同。如《説文》就用了好幾個本子,先生則不嫌麻煩將所有重要的版本找來逐一核校諟正),糾正我失校處甚夥,洵是本之大幸已!景麟公當年編造部書稿時，正是簡體的天下，爲了遷就時俗，凡能用簡體而又不產生歧義者，都被迫選用了簡體字。現在這套叢書要求統一使用繁體來排印，也正符合景麟公的心願，簡體怎能傳達出此書之精妙（《說文》能排成簡體）？他當年堅持以手寫體影印出版，就是有些字實在不能簡。這樣我又花了三個多月來做此事，但對有一些字是否就安妥當了，實在沒有把握，幸有力之先生爲我把關。本書的文字録入主要由劉繼學先生完成；陳揚兄、孟騫、湯文瑞也過録了部分文字。繼學先生是位工科大學生，但對傳統文化殊爲熱愛，對景麟公的小學，尤其是聲韻學津津樂道，對其中的精妙之處領悟之深，令我欽佩。我們時常聚會，有時一談就是兩三個小時，議題多是景麟公的小學。我許其爲景麟公異代知音，他也常以未能親炙景麟公而引爲憾事。以上諸位親友師長，對於本書，可套用司馬遷的話，與有力焉。

湯序波

本文寫訖於二〇一一年六月十九日清晨。此刻望着天邊泛起的一抹紅暈，我忽然想到今天不正是父親節嗎，在此伏頌老人家安康、長壽！並恭祝天下所有父母吉祥如意！

附言

數月前，姚奠中老先生[①]的女兒姚力芸老師與女婿張志毅老師來黔中，尋訪老先生曾經工作生活過的地方，我全程陪同。一次，兩位垂問先祖父著作的出版情況。我說："晚生輯校的《語言之起源》（增補本），北京一家出版

[①] 波按：新近發現老先生的一篇佚文《三十年來國學界的概況和今後應由之路》（國立貴陽師範學院《教育學術》一九四九年四、五合刊號）。其文云："我們可以根據語音變遷的定律，上溯初古的語音之原型，再根據語義孳衍的途軌，上溯初古語音之本義。二者互相印證，而得語源。這樣，語言學上便開了一種新的局面，而可成了古史學、人種學的一大助力（同門湯炳正兄另有專著）。""另有專著"，即指本書所收的《語言起源之商榷》一文。

社原已決定出版（清樣都作好了），可後來說這套叢書虧了，恐已無力繼續。"兩位當即表示"山西省姚奠中國學教育基金會"可以資助出版。他們回去後，我很快便接到三晉出版社社長張繼紅先生的電話，說該社願意出版此書，具體編輯工作將由副總編輯落馥香先生負責，並表示要一起努力把它作成"精品"。峰迴路轉，令我感慨萬千。據我瞭解，僅去年該"基金會"立項支持的課題，就達十五項之多。

剛過去的 2014 年，在先祖父湯炳正研究史上是個大豐年。力之先生就先祖父語言文字之學發表了四篇論文，對今人理解與認識《語言之起源》一書，極具意義。我因淺陋，曾困惑當年先祖父在這方面究竟有哪些特質與表現，讓閱人無數的樸學大師太炎先生那麼賞識，以至有"爲承繼絕學惟一有望之人"的期許？看了這組論文，我恍然明白："偉大也要有人懂。"（魯迅語）現將其篇目錄於此，俾便好之諸君參閱：《語言發生的"手勢說"：兼論湯炳正先生的貢獻》（《中國文化》2014 年春季號）；《略論湯炳正先生〈原"名"〉一文之學術價值》（《貴州文史叢刊》2014 年第 2 期）；《論湯炳正先生在文字與語言關係領域中所作之貢獻》（《廣西師範大學學報》2014 年第 5 期）；《略論湯炳正先生對語言起源研究之貢獻》（《貴州師範大學學報》2014 年第 6 期）。

2014 年於我個人也是一個轉捩：離開原單位而服務於貴州師範大學歷史研究院，爲該院中國古代史專業的研究生講授"《史記》研讀""《左傳》研讀"的必修課，並擔任碩士生的指導教師。七十年前，先祖父曾在此歷史研究院的前身"史地系"開過《史通》等課（並作過"應當用古文經學家的治學方法研究史學"的演講）。想來冥冥之中，也許存在着某種機緣吧？

湯序波謹志

2015 年 1 月 22 日（甲午年臘月初三）

恰爲先祖父 106 歲生日

圖書在版編目（CIP）數據

語言之起源（增補本）/湯炳正著.--太原：三晉出版社，2015.7
ISBN 978-7-5457-1129-5

Ⅰ.①語… Ⅱ.①湯… Ⅲ.①漢語史-文集
Ⅳ.①H1-09

中國版本圖書館CIP數據核字（2015）第158242號

語言之起源（增補本）

著　　者：	湯炳正
輯　　校：	湯序波
責任編輯：	落馥香
責任印制：	李佳音
出 版 者：	山西出版傳媒集團·三晉出版社（原山西古籍出版社）
地　　址：	太原市建設南路21號
郵　　編：	030012
電　　話：	0351-4922268（發行中心）
	0351-4956036（綜合辦）
	0351-4922203（印製部）
E－mail：	sj@sxpmg.com
網　　址：	http://www.sjcbs.cn
經 銷 者：	新華書店
承 印 者：	山西臣功印刷包裝有限公司
開　　本：	787mm×960mm　1/16
印　　張：	23
字　　數：	480千字
版　　次：	2015年7月 第1版
印　　次：	2015年7月 第1次印刷
書　　號：	ISBN 978-7-5457-1129-5
定　　價：	69.00圓

版權所有　翻印必究